世界传世藏书

【图文珍藏版】

世界大百科

马博⊙主编

线装书局

目　　录

武器百科

世界传世藏书

世界大百科

目录

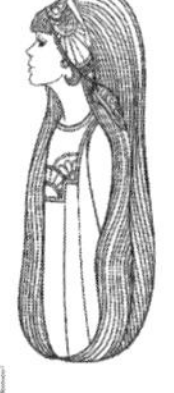

世界大百科

武器百科

马博⊙主编

导读

你见过航空母舰吗？一艘军舰造价几十亿美金，满载时的排水量十万吨，舰长三百多米，舰宽数十米，可搭载飞机近百架。

你见过那些先进的电子产品吗？海湾战争就是靠它打赢的。它能加快军用电子设备的数字化、多能化、高速化、自动化的步伐。

本卷将为你解答这些各种各样具有代表性的武器装备。武器自古就有，古代的武器不但是为了防御，有时更是人们身份地位的象征。小说中人物也配以不同的兵器：关公青龙偃月刀、张飞丈八长矛、吕布方天画戟。武器也是破坏生命和财产的工具，因此被用来威慑和防御。无论在何时何地，武器都是一个严肃和沉重的话题。事实上，我们回顾历史就会发现，人类的历史就是一部战争史，而战争永远离不开武器。古往今来，从陆地到海上、再到空中，都有无数的武器装备，从古代的一根木棍到近代的刀枪、再到现在的核武器，看似科技在发展、社会在变革，实际上都是一部部血泪史。

这卷《武器百科》是专门为广大读者编写的通俗读物。我们从浩如烟海的兵器装备中，精选了世界兵器史上最具代表性的著名武器，用真真切切的图片来叙述这些惊心动魄、交织着血与火的历史碎片，并通过客观、准确的描述，较完整地反映了武器概貌。还将从不同方面反映武器艺术的演进、武器战术的运用、军事技术的发展、作战方式的演变。

通过阅读本卷，旨在让广大读者进一步学习军事知识，增强对兵器的理解，培养爱国主义热情，从而更加珍惜今天的和平生活，更加热爱我们伟大的祖国，将来为中华民族的伟大复兴贡献力量。

自行火炮

中国北方工业 83 式 152mm 自行火炮

152mm 83 式自行火炮于 1984 年首次公开露面，它与 20 世纪 70 年代早期在苏联陆军服役的苏制 152mm 自行火炮/榴弹炮 M1973(2S3)有相似之处。

驾驶员位于车体前部左侧，其右侧为动力舱，体积庞大的炮塔占据了车体后部的全部空间。炮塔有顶舱盖，两侧各有 1 扇前开的侧门。83 式自行火炮是脱胎于 66 式 152mm 牵引式火炮，配用榴弹，最大射程为 17,230 米。炮塔旋转范围 360°，火炮俯仰范围-5°～+63°。采用了半自动装弹机，最大射速为 4 发/分。除了炮塔顶安装的 1 挺 12.7mm 高射机枪外，车体内还携带有 7.62mm 机枪和 40 式火箭发射器。

性能数据

乘员　5 人

武器配备　152mm 火炮×1 门 12.7mm 机枪(高射)×1 挺

车底距地高　152mm 炮弹×30 发 12.7mm 机枪弹×650 发

车长(炮向前)　7.005m

车体长　6.405m

车宽　3.236m

车高(含高射机枪)　3.502m

车高(至炮塔顶)　2.682m

车底距地高　0.45m

战斗全重　30,000kg

单位功率　17.33hp/t

单位压力　0.68kg/cm²

发动机　12150L 型柴油 520hp

公路最大速度　55km/h

公路最大行程　450km

燃料容量　885L

涉水深　1.3m

攀垂直墙高　0.7m

越壕宽　2.50m

爬坡度　60%

侧倾坡度　40%

装甲厚度　10mm(最大)(估计)

装甲类型　钢

三防装置　未知

夜视装置　有(红外夜视仪,驾驶员用)

变型车

挖壕车——采用83式底盘,上装1台挖壕机。

425mm扫雷火箭发射车——采用83式底盘,装备2具762式扫雷火箭发射器。

130mm自行火炮——试验目的,去掉了83式自行火炮上原152mm火炮,安装了130mm59式牵引火炮上采用的130mm火炮。120mm自行反坦克炮PTZ89(即89式),采用了83式152mm自行火炮的车体和炮塔。

法国地面武器工业集团GCT155mm自行火炮

GCT 155mm的研制工作始于1969年,目的是替换法国陆军中的Mk 61105mm和Mk F3 155mm自行火炮。1977年,该炮在法国地面武器工业集团罗昂制造厂开始批量生产。1978年,首批为沙特制造的自行火炮完成。截至2001年,制造商为法国国内及国外市场生产的GCT 155mm总量已超过400台。

155mm火炮俯仰范围-4°~+66°,炮塔旋转范围360°,俯仰和旋转全部为电动操纵。装有自动装弹机,射速可达8发/分。也可人工装填,此时射速为3发/分。发射制式155mmMl07榴弹时的最大射程为18,000米,还可发射包括照明弹、烟幕弹、增程弹及反坦克(地雷)弹等其他弹种。出于试验目的,GCT的炮塔被安装在了俄罗斯T-72主战坦克底盘上。制造商还在为法国陆军研制一种155mm/52倍口径火炮。GCT原用的伊斯帕诺—絮扎发动机正在被雷诺E9柴油机取代。

性能数据

乘员　4人

武器配备　155mm火炮×1门 7.62mm或12.7mm机枪(高射)×1挺 烟幕弹发射器2×2具

弹药基数　155mm炮弹×42发 7.62mm机枪弹×2,050发 或12.7mm机枪弹×800发

车长(炮向前)　10.25m

车体长　6.7m

车宽　3.15m

车高(至炮塔顶)　3.25m

车底距地高　0.42m

战斗全重　42,000kg

净重　38,000kg

单位功率　17.14hp/t

发动机　伊斯帕诺-絮扎 HS11 012 缸水冷超高增压多种燃料发动机 720hp/2,000rpm

公路最大速度　60km/h

公路最大行程　450km

燃料容量　970L

涉水深　2.1m

攀垂直墙高　0.93m(前进)0.48m(后退)

越壕宽　1.9m

爬坡度　60%

侧倾坡度　30%

装甲厚度　20mm(最大)(估计)

装甲类型　钢

三防装置　有

夜视装置　有(驾驶员用)

德国克劳斯-玛菲·韦格曼 PzH 2000 155mm 自行火炮

为德国陆军开发 Panzerhabitze 2000 155mm 自行火炮系统的工作是由当时的韦格曼公司所领导的一个工业集团负责承担的。1995 年这种武器系统被德国陆军采用,首批共订购了 185 辆。今天的克劳斯-玛菲·韦格曼公司被选定为主承包商,负责炮塔制造和整车组装,莱茵金属公司则负责生产整个底盘。首批生产型车已于 1998 年中期交付使用。

驾驶员位置在车体前部右侧,其左侧为动力舱,身后是战斗舱。155mm/52 倍口径火炮俯仰范围-2.5°N+65°,炮塔旋转范围可达 360°。自动装弹机使本炮最高射速达 8 发/分。发射药需人工装填。发射火箭增程弹时,最大射程为 40 公里;使用常规弹时,最大射程为 30 公里。

PzH2000 可在车体上部和炮塔顶部安装反应装甲,以防御来自顶部的武器袭击。

性能数据

乘员　5 人

武器配备　155mm 火炮×1 门 7.62mm 机枪×1 挺 烟幕弹发射器 2×4 具

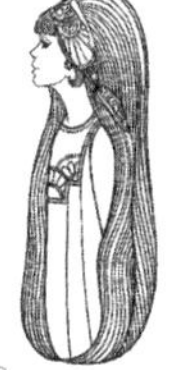

车底距地高　155mm 炮弹×60 发　7.62mm 机枪弹×1000 发
车长(炮向前)　11.669m
车体长　7.30m
车宽　3.58m
车高　3.06m
车底距地高　0.4m
战斗全重　55,300kg
单位功率　18hp/t
发动机　MTU 881 柴油机 1000hp
公路最大速度　60km/h
公路最大行程　420km
燃料容量　未取得数据
涉水深　未取得数据
攀垂直墙高　1m
越壕宽　3m
爬坡度　50%
侧倾坡度　25%
装甲厚度　机密
装甲类型　钢(参见本文)
三防装置　有
夜视装置　有
变型车　无

以色列奥托·梅拉瑞"帕尔玛利亚"155mm 自行火炮

"帕尔玛利亚"(Palmaria)155mm 自行火炮是奥托·梅拉瑞公司专为出口而投资研制的。首辆样车制造于 1981 年,次年首批车生产出厂。该炮的很多部件与奥托·梅拉瑞 OF-40 主战坦克相同,后者也是出口车型,为阿联酋的现役装备车辆。

驾驶员和辅助动力装置在车体前部,炮塔居中,发动机和传动装置在后。155mm 榴弹炮俯仰范围-5°～+70°,炮塔旋转范围可达 360°,全部为电力驱动。发射榴弹时最大射程为 24,700 米,其他可发射弹种还有增程榴弹、照明弹和烟幕弹。使用自动装弹机时,最大射速为每 15 秒 1 发。

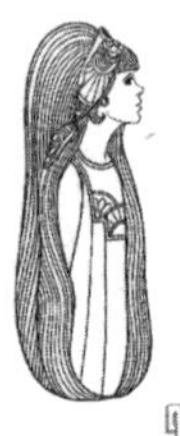

性能数据
乘员　5 人
武器配备　155mm 榴弹炮×1 门 7.62mm 机枪(高射)×1 挺 烟幕弹发射器 2×4 具

车底距地高　155mm 炮弹×30 发 7.62mm 机枪弹×1000 发

车长（炮向前）　11.474m

车体长　7.265m

车宽　3.35m

车高（不含高射机枪）　2.874m

车底距地高　0.4m

战斗全重　46,000kg

净重　43,000kg

单位功率　16.3hp/t

发动机　MTU MB 837 Ea-5004 冲程涡轮增压 8 缸多种燃料柴油机 750hp

公路最大速度　60km/h

公路最大巡航行程　500km

燃料容量　800L

涉水深　1.2m（无准备）4m（有准备）

攀垂直墙高　1m

越壕宽　3m

爬坡度　60%

侧倾坡度　30%

装甲厚度　机密

装甲类型　车体（钢）炮塔（铝）

三防装置　可选择安装

夜视装置　可选择安装

变型车

无现役变型车，但该炮底盘还应用于双联 35mm ATAK 炮塔，此外还可与奥托・梅拉瑞公司 76mm 防空/反直升机炮塔组合。阿根廷订购了 25 套本炮炮塔，安装在了加长型 TAM 坦克底盘上，最后一批订货已于 1986 年至 1987 年间交付。

三星 K9"雷电"自行火炮

155mm/52 倍口径 K9"雷电"自行火炮系统是三星公司防务项目分部（De-fense Program Division of Samsung Tedwin）为满足韩国陆军对新型火炮系统的需要而研制的，用于替换韩国陆军中大量由韩国组装的 155mm 联合防务公司 M109A2 系列自行火炮。

1994 年该火炮系统的首批样车完成，随后开始生产预生产型车。1999 年该炮定型，称 K9"雷电"，现已进入批量生产。

驾驶员位于车体前部左侧，其右侧为动力舱，身后是全封闭式炮塔。主要武器为 1

门 155mm/52 倍口径火炮，炮管装有多室炮口制退器和抽气装置。炮塔旋转范围可达 360°，武器俯仰范围 2.5°～+70°。使用韩国本国研制的 K307 高爆弹时，最大射程为 40 公里。弹丸使用自动装弹机填装，模块式发射药为人工填装。

本炮将车载计算机化火控系统列入标准装备，因此可以执行多炮协同射击目标时间程序（TOT），一次可向目标发射 3 发炮弹。火炮的最高射速为 6 发/分～8 发/分，持续射速为 2 发/分～3 发/分。可在 60 秒内完成目标锁定、发射等一整套动作。

火炮后部装有炮口速度测量雷达，随时将数据输入车载火控计算机。

性能数据

乘员　5 人

武器配备　155mm 火炮×1 门 12.7mm 机枪（高射）×1 挺

车底距地高　155mm 炮弹×48 发 12.7mm 机枪弹×500 发

车长（炮向前）　12m

车体长　7.44m

车宽　3.40m

车高　2.73m（至炮塔顶）3.5m（含 12.7mm M2 机枪）

车底距地高　0.41m

战斗全重　46,300kg

净重　未取得数据

单位功率　21.6hp/t

发动机　MTU MT 881 Ka-500 水冷柴油机 1,000hp/2,750rpm

公路最大速度　67km/h

公路最大行程　360km

燃料容量　850L

涉水深　1.5m

攀垂直墙高　0.75m

越壕宽　2.80m

爬坡度　60%

侧倾坡度　30%

装甲厚度　19mm（最大）

装甲类型　钢

三防装置　有

夜视装置　有

变型车

目前代号为 K10 的弹药补给车正在研制之中。制造商还为土耳其研制了一种与本炮略有不同的车型，定名为“风暴”（Firtina），首批车辆于 2002 年交付。这些车辆将在土耳其组装,其中部分子系统需要进口。

日本三菱重工 75 式 155mm 自行火炮

本炮的研制工作开始于 1969 年,为满足日本陆上自卫队的装备需求而设计。首批样车在 1971 年至 1972 年间完成,1975 年 10 月开始服役,定名为 75 式 155mm 自行榴弹炮。日本陆上自卫队共购买了 201 辆,最后一批订货于 1968 年完成。

本炮的总体布置和外观与美国 155mmMl09A1/M109A2 相似,驾驶舱和动力舱在车体前部,后部为全封闭式炮塔。155mm 榴弹炮俯仰为电动操纵,俯仰范围-5°~+65°,炮塔旋转范围 360°,发射美国造榴弹时最大射程 15,000 米,发射日本造榴弹时最大射程 19,000 米。其他配用弹种包括照明弹和烟幕弹。炮塔后部装有半自动装弹机,火炮 3 分钟内可发射炮弹 18 发。

性能数据

乘员　6 人

武器配备　155mm 榴弹炮×1 门 12.7mm 机枪(高射)×1 挺

车底距地高　155mm 炮弹×28 发 12.7mm 机枪弹×1000 发

车长(炮向前)　7.79m

车体长　6.64m

车宽　3.09m

车高(至炮塔顶)　2.545m

车底距地高　0.4m

战斗全重　25,300kg

单位功率　17.78hp/t

单位压力　0.64kg/cm^2

发动机　三菱公司 6ZF 2 冲程 6 缸风冷柴油机 450hp/2,200rpm

公路最大速度　47 km/h

公路最大行程　300km

燃料容量　650L

涉水深　1.3m

攀垂直墙高　0.7m

越壕宽　2.5m

爬坡度　60%

侧倾坡度　30%

装甲厚度　机密

装甲类型　铝

三防装置　有

夜视装置　有(驾驶员用)

变型车

目前75式155mm自行火炮无变型车。日本现仍有少量74式105mm自行榴弹炮在服役。最新型的日本自行火炮为155mm99式,装有1门以FH—70牵引式火炮为基础的155mm/39倍口径火炮。日本陆上自卫队装备有大量FH—70牵引式火炮。

俄罗斯M1975 240mm自行迫击炮

本火炮系统1975年首次在苏联陆军露面,因此北约称其为M1975,其实它的真正代号为SM-240(2S4),在苏联军队中则常被叫作“鹅掌楸”(Tyulpan)或“郁金香树”(Tulip Tree)。通常有另一辆车配合该炮行动,用来运送M1975的人员及补给弹药。2S4的底盘采用GMZ型全履带式布雷车的底盘,迫击炮以50年代首次开始使用的牵引式240mm M240后膛式迫击炮为基础。

动力舱位于车体前部右侧,车长和驾驶员则在左侧,后部为乘员及弹药舱。240mm迫击炮安装在车体后部,发射高爆迫击炮弹时最大射程为9,650米,此外还可发射化学弹和混凝土侵彻弹。普遍认为本炮还配有一种最大射程为18,000米的远程迫击炮弹。

迫击炮的俯仰范围为+50°~+80°,旋转范围仅限左右各10°,炮弹由位于车体后部左侧的1个起重机协助填装。迫击炮为后膛式。

性能数据

乘员　4+5人

武器配备　240mm迫击炮×1门 12.7mm机枪(高射)×1挺

车长　7.94m

车宽　3.25m

车高　3.225m

车底距地高　0.4m

战斗全重　27,500kg

单位功率　18.9hp/t

单位压力　0.6kg/cm^2

发动机　V-59 V-12柴油机520hp

公路最大速度　60km/h

公路最大行程　500km

燃料容量　850L

涉水深　1m

攀垂直墙高　1.10m

越壕宽　2.79m
爬坡度　60%
侧倾坡度　30%
装甲厚度　20mm(最大)(估计)
装甲类型　钢
三防装置　有
夜视装置　有(红外夜视仪,驾驶员用)

俄罗斯 2S5 152mm 自行火炮

152mm 自行火炮 2S5 研制于 20 世纪 70 年代,普遍认为其装备苏联陆军的时间始于 1980 年。该自行火炮的火炮与 152mm 2A36 牵引式火炮系统的火炮相同。

人们认为 2S5 采用了 GMZ 全履带式布雷车的底盘。2S5 的 152mm 火炮安装在底盘后部,未给乘员提供任何防护。炮塔旋转范围左右各 15°,武器俯仰范围 2.5°~+57°。发射常规弹药时最大射程为 28,400 米;发射火箭增程弹时,最大射程为 40,000 米。

装填手在火炮后部左侧。火炮配有一套弹丸及发射药填装系统,火炮最大射速达到 15 发/分。

本炮共载有 30 发炮弹和 30 枚发射药。炮弹直立放置在后舱左侧的一个旋转式传送带中。30 枚发射药分 3 排放置在后舱右侧,每排发射药占一条传送带,传送带安装在装甲板下。

性能数据

乘员　5 人
武器配备　152mm 火炮×1 门
车底距地高　152mm 炮弹×30 发
车长(炮向前)　8.33m
车体长　7.3m
车宽　3.25m
车高　2.76m
车底距地高　0.5m
战斗全重　28,200kg
单位功率　19hp/t
公路最大速度　63km/h
公路最大行程　500km
燃料容量　850L
涉水深　1.05m

攀垂直墙高　0.7m

越壕宽　2.5m

爬坡度　58%

侧倾坡度　47%

装甲厚度　15mm(最大)(估计)

装甲类型　钢

三防装置　可能有

夜视装置　有(红外夜视仪,驾驶员用)

俄罗斯 M1974 122mm 自行火炮

M1974122mm 自行火炮(美国陆军所定代号)于 20 世纪 70 年代初期进入苏联陆军服役,1974 年在波兰陆军的阅兵式中首次公开露面。该炮正确的苏军代号为 SO-122,但在苏联陆军中常被叫作"康乃馨"(Gvozdika),生产编号为 2S1。该炮采用了 MT-LB 多用途履带式装甲车的许多部件,其中包括发动机和悬挂装置。

驾驶舱和动力舱位于车体前部左侧,全封闭式电动炮塔靠车体后部。122mm 榴弹炮是 D-30 牵引式榴弹炮的改进型,发射常规榴弹时最大射程为 15,300 米,发射火箭增程弹时最大射程为 21,900 米。此外,M1974 还可发射 122mm 尾翼稳定破甲弹、照明弹和烟幕弹。炮塔旋转范围 360°,122mm 榴弹炮俯仰范围-3°~+70°。

M1974 几乎无须做准备即可满足水陆两栖需要,在水中靠履带划水推进。本炮的一个特别之处在于,可通过调整其悬挂装置改变车高。通常使用 400mm 宽履带,不过在穿越雪地和沼泽时,可安装 670mm 宽履带。

性能数据

乘员　4 人

武器配备　122mm 榴弹炮×1 门

弹药基数　122mm 炮弹×40 发

车长　7.26m

车宽　2.85m

车高　2.732m

车底距地高　0.40m

战斗全重　15,700kg

单位功率　19.1hp/t

单位压力　0.49kg/cm^2

发动机　YaMZ-238,V-8 水冷柴油机 300hp/2,100rpm

公路最大速度　61.5km/h

水上最大速度　4.5km/h

公路最大行程　500km

燃料容量　550L

涉水深　水陆两栖

攀垂直墙高　0.70m

越壕宽　2.75m

爬坡度　77%

侧倾坡度　55%

装甲厚度　20mm(最大)(估计)

装甲类型　钢

三防装置　有

夜视装置　有(红外夜视仪,驾驶员和车长用)

变型车

炮兵指挥及侦察车——在俄罗斯陆军中文称 MT-LBus(1V12 系列),采用了 MT-LB 坦克底盘。

1V13——副连长用车,北约称之为 M1974-1。

1V14——连长用车,北约称之为 M1974-2A。

1V15——营长用车。北约称之为 M1974-2B。

1V16 一副营长用车。北约称之为 M1974-3。

1V21/22/23/24 以及 25——防空指挥车。

MT-LBus——采用了 M 1 974 底盘的干扰车。

“狗耳”雷达车(Dog Ear)——采用了 M1974 系列的底盘,防空部队用。

M1979 扫雷车——安装有类似炮塔的舱室,装有 3 枚火箭。火箭后拖着装满炸药的软管,发射进入雷区后,在地面起爆。

RKhM 化学侦察车——上层舱室顶部加高,顶装 1 挺 7.62mm 机枪塔,设有装污染区标示旗的箱子。

Da1 三防侦察车

Zoopark-1——炮兵定位雷达系统。

美国 M44 155mm 自行火炮

M44 155mm 是在二战后研制的,由玛西·哈里斯(Massey Harris)公司负责生产。M44 在生产中已被 M44A1 取代,后者安装了美国大陆公司 AOSI-895-5 燃料直喷式发动机。美国陆军中的 M44 从 1962 年起开始被 155mm M109 自行榴弹炮所取代。

155mm 榴弹炮采用手动控制,俯仰范围-5°~+65°,旋转范围左右各 30°。发射常规榴弹时最大射程为14,600米,也可发射其他弹种。火炮发射前,可降下车后的1个大型驻锄以构成更稳定的发射平台。开放式战斗舱可用防雨油布和帆布遮盖。战斗舱左后侧用环形枪架安装了1挺12.7mm机枪。驾驶员位置在最前端。

性能数据

乘员　5人

武器配备　155mm榴弹炮×1门 12.7mm机枪(高射)×1挺

弹药基数　155mm炮弹×24发 12.7mm机枪弹×900发

车长(驻锄向上)　6.159m

车高(含防水油布)　3.11m

底距地高　0.48m

战斗全重　28,350kg

净重　26,308kg

单位功率　17.63hp/t

单位压力　0.66kg/cm^2

发动机　大陆公司AOS-895-36缸风冷超高增压汽油机500hp/2,800rpm

公路最大速度　56km/h

公路最大行程　122km

燃料容量　568L

涉水深　1.066m

越壕宽　1.828m

爬坡度　60%

侧倾坡度　30%

装甲厚度　12.7mm

装甲类型　钢

三防装置　无

夜视装置　无

变型车

德国一家联合公司为土耳其研制了M44T。该车在M44基础上进行了多项改进,包括采用155mm FH-70牵引式火炮系统更长身管的火炮,安装新型MTU柴油机、新型燃料箱和电气系统。现装备土耳其,并衍生出多种变型车。土耳其陆军还将其105mm火炮和与M44底盘相近的M52自行榴弹炮进行了技术改进。改进后的M52编号为M52T,车体后部装有一个全封闭式炮塔,炮塔上安装了与M44T相同的155mm/39倍口径火炮,车后悬有一个大驻锄。行动装置上部遮有裙板。

美国 M108 105mm 自行火炮

M108 105mm 自行火炮与 M109 155mm 自行火炮同时研制于 20 世纪 50 年代,两车底盘相同,后者炮塔较前者有一些改进。M108 由美国通用汽车公司的卡迪拉克·盖奇汽车分部在 1962 年,1963 年间生产。它取代了美国陆军原来装备的 M52 105mm 自行榴弹炮,但很快又被 M109 取代。

105mm　M108 榴弹炮为手动操纵,俯仰范围-4°~+74°,炮塔也是手动操纵,旋转范围 360°。发射常规榴弹时最大射程为 11,500 米,其他可用弹种包括火箭增程弹、照明弹和烟幕弹。

为 M108 开发的两栖配套装置已研制成功,借助此装置,M108 可在履带推动下潜渡河流。但就目前所知,M108 系统的现用户尚无一家采用这种两栖装置。

性能数据

乘员　5 人

武器配备　105mm 榴弹炮×1 门 12.7mm 机枪(高射)×1 挺

弹药基数　105mm 炮弹×87 发 12.7mm 机枪弹×500 发

M108 105mm 自行火炮

车长　6.114m

车宽　3.295m

车高(含高射机枪)　3.155m

车底距地高　0.451m

战斗全重　22,452kg

净重　18,436kg

单位功率　18.038bhp/t

单位压力　0.71kg/cm²

发动机　底特律柴油机公司 8V-71T 型涡轮增压 2 冲程水冷 8 缸柴油机 405hp/2,300rpm

公路最大速度　56km/h

水上最大速度　6.43m/h

公路最大行程　390km

燃料容量　511L

涉水深　1.828m.水陆两栖(有准备)

攀垂直墙高　0.533m

越壕宽　1.828m

爬坡度　60%

侧倾坡度　30%

装甲厚度　机密

装甲类型　铝

三防装置　无

夜视装置　有(驾驶员用)

变型车

比利时陆军中的 M108 已经被 M109A2155mm 系统所替代,另外有一些 M108 被改进成指挥车,代号为 VBCL。

转轮手枪

法国曼纽因 MR73 转轮手枪

曼纽因公司起初是机械制造商，1939～1945 年期间，获得特许生产瓦尔特自动手枪。20 世纪 70 年代初期，该公司开始生产一系列转轮手枪，其中 MR73 是主导产品。其基本部件都是采用史密斯-韦森的设计，但仍有独特之处：滚珠式扳机系统，使得射击过程平滑顺畅。有几种型号，其中防卫型主要用于竞技运动和值勤。该枪在欧洲很受欢迎，特别是在法国警察部队。

技术与性能

使用枪弹　0.357 英寸马格努姆转轮手枪弹

技术诸元

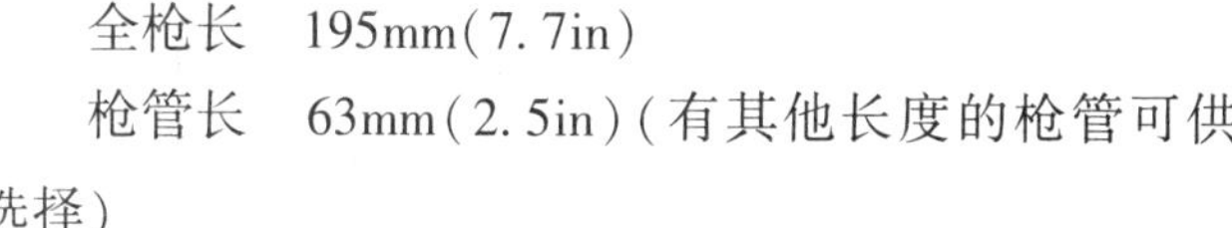

全枪长　195mm(7.7in)

枪管长　63mm(2.5in)(有其他长度的枪管可供选择)

曼纽因 MR73 转轮手枪

全枪重　880g(31oz)

膛线　6 条，右旋

转轮弹膛容弹量　6 发

枪身铭文　“MR 73 Cal 357 MAGNUM”标于枪管左右两侧。曼纽因公司的标志(MR)花押字标于握把末端。

保险装置　该枪没有保险装置。

退弹过程　前推位于枪底把左侧、转轮后方的卡销，左旋出转轮，按压退弹器退出枪弹，将转轮复位，确保卡销锁定。

德国 Em-Ge‘Valor’M323 转轮手枪

该枪价格低廉，做工精良。最初发射 0.22 英寸空包弹，后改用 0.22 英寸口径的枪弹，后又采用 0.32 英寸口径枪弹。该枪也有长枪管型号，在 20 世纪 60 年代年代中期大

量出口,特别是以‘Valor’的名称在美国市场大量销售,直到1968年美国枪支限制法案出台才停止。该枪在欧洲各国现在仍然广泛使用。

技术与性能

使用枪弹　0.32英寸史-韦转轮手枪长弹

技术诸元

全枪长　155mm(6.1in)

枪管长　45mm(1.77in)

全枪重　700g(24.5oz)

膛线　6条,右旋

转轮弹膛容弹量　6发

枪身铭文　“CAL32S&Wlg”标于枪管左侧,“MADE IN GERMANY”和序列号标于枪管右侧。“Gerstenberger&EberWein Gersetten-Gussenstadt”标于枪底把左侧,序列号标于枪底把右侧。

保险装置　该枪无任何保险装置。

退弹过程　向后扳动击锤,处于半待击位置,打开位于枪底把右侧的装弹卡销,使用退弹器逐一退出枪弹。

日本Miroku 0.38英寸特种警用转轮手枪

该枪主要是为装备日本警察部队而研制的。1945年美国占领日本以后,转轮手枪成为日本警察部队的制式武器。后来他们配备了自动手枪,因此几乎全部这种转轮手枪均以“EIG”和“Liberty Chief”为商标出口到了美国。这种转轮手枪价格低廉,操作方便,共服役约20年。该系列还有6发型号的,尺寸稍大,名称相同。

技术与性能

使用枪弹　0.38英寸特种转轮手枪弹

技术诸元

全枪长　195mm(7.7in)

枪管长　64mm(25in)

全枪重　485g(17oz)

膛线　6条,右旋

转轮弹膛容弹量　5发

枪身铭文　日本国内型号的枪身铭文不明,出口型枪底把左侧有“EIG”的花押字或者是“LIBERTY CHIEF”。“38SPECIAL CALIBER”标于枪管左侧,序列号标于枪底把右侧。

保险装置　该枪无保险装置。

退弹过程　后扳位于枪底把左侧、转轮后方的卡销,左旋出转轮,使用退弹器退出枪弹,然后将转轮复位,确保卡销锁定:

比利时/俄罗斯 M1895 纳甘转轮手枪

实心结构,分为单动型和双动型,其中双动型更为常见。其结构特殊,当击锤待击时,转轮被推向前,转轮弹膛前部与枪管尾部闭锁在一起,加上埋头特种弹较长,使转轮与枪管之间保持很好的气密性。欧洲各国和那些受苏联影响的国家均可见该枪。现在俄罗斯和捷克共和国利用该枪的设计原理生产比赛用枪,其枪弹在许多国家都可见到。

技术与性能

使用枪弹　7.62mm 俄罗斯转轮手枪弹

技术诸元

全枪长　230mm(9.1in)

枪管长　114mm(4.5in)

全枪重　750g(26.5oz)

膛线　4 条,右旋

转轮弹膛容弹量　7 发

枪身铭文　1917 年以前的产品:俄文枪身铭文及生产日期标于枪底把左侧下方。苏联时期:五角星和工厂编号可能标于枪的任何地方。1902 年前商业型标有"L NA-GANTBREVETE LIEGE"。序列号标于转轮前方的转轮座上,也可能标于枪管上,一些商业型号也可能标于转轮、扳机护圈和握把上。

保险装置　该枪无任何保险装置。

退弹过程　打开位于枪身右侧、转轮后方的卡销,转出转轮,利用退弹器,逐一退出枪弹,然后将转轮复位,扣牢卡销。

西班牙阿斯特拉 357 警用型转轮手枪

阿斯特拉 357 警用型转轮手枪是早期型号的替代品,采用更加强有力的击锤,准星光滑,不易钩挂枪套,照门无须调整,便于本能射击。枪管较短,发射大威力枪弹时,枪口冲击力较大。

技术与性能

使用枪弹　0.357 英寸马格努姆转轮手枪弹

技术诸元

全枪长　212mm(8.35in)

枪管长　77mm(3.0in)

全枪重　1040g(36.6oz)

膛线　6条,右旋

转轮弹膛容弹量　6发

枪身铭文　“ASTRA SPAIN”标于枪底把右侧、握把上方。“357 MAGNUMCTG”标于枪管左侧,序列号标于枪底把左侧、扳机后面。阿斯特拉商标标于握把上。

阿斯特拉357警用型转轮手枪

保险装置　该枪无任何保险装置。

退弹过程　向前推位于枪底把左侧、转轮后方的卡销,左旋出转轮,使用退弹器,逐一退出枪弹,将转轮复位,确保卡销锁定。

西班牙 Liama Ruby Extra 转轮手枪

“Ruby”是西班牙Gabilondo公司的商标。1915年,该公司开始仿造勃朗宁1903型手枪,装备于法国陆军。因名称容易产生歧义,20世纪20年代,改名为“Llama”。20世纪50年代,该公司开始生产一系列结构简单的Llama转轮手枪。“Ruby Extra”有12、13、14型,口径从0.22英寸到0.38英寸,枪管从50.8mm到152.4mm。有些型号的枪管上有瞄准板,有些带固定瞄具。该系列转轮枪于1970年停产。

技术与性能

使用枪弹　0.32英寸史-韦转轮手枪长弹

技术诸元

全枪长　163.2mm(6.4in)

枪管长　51mm(2in)

全枪重　677.6g(1.121bs)

膛线　5条,右旋

转轮弹膛容弹量　6发

枪身铭文　“GABILONDOy CIAELGOEIBAR ESPANA”标于枪管,“RUBY EXTRA”呈椭圆形标于枪底把左侧,“RUBY”标志标于握把上部。“32S&WL”标于枪管左侧。

保险装置　该枪无任何保险装置,双动型转轮手枪。

退弹过程　前推位于枪底把左侧、击锤旁边的卡销,左旋出转轮,使用退弹器退出枪弹,检查弹膛,然后将转轮复位,扣好卡销。

英国韦伯利0.32英寸袖珍型无击锤转轮手枪

该枪使用0.320英寸口径转轮手枪弹,根据需要,也可使用0.32英寸柯尔特长或短枪弹,或者0.32英寸史一韦转轮手枪弹。外层镀镍,珍珠母握把。尽管生产多年,总产量仍然不到1万枝,但也很常见。

技术与性能

使用枪弹 0.320英寸转轮手枪弹或者类似枪弹

技术诸元

全枪长 178mm(7.0in)

枪管长 76mm(3.0in)

全枪重 480g(17oz)

膛线 7条,右旋

转轮弹膛容弹量 6发

韦伯利0.32英寸袖珍型无击锤转轮手枪

枪身铭文 "WEBLEY'SPATENT"及序列号标于枪底把右侧。

保险装置 滑动式手动保险卡销位于击锤处,将卡销推至"SAFE"处,即锁住击锤呈保险状态。

退弹过程 下按位于枪底把左侧的卡销,使转轮上方卡销松开,下扳枪管,露出转轮,使用退弹器退出枪弹,上抬枪管,直至被支耳锁定。

瑞士恩菲尔德No 2 Mk1,Mk1*转轮手枪

第二次世界大战后,英国陆军准备装备0.38英寸口径的转轮手枪,要求其便于操作,使用200格令枪弹。韦伯利公司提出了一种设计,但是军方采用了位于恩菲尔德的皇家轻武器制造厂的设计。其实它仿制了韦伯利Mark Ⅵ型,只是尺寸有所缩小,并改进了发射机构。Mk1采用传统的击锤头,坦克兵对此很不适应,所以Mkl*做了改进,去掉了击锤头。后来大部分Mkl被改成了Mk1*,因而很难见到Mk1型。

技术与性能

使用枪弹 0.38英寸Mark1式2型枪弹,英国制式0.38英寸史-韦转轮手枪弹,0.38英寸柯尔特短弹,0.380英寸转轮手枪弹

技术诸元

全枪长 260mm(10.23in)

枪管长 12.7mm(5.0in)

全枪重 780g(27.5oz)

膛线 7条,右旋

转轮弹膛容弹量 6发

枪身铭文 "ENFIELD/No2(皇冠)Mk1[或1*]/(年份)"标于枪底把右侧、击锤下方。Albion,发动机公司也生产过该枪,所以也能看见"ALBION"的字样。有的部件上有

"SSM"的字样,这是因为这些部件是由辛格缝纫机公司(Singer Sewing Machine Company)生产的。序列号标于握把底部。

保险装置　该枪无任何保险装置。

退弹过程　下按位于击锤旁的卡销,枪底把上方卡销松开,下扳枪管,露出转轮,使用退弹器退出枪弹,上抬枪管,直至被支耳锁定。

英国韦伯利 Mark V 型转轮手枪

MarkV 与 MarkⅣ不同之处在于:MarkV 使用更大更结实的转轮和威力更大的柯达无烟火药枪弹。在 MarkⅣ时期无烟火药就开始取代黑火药成为各种型号手枪的选择,韦伯利公司认为这样保险装置会好一些。值得注意的是,早期的转轮手枪在维修时改用了 Mark V 的转轮。Mark 的转轮后缘呈弧形,而以前型号的后缘较平直。

技术与性能

使用枪弹　0.455 英寸英国制式枪弹

技术诸元

全枪长　235mm(9.25in)

枪管长　102mm(4.10in)

全枪重　1005g(35.5oz)

膛线　7 条,右旋

转轮弹膛容弹量　6 发

枪身铭文　"WEBLEY/MARKV/PATENTS"标于枪底把左侧、转轮下方。"MARKV"标于转轮上方,序列号标于枪底把右侧、扳机上方。

保险装置　该枪无任何保险装置。

退弹过程　下按位于击锤旁的卡销,枪身上方卡销松开,下扳枪管,使用退弹器退出枪弹,上抬枪管,直至被支耳锁定。

英国韦伯利 0.455 英寸 WG 型转轮手枪

该系列是由韦伯利公司设计师麦克尔·考夫曼设计的,他的姓名起首字母缩写和一个数字被刻在了枪身上,主要是为了确保他对每枝手枪拥有专利权。该枪许多改进之处都成为日后韦伯利的标准设计。当时广泛应用于英国军官和野外旅行者。WG 被认为是韦伯利政府型(Webley Government)的缩写,也有人说是自动闭锁的设计者韦伯利·格林(Webley Green)名字的缩写。

技术与性能

使用枪弹　0.455 英寸韦伯利转轮手枪弹

技术诸元

全枪长　286mm(11.25in)

枪管长　152mm(6.0in)

全枪重　1138g(40oz)

膛线　7条,右旋

转轮弹膛容弹量　6发

枪身铭文　“WEBLEY PA TENTS”和带翅膀的枪弹商标标于枪底把左侧,枪弹口径标于枪管左侧。序列号标于枪底把右侧。“WG MODEL”和生产日期标于顶架的左侧,呈三角形的“MK”和数字标于枪底把右侧。

保险装置　该枪无任何保险装置。

退弹过程　下按位于击锤旁的卡销,枪底把上方卡销松开,下扳枪管,使用退弹器退出枪弹,上抬枪管,直至被支耳锁定。

美国柯尔特新型海军/陆军/海军陆战队转轮手枪

三种型号:新陆军型采用胡桃木握把,平滑顺手;新海军型采用硬橡胶握把;新海军陆战队型采用方格花纹胡桃木圆形握把。新海军型枪管有5条膛线,海军陆战队型发射0.38英寸特种转轮手枪弹,取代先前的0.38英寸柯尔特转轮手枪长弹。所有的转轮都是逆时针转动,与史密斯-韦森型转轮手枪的区别是退弹器没有支撑。

技术与性能

使用枪弹　0.38英寸柯尔特转轮手枪长弹

技术诸元

全枪长　280mm(11.0in)

枪管长　152mm(6.0in)

全枪重　965g(34oz)

膛线　6条,左旋

转轮弹膛容弹量　6发

枪身铭文　“COLT.38DA”标于枪管左侧,“US ARMY/NAVY/MARINE CORPS”标于枪管上方,序列号标于握把底部。

保险装置　无手动保险装置,只是转轮在未复位时,扳机无法扣动。

退弹过程　后推位于枪底把左侧的卡销,左旋出转轮,退出枪弹,然后将转轮复位。

美国柯尔特特种侦探转轮手枪

特种侦探转轮手枪是标准的特种警用型的缩小型号,主要装备于便衣警察,便于隐藏，威力较大。它和1928年出现的"银行家特别型"非常相似，最主要的区别在于："银行家"型的握把大而圆滑，而特种侦探型的握把较小，便于隐藏。该枪共生产了1,500,000枝。

技术与性能

使用枪弹　0.38英寸特种转轮手枪弹

技术诸元

全枪长　171mm(6.73in)

枪管长　54mm(2.12in)

全枪重　595g(21oz)

膛线　6条，左旋

转轮弹膛容弹量　6发

枪身铭文　"38 DETECTIVESPECIAL"标于枪管左侧，柯尔特的奔马标志标于枪底把左侧。

保险装置　该枪无任何保险装置。

退弹过程　后推位于枪底把左侧、转轮后方的卡销，左旋出转轮，使用退弹器退出枪弹，然后将转轮复位，确保卡销锁定。

美国柯尔特M1917转轮手枪

1917年，由于手枪短缺，美国军方便要求柯尔特公司和史密斯一韦森公司生产转轮手枪来填补空缺，但是要求该转轮手枪必须能够发射柯尔特自动手枪的0.45英寸自动手枪弹。因此M1917成为新制式武器，能发射0.45英寸ACP枪弹，但是采用了较短的转轮。该枪在第二次世界大战期间仍在使用。

技术与性能

使用枪弹　0.45英寸ACP枪弹

技术诸元

全枪长　273mm(10.75in)

枪管长　140mm(5.5in)

全枪重　1134g(40oz)

膛线　6条，左旋

转轮弹膛容弹量　6发

枪身铭文　"COLTD. A. 45"标于枪管左侧，"COLT'S PATFA CO HARTFORDCONN"和各种专利日期标于枪管上方。"UNITEDSTATES PROPERTY"标于枪底把右侧，序列号标于握把底部。

保险装置　该枪无任何保险装置。

退弹过程 后推位于枪底把左侧、转轮后方的卡销，左旋出转轮，用退弹器退出枪弹，转轮复位，扣牢卡销。

美国柯尔特眼镜蛇转轮手枪

双动式设计，不锈钢结构，共有两种长度枪管可供选择，瞄准装置可调节。使用了很多锻压件，握把不平。是鲁格 GP100 和史密斯-韦森 0.357 英寸马格努姆转轮手枪的竞争者。

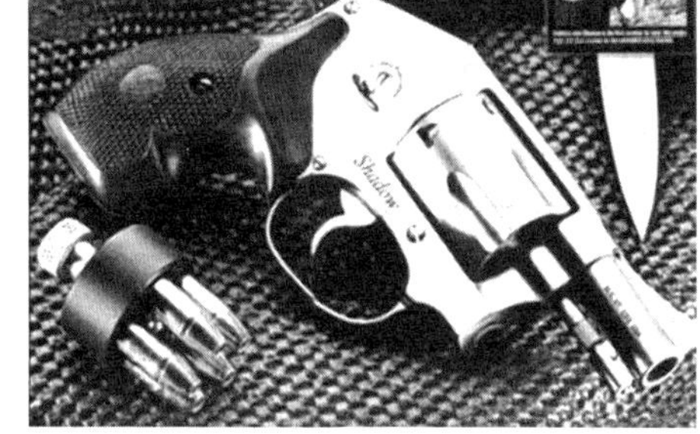

柯尔特眼镜蛇转轮手枪

技术与性能

使用枪弹 0.357 英寸马格努姆转轮手枪弹

技术诸元(153mm 枪管型)

全枪长 280mm(11.0in)

枪管长 152mm(6.0in)，也可以使用 102mm(4.0in)

全枪重 1303g(46oz)

膛线 6 条，左旋

转轮弹膛容弹量 6 发

枪身铭文 “KfNG COBRA”和眼镜蛇的图标标于枪管左侧，柯尔特公司的奔马标志标于枪底把左侧。“357MAGNUM CARTRIDGE - &COLT ’ SPT. F. A. MFG. CO. HARTFORD. CONN, USA”标于枪管右侧，序列号示于转轮下方的枪底把上。

保险装置 击锤控制扳机。

退弹过程 转轮卡销位于枪底把左侧、转轮后方。后推该卡销，左旋出转轮，使用退弹器退出枪弹。

美国弗汉德-威兹沃斯 0.38 英寸无击锤转轮手枪

该枪与 19 世纪 90 年代的其他转轮手枪非常相似，例如史密斯-韦森、哈林顿-理查德森、欧文·约翰逊、霍普金斯和阿伦的产品。除了极小的区别之外，如扳机和击锤，简直可以说是如出一辙。虽然看上去不太结实，但它们历经百年，仍然性能良好，共生产了数以万计的产品。

技术与性能

使用枪弹 0.38 英寸史-韦转轮手枪弹

技术诸元

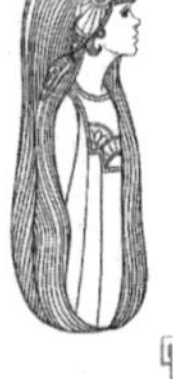

全枪长　165mm(6.5in)

枪管长　80mm(3.15in)

全枪重　515g(18oz)

膛线　6条,左旋

转轮弹膛容弹量　5发

枪身铭文　“FOREHANDARMSCO WORCESTER MASS”及专利日期标于枪管上,序列号标于握把底部。

保险装置　该枪无任何保险装置。这里所谓的无击锤并不是真正的无击锤,而是击锤被隐藏起来。

退弹过程　按压击锤护套,下扳枪管,使用退弹器退出枪弹,上抬枪管,使之锁定在原始位置。

美国鲁格安全6型转轮手枪

20世纪50年代初期,鲁格公司开始进军转轮手枪市场。起初生产单动型西部手枪。由于其取得巨大成功,柯尔特公司继续生产单动型手枪,其他公司也纷纷加入其中。鲁格公司利用这款非常优良的手枪开始开拓警用枪市场。“速度6型”和其相同,只是采用了圆形握把。

技术与性能

使用枪弹　0.357英寸马格努姆转轮手枪弹

技术诸元

全枪长　235mm(9.25in)

枪管长　102mm(4.0in)

全枪重　950g(33.5oz)

膛线　6条,右旋

转轮弹膛容弹量　6发

鲁格安全6型转轮手枪

枪身铭文　“STURM RUGER&CO INC SOUTHPORTCONN USA”标于枪管左侧,“38 SPECIAL CAL、或357 MAGNUM CAL]标于枪管右侧。“RUGERSECURITY SIX”标于枪底把右侧。

保险装置　该枪无任何保险装置。

退弹过程　按下位于枪底把左侧、转轮后方的卡销,左旋出转轮,使用退弹器退出枪弹,转轮复位,确保卡销锁定。

美国史密斯-韦森安全无击锤转轮手枪

该枪和同时代标准双动型转轮手枪比较类似，只是采用隐藏击锤设计和握把保险设计，因此并不是真正的没有击锤。该枪广受欢迎，经多次改进，最终于 1907 年定型，一直生产到 1940 年。因为各种原因该枪通常被称为“柠檬榨汁机”。

技术与性能

使用枪弹　0.38 英寸史-韦转轮手枪弹

技术诸元

全枪长　190mm(7.5in)

枪管长　83mm(3.25in)

全枪重　510g(18oz)

膛线　5 条，右旋

转轮弹膛容弹量　6 发

枪身铭文　“S&W”的图标标于枪底把右侧，“＊.38S&WCTG”标于枪管左侧。

保险装置　握把保险，按下时才能对击锤装置解锁。

退弹过程　同时抓住位于枪底把两侧的卡销，下扳枪管，自动退出枪弹，使枪管和弹簧卡销复位。

美国史密斯-韦森军警用转轮手枪(M10)

1899 年开始生产，经过改进，一直使用到今天。1902 年以前的产品退弹器没有固定在前面，1902 年以后的产品使用了熟悉的套节来配合退弹器使用，退弹器被固定在了前端。到 1942 年停产时，共生产了 800,000 枝，第二次世界大战后以“M10”重新投入生产。枪管从 50.8mm 到 165.1mm，其中 101.6mm 和 127mm 最为普遍。1952 年出现合金结构的型号(M12)，1970 出现不锈钢结构的型号(M64)。

技术与性能

使用枪弹　0.38 英寸特种枪弹

技术诸元

全枪长　235mm(9.25in)

枪管长　101mm(4.0in)

全枪重　865g(30.5oz)

膛线　5 条，右旋

转轮弹膛容弹量　6 发

枪身铭文　“MADEINU.SA./MARCAR EGISTRADA/SMITH&WESSON/SPRINGFI

ELD MASS”标于枪底把右侧，“S&W”花押字标于枪底把右侧、击锤下方。“SMITH&WESSON”标于枪管右侧。“38 S&WSPECIALCTG”标于枪管右侧。序列号标于握把底部。

保险装置 该枪无任何保险装置。

退弹过程 前推位于枪底把左侧、转轮后方的卡销，左旋出转轮，使退弹器退出枪弹，转轮、卡销复位。

美国史密斯-韦森新世纪手动卸弹型转轮手枪

该枪是当时史密斯-韦森系列的主导产品，因为该枪共有三重转轮锁也被称作“三重锁”。共生产了20,000枝，其中13,000枝为0.44英寸口径，小部分为0.45英寸口径，发射0.45英寸柯尔特、0.44英寸史-韦苏制、0.450英寸Eley和0.44-40英寸温彻斯特转轮手枪弹。1915至1917年为英国陆军生产了5000枝0.455英寸口径的这种手枪。

技术与性能

使用枪弹 0.44英寸史-韦特种转轮手枪弹以及其他枪弹

技术诸元

全枪长 298mm(11.75in)

枪管长 165mm(6.5in)

全枪重 1075g(6.5in)

膛线 5条，右旋

转轮弹膛容弹量 6发

枪身铭文 “SMITH&WESSONSPRINGFIELD MASSUSA”和专利日期标于枪管顶部。“S&W DA 44”标于枪管左侧。序列号标于握把底部。

保险装置 该枪无任何保险装置。

退弹过程 按下位于枪底把左侧、转轮后方的卡销，转轮松开，左旋出转轮，使用退弹器退出枪弹，转轮、卡销复位。

美国史密斯-韦森M60转轮手枪

“J”枪底把系列的史密斯-韦森M60是世界上第一款不锈钢结构的转轮手枪。它基于颇受欢迎的M36官员专用转轮手枪的设计，具有防腐蚀的特点，可以防止武器贴身携带对碳钢的腐蚀。

技术与性能

使用枪弹 0.38英寸史-韦特种枪弹

技术诸元(76mm枪管)

全枪长　191 mm(7.5in)

枪管长　76mm(3.0in),还可使用63mm(2.5in)枪管

全枪重　694g(24.5oz)

膛线　6条,右旋

转轮弹膛容弹量　5发

枪身铭文　"SMITH&WESSON"标于枪管左侧,"38 S&WSPL"标于枪管右侧。"S&W"的图标标于枪底把右侧、后坐护板后。"MADEIN USA. MARCASREGISTRADAS SMITH&WESSON,SPRI NGFIELD,MASS"标于枪底把右侧、转轮下方。型号和序列号标于转轮下方。

保险装置　扳机解脱击锤阻铁。

退弹过程　转轮卡销位于枪底把左侧、转轮后方。向前推动卡销,左旋出转轮,利用退弹器退出枪弹。

美国史密斯-韦森36官员专用转轮手枪

M36型是史密斯-韦森公司于1950年设计的首款"J"型枪底把、5发双动型转轮手枪。该枪的名称是1950年在科罗拉多举行的警官会议上,首次出现在公众面前时得来的。1952年,生产出轻便型,采用铝制枪底把和转轮,空枪重为298g。1954年停止生产该型号。1957年,生产出M37,全枪重为354g。其后又有M38、M40、M42、M49等型号。1989年,"J"型枪底把的"史密斯女士"系列开始生产,配有多种枪管和握把可供选择。

技术与性能

使用枪弹　0.38英寸史-韦特种枪弹(SPL)

技术诸元(76mm枪管)

全枪长　191mm(7.5in)

枪管长　76mm(3.0in),还可使用63mm(2.5in)枪管

全枪重　694g(24.5oz)

膛线　6条,右旋

转轮弹膛容弹量　5发

枪身铭文　"SMITH&WESSON"标于枪管左侧,"38 S&WSPL"标于枪管右侧。"S&W"的图标标于枪底把右侧、后坐护板后。"MADEIN USA. MARCASREG-ISTRADAS SMITH&WESSON,SPRI NGFIELD,MASS"标于枪底把右侧、转轮下方。型号和序列号标于转轮下方。

保险装置　扳机解脱击锤阻铁。

退弹过程　转轮卡销位于枪底把左侧、转轮后方。向前推卡销,左旋出转轮,使用退弹器退出枪弹,转轮复位,扣牢卡销。

美国史密斯-韦森 M29&629 转轮手枪

M29 型转轮手枪装备于美国军警界，采用‘N’型碳冈枪底把。1955 年制造的第一款是 0.44 英寸大威力转轮手枪。自从它被好莱坞发现之后，1972 年，便赢得了“世界上最大威力手枪”的称号。不锈钢型号 M629 于 1979 年首次生产。两种型号都有不同枪型和不同长度的枪管。只是最早的型号有一隐蔽的退弹器，而后来生产的 M629 的退弹器则设计在枪管下方的凹槽中。一款称作“山地”的手枪，使用了长 101.6mm、质量轻的枪管。

技术与性能

使用枪弹　0.44 英寸马格努姆转轮手枪弹或 0.44 英寸特种枪弹（Sp1）

技术诸元（213mm 枪管）

全枪长　353mm（13.875in）

枪管长　213mm（8.375in）也提供 102mm（4in）、152mm（5in）、260mm（10.625in）

全枪重　1460g（51.5oz）

膛线　6 条，右旋

转轮弹膛容弹量　6 发

枪身铭文　“SMITH&WESSON”标于枪管左侧，“44MAGNUM”标于枪管右侧。“S8W”的图标标于哈底把右侧、后坐护板后。“MADEINUSA，MARCAS REGISTRADAS-SMITH&WESSON，SPRINGFIELD，MASS”标于枪底底把右侧、转轮下方。型号和序列号标于转轮下方。

保险装置　扳机解脱击锤阻铁。

退弹过程　转轮卡销位于枪底把左侧、转轮后方。向前推动卡销，左旋出转轮.利用退弹器退出枪弹。

美国史密斯-韦森 625 转轮手枪

采用“N”型不锈钢枪底把的 625 型转轮手枪是于 1987 年开始生产的基于 M1917 碳钢转轮手枪的限量版型号，共生产了 5000 枝。发射 0.45 英寸 ACP 转轮手枪弹，可以使用 3 发半月形弹夹或 6 发全月形弹夹完成装弹过程，使用全月形弹夹可极大提高再装填速度。火力强、动作可靠的双动 M1987 转轮手枪的极大成功，促使史密斯-韦森公司将其编号 625 改为 M1988。

技术与性能

使用枪弹　0.45 英寸 ACP 转轮手枪弹

技术诸元

全枪长　264mm（10.375in）

枪管长　127mm(5.0in)

全枪重　1276g(45oz)

膛线　6条,右旋

转轮弹膛容弹量　6发

枪身铭文　"SMITH&WESSON"标于枪管左侧,".45 CALMODEL OF 1988"标于枪管右侧。"S&W"的图标标于后座护板后、枪底把右侧。"MADE IN USA. MARCAS-REGISTRADASSMITH&WESSON,SPRINGFIELD,MASS"标于枪底把右侧、转轮下方。型号和序列号标于转轮架下方。

保险装置　扳机解脱击锤阻铁。

退弹过程　转轮卡销位于枪底把左侧、转轮后方。向前推动卡销,左旋出转轮,利用退弹器退出枪弹。

自动手枪

奥地利斯太尔 SPP 手枪

SPP(特种用途手枪)是 TMP(战术冲锋手枪)的半自动型号,使用相同的合成材料套筒座,采用枪管回转式闭锁机构,半自由枪机式自动方式。二者主要区别在于该枪无前握把,并且枪管较长。其另一突出特点是套筒座前面有一向下延伸的短杆,当用双手射击时,不扣扳机的手可抓住它,从而保证射击时手指不滑动。

技术与性能

使用枪弹 9×19mm 巴拉贝鲁姆手枪弹

技术诸元

全枪长 282mm(11. 1in)

枪管长 130mm(5. 12in)

全枪重 1300g(21b 14oz)

膛线 6 条,右旋

弹匣容弹量 15 或 30 发

枪身铭文 “MADE IN AUSTRIA”标于套筒座右侧,“STEYRMANNL ICHER”及 Steyr 标志标于套筒座左侧。

保险装置 手动保险卡笋位于握把上部,从左推至右为射击。

退弹过程 弹匣扣位于握把左侧、扳机后方。卸下弹匣,抓住位于套筒座后部、照门下方的拉机柄,后拉直至打开弹膛,通过抛壳窗检查弹膛以确信排空枪弹,松开拉机柄,扣动扳机。

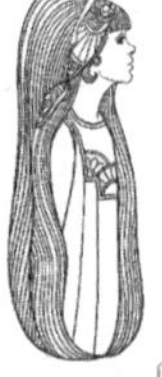

比利时勃朗宁 M1910 手枪

该枪系 M1903 的改进型,其复进簧缠绕枪管而不是位于枪管下方,从而使套筒呈独特的管状。1920-1935 年被西班牙仿制,但没有 M1903 仿制的数量多;德国也进行仿制,被称为“Rheinmetall”及“DWM”手枪,从枪身铭文很容易识别。1922 年,该枪采用更长的枪管,同时对套筒进行了加长,其他部件保持不变。

技术与性能

使用枪弹　7.65mm 勃朗宁手枪弹(0.32 英寸 ACP 手枪弹)

技术诸元

全枪长　153mm(6.02in)

枪管长　89mm(3.5in)

全枪重　600g(21oz)

膛线　6 条,右旋

弹匣容弹量　7 发

枪身铭文　“FABHIQUE NATIONALED’ARMES DEGUERRE HERSTALBELGIQUE/BROWNI NG’S PATENTDEPOSE”标于套筒左侧。“CAL 7m/m.65”标于枪管,通过抛壳窗可见。序列号标于套筒座右侧、套筒右侧和枪管上。1922 型手枪上的序列号标于套筒延伸处。

保险装置　保险卡笋位于套筒座左侧后部。向上为保险,向下为待击。握把保险位于握把后部,用力按压保险,才能射击。还设有弹匣保险装置,弹匣取出后,手枪不能射击。

退弹过程　弹匣扣位于握把底部后端。卸下弹匣,后拉套筒,退出弹膛中的枪弹,通过抛壳窗检查弹膛,释放套筒。此时手枪仍然处于击发状态,扳机无法扣动,除非将空弹匣重新装上。

比利时勃朗宁 BDA9 手枪

该枪是由勃朗宁大威力 M35 手枪发展而来,但是采用了双动发射机构,并在套筒座两侧设有待击解脱杆,代替原来的保险卡笋。弹匣扣可安装于握把的任意一侧,扳机护圈设计便于双手射击。在机构设计上,它和 M35 一样,操作和分解过程也相同,唯一不同之处在于该枪的套筒需向后移动 1mm 以阻止击针击发。

技术与性能

使用枪弹　9mm 巴拉贝鲁姆手枪弹

技术诸元

全枪长　200mm(7.87in)

枪管长　118mm(4.65in)

全枪重　9105g(32oz)

膛线　6 条,右旋

弹匣容弹量　14 发

枪身铭文　“FABRIQUE NATIONALE HERSTAL BEL GIUMFN(生产年份)”标于套筒左侧,序列号标于套筒座右侧。

保险装置　待击解脱杆位于套筒座后部两侧,向上为保险。

退弹过程　弹匣扣位于握把左侧、扳机后方。卸除弹匣,后拉套筒,退出弹膛中的枪弹,通过抛壳窗检查弹膛,释放套筒,扣动扳机。

巴西 Imbel M973/MD1 手枪

M973 最初的产品实际上是以美国柯尔特 0.45 英寸 M1911A1 为原型生产的。后经改进使用 9mm 巴拉贝鲁姆手枪弹,但仍称为 M973。1990 年,再次进行改进,使用 0.38 英寸超级自动手枪弹,投放国内和海外市场,并且还大量装备了警察和军队。这 3 种型号的手枪大部分零件可以互换。

技术与性能

使用枪弹　9mm 巴拉贝鲁姆手枪弹,0.45 英寸 ACP 手枪弹 0.38 英寸超级自动手枪弹

技术诸元

全枪长　216mm(8.5in)

枪管长　128mm(5.04in)

全枪重　1035g(36.5oz)

膛线　6 条,右旋

弹匣容弹量　7 发(0.45),8 发(9mm),9 发(0.38 super)

枪身铭文　"FABRICAITJUBABRASIL"标于套筒左侧。"EXERCITO BRASILIERO"及序列号标于套筒右侧。"Pist 9(或 45)M973"及序列号标于套筒座右侧、扳机上方,或者是"Pist 38 MDl"及序列号标于套筒座右侧。

保险装置　手动保险位于套筒座左侧后部。向上为保险。

退弹过程　弹匣扣为一按钮,位于握把左侧前端、扳机后方。向里按压,卸除弹匣,后拉套筒,退出枪弹,通过抛壳窗检查弹膛,释放套筒,扣动扳机。

巴西陶鲁斯 PT52S 手枪

一款紧凑型自由枪机式手枪,沿袭了 PT92AF 独特的控制杆和可拆卸性。像其他大型 9mm 手枪一样,PT52S 同样采用铝制套筒座、不锈钢或碳钢套筒/枪管组件。

技术与性能

使用枪弹　0.380 英寸自动手枪弹(9mmK)

技术诸元

全枪长　180mm(7.1in)

枪管长　102mm(4.0in)

全枪重　800g(28oz)

膛线　6 条,右旋

弹匣容弹量　12 发

枪身铭文　呈圆环形的"TAURUS"和"TAURUS-BRASIL"及位于圆环中的牛头标志刻于套筒左侧。序列号标于套筒座左侧。"FORJAS TAURUS S. A., MADE IN BRAZIL"及"PT52 S. 380 ACP"标于套筒右侧。较早的型号套筒上无任何标志。

陶鲁斯 PT52S 手枪

保险装置　手动保险/待击解脱杆位于套筒座后部两侧。向上为保险状态,可将击锤锁定于待击或非待击位置;向下为射击状态;再向下,释放击锤至缺口。该枪也装有扳机释放击针系统。

退弹过程　弹匣扣位于握把左侧、扳机后方。按压弹匣扣,卸除弹匣,后拉套筒,退出弹膛中枪弹,通过抛壳窗检查弹膛,释放套筒。

中国 67 式手枪

该枪是 67 式初型枪的改进型,消声装置不那么笨重,使得手枪能很轻松地装入枪套,同时也保证了枪械的平衡性。该枪没有锁定枪管尾端的方式,只能使用通常的后座式操作,不能使用 7.65mmACP 手枪弹,它使用的是 64 式 7.62mm 低侵彻力手枪弹。

技术与性能

使用枪弹　7.62×17mm64 式无底缘手枪弹

技术诸元

全枪长　226mm(8.9in)

枪管长　89mm(3.5in)

全枪重　1050g(37oz)

膛线　4 条,右旋

弹匣容弹量　9 发

枪身铭文　生产厂编号,"67"及序列号全部标于套筒左侧。

保险装置　手动保险位于握把左侧上部,向上为保险。套筒上部的叉形枪机可将套筒与枪管锁住,不能自动装填,这样可以使射击后无任何机械噪音。

退弹过程　弹匣扣位于握把下方。卸除弹匣,后拉套筒,退出弹膛中枪弹,通过抛壳窗检查弹膛,释放套筒,扣动扳机。

德国巴拉贝鲁姆 P'08 加长型手枪

该枪是在巴拉贝鲁姆 P08 标准型基础上配以长枪管,配发给支援部队的炮兵和骑兵,以取代其使用的卡宾枪。德国海军也有装备。“蜗牛”式弹匣性能不佳,现已很少与这种枪配用。

巴拉贝鲁姆 P'08 加长型手枪

技术与性能

使用枪弹　9mm 巴拉贝鲁姆手枪弹

技术诸元

全枪长　313mm(12.3in)

枪管长　200mm(7.9in)

全枪重　1060g(37.3oz)

膛线　6 条,右旋

弹匣容弹量　8 发弹匣或 32 发“蜗牛式弹匣”

枪身铭文　制造商名称“DWM”或者“Erfurt”标于套环前端。序列号标于套筒左侧的枪管延长部位,后 3 个或 4 个数字重复刻在几乎每个可拆卸部件上。

保险装置　手动保险位于套筒座左侧后部,向上为保险,向下为射击。

退弹过程　弹匣扣为按压式按钮,位于套筒左侧、扳机后方。卸去弹匣,先向上、再向后拉枪管尾端套环的两个突耳槽,退出弹膛中的枪弹,检查弹膛,释放套环,扣动扳机。

德国绍尔 M38H 手枪

M30 手枪的改进型,流线型外形,双动式扳机。

技术与性能

使用枪弹　7.65mm 勃朗宁手枪弹(0.32 英寸 ACP 手枪弹)

技术诸元

全枪长　171mm(6.7in)

枪管长　83mm(3.25in)

全枪重　720g(25oz)

膛线　4 条,右旋

弹匣容弹量　8 发

枪身铭文　“J.P.SAU ER&SOHNSUHL CAL 7.65”标于套筒左侧,“PATENT”标于套筒右侧。“S&S”花押字标于握把左侧,“S&SCal7.65”的标志标于弹匣底部,序列号标于套筒座后部。

保险装置 手动保险位于套筒左侧后部，向上为保险，向下为射击。待击/待击解脱杆位于套筒座左侧、扳机后部。当手枪呈待击状态时，按压控制杆以释放击锤，即使击锤降下，安全地放在装有枪弹的弹膛上；当手枪呈保险状态时，按压控制杆，则使击锤呈待击状态。

德国瓦尔特 PP 手枪

主要装备于警察，是该公司首款成功采用双动式结构的手枪，随后这种结构运用于 P38 手枪上。第二次世界大战前和战后生产的型号在结构上没有明显的差异，只是战后的尺寸加长、质量减轻，该枪被广泛仿制，有的有生产许可证，有的没有。

技术与性能

使用枪弹 7.65mm 勃朗宁手枪弹，9mm 短弹

技术诸元(1945 年以前型号/目前型号)

全枪长 162/173mm(6.38/6.81in)

枪管长 85/99mm(3.35/3.90in)

全枪重 710/682g(25/24oz)

膛线 6 条，右旋

弹匣容弹量 8 发

枪身铭文 【1945 年以前】“WALTHER(旗形标志)/Waffenfabrik Walther Zella Mehlis (Thur)/Walther’s Patent Cal7.65m/m/Mod PP”标于套筒左侧。【1945 年以后】“WALTHER(旗形标志)Carl Walther WaffenfabrikUlm/Do/Model PP Ca17.65mm”标于套筒左侧。序列号标于套筒座右侧、扳机后方。同时可能看见“MANURHIN”的标识，这是 1948 年到 1956 年特许生产该枪的法国公司的名称。

保险装置 保险位于套筒左侧后部。向上为射击，向下为保险。处于保险状态时，会锁定击针，并释放呈待击状态的击锤。

退弹过程 弹匣扣位于握把左侧、扳机后方。卸去弹匣，后拉套筒，退出枪弹，通过抛壳窗检查弹膛，释放套筒，扣动扳机。

德国瓦尔特 P5 手枪

该枪是 20 世纪 70 年代早期为了满足德国警察需要而设计生产出的一款安全而又反应灵敏的手枪。为了达到安全的目的，P5 的击针和击锤上的凹槽相对，如果释放击锤闭合，它会击打套筒而不会撞击击针。只有将扳机向后压到位，释放击锤，才会撞击击针，此时击针与击锤呈一线。击锤上设有保险凹槽，只有套筒处于前方位置时，扳机才能实现击发。

技术与性能

使用枪弹　9mm 巴拉贝鲁姆手枪弹

技术诸元

全枪长　181mm(7.125in)

枪管长　90mm(3.54in)

全枪重　795g(28oz)

膛线　6 条,右旋

弹匣容弹量　8 发

瓦尔特 P5 手枪

枪身铭文　"Walther(旗形标志)/PS/Carl WaltherWaffenfabrik UIm/Do"标于套筒左侧,序列号标于套筒座右侧。

保险装置　待击解脱杆位于套筒座左侧,按下时,可确保击锤处于保险状态不会使装有枪弹的弹膛击发,其他所有保险装置都是自动的。

退弹过程　弹匣扣位于握把底部。卸去弹匣,后拉套筒,退出枪弹,通过抛壳窗检查弹膛,释放套筒,扣动扳机。

德国瓦尔特 P88 型手枪

P88 手枪结构摒弃了 P38 及其后来的手枪所采用的枪管尾端闭锁的楔形击发系统,而采用了勃朗宁手枪枪管闭锁机构原理,即采用凸耳和套筒内的凹槽实现开闭锁。该系统更为低廉,也更易于生产。保险机构与 P5 相同,如前所述,依靠不对正的击针实现,如果击锤偶然被释放,击针就会与击锤上的凹槽相对应。只有扣扳机到位,击针才抬起,对准击锤打击面。

技术与性能

使用枪弹　9mm 巴拉贝鲁姆手枪弹

技术诸元

全枪长　187mm(7.36in)

枪管长　102mm(4.0in)

全枪重　900g(31.75oz)

膛线　6 条,右旋

弹匣容弹量　15 发

枪身铭文　"Walther(旗形标志)/P88/Made in Germany"标于套筒左侧,序列号标于套筒座右侧。

保险装置　便于左右手操作的待击解脱杆位于套筒座两侧、握把上部。按压待击解脱杆,击锤处于保险状态,其他所有保险装置都是自动的。

退弹过程　弹匣扣位于扳机后方、套筒两侧。卸去弹匣,后拉套筒,退出枪弹,通过抛壳窗检查弹膛,释放套筒,扣动扳机。

以色列杰里科 941 式手枪

杰里科 941 式手枪最初口径为 9mm,但其可更换备用枪管、复进簧和弹匣,发射 0.41 英寸快枪弹(0.41 英寸快枪弹和 9mm 枪弹的底缘尺寸相同)。然而,后来该枪不再称为“941”,而改为发射 0.40 英寸史-韦手枪弹,这种枪弹和 0.41 英寸快枪弹底缘尺寸相同,但是全长要短。变型枪有:F 型套筒座上设有保险,R 型保险兼作待击解脱杆,设在套筒上。

技术与性能

使用枪弹　9mm 巴拉贝鲁姆手枪弹或 0.41 英寸快枪弹

技术诸元

全枪长　207mm(8.1 5in)

枪管长　120mm(4.7in)

全枪重　1000g(35.3oz)

膛线　6 条,多边形,右旋

弹匣容弹量　16 发(9mm),12 发(0.40 英寸)

枪身铭文　“JERICHO 941/ISRAEL MILITARYINDUSTRIES”标于套筒左侧,“MADE-IN ISRAE L”标于套筒座右侧。序列号标于套筒座右侧,套筒右侧,最后 4 位数字标于枪管上,通过抛壳窗可见。

保险装置　手动保险/待击解脱杆位于套筒左侧后部,可以锁住击针,使击锤和扳机分离。向下为保险。后期型号在套筒座上设有简易保险,或在套筒上设有保险/待击解脱杆。

退弹过程　弹匣扣位于握把左侧前方、扳机后方。按下按钮,卸去弹匣,后拉套筒,退出弹膛中枪弹,通过抛壳窗检查弹膛,释放套筒,扣动扳机。

意大利伯莱塔 M84 手枪

M84 手枪是伯莱塔公司采用枪机延迟后坐、枪管尾端闭锁的现代手枪的代表,其有多种变型枪。例如 M81 和 M84 型同样采用双动式设计和双排弹匣且弹匣后面有一沟槽,便于从中观察余弹数,只是 81 型采用 7.65mmACP 手枪弹。81BB、82BB、83F、84BB、84F、85F、87BB 以及 87BB/LB 有以下不同之处:BB 系列采用单排小弹匣,故握把较薄,设有弹膛指示器,并采用自动击针保险系统;F 系列具有 BB 系列的所有特点,且设有待击解脱杆,以使击锤安全释放而不会击发装有枪弹的弹膛;87BB/LB 枪管较长(150mm),M84 如同勃朗宁 BDA380 一样,也由 FN 公司生产。

技术与性能

使用枪弹　9mm 枪弹(0. 380 英寸自动手枪弹)

伯莱塔 M84 手枪

技术诸元

全枪长　172mm(6. 8in)

枪管长　97mm(3. 8in)

全枪重　660g(23oz)

膛线　6 条,右旋

弹匣容弹量　13 发

枪身铭文　“PIETROBERETTAGARDONE V. T. ”标于套筒左侧,“MODEL 849m/m”标于套筒右侧,序列号标于套筒座左侧前端。

保险装置　手动保险位于套筒座左侧后部,向上为保险。

退弹过程　弹匣扣位于握把左侧、扳机后方。卸去弹匣,后拉套筒,退出枪弹,通过抛壳窗检查弹膛,释放套筒,扣动扳机。

意大利伯莱塔 M93R 手枪

伯莱塔 M93R 设有快慢机,手枪可选择射击方式,其三发点射时,射速约 1000 发/分。该枪扳机护圈前端有折叠式握把,可伸长式肩托可与握把后部相连。它基于 M92 的设计,但是加长了枪管,枪口处装有制退器。可以选择 20 发弹匣,安装时,握把底部略加长。

技术与性能

使用枪弹　9mm 巴拉贝鲁姆手枪弹

技术诸元

全枪长　240mm(9. 45in)

枪管长　156mm(6. 4in)(加制退器)

全枪重　1129g(39. 8oz)

膛线　6 条,右旋

弹匣容弹量　15 发或 20 发

枪身铭文　“PIETROBERETTAGARDONE V. T. Cal 9Parabellum”标于套筒左侧,序列号标于套筒座右侧。

保险装置　手动保险位于扳机后方。快慢机位于握把左侧上方,一个白点表示单发射击,三个白点表示三发点射。

退弹过程　弹匣扣位于握把底部。卸去弹匣,后拉套筒,退出枪弹,通过抛壳窗检查弹膛,释放套筒,扣动扳机。

意大利坦福利奥 TA90 手枪

该枪基于 CZ-75 的设计理念,但是经过改进和变型,现在已成为独创设计。最早出现的是标准型,战斗型与标准型唯一的区别在于保险装置的设计,战斗型可在“待击和闭锁”状态下携带。同时也出现了“微型标准型”和“微型战斗型”,它们比原型枪短 25mm,采用 9 发弹匣。该枪除了可以使用 9mm 巴拉贝鲁姆手枪弹,还可以使用 9mmlMl 手枪弹、0.40 英寸史-韦手枪弹、0.41 英寸快枪弹、10mm 自动手枪弹和 0.45 英寸 ACP 手枪弹。

技术与性能

使用枪弹　9mm 巴拉贝鲁姆手枪弹

技术诸元

全枪长　202mm(7.96in)

枪管长　120mm(4.7in)

全枪重　1016g(36oz)

膛线　6 条,右旋

弹匣容弹量　15 发

枪身铭文　“Fratelli Tanfoglio SpAGardone V. T. ItalyModTA-90 Cal 9mmParabellum”标于套筒左侧。

保险装置　标准型手动保险位于套筒左侧,可以锁住击针和击锤。战斗型手动保险位于套筒座左侧、握把上方,可以锁住扳机。同时有自动击针保险,可以确保在扳机正确扣动时击针才可击发。

退弹过程　弹匣扣位于握把左侧、扳机后方。卸去弹匣,后拉套筒,退出枪弹,通过抛壳窗检查弹膛,释放套筒,扣动扳机。

韩国大宇 DP51 手枪

大宇 DP51 是半自动手枪,使用 9mm 巴拉贝鲁姆手枪弹,采用延迟后坐系统。弹膛内有多条环形槽,射击时,弹壳急剧膨胀,膛内巨大压力进入槽中,阻止弹壳被抽出及枪管尾端被打开。当枪弹离开枪管后,弹壳恢复原来尺寸,枪管尾端也打开。由于主要供军队和警察使用,因此双动式扳机设计得非常好,提供了合适的扳机扣力。

技术与性能

使用枪弹　9mm 巴拉贝鲁姆手枪弹

技术诸元

全枪长　190mm(7.48in)

枪管长　105mm(4.13in)

全枪重　800g(28oz)

膛线　6条,右旋

弹匣容弹量　13发

枪身铭文　"DP519MM PARADAEWOO"标于套筒左侧,序列号标于套筒座右侧。

保险装置　手动保险位于套筒座左侧后部,向上为保险。

退弹过程　弹匣扣位于握把左侧、扳机后方。卸去弹匣,后拉套筒,退出枪弹,通过抛壳窗检查弹膛,释放套筒,扣动扳机。

波兰P-64手枪

该枪属于瓦尔特PP手枪的派生型,又融入了马卡洛夫手枪的特点,采用简单的双动发射结构。同马卡洛夫手枪一样,该枪的双动式扳机扣力不够平滑、利落,但这对于这种手枪来说,并不关键。

技术与性能

使用枪弹　9mm马卡洛夫手枪弹

技术诸元

全枪长　155mm(6.1in)

枪管长　84mm(3.3in)

全枪重　635g(22.4oz)

膛线　4条,右旋

弹匣容弹量　6发

枪身铭文　"9mm P-64"标于套筒左侧,序列号标于套筒座右侧。

保险装置　手动保险/待击解脱杆位于套筒左侧后部。向下为保险。此时,击针受阻板机和击锤处于保险状态。

退弹过程　弹匣扣位于握把底部。卸去弹匣,后拉套筒,退出枪弹,通过抛壳窗检查弹膛,释放套筒,扣动扳机。

俄罗斯马卡洛夫手枪

被认为是基于瓦尔特PP手枪设计的马卡洛夫尽管其与原型有不同之处,击发系统要比瓦尔特系列简单,采用双动发射机构。该枪发射9mm马卡洛夫手枪弹,这种枪弹与西方9mm警用手枪弹尺寸相同,但二者不可互换。中国和东德曾仿制过该枪。

技术与性能

使用枪弹　9mm马卡洛夫手枪弹

技术诸元

全枪长　161mm(6.3in)

枪管长　93mm(3.66in)

全枪重　730g(29oz)

膛线　4 条,右旋

弹匣容弹量　8 发

枪身铭文　序列号、生产厂标识及生产年份标于套筒座左侧。

保险装置　手动保险/待击解脱杆位于套筒左侧后方。向上为保险,使击锤和击针之间不能击打,然后释放击锤。

退弹过程　弹匣扣位于握把底部。卸去弹匣,后拉套筒,退出枪弹,通过抛壳窗检查枪弹,释放套筒,扣动扳机。

俄罗斯斯捷奇金手枪

该款枪是在瓦尔特 PP 系列的基础上改进的,可选择全自动方式射击。最高射速 850 发/分,战斗射速为 80 发/分,可实施短点射。它主要配备于苏联军官和不同军种的军士,同时出口其他国家。它实际是一枝有效的冲锋手枪,但这种手枪一般难以控制。因此,20 世纪 70 年代,AK47 步枪的短型枪 AKSU 问世后,该枪便退出了历史的舞台。恐怖分子对它情有独钟。该枪很有可能在较长时间内还会存在。

技术与性能

使用枪弹　9mm 马卡洛夫手枪弹

技术诸元

全枪长　225mm(8.85in)

枪管长　140mm(5.5in)

全枪重　1030g(36oz)

膛线　4 条,右旋

弹匣容弹量　20 发

枪身铭文　序列号及生产工厂编号刻于套筒左侧。

保险装置　保险/快慢机位于套筒左侧,共有 3 种选择:保险(np)、半自动(OA)和全自动(ABT)。处于保险状态时,套筒无法后拉。

退弹过程　弹匣扣位于握把底部。卸去弹匣,使快慢机不处于保险状态,后拉套筒,退出枪弹,通过抛壳窗检查弹膛,释放套筒,扣动扳机。

俄罗斯 PSM 手枪

该枪采用自由枪机式自动方式，外观小巧，表面无突出部分，便于隐藏。采用独特的瓶颈式枪弹，射速不详。有报道称，该枪具有极大的侵彻威力，可击穿防弹衣。尽管该枪只装备于苏联安全部队，但是在中欧的黑市上非常抢手，在将来可能会在很多地方出现。

PSM 手枪

技术与性能

使用枪弹　5. 45mm 苏联手枪弹

技术诸元

全枪长　160mm(6. 3in)

枪管长　85mm(3. 35in)

全枪重　460g(16. 2oz)

膛线　6 条，右旋

弹匣容弹量　8 发

枪身铭文　生产厂标识和序列号标于套筒左侧。

保险装置　手动保险位于套筒左侧后部，向后为保险。

退弹过程　弹匣扣位于握把底部。卸去弹匣，后拉套筒，退出枪弹，通过抛壳窗检查弹膛，释放套筒，扣动扳机。

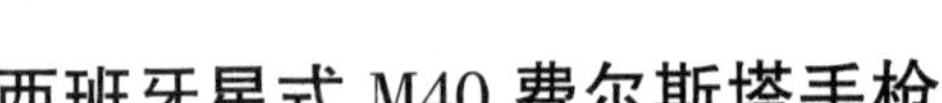

西班牙星式 M40 费尔斯塔手枪

M40 是该 0. 40 英寸口径中的紧凑型手枪，尺寸小于同等转轮手枪和同等威力的大多数自动手枪。它便于隐藏，其套筒在套筒座的导槽中运动可以保证可靠性和精确度，新一代星式手枪都具有这样的特征。还有一种结构相同的 M45 星式手枪，但发射 0. 45 英寸 ACP 手枪弹。二者较为明显的区别在于套筒：M45 从头至尾是同样的宽度，而 M40 前部宽度缩小。另外，M45 要比 M40 长 5mm，全枪重为 1025g。

技术与性能

使用枪弹　0. 40 英寸史-韦手枪弹

技术诸元

全枪长　165mm(6. 5in)

枪管长　86mm(3. 4in)

全枪重　855g(30oz)

膛线　6 条，右旋

弹匣容弹量　6 发

枪身铭文 “STAREIBARESPANA”标于套筒左侧,序列号标于套筒座右侧。

保险装置 手动保险装置位于握把上方、套筒座两侧,向上为保险。如果击锤释放,则击锤和套筒均被锁住。如击锤处于待击位置,则只是击锤被锁住,而套筒仍可以拉动,以检查弹膛。该枪同时设有自动击针保险装置且击锤上有半待击槽。

退弹过程 弹匣扣位于握把左侧、扳机后方。卸下弹匣,后拉套筒,退出弹膛中的枪弹,通过抛壳窗检查弹膛,松开套筒,扣动扳机。

西班牙星式末格斯塔手枪

该枪为较重的全尺寸手枪,采用大容量弹匣。图示为0.45英寸型,10mm手枪容弹量14发,且重量稍重。与费尔斯塔手枪一样,该枪套筒在套筒座内保证了其使用的可靠性和射击的准确性。

技术与性能

使用枪弹 0.45英寸ACP手枪弹或10mm自动手枪弹

技术诸元

全枪长 212mm(8.35in)

枪管长 116mm(4.57in)

全枪重 1360g(48oz)

膛线 6条,右旋

弹匣容弹量 12发

枪身铭文 “STAR EIBARESPANA”标于套筒左侧,序列号标于套筒座右侧。

保险装置 手动保险卡笋/待击解脱杆位于套筒后部两侧。向上为射击,向下为保险,再往下击针将被锁住,击锤则释放。释放待击解脱杆,则处于保险位置。同时还设有弹匣保险。

退弹过程 弹匣扣位于握把左侧、扳机后方。卸下弹匣,后拉套筒,退出弹膛中的枪弹,通过抛壳窗检查弹膛,松开套筒,扣动扳机。

瑞士西格P226手枪

该枪研发于20世纪80年代末期,参加了美国军用手枪的选型竞争,距选中仅一步之遥,只是由于价格原因而落选。实际上,它是在P220的基础上采用大容量弹匣和左右手都可操作的弹匣扣,弹匣扣位于扳机后方,握把前端,而不是握把的底部。该枪80%零件与P220和P225相同。尽管该枪没有被美军采用,但是一些美国联邦机构纷纷购买此枪,商业销售也非常好,到1995年,该枪约生产了50万枝。

技术与性能

使用枪弹　9mm 巴拉贝鲁姆手枪弹

技术诸元

全枪长　196mm(7.7in)

枪管长　1 12mm(4.4in)

全枪重　750g(26.5oz)

膛线　6 条,右旋

弹匣容弹量　15 发

枪身铭文　“SIG SAUER”标于套筒左侧前端,P226 及序列号标于套筒右侧,另外序列号也标于套筒座右侧。

保险装置　待击解脱杆位于握把左侧,连接销位于扳机后方。向下按压则解脱击锤并使其处于安全凹槽中。自动击针保险装置使击针始终处于锁定状态,只有当扣动扳机的最后时刻才会解锁。握把左侧上方的卡钮为套筒锁,在拆卸手枪时使用,并非保险装置。

退弹过程　弹匣扣位于握把左侧、扳机后方。卸下弹匣,后拉套筒,退出弹膛中的枪弹,通过抛壳窗检查弹膛,松开套筒,扣动扳机。

瑞士西格-绍尔 P-228 手枪

1988 年,P-228 面市。它试图完善西格系列手枪,是一款采用大容量弹匣的紧凑型手枪。该枪大部分零件与 P225 和 P226 相同,同样采用自动击针保险系统和双动扳机控制系统。弹匣扣位于套筒座两侧,适合不同使用者需要。

技术与性能

使用枪弹　9×19mm 巴拉贝鲁姆手枪弹

技术诸元

全枪长　180mm(7.08in)

枪管长　98mm(3.86in)

全枪重　830g(11b 13oz)

膛线　6 条,右旋

弹匣容弹量　13 发,可卸式弹匣

枪身铭文　“SIG-SAUER”标于套筒左侧前端,“P228 MADE INGERMANY(或 W.GER-MANY)”及序列号标于套筒右侧,序列号也标于套筒座右侧,“CAL 9PARA”标于枪管处,通过抛壳窗可见。

保险装置　待击解脱杆位于握把左侧,连接销位于扳机后方。向下按压则解脱击锤并使其处于安全凹槽中。自动击针保险装置,使击针始终处于锁定状态,只有当扣动扳机的最后时刻才会解锁。握把左侧上方的卡钮为套筒锁，拆卸手枪时使用，并非保险装置。

退弹过程 弹匣扣位于握把左侧、扳机后方。卸下弹匣，后拉套筒，退出弹膛中的枪弹，通过抛壳窗检查弹膛，松开套筒，扣动扳机或按压待击解脱杆。

瑞士西格 P-232 手枪

该枪广泛采用了现代制造技术，于 1997 年问世，用以取代 P230，可以说它是 P230 的重新设计型。二者外观基本相同，只是套筒外观略有改变。P-232 的众多型号中有不锈钢套筒型，有黑色套筒和蓝化钢套筒座型（仅双动设计）。7.65mm 口径型也重新开始生产。

技术与性能

使用枪弹 7.65mm 勃朗宁手枪弹，9×17mm 短弹

技术诸元

全枪长 168mm（6.61in）

枪管长 92mm（3.62in）

全枪重 500g（18oz）

膛线 6 条，右旋

弹匣容弹量 7 发，8 发（7.65mm 口径）

枪身铭文 “SIG-SAUERMADEIN GERMANY P232”标于套筒左侧。序列号标于套筒和套筒座右侧。

保险装置 无手动保险。待击解脱杆位于套筒座左侧，可使待击击锤安全释放。自动击针保险装置使击针始终处于锁定状态，只有当扣动扳机的最后时刻才会解锁。

退弹过程 弹匣扣位于握把底部。卸下弹匣，后拉套筒，退出弹膛中的枪弹，通过抛壳窗检查弹膛，松开套筒，扣动扳机或按压待击解脱杆。

瑞士司芬尼克斯 AT2000 手枪

该枪于 20 世纪 80 年代初期面世，最初的名称是“ITM AT 84”，但是 ITM 公司于 20 世纪 80 年代末期被司芬尼克斯公司兼并，因此该枪名称也随之改变。它是以 CZ75 为原型设计生产的，但是瑞士生产者进行了大量改进，最终成为全新的设计，所以大部分零件不能和 CZ75 及其仿制品互换。这些改进中有两项专利：自动击针保险系统和可变尺寸弹匣。该弹匣可容纳不同枪弹，改变口径时不需换弹匣，只更换枪管（或套筒）即可。有好几种射击系统不同或表面处理不同的枪型可供选择。

技术与性能

使用枪弹　9×19mm 巴拉贝鲁姆手枪弹，9×21mm IMI 手枪弹，0.40 英寸史－韦手枪弹

技术诸元

全枪长　204mm(8.03in)

枪管长　115mm(4.53in)

全枪重　1030g(36.3oz)

膛线　6 条，右旋

弹匣容弹量　15 发

枪身铭文　“+SOL OTHURN+AT2000”标于套筒左侧，“SPHINXMADE INSWITZERLAND”及序列号标于套筒座左侧。

保险装置　手动保险卡笋位于套筒座左侧，以使击锤处于待击或解脱状态。1990 年以后的产品，在套筒座右侧同样设置了保险卡笋。同时还有自动击针保险装置，使击针始终处于锁定状态，只有当扣动扳机的最后时刻才会解锁。

退弹过程　弹匣扣位于握把左侧、扳机后方。卸下弹匣，后拉套筒，退出弹膛中的枪弹，通过抛壳窗检查弹膛，松开套筒，扣动扳机。

美国史密斯－韦森 M2213 手枪

M2213 是史密斯－韦森家族中最小的一款自动手枪。其采用枪机后坐式自动方式，口径 0.22 英寸，不锈钢套筒及合金套筒座，适于不同的室外环境使用。M2214 与其极为相似，只是采用了发蓝碳钢套筒及合金套筒座。这两种手枪被宣传为适合“喜欢随意射击者和室外射击者”，当然，它也是很好的家庭防卫武器。

技术与性能

使用枪弹　0.22 英寸边缘发火步枪长弹

技术诸元

全枪长　155.6mm(6.125in)

枪管长　76.2mm(3.0in)

全枪重　509.7g(18oz)

膛线　6 条，右旋

弹匣容弹量　8 发

枪身铭文　“MODEL 2213”及序列号标于套筒座左侧，“S&W”花押字标于套筒座右侧。

保险装置　手动保险卡笋位于套筒座左侧后方，向上为保险。

退弹过程　弹匣扣位于握把底部。卸下弹匣，如需要排空其中枪弹，后拉套筒，退出

弹膛中的枪弹,通过抛壳窗检查弹膛,松开套筒,扣动扳机,安装空弹匣。

美国 AMT Hardballer 手枪

全不锈钢结构,完全仿照柯尔特政府型 1911A1 手枪,弹匣容弹量 7 发,发射 0.45 英寸 ACP 手枪弹。其长套筒型枪管长 178mm,全枪重 1303g。

技术与性能

使用枪弹　0.45 英寸 ACP 手枪弹

技术诸元

全枪长　216mm(8.5in)

枪管长　127mm(5in)

全枪重　1076g(38oz)

膛线　6 条,右旋

弹匣容弹量　7 发

枪身铭文　"HARDBALLER. AMT AUTOMATICCALLBER 0.45"标于套筒左侧,"STAIN-LESS MADEIN USA"标于套筒右侧,"AMT"标志及序列号标于套筒座右侧。

保险装置　手动保险卡笋位于套筒座后部左侧上方。向上为保险,向下为射击。握把保险位于套筒座后部,只有正确紧握握把时扳机才能击发。

退弹过程　弹匣扣位于握把左侧、扳机后方。按压弹匣扣以释放弹匣,卸下弹匣,后拉套筒,退出弹膛中的枪弹,通过抛壳窗检查弹膛,松开套筒,扣动扳机。

美国 AMT Automag Ⅱ手枪

该枪采用气动式设计,不锈钢结构,自动填装枪弹,使用不常见的由加利福尼亚阿卡迪亚机械公司生产的 0.22 英寸 WMR 手枪弹。Automag 手枪于 1990 年采用 IAI(Irwin-daleArms Inc)商标,有 3 种型号,每种型号的套筒和枪管长度不同。最小的手枪握把较小,弹匣容弹量为 7 发。也大量生产大口径 Automag 手枪,最大口径手枪可发射 0.50 英寸快手枪弹。

技术与性能

使用枪弹　0.22 英寸 WMR 手枪弹

技术诸元(枪管长 153mm 的型号)

全枪长　235mm(9.25in)

枪管长　可使用 152mm(6in),114mm(4.5in),86mm(3.35in)等不同长度的枪管

全枪重　907g(32oz)

膛线　6 条,右旋

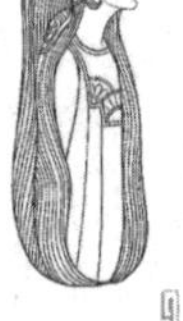

弹匣容弹量　9 发

枪身铭文　“AMT Motif, AUTOMAG II, 0.22RIMFIRE MAGNUM”标于套筒左侧，“IR-WINDALECA”标于套筒座左侧，“STAINLESS MADE INUSA, PAT PENDING”标于套筒右侧，序列号标于套筒座右侧。

保险装置　用拇指操作的保险杆位于套筒左侧后部，向上为射击，向下为保险。

退弹过程　弹匣扣位于握把底部。后推弹匣扣，卸下弹匣，后拉套筒，退出弹膛中的枪弹，通过抛壳窗检查弹膛，套筒复位。

美国勃朗宁 BDM 手枪

该枪为 FN 勃朗宁 BDA 的变型，是最初的勃朗宁大威力手枪的双动型。该枪套筒顶部呈圆形，照门可微调，击锤为圆形、带锯齿状的扳齿击锤，便于拇指操作，而非通常的锥形击锤。保险卡笋便于左右手操作，便于改动枪机而转为仅单动发射方式。

勃朗宁 BDM 手枪

技术与性能

使用枪弹　9mm 巴拉贝鲁姆手枪弹

技术诸元

全枪长　200mm(7.87in)

枪管长　119mm(4.69in)

全枪重　930g(32.8oz)

膛线　6 条，右旋

弹匣容弹量　15 发

枪身铭文　“BROWNING ARMSCOMPANY MORGANUTAH. MONTREAL P. Q.”标于套筒左侧。

保险装置　套筒座两侧均设有手动保险卡笋，向上为保险。

退弹过程　弹匣扣位于握把左前方、扳机后方。卸下弹匣，后拉套筒，退出弹膛中的枪弹，通过抛壳窗检查弹膛，释放套筒，扣动扳机，清空弹匣并安装于枪上。

美国柯尔特德尔塔爱利特手枪

该枪是柯尔特政府型的变型枪，对套筒顶部进行修改，并采用聚合物材料制复进簧导杆，可以发射威力较大的 10mm 自动手枪弹。采用碳钢和不锈钢材料，并经发蓝处理。

技术与性能

使用枪弹　10mm 自动手枪弹

技术诸元

全枪长　216mm(8.5in)

枪管长　127mm(5.5in)

全枪重　1077g(38oz)

膛线　6条,左旋

弹匣容弹量　8发

枪身铭文　"DELTAELITE,COLTAUTO""Delta"、三角形标志和"10MM"标于套筒左侧,"GOVERNMENTMODEL"标于套筒右侧,"COLT PT.F.A MFG CO.HARTFORD,CONN,USA."及序列号标于套筒座右侧。

保险装置　手动保险卡笋位于套筒座后部左侧上端,向上为保险,向下为射击。握把保险位于套筒座后部,只有在握把准确握持的情况下才能扣动扳机。击针保险确保只有在扳机完全扣动时击针才会击发枪弹。

退弹过程　弹匣扣位于握把左侧、扳机后方。按压弹匣扣,卸下弹匣,后拉套筒,退出弹膛中的枪弹,通过抛壳窗检查弹膛,释放套筒。

美国柯尔特 MKlV80 系列手枪

该枪是发射0.45英寸ACP枪弹的柯尔特1911/1911A1手枪系列的后续产品,采用击针保险。该枪同样可以使用0.38英寸超级枪弹并配以大容量弹匣,因而会增重28g。采用碳钢和不锈钢表面发蓝处理制成。价格低廉,表面亚光处理。碳钢型(称为M1991)于1993年问世,其枪身铭文有所不同,特别明显的是套筒左侧标有"COLT M1991Al"。

技术与性能

使用枪弹　0.45英寸ACP手枪弹,0.38英寸超级枪弹

技术诸元

全枪长　216mm(8.5in)

枪管长　127mm(5.5in)

全枪重　1 078g(38oz)

膛线　6条,左旋

弹匣容弹量　8发(0.45英寸),9发(0.38英寸)

枪身铭文　"COLT MKⅣ-SEIES80-"标于套筒左侧,"GOVERN-MENTMODEL"标于套筒右侧。"COLT'SPT.F.A.MFG.CO.HARTFORD,CONN,U.S.A."及序列号标于套筒座右侧。

保险装置　手动保险卡笋位于套筒座左侧后上方,向上为保险,向下为射击。握把保险位于套筒座后部,只有在正确握持握把的情况下才能扣动扳机。击针保险确保只有在扳机完全扣动时,击针才会击发枪弹。

退弹过程 弹匣扣位于握把左侧、扳机后方。向下按压卸下弹匣,后拉套筒,退出弹膛中的枪弹,通过抛壳窗检查弹膛,释放套筒。

美国柯尔特官员用 ACP,ACPLW 手枪

该枪为0.45英寸口径柯尔特 MkⅣ政府型的紧凑型,套筒缩短37.5mm,全枪长缩短32mm。标准型采用碳钢和不锈钢结构,轻型则采用铝合金结构,从而全枪重减少了283g。这样的结合轻便小巧,便于隐藏,仍然可以发射主流枪弹。

技术与性能

使用枪弹 0.45英寸 ACP 手枪弹

技术诸元(ACP LW)

全枪长 184mm(7.25in)

枪管长 89mm(3.5in)

全枪重 680g(24oz)

膛线 6条,左旋

弹匣容弹量 6发

枪身铭文 “COLT MK VI-SERIES80-”标于套筒左侧,“OFFICERS ACP”标于套筒右侧,“COLT'S PT. F, A. MFG. CO. HARTFORD, CONN, U. S. A.”及序列号标于套筒座右侧。

保险装置 手动保险位于套筒座左侧,向上为保险,向下为射击。握把保险位于套筒座后部,只有在紧握握把的情况下才能扣动扳机。击针保险确保只有在扳机完全扣动时击针才会击发枪弹。

退弹过程 弹匣扣位于握把左侧、扳机后方。下压弹匣扣,卸下弹匣,后拉套筒,退出弹膛中的枪弹,通过抛壳窗检查弹膛,释放套筒。

美国柯尔特政府型0.380英寸手枪

该枪由0.45英寸口径柯尔特 Mk lV 政府型演变而来,套筒座、枪管和套筒有所缩小。该枪并没有使用最为熟悉的 M1911 的握把保险。0.38英寸政府型的变型也有许多:套筒缩小的 Mustang Plus Ⅱ型和套筒、套筒座缩小的0.380英寸 Mus-tang。铝合金结构中的“袖珍型”系列,最重的也仅有418g。

0.380 英寸手枪

技术与性能

使用枪弹 0.380英寸自动手枪弹(9mm)

技术诸元

全枪长　152mm(5.0in)

枪管长　82.6mm(3.25in)

全枪重　730g(26oz),

膛线　6 条,左旋

弹匣容弹量　7 发

枪身铭文　"COLT MKⅣ SERIES80. GOVERNMENTMODEL. 380 AUTO"标于套筒左侧,序列号标于套筒座左侧,"COLT' SPT. F. A. MFG. CO. HARITORD, CONN, U. S. A."标于套筒座右侧。

保险装置　手动保险位于套筒座左侧上方,向上为保险,向下为射击。击针保险确保只有在扳机完全扣动时击针才会击发枪弹。

退弹过程　弹匣扣位于握把左侧、扳机后方。下压弹匣扣,卸下弹匣,后拉套筒,退出弹膛中的枪弹,通过抛壳窗检查弹膛,释放套筒。

美国柯尔特双鹰手枪

该枪是基于政府型 M1911Al 的设计,但是增加了双动发射装置,而且形状也有所不同。双鹰型呈流线型,反向弧状扳机护圈,可双手射击。变型枪有"战斗指挥者"型,较紧凑,枪管长 114mm,采用 0.40 英寸口径;"军官型",枪管长 89mm,0.45 英寸口径。

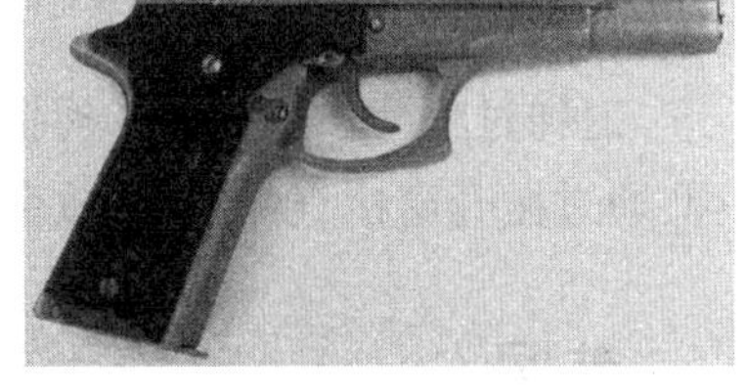

柯尔特双鹰手枪

技术与性能

使用枪弹　10mm 自动手枪弹或 0.45 英寸 ACP 手枪弹

技术诸元

全枪长　216mm(8.5in)

枪管长　127mm(5.0in)

全枪重　1092g(38.5oz)

膛线　6 条,左旋

弹匣容弹量　8 发

枪身铭文　"COLT DOUBLEEAGLE/MKⅡ SERIES 90"标于套筒左侧,序列号标于套筒座右侧。

保险装置　保险和待击解脱杆位于握把左侧。下按待击解脱杆,释放击锤,再扣动扳机,可使击锤待击并发射。

退弹过程　弹匣扣位于握把左侧、扳机后方。下压弹匣扣,卸下弹匣,后拉套筒,退出弹膛中的枪弹,通过抛壳窗检查弹膛,释放套筒,扣动扳机。

美国柯尔特 2000 型手枪

2000 型手枪是柯尔特公司为 21 世纪设计的手枪。由瑞德·奈特和尤金·斯通纳设计,放弃了传统的枪管偏移式闭锁机构,而采用全新的枪管旋转式闭锁机构。发射机构自动待击,类似双动转轮手枪。该枪并未受到欢迎,于 1994 年停产。

技术与性能

使用枪弹　9mm 巴拉贝鲁姆手枪弹

技术诸元

全枪长　192mm(7.5in)

枪管长　114mm(4.5in)

全枪重　810g(28.6oz)

膛线　6 条,左旋

弹匣容弹量　15 发

枪身铭文　“COLTALLAMER ICAN MODEL2000”和柯尔特公司的小马标志标于套筒左侧,“COLT DOUBLEACTION 9mm"标于套筒右侧,序列号标于套筒座前端下方。

保险装置　该枪无手动保险装置。类似于双动型转轮手枪,需要扣动扳机使发射机构先待击,然后释放击针。

退弹过程　弹匣扣位于握把两侧、扳机后方。卸下弹匣,后拉套筒,退出弹膛中的枪弹,通过抛壳窗检查弹膛,释放套筒,扣动扳机。

美国 Coonan 手枪

该枪采用全不锈钢结构,采用柯尔特政府型加长部件,发射 0.357 英寸马格努姆转轮手枪弹。最初 10 年,共生产了 5000 枝,其中大部分是“B”系列无铰链枪管的。有极少一部分使用 153mm 枪管和标准套筒,另有缩短型。

技术与性能

使用枪弹　0.357 英寸马格努姆手枪弹

技术诸元

全枪长　211mm(8.3in)

枪管长　127mm(5.0in)

全枪重　1180g(41.6oz)

膛线　6 条,右旋

弹匣容弹量　7 发

枪身铭文　“COONAN.357MAGNUMAUTOMATIC”标于套筒左侧,序列号标于套筒

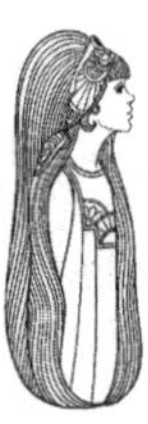

座右侧。

保险装置 手动保险位于套筒座后部左侧顶端。向上为保险,向下为射击。握把保险位于套筒座后部,只有在紧握握把的情况下才能扣动扳机。

退弹过程 弹匣扣位于握把左侧、扳机后方。下压弹匣扣,卸下弹匣,后拉套筒,退出弹膛中的枪弹,通过抛壳窗检查弹膛,释放套筒。

美国 L. A. R Grizzly Win Mag 手枪

该枪外观上完全模仿柯尔特 M1911Al 的设计,外部主要区别在于加长型枪管、直角形扳机护圈、可微调的照门。该枪使用独特的枪弹,即缩口的 0.45 英寸 ACP 手枪弹壳装 0.357 英寸弹头。通过转换工具,可以发射 0.357 英寸马格努姆手枪弹、0.45 英寸 ACP 手枪弹、0.44 英寸马格努姆手枪弹和 9mm 手枪弹。可使用长 203.2mm 和 254mm 的枪管。

技术与性能

使用枪弹 0.357/0.44 英寸 Grizzly 温彻斯特-马格努姆手枪弹

技术诸元

全枪长 266mm(10.46in)

枪管长 165mm(6.50in)

全枪重 1350g(47.59oz)

膛线 6 条,右旋

弹匣容弹量 7 发

枪身铭文 "L. A. R. MFG INCWEST JORDAN UT 84084U. S."和序列号标于套筒座右侧后部,"L. A. R."的图标和"GRIZZLY IN MAG"标于套筒左侧。

保险装置 手动保险位于套筒座两侧,向上为保险。

退弹过程 弹匣扣位于握把左侧、扳机后方。下压弹匣扣,卸下弹匣,后拉套筒,退出弹膛中的枪弹,通过抛壳窗检查弹膛,释放套筒,扣动扳机,将空弹匣装回手枪。

美国解放者型手枪

1944 年至 1945 年,该枪大量生产,被许多反抗力量和游击队使用。其射程较近,单发发射,共生产 1,000,000 枝,分布很广,今后许多年仍会出现。在其空握把内可装 5 发枪弹,退壳时必须有铅笔或类似的工具协助。

技术与性能

使用枪弹 0.45 英寸 ACP 手枪弹

技术诸元

全枪长　141mm(5.55in)
枪管长　102mm(4.0in)
全枪重　445g(15.6oz)
膛线　无,滑膛
弹匣容弹量　无;单发发射
枪身铭文　无
保险装置　无
退弹过程　后拉位于手枪后端的击针,旋转90°以闭锁住枪管后端,检查弹膛是否为空。将击针旋回90°并释放至原位。扣动扳机,拉动握把底部的滑片,检查内部有无松散的枪弹。

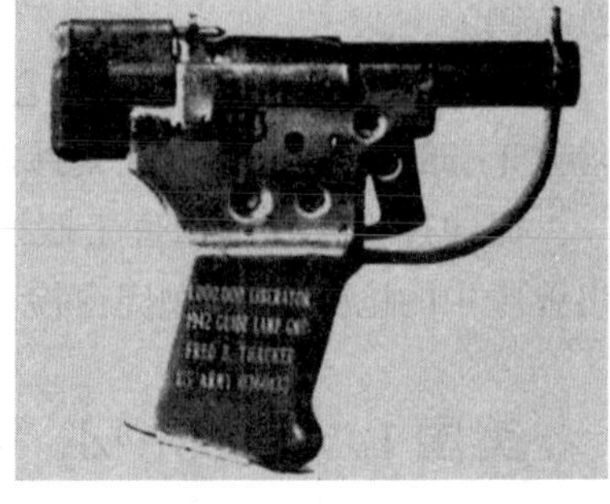
解放者型手枪

美国 SOCOM,Mark 23 ModO 手枪

1990年,美国特种作战司令部(SOCOM)需求一种0.45英寸口径的自动手枪,并要求有高于M1911A1的精度,备有消声器和激光瞄准装置,该枪便应运而生。SOCOM手枪和HKUSP手枪极为相似:双动式设计,击锤击发,采用勃朗宁式枪管闭锁系统。后坐缓冲簧可以减轻后坐力,保证射击的准确性。枪口从套筒前端突出,上有螺纹,便于安装消声器,据说可以降低25分贝噪声。安装消声器时,该枪可在锁住套筒的情况下进行单发射击,此时套筒不后坐,空弹壳不抛出,进一步降低了发射时的噪声。套筒座前端的凹槽可以安装激光瞄准装置。普通的机械瞄准装置带有氚光点,使得在光线微弱情况下同样可以准确射击。

技术与性能
使用枪弹　0.45英寸ACP手枪弹
技术诸元
全枪长　245mm(9.65in),421mm(16.57in)(加消声器)
枪管长　149mm(5.87in)
全枪重　1210g(2lb 10oz),1920g(4lb 4oz)(加消声器和满弹匣)
膛线　4条,多边形,右旋
弹匣容弹量　12发
枪身铭文　"U.S. PROPERTY Mk23 Mod 0"和序列号标于套筒左侧。
保险装置　套筒座两侧均有手动保险,在保险前面,有手动待击解脱杆可以毫无声音地放落击锤。
退弹过程　弹匣扣位于扳机护圈后方。卸下弹匣,确保套筒未锁定,后拉套筒,退出弹膛中的枪弹,通过抛壳窗检查弹膛,释放套筒,扣动扳机。

美国鲁格 P-85 型手枪

最初的型号为 P-85,随后定期对其进行改进,型号也随之改变。现在该手枪已形成基本结构相同的一手枪系列,该系列包括单动型、纯双动型、双动及保险钮可释放击锤的型号。还可以发射 0.45 英寸 ACP 手枪弹和 0.40 英寸史-韦手枪弹,只是尺寸不同。“通用”型可以通过更换枪管发射 7.65mm 巴拉贝鲁姆手枪弹。

技术与性能

使用枪弹　9mm 巴拉贝鲁姆手枪弹

技术诸元

全枪长　200mm(7.87in)

枪管长　114mm(4.48in)

全枪重　910g(32oz)

膛线　6 条,右旋

弹匣容弹量　15 发

枪身铭文　“RUGER P[×××]”(型号)标于套筒左侧,序列号标于套筒座右侧。“BE-FOREUSING THlS GUN READWARNINGS ININSTRUCTION MANUALAVAIL-ABLE-FREEFROMSTURM, RU GER&COINC”标于套筒座右侧。“STURM, RUGER&CONC/SOUTHPORTCONNUSA”标于套筒右侧。

保险装置　左右手均可使用的保险位于套筒后部。向下为保险,能够锁住击锤、击针、解脱扳机。

退弹过程　弹匣扣位于套筒座两侧、扳机后方。卸下弹匣,后拉套筒,退出弹膛中的枪弹,通过抛壳窗检查弹膛,释放套筒,扣动扳机。

美国萨维奇手枪

所有萨维奇手枪都非常相似,共 3 种型号:采用锯齿状击锤和锯齿花纹套筒设计的 1907 型,采用锯齿状花纹套筒、握把保险装置和无击锤设计的 1915 型,以及采用扳齿击锤、楔形握把的 1915 型。20 世纪 50 年代,大量 1915 型被葡萄牙购买,因此在南欧被广泛使用,极为常见。

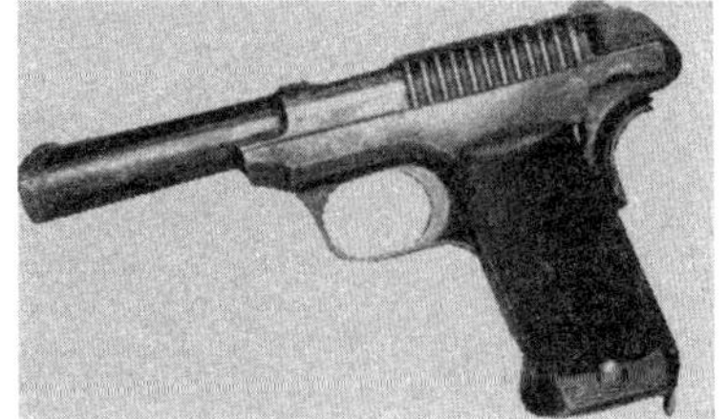

萨维奇手枪

技术与性能

使用枪弹　7.65mm 勃朗宁手枪弹(0.32 英寸 ACP 手枪弹),9mm 短弹(0.380 英寸自动手枪弹)

技术诸元

全枪长　167mm(6.6in)

枪管长　96mm(3.77in)

全枪重　625g(22oz)

膛线　6条,右旋

弹匣容弹量　10发

枪身铭文　“SAVAGE”标于套筒座左侧或套筒顶部,1917型“Savage 1917 Model”标于套筒座左侧,所有型号握把处都有公司标志(印第安人头像)和“Savage Quality”环形图案。

保险装置　手动保险位于套筒座左侧后部,向上为保险。

退弹过程　弹匣扣位于握把底部。卸下弹匣,拉动套筒,退出弹膛中的枪弹,通过抛壳窗检查弹膛,套筒复位,扣动扳机。

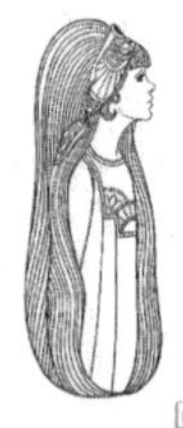

冲锋枪

澳大利亚 F1 冲锋枪

虽然受到军方的很大欢迎，但欧文冲锋枪在 20 世纪 60 年代仍开始显得有点落伍。因此，一种新枪 X_3 问世了，其首批型号于 1962 年开始生产。X_3 有许多斯特林枪的特征，尤其是内部特征。可以说它是斯特林枪的澳大利亚版仿制型，但这么说把两者的相似程度又有点夸大了。X_3 的扳机与斯特林枪有明显不同，而且 X_3 的枪机位于左侧。该枪的照门做了特殊设计，出于军方的要求，欧文冲锋枪位于机匣上方的弹匣被保留了下来。一个有趣的特征是，该枪枪托的狭小部分与枪身巧妙连接，只有这种方式才可能适合 X_3 枪的直线型设计。作为一种简单而有效的武器，该枪在越南的丛林战中表现卓著，从此被正式采纳，称为 9mm 冲锋枪——F1。在 20 世纪 80 年代末期，随着 AUG 冲锋枪的问世，制造商停止了 F1 冲锋枪的生产。

技术与性能

使用枪弹　9×19mm 巴拉贝鲁姆手枪弹

技术诸元

全枪长　715mm(28. 15in)

枪管长　203mm(8. 00in)

全枪重　3. 26kg(71b3oz)

膛线　6 条，右旋

弹匣容弹量　34 发

射速　600 发/分

枪身铭文　在机匣右侧标有“F1 LITHGOW”以及序列号。

保险装置　在扳机装置的左侧，有一个合二为一的保险/快慢机。当处于保险状态时，会锁住枪机，防止万一枪支跌落时，枪机发生运动。如果枪机处于待击状态，保险就会使枪机离开击发阻铁并将之锁住。

退弹过程　弹匣扣位于弹匣槽的后方。卸下弹匣，向后拉拉机柄直到闭锁，通过抛壳窗检查弹膛，拉住拉机柄，然后扣压扳机，使枪机在控制下向前运动。

奥地利斯太尔 AUG 伞兵用冲锋枪

该枪采用斯太尔 AUG 突击步枪统一枪身,配装新的 9mm 口径枪管枪机组件以及二个弹匣节套,从而可使用 MPi69 弹匣。该枪自动方式由导气式改为枪机后坐式。因为枪管较长,所以该枪的精确度极高,而且比使用同种枪弹的其他枪支拥有更高的初速。斯太尔是最早把现在的突击步枪改装成可发射 9mm 枪弹武器的制造商之一。因此到目前为止,生产一种冲锋枪而且又满足制造最少数量新部件的要求,斯太尔是最成功的。该公司曾经一度生产销售一套零部件,用这套零部件,任何 AUG 步枪都可以改装成冲锋枪。

技术与性能

使用枪弹　9mm 巴拉贝鲁姆手枪弹

技术诸元

全枪长　665mm(26.18in)

枪管长　420mm(16.54in)

空枪重　3.30kg(71b 4oz)

膛线　6 条,右旋

弹匣容弹量　25 发或 32 发

射速　700 发/分

枪身铭文　塑料枪托 E 标有“STEYR-DAIMLER-PUCH AG MADEIN AUSTRIA”以及序列号。

保险装置　在扳机上方有保险按钮。从左扳到右,武器处于保险状态;从右扳到左,武器处于射击状态。射击选择由扳机控制。轻微扣压扳机,武器处于单发射击状态;继续扣压扳机,武器处于连发状态。

退弹过程　卸下弹匣,向后拉拉机柄,检查弹膛,释放枪机,扣压扳机。

奥地利斯太尔 TMP 冲锋枪

TMP(战术冲锋手枪)已经取代 MPi69 和 MPi81,成为标准斯太尔冲锋枪。机匣几乎全由合成材料制成,这种材料硬度很高,不需要嵌入钢件导引枪机。该枪有前握把,枪口可加装消声器。公司计划研制一套与 AUG 步枪相似的模块式系统,从而只需更换少数几个零件即可将 TMP 改为其他口径(例如 10mm)的武器。还有一种不带前握把的冲锋枪,只设单发射击方式,该枪被称为 SPP(特种手枪)。

技术与性能

使用枪弹　9mm 巴拉贝鲁姆手枪弹

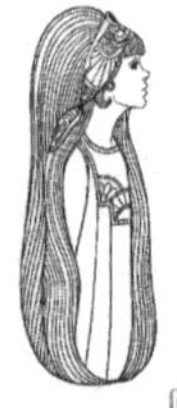

技术诸元

全枪长　270mm(10.63in)

枪管长　150mm(5.90in)

空枪重　1.30kg(21b 14oz)

膛线　6 条,右旋

弹匣容弹量　15 发\20 发或 25 发

枪身铭文　机匣左侧标有“SteyrMannlicher”及序列号。

斯太尔 TMP 冲锋枪

保险装置　横动保险机位于扳机后方、握把上部,左、中、右 3 个位置分别是连发、单发和保险状态。

退弹过程　按压式弹匣扣位于后握把左前方、紧靠扳机的后方。卸下弹匣,拉住拉机柄可看见照门下的一双翼片,继续后拉可弹出弹膛口的枪弹,通过抛壳窗检查弹膛,扣压扳机,释放拉机柄和枪机。

捷克斯洛伐克/南斯拉夫 Skorpion 冲锋枪

起初设计这款枪是用以替代在装甲车辆内人员所用的手枪,其枪弹的选用很奇特。虽然有报道说该枪的变型枪可使用 9mm 手枪短弹(0.380 英寸自动手枪弹)以及 9mm 巴拉贝鲁姆手枪弹,但这种枪在西方还未见到。南斯拉夫 Zastava 公司制造该枪的 7.65mm 型号,称作 M84,用于出口。该枪广泛传播到社会主义国家以及中部非洲,甚至在恐怖分子手中也很常见。现在世界各地都能见到。

技术与性能

使用枪弹　7.66mm 勃朗宁手枪弹(0.32 英寸 ACP 手枪弹)

技术诸元

全枪长(枪托展开)　513mm(20.2in)

全枪长(枪托折叠)　269mm(10.59in)

枪管长　112mm(4.40in)

全枪重　1.59kg(3 1b 8oz)

弹匣容弹量　10 发或 20 发

射速　850 发/分

枪身铭文　在机匣左侧标有序列号。

保险装置　在机匣的左侧、握把上方,有一个手动的合二为一的保险/快慢机。往后扳,在标有“1”处是单发状态;在中间,标有“0”处是保险状态;向前推,在标有“20”处是连发状态。

退弹过程　在弹匣槽后方、机匣左侧有弹匣扣。卸下弹匣,抓住上机匣两侧的拉机柄,向后拉,退出弹膛内的枪弹,通过抛壳窗检查弹膛,释放拉机柄,扣压扳机。

丹麦麦德森 1946,1950 型冲锋枪

该枪是麦德森系列枪的第一款,该系列的枪支都很相似。机匣是由两片冲压件从后面链接而成,如果卸下枪管的连接螺母和枪管,就可以像打开书本一样打开机匣,露出里面的零部件。这款枪的拉机柄实际上是位于机匣上方的一个铁片,两边有翼片,可以抓住往后拉。1946 型曾被丹麦军方采用,也出售给泰国以及一些南美国家。1950 型与之很相似,只是拉机柄呈圆钮状,位于机匣上方。

技术与性能

使用枪弹　9mm 巴拉贝鲁姆手枪弹

技术诸元

全枪长(枪托展开)　780mm(30.7in)

全枪长(枪托折叠)　550mm(21.65in)

枪管长　200mm(7.87in)

空枪重　3.15kg(61b 15oz)

膛线　4 条,右旋

弹匣容弹量　32 发

射速　500 发/分

枪身铭文　在机匣右侧标有"MADSEN",机匣上方标有序列号。

保险装置　在机匣的左侧有滑动保险机。向前是保险状态,向后是射击状态。此外,有一个握把保险位于弹匣槽后面,要想使枪机闭锁,须先把该握把保险推向弹匣槽方向。

退弹过程　在弹匣槽后方有弹匣扣。卸下弹匣,向后拉拉机柄,退出弹膛内的枪弹,通过抛壳窗检查弹膛,按压握把保险,扣压扳机。

法国玛特 49 冲锋枪

玛特 49 枪取代了玛斯 38 冲锋枪,所发射的枪弹也更加实用。该枪设计非常紧凑,其弹匣槽连同整个弹匣都可以整体向前折叠到枪管下方,使得携行更加方便。在法国军队,该枪在一定程度上因法玛斯 5.56mm 步枪的采用而被取代,但仍然在预备役部队、警察和其他准军事力量中广泛使用。在法国的前殖民地也能见到该枪的踪影。

技术与性能

使用枪弹　9mm 巴拉贝鲁姆手枪弹

技术诸元

全枪长(枪托展开)　660mm(26.0in)

全枪长(枪托折叠)　404mm(15.9in)

枪管长　230mm(9.05in)

空枪重　3.63kg(81b 6oz)

膛线　4条,右旋

弹匣容弹量　32发

射速　600发/分

枪身铭文　在机匣左侧标有"M.A.T.Mle 49.9m/m"以及序列号。

保险装置　握把后部设有握把保险,按压握把保险,方能使枪机运动。此外,没有其他的保险装置。

玛特49冲锋枪

退弹过程　在弹匣槽后方有弹匣扣。卸下弹匣,向后拉拉机柄,退出弹膛里的所有枪弹,通过抛壳窗检查弹膛,释放拉机柄,扣压扳机。

德国赫克勒-科赫MP5SD冲锋枪

该枪是MP5枪族中带消声器的一款,其自动原理与标准的MP 5完全相同,只是在其短枪管上钻了30个小孔,上面套有一个大消声器。消声器分为两部分,第一部分围绕枪管,通过30个小孔吸收火药燃气,同时也使枪弹的速度下降到音速之下。气体在这一部分内涡动,失去一部分速度和热量,然后进入第二部分,燃气在这里膨胀,继续涡动,然后释放出。

该枪有6个不同的型号:MP 5SD1用一个盖封住了机匣的尾部,没有枪托;SD2采用固定塑料枪托;SD3采用伸缩枪托,这3款枪都可以单、连发射击。SD4与SD1相似,只是附加了三发点射的功能;SD5在SD2基础上附加了三发点射功能;SD6在SD3基础上附加了三发点射功能。

技术与性能

使用枪弹　9×19mm巴拉贝鲁姆手枪弹

技术诸元

全枪长(枪托展开)　SD1 550mm(21.65in).SD2780mm(30.70in).SD3 780mm(30.70in)

全枪长(枪托折叠)　610mm(24.0in)

枪管长　146mm(5.75in)

全枪重　SD12.9kg(61b 6oz),SD23.2kg(71b 1oz),SD33.5kg(71b 11oz)

膛线　6条,右旋

弹匣容弹量　15发或30发

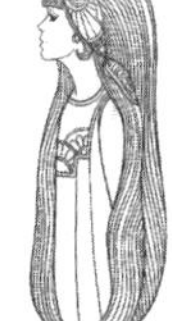

射速　800发/分

枪身铭文　在弹匣槽的左侧，标有"Ka19mm×19"。

保险装置　保险/快慢机位于机匣的左侧。对于SD 1、2、3，有3档选择，向上是保险(S)，向下一档是单发(E)，扳到底是连发(F)；对于SD4、5、6，有4档选择，向上是保险(S)，向下依次是单发、三发点射和连发。这些选择分别用1发枪弹、3发枪弹和多发枪弹来表示。

退弹过程　在弹匣槽后下方有弹匣扣。卸下弹匣，向后拉拉机柄，通过抛壳窗检查弹膛，抓住拉机柄，扣压扳机，使拉机柄在控制下向前运动。

德国赫克勒-科赫HK53冲锋枪

对于不同的人来说，冲锋枪有不同的含义。一些国家将卡拉什尼科夫步枪划分到冲锋枪的范围，但大多数人认为，发射手枪弹是区别冲锋枪与步枪的唯一标准。确实如此，判断这种口径的武器在什么条件下不再是紧凑型突击步枪而变成了冲锋枪，这很难做到。但如果制造商这么划分，我们也只能遵循。许多国家军队和安全部队业已采用HK53，而且显得很满意。要想用211mm枪管来发射步枪弹，必须使用一个非常有效的消焰器。

技术与性能

使用枪弹　5.56×45mm北约制式枪弹

技术诸元

全枪长(枪托展开)　755mm(29.72in)

全枪长(枪托折叠)　563mm(22.17in)

枪管长　211mm(8.31in)

空枪重　3.05kg(61b 12oz)

膛线　6条，右旋

弹匣容弹量　25发

射速　700发/分

枪身铭文　在机匣上方标有"MP53 KaI 5.56mm×45"以及序列号(月份/年份)。在弹匣槽的左侧，标有"KaI 5.56mm ×45"。

保险装置　保险/快慢机位于机匣左侧、扳机上方，向上是保险，中间是单发，向下是连发。

退弹过程　在弹匣槽后下方有弹匣扣。卸下弹匣，向后拉拉机柄，退出弹膛里的所有枪弹，通过抛壳窗检查弹膛，释放拉机柄，扣压扳机。

德国/美国 MP5K 单兵自卫武器

这是一款由赫克勒-科赫在美国的子公司设计的冲锋枪,用来提供给空勤人员或者车载武装人员使用,他们需要极其紧凑的武器。该枪事实上是在 MP5K 上安装了折叠枪托,且其膛口经过改造,以便用来安装消声器。该枪还提供安装一个激光指示器。如果不需要枪托可以轻易卸下,并在机匣尾部安上一个枪托盖。快慢机采用标准配置,如果需要,两发或者,三发点射组件可以安装到扳机处。

技术与性能

使用枪弹　9×19mm 巴拉贝鲁姆弹

技术诸元

全枪长(带枪托盖)　349mm(13.75in)

全枪长(枪托展开)　603mm(23.75in)

全枪长(枪托折叠)　368mm(14.50in)

枪管长　5.0in(127mm)

全枪重(带枪托)　2.79kg(61b 2oz)

全枪重(带枪托盖)　2.09kg(41b 10oz)

膛线　6 条,右旋

弹匣容弹量　30 发

射速　900 发/分

枪身铭文　在弹匣槽的右侧,标有"Made in Germany for Hkinc Chantilly Va"。在弹匣槽的左侧,标有"Kal9mm×19"。

保险装置　保险/快慢机位于机匣后部两侧。有 4 个位置,向上是保险(s);向下依次是单发、三发点射和连发。这些选择分别用 1 发枪弹、3 发枪弹和多发枪弹来表示。

退弹过程　在弹匣槽后下方有弹匣扣。卸下弹匣,向后拉拉机柄,通过抛壳窗检查弹膛,确认弹膛内没有枪弹后,抓住拉机柄,扣压扳机,使枪机在控制下向前运动。

德国瓦尔特 MPK 和 MPL 冲锋枪

MPK 和 MPL 其实是同一种武器,只是一个枪管长(L),一个枪管短(K)。长枪管的型号其枪管长达 260mm,使得该枪全长达到 749mm。尽管其性能优良、表现卓越,但该枪并没有被任何军队采用,只是在 20 个世纪 60 年代,德国的一些海军部门和其他欧洲国家的警察部门使用过这种枪支。后来,又研发了一种装有消声器的型号,但显而易见,这也没能吸引来许多客户。

技术与性能

使用枪弹　9mm 巴拉贝鲁姆手枪弹

技术诸元

全枪长(枪托展开)　659mm(25.94in)

全枪长(枪托折叠)　373mm(14.69in)

枪管长　173mm(6.81in)

空枪重　2.80kg(61b 3oz)

膛线　6 条,右旋

弹匣容弹量　32 发

射速　550 发/分

枪身铭文　在机匣左侧标有序列号。

保险装置　在扳机后面、机匣的左右两侧设有手动保险机。将其扳上往后拉,是保险状态;扳下向前推,是射击状态。最初的设计没有单发选择,作为变通,使保险机可以处于第三个位置,以供单发选择,但究竟制造了多少这样的枪就无法得知了。

退弹过程　在弹匣槽后面、扳机护圈下方有弹匣扣。卸下弹匣,向后拉拉机柄,退出弹膛内的所有枪弹,通过抛壳窗检查弹膛,释放拉机柄,扣压扳机。

意大利幽灵冲锋枪

这是一款很独特的双动冲锋枪,被欧洲警察部队广泛采用。像许多现代手枪一样,幽灵冲锋枪携带时可以处于待击状态,也很安全,需发射时,扣动扳机可双动发射。独特的 4 排 50 发弹匣长度只相当于普通 30 发弹匣长度,该枪也有半自动和长枪管的型号。

幽灵冲锋枪

技术与性能

使用枪弹　9mm 巴拉贝鲁姆手枪弹

技术诸元

全枪长(枪托展开)　580mm(22.83in)

全枪长(枪托折叠)　350mm(1 3.78in)

枪管长　130mm(5.12in)

空枪重　2.90kg(61b 6oz)

膛线　6 条,右旋

弹匣容弹量　30 发或 50 发

射速　850 发/分

枪身铭文　在机匣右侧标有“SITES Mod SPECTRECal 9mm Made in Ltalypatented”。

保险装置　没有常规保险机。在握把的上方、左右两侧各有一个待击解脱杆。扳机上方的两侧,各有一个快慢机。该枪可以将枪弹上膛携带,不射击时,按下待击解脱杆可以释放枪机。如要射击,只需扣动扳机,便可释放击针。快慢机处于上方是单发,处于下方是连发。

退弹过程 在扳机护圈的前方有弹匣扣。卸下弹匣,回拉拉机柄,退出弹膛内所有枪弹,通过抛壳窗检查弹膛,释放拉机柄,扣压扳机。

韩国大宇 K1A 冲锋枪

有越来越多的冲锋枪使用步枪弹,该枪就是其中一款。大宇 K1A 是基于大宇公司自己生产的突击步枪零部件,可以连发或者三发点射。该枪也安装了尺寸较大而效果明显的膛口装置(消焰器),以弥补从短枪管中发射步枪弹的不足,据说这在相当程度上减少了枪口不稳和火焰。瞄准装置配有氚光管,用于夜间射击。有一个简单的枪托。由于似乎用冲锋枪来发射 5.56mm 步枪弹药的想法并没有多少拥护者,所以在大约 1996 年该枪重新命名为"短突击步枪"。这样命名可能更加准确。

技术与性能

使用枪弹 5.56×45mm M193 步枪弹

技术诸元

全枪长(枪托展开) 838mm(33.0in)

全枪长(枪托折叠) 653mm(25.71in)

枪管长 263mm(10.35in)

全枪重 2.87kg(61b 5oz)

膛线 6 条,右旋

弹匣容弹量 20 发或 30 发

射速 850 发/分

枪身铭文 在机匣左侧标有"DAEWOO PRECISIONINDUSTRIES LTD"。在弹匣槽的左侧标有"5.56MMKlAl"和序列号。

保险装置 保险/快慢机位于握把上方、机匣的左侧。扳到后面是保险,向前扳到垂直是三发点射,再向前是连发。拉机柄也可锁入机匣,以防其运动。

退弹过程 在弹匣槽的左侧有弹匣扣。将之按下,卸下弹匣,向后拉拉机柄直到锁住,通过抛壳窗检查弹膛,确认已排空,扣压扳机,使枪机复位。

秘鲁 MGP-79A 冲锋枪

这是秘鲁武装力量所使用的军用冲锋枪,一种设计简洁、威力较大的枪机后坐式武器。枪托可以沿着机匣折叠,以便抓住弹匣的手同时能抓住托底扳。在机匣的前端螺纹部分，可以安装带孔的枪管护筒，以便精确瞄准时枪能抓得更稳。枪管也可卸下，换上一个带消声器的枪管。

技术与性能

使用枪弹　9mm 巴拉贝鲁姆手枪弹

技术诸元

全枪长（枪托展开）　809mm（31. 85in）

全枪长（枪托折叠）　544mm（21. 4in）

枪管长　237mm（9. 33in）

空枪重　3. 08kg（61b 13oz）

膛线　12 条，右旋

弹匣容弹量　20 发或 32 发

射速　850 发/分

枪身铭文　在机匣左侧标有“SI MA-CEFAR 9mmMGP-79A”以及序列号。

保险装置　在扳机上方、机匣的左侧有手动保险。向后是保险，向下是射击。快慢机位于机匣的左侧、弹匣槽的下面。

退弹过程　弹匣扣位于弹匣槽底部的左侧。卸下弹匣，向后拉拉机柄，退出弹膛内的枪弹，通过抛壳窗检查弹膛，释放拉机柄，扣压扳机。

波兰 PM-63（Wz63）冲锋枪

这是一款很奇特的武器，很像一只体型庞大的自动手枪。没有采用机匣内部的枪机，而是像手枪一样，采用了平移套筒。套筒下面的部分延伸到枪口下，作为膛口制退防跳器使用，使枪口的燃气向上运动，抵消枪支自动发射时的上跳。因为套筒和瞄准装置在射击时会处在运动中，所以在连发时，几乎不可能精确瞄准。

技术与性能

使用枪弹　9mm 马卡洛夫手枪子弹

技术诸元

全枪长（枪托展开）　583mm（22. 95in）

全枪长（枪托折叠）　333mm（13. 11in）

枪管长　152mm（6. 0in）

空枪重　1. 80kg（31b 15oz）

膛线　6 条，右旋

弹匣容弹量　25 发或 40 发

射速　600 发/分

枪身铭文　在套筒和套筒座的右侧标有序列号。

保险装置 在握把上方的左侧有手动保险。向上是保险,向下是射击。射击选择由扳机控制,轻扣扳机是单发射击,再度扣动是连发。

退弹过程 弹匣扣位于握把底部。卸下弹匣,抓住套筒后部,向后拉,退出弹膛内所有的枪弹,通过抛壳窗检查弹膛,释放套筒,扣压扳机。

葡萄牙卢萨 A2 冲锋枪

由葡萄牙英德普公司研发,用以取代较早的 FBP 型号枪支。该枪牢固而又紧凑,有一少见的双圆筒式机匣,下面容纳枪机和枪管,上面容纳枪机的凸出部分以及复进簧。快慢机可以提供各种射击方式,随枪附件中包括消声器和激光指示器。

卢萨 A2 冲锋枪

技术与性能

使用枪弹 9mm 巴拉贝鲁姆手枪弹

技术诸元

全枪长(枪托展开) 585mm(23.0in)

全枪长(枪托折叠) 458mm(18.0in)

枪管长 1 60mm(6.3in)

空枪重 2.85kg(61b 5oz)

膛线 6 条,右旋

弹匣容弹量 30 发

射速 900 发/分

枪身铭文 在机匣右侧标有"IN-DEP LUSA A 2[年份]"以及序列号。

保险装置 保险/快慢机位于机匣的左侧、握把的上方。标志"0"表示保险,"1"表示单发,"3"表示三发点射,"30"表示连发。

退弹过程 弹匣扣位于机匣的左侧、弹匣槽的下方。卸下弹匣,向后拉拉机柄,退出所有弹膛内的枪弹,透过抛壳窗检查弹膛,释放拉机柄,扣压扳机。

俄罗斯 AKSU-74 冲锋枪

首次出现于 1982 年的阿富汗。该枪只是标准 AK 74 步枪的缩短型号,是供装甲部队、特种兵和其他需要较短小武器的人员使用的。在枪口处可安装一带胀腔的膛口装置,以便在短枪管上发射步枪弹。该设计曾被南斯拉夫仿造,发射 5.56mm 北约制式枪弹,只是可能用采出口而不是配备本国部队。

技术与性能

使用枪弹 5.45×39.5mm 苏联步枪弹

技术诸元

全枪长（枪托展开） 730mm（28.75in）

全枪长（枪托折叠） 490mm（19.3in）

枪管长 206.5mm（8.13in）

空枪重 2.70kg（5lb 15oz）

膛线 4条，右旋

弹匣容弹量 30发

射速 700发/分

枪身铭文 在机匣左侧标有生产商标识、序列号和生产年份。

保险装置 保险/快慢机位于机匣的右侧。向上是保险，中间是连发，向下是单发。

退弹过程 弹匣扣位于扳机护圈的前方。卸下弹匣，向后拉位于机匣右侧的拉机柄，退出所有弹膛内的枪弹，通过抛壳窗检查弹膛，释放拉机柄，扣压扳机。

西班牙星式Z-84冲锋枪

在20世纪80年代中期，Z-84在西班牙部队中取代了较早的Z-70B。这是一款极具现代感的紧凑型武器。为了轻便，使用了冲压件制造。重心位于握把的上方，因此可以根据需要，用一只手轻松射击。除了在西班牙使用，还有一部分枪支卖往其他几个国家，供安全部队使用，只是制造商没有透露其中的细节。

技术与性能

使用枪弹 9mm巴拉贝鲁姆手枪弹

技术诸元

全枪长（枪托展开） 615mm（24.2in）

全枪长（枪托折叠） 410mm（16.14in）

枪管长 215mm（8.46in）

空枪重 3.00kg（6lb 10oz）

膛线 6条，右旋

弹匣容弹量 25发或者30发

射速 600发/分

枪身铭文 在机匣的右侧标有“STAREIBARESPANAMODZ-84”和序列号。

保险装置 在扳机护圈的内部有一保险。从右推至左，武器处于保险状态；从左推至右，会显示红色标记，表示可以发射。在机匣的左侧有一滑动快慢机，向前推是单发射击，向后是连发。

退弹过程 弹匣扣位于握把的底部。卸下弹匣，向后拉拉机柄，退出所有弹膛内的枪弹，通过抛壳窗检查弹膛，释放拉机柄，扣压扳机。

瑞典卡尔·古斯塔夫45冲锋枪

作为仍在服役的最古老的冲锋枪之一,卡尔·古斯塔夫是一种很坚固耐用的武器,且可能还要持续被使用很长一段时间。最初的型号没有弹匣槽,而是使用一个弹鼓。在1948年,弹匣设计出来,使得所有的枪支都做了改进,加装上了弹匣槽。卡尔-古斯塔夫冲锋枪被瑞典、爱尔兰和印度尼西亚的军方采用,在埃及也被授权生产,称作“塞得港”。有一款稍做改进的型号,用内部消声器取代了常规枪管,被美国军方用于配备在越南作战的特种部队。

技术与性能

使用枪弹　9mm巴拉贝鲁姆手枪弹

技术诸元

全枪长(枪托展开)　808mm(31.8in)

全枪长(枪托折叠)　552mm(21.7in)

枪管长　21 3mm(8.39in)

空枪重　3.90kg(81b 9oz)

膛线　6条,右旋

弹匣容弹量　36发

射速　600发/分

枪身铭文　在机匣上方标有序列号。

保险装置　向后拉拉机柄,将其扳到拉机柄槽。当枪机处于前方时,将拉机柄按进枪机,其另一端就会穿过枪机进入机匣的一个槽内,这样会锁住枪机。

退弹过程　卸下弹匣,向后拉拉机柄,退出所有弹膛内的枪弹,通过抛壳窗检查弹膛,释放拉机柄,扣压扳机。

英国司登Mk V冲锋枪

Mk V司登的设计是为了提高武器的性能,生产一种比MkⅡ更便宜、更实用的枪支。结构未发生改变,只是采用了木制的枪托,木制的握把,枪口形状同制式No.4步枪相同,这样就可安装制式刺刀。该枪表面经磁漆处理,早期型号的枪托底板由黄铜制成,上面带有可用于装清洁工具的活门;其后的型号的枪托底扳由钢片制成,上面也设有这种活门。但是,司登枪设计上的最大缺陷——弹匣一直未得到改进,因此Mk V与以前的型号相比在可靠性上并没有多大提高。

技术与性能

使用枪弹　9mm巴拉贝鲁姆手枪弹

技术诸元

全枪长　762mm(30.0in)

枪管长　198mm(7.8in)

空枪重　3.90kg(81b 9oz)

膛线　6条,右旋

弹匣容弹量　32发

射速　600发/分

枪身铭文　在弹匣位置上方标有“STEN M.C.MK V”。

保险装置　向后拉动拉机柄并向上旋转,使其进入位于机框上的凹槽内,此时枪机处于保险状态。射击方式的选择是通过旋转枪机调整快慢机工作状态实现的,从左向右按是单发,相反则是连发射击。

退弹过程　弹匣扣位于弹匣槽的上方。将其按下,卸下弹匣,向后拉拉机柄,退出弹膛内的枪弹,通过抛壳窗检查弹膛,释放拉机柄,扣压扳机。

美国汤普森 M1928 和 M1 冲锋枪

这款枪可以说是第一款冲锋枪,因为汤普森是发明“冲锋枪”这个词的人,虽然其枪并不是最早服役。该枪直到1921年才出现,远在伯格曼和伯莱塔的设计之后。1928年的型号同1921年的基本相同,只是枪机做了一些小的改动来降低射速,但却使这款枪作为Ml(如图所示)被美国海军陆战队所采用,开创了冲锋枪在美军中服役的先河。因其与芝加哥和黑社会帮派的联系,也使得许多军队对该武器的评价并不积极。但是就可靠性和构造结实而言,很少有其他枪支能与其媲美。

技术与性能

使用枪弹　0.45英寸柯尔特自动手枪弹

技术诸元

全枪长(带制退防跳器)　857mm(33.74in)

枪管长　267mm(10.5in)

空枪重　4.88kg(101b 12oz)

膛线　6条,右旋

弹匣容弹量　弹匣20发或30发,弹鼓50发或100发

射速　700发/分

枪身铭文　在机匣左侧标有“THOMPSON SUBMACHINEGUN/CALIBER.45 COLTAU - TOMATIC CARTRIDGE/MANUFACTURED BY/COLT′S PATENT FIREARMSMFG CO/HARTFORD,CONN,USA/MODELOF 1928\”和序列号。

保险装置　在机匣左侧、握把上方,有手动保险。向后是保险,向前是射击。只有当

枪机拉回时才可设定保险。快慢机位于机匣左侧再靠前的地方，向前是连发，向后是单发射击。

退弹过程　弹匣扣位于握把的左侧、扳机后面。卸下弹匣，向后拉拉机柄，退出弹膛内的枪弹，通过抛壳窗检查弹膛，释放拉机柄，扣压扳机。

美国 M3 冲锋枪

这款枪可以说是对司登型的回应，因为正是对司登枪型的测试，增加了对一种简洁而廉价的武器的需求，以取代汤普森冲锋枪。该枪由乔治·海德设计，并得到了一位来自通用动力公司的金属锻压专家的协助。M3 的设计使得该枪可以通过更换枪机、枪管和弹匣来发射 9mm 口径的枪弹，只是在战场上好像很少有这么改装的。其主要缺陷是不完善的保险系统，过于复杂的枪机复进机构和位于右侧的拉机柄，这些都给行动带来困难。

技术与性能

使用枪弹　0.45 英寸 ACP 手枪弹或 9mm 巴拉贝鲁姆手枪弹

技术诸元

全枪长（枪托展开）　745mm（29.33in）

全枪长（枪托折叠）　570mm（22.44in）

枪管长　203mm（8.0in）

空枪重　3.67kg（81b 2oz）

膛线　4 条，右旋

弹匣容弹量　30 发

射速　400 发/分

枪身铭文　在机匣上方标有“GUIDE LAMDDIV OFGENERAL MOTORS/US-MODEL M3 和序列号”。

保险装置　在抛壳窗处有一个带铰接的盖，上有一突起。盖合时，该突起就会顶在枪机的凹进处，如果枪机靠前，即锁住枪机；或者当枪机靠后时，突起会顶住枪机的棱，也会锁住枪机。

退弹过程　弹匣扣位于弹匣槽的左侧。打开抛壳窗的盖，卸下弹匣，回拉位于机匣右侧的拉机柄，锁住枪机，通过抛壳窗检查弹膛，扣压扳机，合上抛壳窗的盖。

美国卡利科 M960A 冲锋枪

作为卡利科系列中几款相同武器之一，M-960A 也称作“迷你冲锋枪”，还有带有固定枪托的轻型和枪管没有突出来的“隐藏”、型号。这些都使用了同样的机匣和螺旋供弹弹匣。图示是50发的弹匣,100发弹匣与之相同,只是更长,向后突出超过机匣的后端。

技术与性能

使用枪弹　9mm巴拉贝鲁姆手枪弹

技术诸元

全枪长(枪托展开)　835mm(32.9in)

全枪长(枪托折叠)　647mm(35.47in)

枪管长(带制退防跳器)　330mm(13.0in)

空枪重　2.17kg(41b 12oz)

膛线　6条,右旋

弹匣容弹量　50发或100发

射速　750发/分

枪身铭文　在弹匣位置左侧标有"CALICO M-900"。在枪身左侧标有序列号。

保险装置　在扳机护圈的前方有一调节柄,在枪的两侧都可操作。扳向后时,突出到扳机护圈内是保险。向前一刻度是单发射击,最前是连发。外面的杠杆可以设定保险,扣扳机的手可以将之朝前扳,解除保险。

退弹过程　弹匣扣位于机匣上方。将之按下,将弹匣往后上方拉,卸下弹匣,向后拉拉机柄,退出弹膛内的枪弹,通过抛壳窗检查弹膛,释放枪机,扣压扳机。

美国柯尔特冲锋枪

该枪的设计以M16步枪为基础,因此对于业已熟悉M16步枪的士兵来说,使用这款冲锋枪所需接受的训练时间就少多了。枪托采用伸缩结构,该枪与各种M16短型号步枪的外观上唯一的不同在于其拥有长而窄的弹匣。需要指出的是持枪者可以选择使用连发或者三发点射,有快慢机指示所选择的射击模式。也有一款只有单发射击,而无连发或者三发点射的型号可供选择。

技术与性能

使用枪弹　9mm巴拉贝鲁姆手枪弹

技术诸元

全枪长(枪托展开)　730mm(28.75in)

全枪长(枪托折叠)　650mm(25.6in)

枪管长　260mm(10.25in)

空枪重　2.59kg(51b 11oz)

膛线　6条,右旋

弹匣容弹量　20发或32发

射速　900发/分

枪身铭文 在弹匣位置左侧标有柯尔特的商标“PrancingPony”、手写体的“Colt”“SMG”和序列号。

保险装置 在握把上方的左侧有保险/快慢机。当向后时，与之相连的指示标指向前，为保险状态；当向前时，指示标指向后，武器可连发或者三发点射；在中间位置时，是单发射击。

退弹过程 弹匣扣位于枪身两侧，左侧是一带盖的钮，右侧是一铰接的铁片。按下其中之一，卸下弹匣，向后拉拉机柄（提把底部的翼状物），通过抛壳窗检查弹膛，释放拉机柄，扣压扳机。

美国英格拉姆 SMGS 冲锋枪

大约生产了 10,000 枝这种枪，配备给了美国警察部队、美国陆军、古巴和秘鲁。同时，秘鲁也得到许可制造该枪。所制造的枪支大多数都是 0.45 英寸 ACP 口径，但也有一部分使用 9mm 巴拉贝鲁姆手枪弹和 0.38 英寸超级自动手枪弹。有两款改进型，7 型采用闭膛待击，8 型有一长的前把而不是一个朝前的手握把，但这两款是否进行了大量生产，则值得怀疑。泰国购买了 8 型的设计，并邀请设计者帮助泰国建造了一座军工厂，但没有记录说明生产出了枪支。

技术与性能

使用枪弹 0.45 英寸 ACP 手枪弹

技术诸元

全枪长 750mm(29.5in)

枪管长 225mm(8.85in)

空枪重 3.27kg(71b 3oz)

膛线 6 条，右旋

弹匣容弹量 30 发

射速 600 发/分

枪身铭文 在弹膛上方标有“INGRA M6POUCEORDNANCECOLOSANGEIES CAUF. U. S. A”，在弹膛的右侧标有序列号。

保险装置 向后拉拉机柄，向上扳至拉机柄槽的个凹口内。据说一些后来的型号在机匣的左侧有一个手动保险。射击选择是由扳机来定，轻扣扳机是单发射击，再扣是连发。

退弹过程 弹匣扣位于弹匣槽的后面。卸下弹匣，向后拉拉机柄，退出弹膛内的枪弹。通过抛壳窗检查弹膛，释放枪机，扣压扳机。

南斯拉夫56型卡宾枪

56型是较早的49型的替代品，其设计简单，更加易于制造。在外型轮廓上同德国MP40基本相同，内在设计也有一些类似。其可折叠的枪托就直接仿造了MP40的枪托，手握把也是直接仿造。枪机经过了简化，复进簧是一单个大号簧。该枪可以安装刺刀，从总体设计效果看，是一款设计优良的现代武器。事实上，该枪发射7.62mm苏联手枪弹，这就带来了缺陷，发射停止作用效果好的弹药可能会使该枪变得更加精良。因此，其后续型号，称作65型，就可发射9mm巴拉贝鲁姆手枪弹，用来出口，但销售量未为人知。

56型卡宾枪

技术与性能

使用枪弹　7.62mm苏联手枪弹

技术诸元

全枪长　870mm(34.25in)

空枪重　2.98kg(6lb 9oz)

枪管长　250mm(9.84in)

膛线　4条，右旋

弹匣容弹量　32发

射速　600发/分

枪身铭文　在机匣的左侧标有“M56”、制造工厂的识别号以及序列号。

保险装置　在扳机上方、机匣内部，有保险。向右是射击，向左是保险。在保险前方的左侧，有一带两个选择的快慢机，可以选择单发射击或者连发。

退弹过程　弹匣扣位于弹匣槽上。卸下弹匣，向后拉拉机柄，直到其顶住击发阻铁，通过抛壳窗检查弹膛，确认已空，抓住拉机柄，扣压扳机，使枪机在控制下向前。

非（半）自动步枪

奥地利曼利夏·舍恩努尔希腊 M1903 步枪

该枪是曼利夏旋转枪机和旋转鼓形弹仓相结合的产物，由奥托·舍恩努尔研发。供弹由弹簧的扭力带动周围带有五个沟槽的心轴旋转完成。当枪弹从弹夹压入弹匣时，就会自动进入沟槽，心轴旋转，并使弹簧扭力增加。枪机运动时，弹簧带动心轴旋转，并逐发将枪弹依次送入弹膛。

技术与性能

使用枪弹　6.5×54mm 希腊制式枪弹

技术诸元

全枪长　1226mm（48.25in）

全枪重　3.77kg（81b 5oz）

枪管长　725mm（28.54in）

膛线　4 条，右旋

弹仓容弹量　5 发

枪身铭文　生产日期和生产地（“BREDA”或“STEYR”）标于枪管尾端上部，序列号标于拉机柄右侧。

保险装置　手动保险位于拉机柄后部，向左为射击，向右为保险。

退弹过程　将保险钮置于射击位置。拉动枪机，退出枪弹。检查弹膛和弹仓，如果弹仓内仍留有枪弹，按压位于拉机柄右侧的卡销，退出所有枪弹。检查弹膛和弹仓，确保无弹，释放枪机，扣压扳机。

比利时 FN30-11 狙击步枪

该枪作为军用和警用狙击步枪，采用标准毛瑟式旋转后拉式枪机、内嵌式弹匣、重型机匣和枪管。同时具有孔式机械瞄具和望远瞄准镜，其中望远瞄准镜更为常用一些，一般随枪附件还有背带和两脚架。

技术与性能

使用枪弹　7.62×51mm 北约制式枪弹

技术诸元

全枪长　1117mm(43.97in)

全枪重　4.85kg(10lb 10oz)

枪管长　502mm(19.76in)

膛线　4 条,右旋

弹匣容弹量　10 发

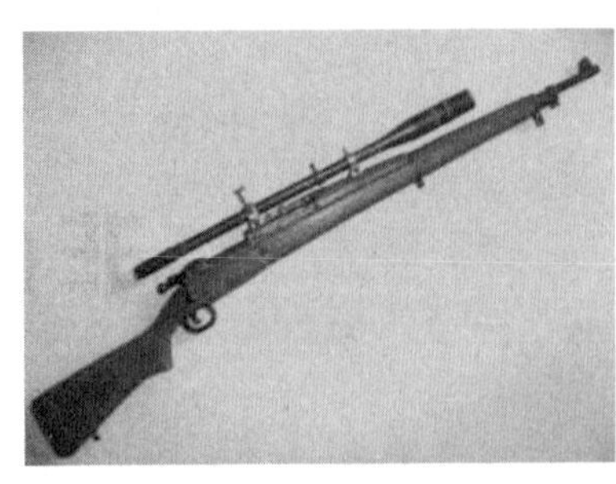

FN30-11 狙击步枪

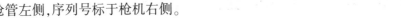

枪身铭文　"FABRlQUENATIONALE HERSTAL"标于枪管左侧,序列号标于枪机右侧。

保险装置　手动保险位于枪栓一侧,向前为射击,向后为保险。

退弹过程　将保险扳钮处于射击位置。拉开枪机,退出枪弹。检查弹匣,如果弹匣内仍留有枪弹,再次拉动枪机直到退出所有枪弹。检查弹膛和弹匣,确保内无枪弹,闭合弹匣底板和枪机,扣压扳机。

法国吉亚特 FR-F1&FR-F2 步枪

这是在 MAS36 制式步枪枪机基础上生产出的一款射击精确的狙击步枪。最初它被设计成比赛用枪,但是随后改成了狙击步枪。F1 口径为 7.5mm,20 世纪 70 年代改为 7.62mm。FR-F2 属于改进型,护木采用塑料,取代了以前的木制护木,两脚架更为牢固,同时采用绝缘枪管套,可以防止受热变形也减小了与下护木之间的红色色差。

技术与性能

使用枪弹　7.5×54mm 枪弹,7.62×51mm 枪弹

技术诸元

全枪长　1138mm(44.8in)

全枪重　5.20kg(11lb 7oz)

枪管长　552mm(22.9in)

膛线　4 条,右旋

弹匣容弹量　10 发

枪身铭文　"FR-F17.62 NM.A.S."和序列号标于机匣左侧。

保险装置　手动保险位于扳机护圈内部、扳机后部。向下为保险,向上偏左为射击。

退弹过程　弹匣扣位于机匣右侧、弹匣前端。卸去弹匣,使保险处于射击状态,拉开拉机柄,退出弹膛内的枪弹,检查弹膛,关闭枪机,扣压扳机。

法国/比利时 12.7mm PGM 赫卡式Ⅱ步枪

PGM 公司以生产运动步枪而闻名于世,20 世纪 80 年代后期,该公司开始研制开发一系列狙击步枪,产品广泛被法国和其他欧洲国家的警察部队所使用。“赫卡式”步枪是以“Intervention”步枪为基础按比例增大而设计的,采用传统的枪机回转后拉式。木制枪托配以嗯垫,搬运时可以拆下,下面有一支撑架。机匣下可安装两脚架和手枪握把,枪口制退器可以很大程度上减少后坐力,它也可更换为消声器。该枪装备于法国陆军,在比利时被称为 FN HFRSTAL。

技术与性能

使用枪弹　0.50 英寸勃朗宁步枪弹

技术诸元

全枪长　1380mm(54.33in)

全枪重　13.50kg(291b 12oz)

枪管长　700mm(27.56in)

膛线　8 条,右旋

弹匣容弹量　7 发

枪身铭文　“FN HERSTAL”。

保险装置　手动保险位于机匣右侧,可以锁住阳铁和扳机。

退弹过程　卸去弹匣,拉开枪机,退出弹膛内的枪弹,检查弹匣和弹膛,确保二者内无枪弹,关闭枪机,扣动扳机。

德国毛瑟 SP 66 步枪

该枪为重枪管型步枪,采用了“短行程”毛瑟枪机,打开枪机时射手无须偏头瞄准。该枪是一枝真正意义上的狙击步枪,设计细节非常讲究,这一点在狩猎和普通军用武器上是难得的。枪托方向可调,从扣动扳机到弹头飞出枪口的“闭锁时间”极短。该枪配有膛口制退/消焰器,只配备了光学瞄准镜,无机械瞄具,也可容易地安装夜间瞄具。

技术与性能

使用枪弹　762×51mm 北约制式枪弹或 0.30 英寸温彻斯特马格努姆枪弹

技术诸元

全枪长　1120mm(44.29in)

全枪重　6.25kg(131b 12oz)

枪管长　730mm(28.75in)

膛线　4 条,右旋

弹仓容弹量　3 发

枪身铭文　"MAUS－ER－WERKEOBERNDORF GmbH"及序列号标于机匣左侧。

保险装置　毛瑟"无声保险"装置位于枪机盖右侧,控制着击针。向前为射击,向后为保险。

退弹过程　将保险钮置于射击位置,拉开枪机,退出弹膛内的枪弹,检查弹仓,如弹仓内有枪弹,重复操作枪机退出剩余枪弹,保证弹仓和弹膛清空,闭合枪机,扣动扳机。

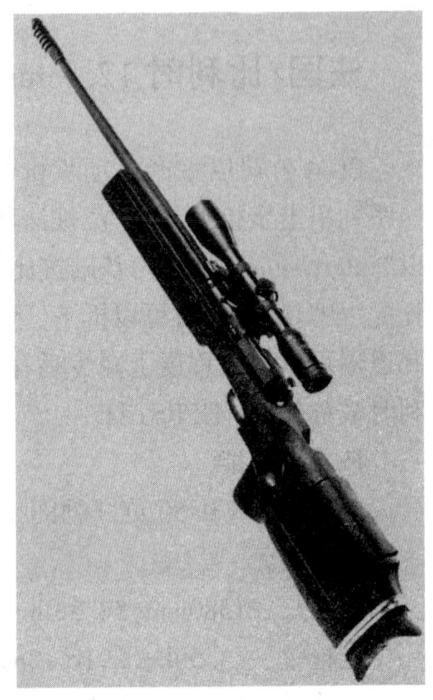

毛瑟 SP 66 步枪

德国毛瑟 86 步枪

该枪由毛瑟公司设计,比上文提到的 SP66 价格略低,主要作为警用。枪机设计在继承了经受考验的传统的双前突笋系统的基础上,进行了很多创新,枪管经过冷锻处理,并装有膛口制退器和消焰器。枪托由聚合木材制成,并采用通孔设计,目的是减少枪管受热变形。该枪未加装机械瞄具,主要使用光学瞄准镜。

技术与性能

使用枪弹　7.62×51 mm 北约制式枪弹

技术诸元

全枪长　1210mm(47.63in)

全枪重　4.90kg(101b 13oz)

枪管长　730mm(28.75in)

膛线　4 条,右旋

弹仓容弹量　9 发

枪身铭文　"MAUSER-WERKEOBERNDORF GmbH"及序列号标于机匣左侧。

保险装置　毛瑟"无声式保险"装置位于枪机盖的右侧,控制着击针。向前为射击,向后为保险。

退弹过程　按动底部按钮,从枪托底部卸下弹仓,退出枪弹。拉开枪机,退出弹膛内的枪弹。检查弹仓和弹膛,确保二者内清空。闭合枪机,扣压扳机。

意大利伯莱塔狙击步枪

该枪采用传统的毛瑟旋转式后拉枪机,以及重型浮动式枪管,木制护木内隐藏着一根管子,管内容纳了减少枪管振动的平衡稳定器。如此设计的目的是确保较高的射击精度。枪口有消焰器,两脚架位于平衡管下。该枪配备完全可调的机械瞄具,但是也配有北约标准瞄准镜座,可以加装望远式瞄准镜和电子光学瞄准镜。

技术与性能

使用枪弹　7.62×51mm 北约制式枪弹

技术诸元

全枪长　1165mm(45.9in)

全枪重　5.55kg(121b 40oz)

枪管长　586mm(23.05in)

膛线　4 条,右旋

弹仓容弹量　5 发

枪身铭文　"P. BEREFFA"标于弹膛上,序列号标于机匣右侧。

保险装置　由拇指控制的保险位于拉机柄后面。

退弹过程　弹仓扣位于弹仓后面,将保险置于射击状态,打开弹仓,拉开枪机,退出弹膛内的枪弹,检查弹膛,闭合枪机,扣动扳机。

日本九九式短步枪

该枪开始作为三八式步枪改进型,发射 7.7mm 枪弹,但较笨重,最终改变卡宾枪设计的思路,将设计改为短步枪。早期的型号很好,但是第二次世界大战后期的产品粗糙,并未保留多少。"伞兵"型和该枪相似,但是枪管和枪机之间由中止螺纹或楔连接。这样可以将枪支分为两部分。"99 型"是参照日本历法命名,按西方年表是 1939 年。

技术与性能

使用枪弹　7.7×58mm 日本制式枪弹

技术诸元

全枪长　1150mm(45.27in)

全枪重　3.80kg(8lb 6oz)

枪管长　657mm(25.9in)

膛线　4 条,右旋

弹仓容弹量　5 发

枪身铭文　日文"99 型"标于弹膛上方,序列号和兵工厂标志标于枪机框左侧。

保险装置　位于枪机后部的滚花帽是保险钮,步枪待击时,用手掌按下保险钮,向右扭、动为保险状态,向左为射击状态。保险只有在步枪待击时可用。

退弹过程　将保险钮置于射击状态,拉开枪机,退出弹膛内的枪弹。检查弹仓,如果弹仓内有枪弹,将一只手置于枪托底部的弹仓底板,另一只手把位于扳机护圈内部的弹仓卡笋向后拉,这样可卸下弹仓底板和弹仓中的枪弹。安装弹仓簧和底板(先装前端),确保弹仓和弹膛内无枪弹,闭合枪机,扣动扳机。

瑞士施密特-鲁宾 M1931 卡宾枪

尽管称为卡宾枪,实际上整个瑞士陆军将其作为短步枪来用,而且大量的施密特—鲁宾卡宾枪现在还在用。施密特枪机已被完全修改,原枪上的枪机套管已变成枪机,位于前端的突笋使弹膛闭锁,因此机匣比 1889 式的几乎缩短了一半。在 1942 年至 1943 年间,该枪被大量改装为狙击步枪,并且在 20 世纪 30 年代,有 100 枝供给梵蒂冈的教皇护卫队。

技术与性能

使用枪弹　7.5×54mm 瑞士制式枪弹 M1911 枪弹

技术诸元

全枪长　1105mm(43.5in)

全枪重　4.00kg(81b 1 3oz)

枪管长　652mm(25.66in)

膛线　4 条,右旋

弹仓容弹量　6 发

枪身铭文　序列号标于机匣和枪机上,弹膛顶部有瑞典的十字标识。

保险装置　向后拉枪机后方的套环,使之转向右方并释放。这样就撤回击针,并使之闭锁,使枪处于保险状态。

退弹过程　弹仓扣位于弹仓顶端的右侧,按下并打开弹仓,打开枪机,检查弹膛和进弹口,闭合枪机,扣动扳机。

瑞士西格 SSG-2000 步枪

西格 SSG-2000 采用一套与众不同的枪机系统。当拉机柄回转时,枪机后端有两个向外伸出的凸起,在枪机拉柄回转带动的凸轮作用下锁在机匣里,使枪机无法回转。一旦闭锁的枪机向前推到待击状态,轻轻一触即可射击。该枪设计成比赛用步枪和执法用狙击步枪。没有机械瞄具,瞄准镜是必须装备的。除了 7.62mm 口径枪弹,该枪还可使用 5.56×45mm 和 7.5×55mm 军用口径枪弹和 0.30 英寸口径马格努姆枪弹。

技术与性能

使用枪弹　7.62×51 mm 北约制式枪弹等

技术诸元

全枪长　1210mm(47.64in)

全枪重　6.6kg(141b 9oz)包括瞄准镜。

枪管长　510mm(20.0in)不包括消焰器

膛线　4条,右旋

弹匣容弹量　4发

枪身铭文　“SIG-SAVER SSG2000”标于枪机左侧,序列号沿弹膛右侧排列。

保险装置　手动保险钮位于枪机后面,向前推、露出红点,武器准备射击,向后拉,武器为保险状态。

退弹过程　弹匣扣位于弹匣后部。取下弹匣,退出枪弹。打开枪机,退出弹膛内的枪弹。检查弹膛和进弹口,关闭枪机,安装空弹匣。

英国李·恩菲尔德No4步枪

该枪为缩短型MarkⅢ步枪的替代品,实际上该枪与缩短型MarkⅢ基本相同,只是为了能在战时更加容易地进行大规模生产而进行了简化。枪口帽被更换,旧式枪刺被替换成了尖形刺刀。瞄具由半圆弧U形换成了觇孔式。经过这样变换之后,新兵更容易掌握,但专业射手感到旧式型号会更容易控制一些。在英国、美国、加拿大和澳大利亚,该枪的生产数量有400万枝之多,其中大约有4万枝美国制造的曾经用来支援中国。

李·恩菲尔德No4步枪

技术与性能

使用枪弹　0.303英寸英国制式枪弹

技术诸元

全枪长　1128mm(44.40in)

全枪重　4.11kg(91b 1oz)

枪管长　640mm(25.2in)

膛线　5条,左旋

弹仓容弹量　10发

枪身铭文　制造商和制造年代标于枪托右侧、拉机柄下方,序列号标于弹膛右侧位置处。美国制造的步枪在机匣左侧标有“UNITEDSTATESPROPERTY”;同样,在加拿大制造的步枪标有“LONGBRANCH”。

保险装置　手动保险位于枪机右侧,向前为射击位置,向后为保险位置。

退弹过程　向上按压扳机护圈内的弹仓卡扣解脱弹仓,取出弹仓内余弹,后拉枪机退出膛内枪弹,检查弹膛和进弹口,闭合枪机,扣动扳机,更换空弹仓。

英国恩菲尔德执法者步枪

恩菲尔德执法者步枪由英国皇家轻武器制造厂研制,其目的是为满足英国警察部队对狙击步枪的需求。该枪采用基本型李·恩菲尔德枪机系统,枪管加重,护木较短。事实上,该枪同英国陆军的L42A1狙击步枪十分相似,不同之处在于装备陆军的L42A1步枪采用的是普通型望远式瞄准镜,而装备于警察部队的执法者型则采用更现代的光学变焦瞄准镜。此外还有一款非常类似的步枪在民用市场销售,作为"贵宾级"比赛用枪,只是未配备光学瞄准镜。

技术与性能

使用枪弹　7.62×51mm 北约制式枪弹

技术诸元

全枪长　1180mm(46.45in)

全枪重　4.42kg(9lb 12oz)

枪管长　700mm(27.55in)

膛线　4条,右旋

弹匣容弹量　10发

枪身铭文　"ENFIELD"及生产年份标于枪机下方的枪托上,序列号标于弹膛右侧。

保险装置　手动保险位于枪机左侧,向前为射击位置,向后为保险位置。

退弹过程　弹匣扣位于弹匣后方。卸去弹匣,将保险按钮置于射击状态,拉开枪机,退出弹膛内的枪弹,检查弹膛,闭合枪机,扣动扳机。

英国帕克-黑尔85步枪

该枪是帕克-黑尔公司为参加英国陆军狙击步枪的选型而设计的,但却败给了由英国国际精密设备公司设计的L96A1步枪。此后,帕克-黑尔公司放弃了步枪业务并于1990年将其设计卖给了美国的吉布斯步枪公司。吉布斯步枪公司现在以帕克-黑尔的商标生产着M85步枪。帕克-黑尔85步枪枪托长度可调,护木下有一个可易于拆卸的两脚架。此外,M85步枪还有迷彩型采用合成材料枪托。

技术与性能

使用枪弹　7.62×51mm 北约制式枪弹

技术诸元

全枪长　11 50mm(45.27in)

全枪重　5.70kg(121b 9oz)(包括瞄准镜)

枪管长　700mm(27.55in)

膛线　4 条，右旋

弹匣容弹量　10 发

枪身铭文　“PARKER-HALE M85GIBBS RIFLE COMARTINSBURG WVUSA”及序列号标于机匣右侧。

保险装置　手动保险位于机匣座右侧、枪机闭锁突笋旁，向前为射击位置，向后为保险位置。

退弹过程　弹匣扣位于弹匣槽后。按压取出弹匣，后拉枪机，退出膛内枪弹，检查弹膛和进弹口，闭合枪机，扣动扳机，更换弹匣。

美国哈里斯（麦克米伦）M87R 步枪

该枪和哈里斯步枪最初都称作麦克米伦步枪。1995 年，麦克米伦枪械公司被哈里斯枪械公司兼并，但是麦克米伦型枪仍然按照原来的型号生产。

M87 步枪原本是单发步枪，采用传统回转式闭锁枪机，改成弹匣供弹后称为 M87R。该枪采用的是半枪托，枪托前面没有小握把，枪管加重，枪口处为一个形似胡椒瓶的枪口制退器。护木处安有两脚架，备有瞄准镜座。无机械瞄具，可以使用合成材料枪托，枪托可根据需要进行调整。

技术与性能

使用枪弹　0.50 英寸勃朗宁枪弹

技术诸元

全枪长　1346mm(53.0in)

全枪重　9.52kg(21lb)

枪管长　737mm(20.0in)

膛线　8 条，右旋

弹匣容弹量　5 发

枪身铭文　无

保险装置　手动保险杆位于枪机一侧。

退弹过程　卸去弹匣，拉开枪机，退出膛内枪弹，检查弹匣和弹膛，闭合枪机，扣动扳机。

美国哈里斯 M93 步枪

该枪是 M87R 步枪的改进型，主要变化在于安装了折叠型枪托，以便于携带和保存。弹匣也做了相应的改进，容量有所增加。该枪同 M87R 一样，被广泛用于法国陆军和美国执法机构。另外，该枪作为狙击步枪，还承担着反狙击手的角色，同时被许多爆炸物处理小组用来进行远距离引爆爆炸物。如果射击不能达到引爆的目的,枪弹的威力通常也可破坏爆炸物的引爆装置,降低危险性,便于进一步检查和排除。

技术与性能

使用枪弹　0.50 英寸勃朗宁枪弹

技术诸元

全枪长(枪托展开)　1346mm(53.0in)

全枪长(枪托折叠)　991mm(39.0in)

全枪重　9.52kg(21lb)

枪管长　737mm(20.0in)

膛线　8 条,右旋

弹匣容弹量　10 发或 20 发

枪身铭文　无

保险装置　手动保险杆位于枪机一侧。

退弹过程　卸去弹匣后,拉开枪机,取出膛内枪弹,检查弹匣和弹膛,闭合枪膛,扣动扳机。

自动步枪

奥地利斯太尔-曼利夏 AUG 自动步枪

该枪专门为奥地利陆军设计,并于 1979 年装备使用。此后,该枪先后被爱尔兰、澳大利亚及许多中东国家和美国海关部门、福克兰群岛防卫军所使用。澳大利亚特许生产,称为 F88。该枪为模块化设计,枪管可以迅速更换,改为长枪管或短枪管。击发机构可以更换为三发点射或单发射击模式或者其他射击模式的组合。可以通过更换机匣来更换固定在机匣上的望远式瞄准镜,安装其他瞄准装置。它也是款大量使用塑料部件的步枪,不但外部构件而且击发机构都采用了塑料材料。

技术与性能

使用枪弹　5. 56×45mm M198 或北约制式枪弹

技术诸元

全枪长　790mm(31. 1in)

全枪重　3. 85kg(81b 8oz)

枪管长　508mm(20. 0in)

膛线　6 条,右旋

弹匣容弹量　30 发或 42 发

射速　650 发/分

枪身铭文　"STEYR-DAIMLER-PUSH AGAUSTRIA"或"STEYR-MANNULICHERG-mbH AUSTRIA"及"AUG/A1"被压印在枪托右侧。序列号标于枪管右侧。

保险装置　按压式保险位于扳机后面的枪托处。当从左侧推到右侧时,步枪处于保险状态;从右侧推到左侧时,步枪处于射击状态。火力选择由扳机控制,轻压扳机为单发射击模式,重压为连发射击模式。

退弹过程　弹匣扣位于弹匣后方。按压卸下弹匣,向后拉拉机柄退出膛内余弹,通过抛壳窗检查弹膛及进弹口,释放拉机柄,同时扣动扳机。

比利时 FN FNC 自动步枪

该枪作为 CAL 步枪的替代品非常成功,因为它符合北约 5. 56mm 枪弹的要求,厂受用户欢迎。它比 CAL 步枪价格更为低廉,稳定性更好。钢、合金和塑米斗材料被大量应用,大部分金属部件都是采用冲压工艺和锻压工艺制造。与 CAL 步枪类似,该枪采用导气式工作原理,枪机回转式闭锁机构,弹匣槽符合北约的要求,可以使用 M16 步枪弹匣或类似的弹匣。瑞典使用该枪的变型枪时被命名为 AK5,印度尼西亚也曾被特许生产过该枪。

FN FNC 自动步枪

技术与性能

使用枪弹　5.56×45mm 北约制式枪弹

技术诸元

全枪长(枪托展开)　997mm(39.25in)

全枪长(枪托折叠)　766mm(30.16in)

全枪重　3.80kg(8lb 6oz)

枪管长　450mm(17.71in)

膛线　6 条,右旋

弹匣容弹量　30 发

射速　700 发/分

枪身铭文　"FN"字样、"FNC5.56"及序列号标于机匣左侧。

保险装置　保险/快慢机合二为一位于机匣右后方。完全向上处于保险状态,将阻止拉机柄的活动;向下至 3 点标记处,为连发射击模式;再下至一点标记处为单发射击模式。

退弹过程　弹匣扣位于弹匣槽左下方。卸下弹匣,后拉拉机柄,退出膛内枪弹,通过抛壳窗检查弹膛及进弹口,释放拉机柄,扣动扳机。

中国 56 式冲锋枪

56 式冲锋枪是卡拉什尼科夫步枪的仿制品,和上页同为 56 式,但是二者的名称是不同的,这个 56 式是冲锋枪,全枪长 874mm,而前页的 56 式是半自动步枪,全枪长 1025mm。按照惯例,冲锋枪通常比步枪短。该系列共有 3 个型号,56 式为固定枪托,折叠枪刺;56-1 式可折叠枪托折叠于机匣之上;56-2 式可折叠枪托折叠于机匣右侧。在民用市场进行销售时,所有这些型号均改为半自动射击方式。

技术与性能

使用枪弹　56 式 7.62mm 普通弹

技术诸元

中国56式冲锋枪

全枪长　874mm(34.4in)

全枪重　3.80kg(81b 6oz)

枪管长　414mm(16.30in)

膛线　4条,右旋

弹匣容弹量　30发

射速　600发/分

枪身铭文　生产厂商的中文标识、生产年份及序列号标于机匣左侧。早期产品在保险杆上有中文标记。

保险装置　保险/快慢机位于机匣右后方。按压快慢机至上方位置时为保险状态,将锁定拉机柄和枪机,阻止其运动;向下一挡至L处为连发射击模式,至D处为单发射击模式。

退弹过程　弹匣扣位于弹匣槽后部。卸下弹匣后,后拉拉机柄,退出膛内枪弹,通过抛壳窗检查弹膛及进弹口,释放拉机柄,扣动扳机。

中国68式自动步枪

该枪完全为中国自主设计制造,它集中了中国曾使用过各种步枪的优点,外形类似于56式半自动步枪,但是内部机构完全基于AK47卡拉什尼科夫步枪。枪管下方有传统的折叠枪刺。

技术与性能

使用枪弹　56式7.62mm普通弹

技术诸元

全枪长　1029mm(40.5in)

全枪重　3.49kg(71b11oz)

枪管长　521mm(20.5in)

膛线　4条,右旋

弹匣容弹量　15发或30发

射速　750发/分

枪身铭文　生产厂商的中文标识、生产年份及序列号标于机匣左侧。

保险装置　保险/快慢机位于机匣右后方。向后至"0"处为保险,扳机将被锁定,但拉机柄仍可拉开;垂直向下至"1"处为单发射击模式;至"2"处为连发射击模式。

退弹过程　弹匣扣位于弹匣后方。卸下弹匣,后拉拉机柄,退出膛内枪弹,通过抛壳窗检查弹膛及进弹口,释放拉机柄,扣动扳机。

捷克斯洛伐克 CZ58 自动步枪

尽管该枪外形比较类似于苏联的卡拉什尼科夫步枪，实际上二者却完全不同。该枪为标准的捷克设计，但是为了符合《华沙条约》的规定，改为发射标准的苏联制式枪弹。该枪采用导气式设计，枪机和枪匣采用同瓦尔特 P38 手枪类似的垂直锁定装置。活塞的气压可推动枪机框抬高卡销，打开枪机。最初设计为塑料固定枪托，后来的型号采用金属折叠枪托。枪口都装有消焰器，枪管下方有两脚架。

CZ58 自动步枪

技术与性能

使用枪弹　7.62×39mm 苏联 M1943 枪弹

技术诸元

全枪长（枪托展开）　820mm（32.28in）

全枪长（枪托折叠）　635mm（25.0in）

全枪重　3.14kg（6lb 15oz）

枪管长　401mm（15.8in）

膛线　4 条，右旋

弹匣容弹量　30 发

射速　800 发/分

枪身铭文　生产厂标志和序列号标于枪匣后部顶端。

保险装置　手动保险/快慢机位于枪匣右侧、扳机上方。旋转至垂直位置为保险状态，它将锁定扳机，但枪机仍可拉开。快慢机向前为连发射击模式，向后为单发射击模式。

退弹过程　弹匣扣位于弹匣和扳机护圈之间。卸去弹匣，后拉拉机柄，退出枪弹，通过抛壳窗检查弹膛和进弹口，释放拉机柄，扣动扳机。

芬兰萨科 M90 自动步枪

萨科 M90 步枪是芬兰继瓦尔梅特 M62/M76 系列制式步枪后的又一款成功之作。20 世纪 80 年代后期萨科兼并了瓦尔梅特公司。最初瓦尔梅特的武器设计都是以 50 年代从俄罗斯获得的卡拉什尼科夫 AK47 系列步枪为基础进行的，同时根据本国的特点进行些许改进。该枪没有使用木制件，护木和握把全部采用钢材，用塑料包裹，枪托由粗钢管制成，枪口有消焰器。M90 步枪不仅采用流线型设计，同时还采用新式折叠枪托，方便夜晚使用的瞄具以及新式消焰器，也可以加挂榴弹发射器。它可能是迄今为止卡拉什尼科夫步枪仿制品中最为成功的一款。

技术与性能

使用枪弹　7.62×39mm 苏联 M 1943 枪弹或 5.56×45mm 北约制式枪弹

技术诸元(7.62mm 型)

全枪长(枪托展开)　930mm(36.6in)

全枪长(枪托折叠)　675mm(26.58in)

全枪重　385kg(81b 8oz)

枪管长　416mm(16.38in)

膛线　4 条，右旋

弹匣容弹量　30 发

射速　700 发/分

枪身铭文　"M90"及序列号标于机匣左侧。

保险装置　保险/快慢机位于机匣右后方。完全向上为保险状态，将阻止枪机和拉机柄的活动；向下转动一个刻度到第一个标记处时，为连发射击模式；再向下转到底部位置时，为单发射击模式。

退弹过程　弹匣扣位于弹匣槽后方。卸下弹匣，后拉拉机柄，退出膛内枪弹，通过抛壳窗检查弹膛及进弹口，释放拉机柄，扣动扳机。

德国 MP44 自动步枪

该枪被称为突击步枪之父，由德国人在 1941～1942 年间研制，采用了一种新型短弹。最初被称为 MP43(冲锋手枪)，经过东德前线战场上的骄人战绩之后被更名为"StG 44"。为了在有限射程内实现可控连发射击，并使步枪小型化，该枪引入了缩短型枪弹的概念，因为试验表明大部分步枪的实际有效射程只有 400m。二战后几乎每一个枪械生产国都对该枪进行过仔细研究，从某种意义上讲，现代 5.56mm 口径突击步枪正是基于这种设计理念才得以诞生的。战后的几年里，该枪曾被东德的边防部队所采用，部分从不同途径流入到中部非洲国家。

技术与性能

使用枪弹　7.92×33mm 短弹

技术诸元

全枪长　940mm(37.0in)

全枪重　5.22kg(11lb 8oz)

枪管长　4191mm(16.45in)

膛线　4 条，右旋

弹匣容弹量　30 发

射速　500 发/分

枪身铭文　“MP44”工厂标志、生产年份、序列号标于机匣上方。序列号同时标在弹匣槽左侧。

保险装置　手动保险位于机匣左侧、握把上方。向上为保险位置,向下为射击位置。此外在保险后上方还设有一个按钮,用于选择单发射击或连发射击。

退弹过程　弹匣扣位于弹匣槽左侧。卸下弹匣,后拉拉机柄退出弹膛内枪弹,通过抛壳窗检查弹膛及进弹口,释放拉机柄,扣动扳机。

德国赫克勒-科赫 G3 自动步枪

G3 步枪的核心部件是赫克勒一科赫公司大多数枪械所采用的滚柱延迟闭锁系统,这一系统具有悠远而传奇的历史。该枪于 1944~1945 年间由毛瑟设计,带到西班牙后由塞特迈公司继续研制,辗转到荷兰进行制造,后来在赫克勒一科赫公司继续完善。G3 步枪曾被德国陆军:装备多年,并特许在墨西哥、葡萄牙、希腊、土耳其、巴基斯坦、挪威和沙特阿拉伯生产,被 60 多个国家的军队所装备。G3 步枪有很多变型枪,有短枪管型,固定和折叠枪托型等。特许生产国也有很多变型,但在基本构造上没有太大变化。

赫克勒-科赫 G3 自动步枪

技术与性能

使用枪弹　7. 62×5 1mm 北约制式枪弹

技术诸元

全枪长　1025mm(40. 35in)

全枪重　4. 40kg(9lb 11oz)

枪管长　450mm(17. 71in)

膛线　4 条,右旋

弹匣容弹量　20 发

射速　550 发/分

枪身铭文　“G3 HK”、枪支序列号及制造年份标于弹匣槽左侧。经过再抛光处理后的枪支在弹匣槽右侧印有“HK 和月/年”标记。

保险装置　保险/快慢机位于枪身左侧、扳机上方。最上方为保险模式(标记为“0”或“S”),最下方为连发射击模式(标记为“F”或“20”),中间位置为单发射击模式(标记为“E”或“1”)。

退弹过程　弹匣加位于弹匣槽后方。卸下弹匣,后拉拉机柄,退出弹膛内余弹,通过抛壳窗检查弹膛及进弹口，释放拉机柄，扣动扳机。

德国赫克勒-科赫 PSG1 自动步枪

PSG1 是一款高精度狙击步枪，采用赫克勒-科赫公司传统的滚柱延迟闭锁系统。枪管特制加长、加重，扳机组件可以从握把处取出，扳机力可调，枪托可在各种方向进行调节，每个人均可根据需要以自己习惯的姿势进行控制。原枪未装机械瞄具，北约标准的瞄具座设在机匣上方，PSG1 狙击步枪通常装备 6×42 的带标尺分划的光学瞄准镜。该枪精度超众，在 300m 的射程上发射 50 发比赛弹其散布圆直径 80mm。

技术与性能

使用枪弹　7.62×51mm 北约制式枪弹

技术诸元

全枪长　1208mm(47.55in)

全枪重　8.10kg(17lb 13oz)

枪管长　650mm(25.6in)

膛线　4 条，右旋

弹匣容弹量　5 发或 20 发

枪身铭文　“PSGl HK Ka1 7.62×51”及枪支序列号均标于弹匣槽左侧。

保险装置　手动保险位于机匣右侧、扳机上方。向上为保险位置，向下为射击位置。

退弹过程　弹匣扣可能位于弹匣槽后方卸下弹匣，后拉拉机柄退出弹膛内余弹。通过抛壳窗检查弹膛及进弹口。查完后，抓住拉机柄，同时扣动扳机，使拉机柄在控制下向前运动，按压机匣右侧的枪机闭合按钮，闭合枪机。

德国赫克勒-科赫 HK33E 自动步枪

该枪或多或少与标准型 G3 步枪类似，只是口径减小为 5.56mm，机构操作完全相同，外形也相同，个别部件是共用的，但是不提倡互换部件。一些零件是无法通用的，尽管它们在两个武器上装配位置都是一样的。该枪有固定枪托型，也有称作赫克勒一科赫 33KE 的短枪管卡宾枪型，还有赫克勒一科赫 33SG1 狙击步枪型。该枪配有专用瞄准镜座和望远式瞄准镜。固定枪托型配备两脚架。该枪已被智利、巴西、马来西亚、泰国及其他南美和东南亚国家的军队采用。

技术与性能

使用枪弹　5.56×45mm 北约制式枪弹或 M 193 枪弹

技术诸元

全枪长(枪托展开)　940mm(37.0in)

全枪长(枪托折叠)　735mm(28.94in)

全枪重　3.65kg(81b 1oz)

枪管长　390mm(15.35in)

膛线　6条,右旋

弹匣容弹量　25发

射速　750发/分

枪身铭文　"HK 33E 5.56mm"和序列号全部在弹匣槽左边。

保险装置　组合式保险/快慢机在枪体左侧、扳机上方。在顶端位置(标着"0"或"S"),武器是保险状态,完全向下("F"或"20")为连发射击模式,中间位置("E"或"1")为单发模式。

退弹过程　弹匣扣位于弹匣槽后方。取下弹匣,把拉机柄向后拉,退出弹膛内的枪弹,通过抛壳窗检查弹膛和进弹口,释放拉机柄,扣动扳机。

德国赫克勒-科赫 HK36 自动步枪

20世纪70年代初期,当世界范围内掀起小口径浪潮的时候,赫克勒-科赫公司研制了该步枪发射的4.6mm枪弹,轻型枪弹和直线式设计大大减小了后坐冲力,弹头速度足以使之在300m外保持弹道低伸,这几乎是弹头的作用极限。正是这支枪引入了三发点射概念来提高首发命中率。另外一个与众不同的特点是弹匣,弹匣固定在步枪上,通过拉下弹匣底板,将预先装好的枪弹盒从打开的弹匣底部装入弹匣。该枪采用赫克勒-科赫的半自由枪机系统。这个设计枪型尽管没有被军方接受,但也为设计组以后的设计提供了宝贵参考价值。

技术与性能

使用枪弹　4.6×36mm"Loffelspitz"

技术诸元

全枪长(枪托展开)　890mm(35.0in)

枪管长　400mm(15.75in)

全枪重　2.85kg(6lb 40oz)

膛线　6条,右旋

弹匣容弹量　30发

枪身铭文　"HK36"和序列号标于弹匣槽上。

保险装置　手动保险/快慢机位于枪机框左侧,提供保险、单发、三发点射、连发模式。

退弹过程　压下弹匣底部的按钮,解除弹匣簧压力,从弹匣底部取下弹匣盒,后拉拉机柄(下护木左边)打开枪机,退出弹膛内的枪弹,通过抛壳窗检查进弹口和弹膛,释放拉机柄,扣动扳机。

德国赫克勒-科赫 G-36 自动步枪

当 G11 计划失败时,德国陆军并无符合北约标准的 5.56mm 口径步枪,经过迅速地对比实验,最后选择了 G-36 作为德国陆军新的制式步枪。在这次设计中,赫克勒-科赫公司放弃了易于操作的回转式枪机闭锁延迟后坐系统,采用导气式回转枪机开锁。枪械的整体设计仍保持传统样式,枪管下方是一个活塞筒、一个小握把、弹匣、管状可折叠枪托。一个抬高的瞄准具座位于机匣后方,可安装 3 倍光学瞄准镜,一个整体式的提把贯穿瞄准镜座和机匣前端。设有为瞄准线设计的照门瞄准孔,拉机柄位于提把下方,具有枪机闭锁的辅助作用。

1996 年德国陆军采用 G36,,还有出口型 G36E,两者的区别仅在于光学瞄准镜,G36E 装配 1.5 倍望远式瞄准镜。图中为短枪管型 G36K,发放给德国特种部队,该枪带叉形消焰器。

技术与性能

使用枪弹　5.56×45mm 北约制式枪弹

技术诸元(G36)

全枪长(枪托展开)　998mm(39.29in)

全枪长(枪托折叠)　758mm(29.84in)

全枪重　3.43kg(7lb9oz)

枪管长　480mm(18.89in)

膛线　6 条,右旋

弹匣容弹量　30 发

射速　750 发/分

技术诸元(G36K)

全枪长(枪托展开)　858mm(33.78in)

全枪长(枪托折叠)　613mm(24.13in)

全枪重　3.13kg(61b 14oz)

枪管长　320mm(12.60in)

膛线　6 条,右旋

弹匣容弹量　30 发

射速　750 发/分

保险装置　保险/快慢机位于机匣两侧、扳机后上方。

退弹过程　弹匣扣位于弹匣槽上。取下弹匣,后拉拉机柄(位于提把下方),通过抛壳窗检查进弹口和弹膛,使拉机柄复位,使枪机回到前方位置,扣动扳机。

意大利伯莱塔 AS70/90 突击步枪

该突击步枪是 AR70/90 式 5.56mm 突击步枪的班用自动变型枪，该枪由于开膛待击而采用了与 AR70/90 式突击步枪相同的导气式工作原理——回转式枪机闭锁系统，并且枪管较重，不能快速更换。枪托外形的改善更有利于稳妥握持并附有背带，该枪的下护木采用穿孔的长枪管套筒，枪管前端下方装有高度可调的两脚架。固定在机匣上方的提把可轻易取下，像别的步枪一样在机匣盖上安装光学瞄准镜。AR70/90 式突击步枪虽然通过意大利军方严格检测，但是军方仍未决定是否只采用一种型号的 5.56mm 机枪来装备部队。

技术与性能

使用枪弹　5.56×45mm 北约制式枪弹

技术诸元

全枪长　1000mm(39.37in)

全枪重　5.34kg(11Ib 12oz)

枪管长　465mm(18.30in)

膛线　6 条，右旋

弹匣容弹量　30 发

射速　800 发/分

保险装置　手动三位置选择式保险/快慢机位于机匣两侧，提供保险、单发射击和连发射击。

退弹过程　弹匣扣位于机匣两侧、弹匣上方。卸下弹匣，后拉拉机柄直到被阻铁约束，通过敞开的抛壳窗检查弹膛和进弹口，确保弹膛内无枪弹，拉机柄复位，扣动扳机，使得枪机在控制下向前运动。

日本 64 式自动步枪

该自动步枪由日本自行研制，并由丰和机械有限公司生产。该枪采用导气式工作原理，闭锁方式为枪机偏移式。该枪的设计主要考虑到适合日本士兵使用，可发射简化装填程序的特种枪弹，并采用了枪口制退器以减小后坐力。通过适当调节气体调节器旋钮可发射北约全装药枪弹，同时可发射枪榴弹。

技术与性能

使用枪弹　7.62×51mm 日本制式枪弹

技术诸元

全枪长　990mm(39.0in)

全枪重 4.4kg(91b 11oz)
枪管长 450mm(17.71in)
膛线 4条,右旋
弹匣容弹量 20发
射速 500发/分

日本64式自动步枪

枪身铭文 表意符号“64”和“7.62mm”及序列号、以西方形式标注的生产年份、兵工厂标识位于机匣左侧。

保险装置 手动保险/快慢机位于机匣右侧、扳机上方。将快慢机向后旋为保险模式,向前旋为单发射击模式,旋到最上部为连发射击模式。

退弹过程 弹匣扣位于弹匣槽后方。卸下弹匣,后拉拉机柄,退出留在弹膛内的枪弹,通过抛壳窗检查弹膛和进弹口,释放拉机柄,扣动扳机。

日本89式突击步枪

该突击步枪由日本防卫厅设计,准备作为日本标准制式步枪取代64式自动步枪。该枪采用导气式工作原理,闭锁方式为枪机回转式,并采用一独特的导气系统。确保作用于导气活塞上的初冲量较小,因此降低了该枪在射击时的后坐力,提高了武器的寿命。该枪既有固定枪托式变型枪也有折叠枪托式变型枪,并且两种变型枪都装有两脚架。该枪的另一个独有特点是采用了可卸式三发点射装置,当此装置出现任何问题时都不会影响单发射击和连发射击的正常使用。

日本89式突击步枪

技术与性能

使用枪弹 5.56×45mm北约制式枪弹

技术诸元

全枪长(枪托展开) 916mm(36.0in)
全枪长(枪托折叠) 570mm(22.44in)
全枪重 3.5kg(71b 12oz)
枪管长 420mm(16.54in)
膛线 6条,右旋
弹匣容弹量 20发或30发
射速 750发/分

枪身铭文 表意符号“89”和“5.56mm”及序列号、以西方形式标注的生产年份、兵工厂标识标于机匣左侧。

保险装置 手动保险/快慢机位于机匣右侧、扳机上方。将快慢机向上旋为保险模式,向下旋一个缺口为单发射击模式,向下旋完全向前为连发射击模式。通过操作扳机后方的一卡笋可以实现三发点射。

退弹过程 弹匣扣位于弹匣槽后方。卸下弹匣,后拉拉机柄,退出留在弹膛内的枪弹,检查弹膛和进弹口,释放拉机柄,扣动扳机。

卡拉什尼科夫 AK47 自动步枪及变型枪

各种不同的卡拉什尼科夫步枪、变型枪和仿制枪已经形成了一个枪族,但不管它们如何变化,其基本结构仍维持相同并且易于辨认。AK47 式基本型步枪通过吸收在生产、设计过程中的经验演变成 AKM 式突击步枪,将口径改为 5.45mm 而演变成 AK74 式突击步枪。其他国家制造的各种变型枪常常以各自的特征——握把、不同类型的枪托、榴弹发射器附加装置等加以区别。尽管如此,但卡拉什尼科夫基本型步枪的机匣和保险装置一直保持不变。当设计原理更新时,枪的外观可能会出现很大的变化,诸如加兰德式、R4 式和芬兰模式的步枪。一旦被认定为基于卡拉什尼科夫设计原理的变型枪,其国籍可以通过枪身的铭文加以确认。

技术与性能

使用枪弹 7.62×39mm 苏联 M1943 枪弹

技术诸元

全枪长(枪托展开) 869mm(34.21in)

全枪长(枪托折叠) 699mm(27.52in)

全枪重 4.30kg(9lb 8oz)

枪管长 414mm(16.3in)

膛线 4 条,右旋

弹匣容弹量 30 发

射速 600 发/分

枪身铭文 型号、厂家标识、生产日期和序列号标于机匣顶部后端。

保险装置 手动保险/快慢机位于机匣右侧后部。当快慢机完全扳到上方时步枪处于保险位置,能够阻止拉机柄和枪机的运动。将快慢机向下扳到标识或字符“AB”处为连发射击状态,扳到最低位置或字符“O”处为单发射击状态。

退弹过程 弹匣扣位于弹匣槽的后部。卸下弹匣,后拉拉机柄,退出留在弹膛内的枪弹。通过抛壳窗检查弹膛,释放拉机柄,扣动扳机。

俄罗斯卡拉什尼科夫1974(AK-74)突击步枪

俄罗斯卡拉什尼科夫AK74式突击步枪是AKM式突击步枪的小口径变型枪，该枪采用了与AKM式突击步枪相同的机匣、勤务装置和枪机组件。5,45mm枪弹与7.62×39mm枪弹的长度几乎相同，因此两种枪弹的弹匣适用于机匣上开掘同样的弹匣槽。该枪的一个显著特征是采用了层压塑料和玻璃钢弹匣，由于钢制弹匣的引进，对AKM式突击步枪弹匣侧面的突筋和凹槽进行了细微的设计改进。另一个特征是采用了枪口制退/补偿器，设计该装置的目的是为了降低后坐力和减轻目前普遍存在的自动武器射击时枪口上跳的问题。该措施对降低后坐力和提高射击稳定性非常有效。AKS74式变型突击步枪采用钢制折叠枪托，向机匣左侧折叠。

技术与性能

使用枪弹　5.45×39.5mm枪弹

技术诸元

全枪长(枪托展开)　928mm(36.53in)

全枪长(枪托折叠)　690mm(27.2in)

全枪重　3.86kg(8lb 8oz)

枪管长　400mm(15.75in)

膛线　4条，右旋

弹匣容弹量　30发(可卸式弹匣)

射速　650发/分

初速　900m/s

枪身铭文　型号、厂家标识和序列号标于机匣顶部。

保险装置　标准卡拉什尼科夫式保险/快慢机位于机匣左侧。当快慢机完全扳到上方时为该枪的保险位置，并能够阻止拉机柄和枪机的运动；将快慢机扳动到下一个缺口处为连发射击状态；扳到最下面的位置为单发射击状态。

退弹过程　弹匣扣位于弹匣槽的后部。卸下弹匣，后拉拉机柄，退出留在弹膛内的枪弹，通过抛壳窗检查弹膛，确保弹膛内无枪弹，释放拉机柄，扣动扳机。

俄罗斯德拉格诺夫SVD式狙击步枪

该狙击步枪虽然和卡拉什尼科夫步枪大体上十分相似，但不同之处是该枪采用了短行程活塞来驱动枪机，而AK系列步枪均采用长行程活塞。长行程活塞并不适用于该枪的情况，因为该枪属于狙击步枪，并且长行程活塞在运动过程中可能引起平衡失控而导致射击精度下降。尽管NSPU-3微光夜视仪也可以配装该枪，但是该狙击步枪通常使用

PSO-1 望远瞄准镜。据称该狙击步枪的有效射程为1000m,并且现已公开销售。

技术与性能

使用枪弹　7.62×54R 苏联枪弹

技术诸元

全枪长　1225mm(48.22in)

全枪重　4.31kg(9lb 8oz)

枪管长　610mm(24.0in)

膛线　4条,右旋

弹匣容弹量　10发

枪身铭文　厂家标识、生产日期和序列号标于机匣左侧。

保险装置　该狙击步枪使用同卡拉什尼科夫步枪类似的保险卡笋,安装在机匣左侧后部。上扳保险卡笋为保险状态,下压保险卡笋处于单发射击状态。

退弹过程　弹匣扣位于弹匣后方。卸下弹匣,后拉拉机柄,退出留在弹膛内的枪弹,通过抛壳窗检查弹膛和进弹口,释放拉机柄,扣动扳机。

俄罗斯西蒙诺夫 SKS 式半自动步枪

西蒙诺夫吸取了SVT失败的经验教训,开始设计全新的步枪,但是由于1941年德国入侵,设计被迫终止。当苏联人从德国人手中缴获首批MP44s突击步枪并发展了他们自己的7.62mm短枪弹后,西蒙诺夫又重新回到该枪的设计上来。为了适应新的枪弹他改进了该枪的设计,样枪于1944年的战斗中被发放到了部队,并根据部队使用的反馈意见做了进一步的改进,发射7.62×39mm枪弹的首批苏联步枪于1946年开始大批量投入生产。该半自动步枪不仅广泛装备于苏联军队,同时也装备了好几个共产主义阵营的国家,并被中国、朝鲜、东德和南斯拉夫仿制,据估计大约生产了1500万枝。

技术与性能

使用枪弹　7.62×39mm 苏联 M1943 枪弹

技术诸元

全枪长　1122mm(44.17in)

全枪重　3.86kg(8lb 8oz)

枪管长　620mm(24.4in)

膛线　4条,右旋

弹仓容弹量　10发

枪身铭文　序列号标于机匣左侧和枪机上。

保险装置　手动保险位于扳机护圈后部。将手动保险向前方推为保险位置,此时便阻止扣扳机手指和扳机的运动。

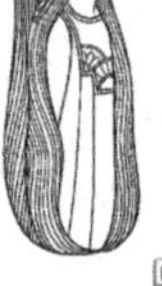

退弹过程　弹仓扣位于弹仓后部、机匣下方。按下弹仓扣，弹仓自动弹开，弹仓中的枪弹被卸掉，后拉拉机柄，检查弹膛和进弹口，释放拉机柄，扣动扳机，闭合空弹仓。

俄罗斯 VAL 式 9mm 微声狙击步枪

该微声狙击步枪最早出现于 1994 年，那时尚无做全面测试。该枪是一枝发射大威力、9mm 亚音速特种枪弹的半自动微声狙击步枪。有鉴于俄罗斯当前轻武器的影响，它极有可能吸引多个地区的注意力，最终用于一些极端用途。据称，该枪发射特种枪弹可以杀伤 400m 以内或者更远地方有单兵防护的有生目标。像对待所有俄罗斯武器一样，这些声称应该被保留，直到得到真正的证实。

技术与性能

使用枪弹　9×39mm 特种枪弹

技术诸元

全枪长（枪托展开）　875mm（34.45in）

全枪长（枪托折叠）　615mm（24.21in）

全枪重　2.50kg（5lb 8oz）

枪管长　未知

膛线　未知

弹匣容弹量　20 发

射速　未知

枪身铭文　厂家标识和序列号标于机匣右侧。

保险装置　手动保险位于扳机后方，往上扳处于保险状态，往下扳处于待击状态。

退弹过程　弹匣扣位于弹匣后方、扳机护圈前部末端。卸下弹匣，后拉拉机柄，退出留在弹膛内的枪弹，通过抛壳窗检查弹膛和进弹口，释放拉机柄，扣动扳机。

新加坡 SR88A 突击步枪

该突击步枪是 SR88 式突击步枪的改进型，除了外形结构有明显差别之外，其工作机理完全相同。下机匣用铝合金锻造而成，上机匣用优质钢板冲压而成，枪托、下护木、握把材料均采用玻璃纤维增强尼龙，并且由于减重和强度原因，固定枪托已被挖去了一部分。枪管通过一个防松螺母固定在机匣上，并预置了能够在战场上便于更换枪管的卡销。枪管用优质钢锤锻而成，弹膛镀铬。变型枪 SR88 式卡宾枪的枪管较短，主要装备伞兵部队和其他需要结构紧凑型步枪的军事单位。

技术与性能

使用枪弹　5.56×45mm 北约制式枪弹

技术诸元

全枪长(枪托展开)　960mm(37.8in)

全枪长(枪托折叠)　810mm(31.9in)

全枪重　3.68kg(81b 2oz)

枪管长　460mm(18.1in)

膛线　6 条,右旋

弹匣容弹量　30 发

射速　800 发/分

SR88A 突击步枪

枪身铭文　序列号及“SR88A CAL5.56”标于弹匣槽右侧。

保险装置　手动保险/快慢机位于机匣左侧、扳机上方。将快慢机旋向后为保险状态,旋向前有两种模式:单发射击模式和连发射击模式。

退弹过程　弹匣扣位于弹匣槽右侧后部。卸下弹匣,后拉拉机柄,退出留在弹膛内的枪弹,通过抛壳窗检查弹膛和进弹口,释放拉机柄,扣动扳机。

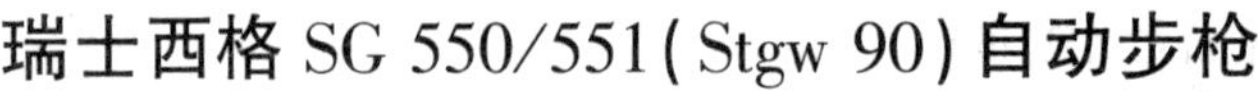

瑞士西格 SG 550/551(Stgw 90)自动步枪

该枪是 1984 年西格公司为了在竞争中获胜满足瑞士陆军的需要而对 SG540 进行改进而来。西格公司最终获得了胜利,并定型号为 Stgw90,取代 Stgw57 成为新的瑞士军用步枪。该枪还有民用型,无自动射击模式。该枪一个特别之处是塑料弹匣上的螺丝与螺母可以使 2 个或 3 个弹匣并排使用。一个弹匣插入弹仓口,枪弹射击完后,可以迅速取下空弹匣,换上并排安装的满弹匣。

技术与性能

使用枪弹　556×45mm 北约制式枪弹

技术诸元

全枪长(枪托展开)　998mm(39.30in),

全枪长(枪托折叠)　772mm(30.4in)

全枪重　4.10kg(91b 1oz)

膛线　6 条,右旋

弹匣容弹量　20 发或 30 发

射速　700 发/分

枪身铭文　“SG 550”和序列号标于机匣左侧。

保险装置　手动保险/快慢机位于机匣左侧、握把上方。向上为保险,扳向下和向前有 3 种选择:单发、三发点射和连发射击模式。

退弹过程　弹匣扣位于弹匣槽后部。卸去弹匣,向后拉拉机柄,退出枪弹,通过抛壳窗检查弹膛和进弹口,释放拉机柄,扣动扳机。

瑞士 SSG550 狙击手自动步枪

SSG550 是在 SG550 标准型的基础上改进而成,采用了锤锻成型枪管,只能半自动射击。单连发扳机、枪托底部长度和贴腮板可调。根据使用状态的需求也可调小握把。装有两脚架,望远瞄准镜位置可调,以适应射手面部贴近贴腮板时的瞄准动作。步枪顶部装有拖拉式透光板,以防止枪管发烫形成热气流对瞄准镜的干扰。该枪的设计充分考虑了狙击手的人机功效。

技术与性能

使用枪弹　5.56×45mm 枪弹

技术诸元

全枪长(枪托展开)　1130mm(44.49in)

全枪长(枪托折叠)　905mm(35.63in)

全枪重　7.3kg(161b 1oz)

枪管长　650mm(25.60in)

膛线　6 条,右旋

弹匣容弹量　20 发或 30 发

枪身铭文　"SSG 550"和序列号标于机匣左侧。

保险装置　双保险位于机匣左右两侧、握把上方。向上向后为保险,向下向前为射击。

退弹过程　弹匣扣位于弹匣槽后部、扳机护圈前方。卸去弹匣,后拉拉机柄,打开枪管尾端,退出枪弹,通过抛壳窗检查弹膛和进弹口,确保二者内无枪弹。释放枪机,扣动扳机。

美国斯通纳 SR-25 自动步枪

该枪在 100m 射程内,射弹散布不会大于 19mm。

技术与性能

使用枪弹　7.62×51mm 北约制式枪弹

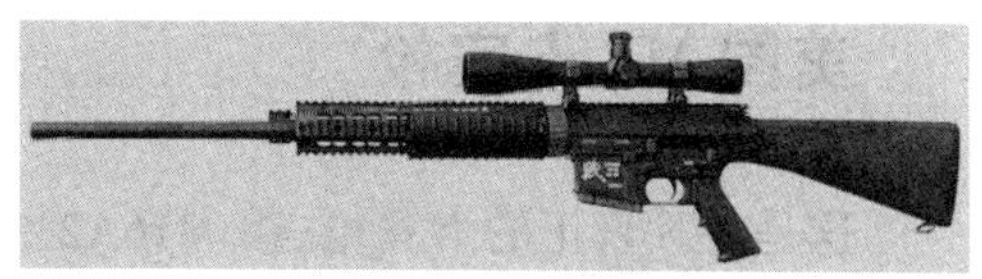

斯通纳 SR-25 自动步枪

技术诸元

全枪长　1175mm(46.25in)

全枪重　4.88kg(101b 12oz)

枪管长　508mm(20.0in)

膛线　4 条,右旋

弹匣容弹量　10 发或 20 发

枪身铭文 “KNIGHT SARMAMENICO SR25”及序列号标于机匣左侧。

保险装置 手动保险位于机匣左侧、扳机上方。向后为保险,向前为射击。

退弹过程 弹匣扣位于弹匣槽后部。卸去弹匣,后拉翼形拉机柄(机匣后部上方),退出枪弹,通过抛壳窗检查弹膛和进弹口,释收拉机柄,扣动扳机。

美国柯尔特 M16A2 自动步枪

该枪是基于 M16A2 基型枪的设计,美国同加拿大 Diemaco 公司共同研制开发的。枪管加重,护手、提把和护木加重、加大,并有折叠两脚架和向前倾斜的握把。基本结构仍采用斯通纳步枪旋转枪机装置、导气式设计。采用标准的 30 发弹匣,但是同样可以采用大容量弹匣。美国海军陆战队及巴西、萨尔瓦多和其他一些国家都装备了 M16A2 枪。

技术与性能

使用枪弹 5. 56×45mm 北约制式枪弹

技术诸元

全枪长 1 000mm(39. 37in)

空枪重 5. 78kg(121b 12oz)

枪管长 510mm(20. 0in)

膛线 6 条,右旋

弹匣容弹量 30 发

射速 700 发/分

枪身铭文 “COLTMl6A2PROPERTY OF U. S. GOVTCAL5. 56MM”及序列号标于弹匣槽左侧。“COLTFIREARMS DIVISION COLTINDUSTRIES HARTFORDCONNUSA”标于机匣左侧。

保险装置 普通 M16 型号的步枪保险快慢机位于机匣左侧、握把上方,设有单发、连发和保险 3 个位置。向后为保险,垂直位置为单发射击模式,向前为连发射击模式。

退弹过程 弹匣扣位于弹匣槽上。卸去弹匣,后拉拉机柄,退出枪弹,通过抛壳窗检查弹膛和进弹口,扣动扳机,使拉机柄复进到位。

美国 M4 卡宾枪

这是一款真正的卡宾枪,由 M16A2 缩短枪管和增加伸缩式枪托演变而来的。它可以看作是介于步枪和卡宾枪之间的步枪,大部分部件和 M16A2 可换,可以使用 M16、北约 STANAG4179 弹匣。该枪服役于美国军队,加拿大陆军也采用该枪,改称为 C8 步枪,中南美洲有些国家的军队也使用此枪。

技术与性能

使用枪弹　5.56×45mm 北约制式枪弹

技术诸元

全枪长(枪托展开)　840mm(33.07in),

全枪长(枪托折叠)　760mm(29.92in)

全枪重　2.54kg(5lb 10oz)

枪管长　368mm(14.5in)

膛线　6 条,右旋

弹匣容弹量　20 发或 30 发

射速　700~1 000 发/分

枪身铭文　"COLT FIREARMS DIVISIONCOLT INDUSTRIESHARTFORD CONN USA"位于机匣左侧。"COLT M4CAL5.56mm"及序列号位于机匣左侧。

美国 M4 卡宾枪

保险装置　保险/快慢机位于机匣左侧、扳机上方。后扳至"SAFE"处,枪械处于保险状态。向下成垂直位置,枪械为单发射击模式。按钮向前指向"AUTO",枪械为连发射击模式。

退弹过程　弹匣扣位于机匣右侧、扳机上方。卸去弹匣,后拉拉机柄(T 型拉柄位于提把后方),通过抛壳窗检查弹膛,释放拉机柄,扣动扳机。

美国巴雷特'Light Fifty'M82A1 狙击步枪

第一款获得成功的重型狙击步枪,巴雷特步枪作为反器材装备广泛应用于军队和警察部队,同时也可作为远距离引爆武器。它在 20 世纪 80 年代是唯一的重型狙击步枪,但是 80 年代以后出现了许多与其类似的重型狙击步枪和巴雷特争夺市场。

技术与性能

使用枪弹　12.7×99mm 枪弹(0.50 英寸勃朗宁枪弹)

技术诸元

全枪长　1549mm(61.0in)

全枪重　13.40kg(251b 9oz)

枪管长　737mm(29.0in)

膛线　12 条,右旋

弹匣容弹量　11 发

发射方式　半自动射击

枪身铭文　"BARRETTFIREAR MSMANUFACTURINGINCMURFREESBORO, TN, USA. CAL. 50"和序列号标于机匣左侧。

保险装置　拇指控制的保险装置位于机匣左侧、握把上方。水平位置为保险,垂直位置是射击。

退弹过程 弹匣扣位于弹匣后部。卸去弹匣，退出枪弹，通过抛壳窗检查弹膛，释放拉机柄，扣动扳机，安装空弹匣。

美国巴雷特 M82A2 狙击步枪

该枪是 M82A1 式的改进型，比 M82A1 轻且小。该枪改为无托结构，自动机位于枪托中，枪管长度不变，但是枪的总长度明显缩短。弹匣移到扳机和前握把后，射手面部贴近机匣和枪机部件。

技术与性能

使用枪弹 12.7×99mm 枪弹（0.50 英寸勃朗宁枪弹）

技术诸元

全枪长 1409mm（55.5in）

全枪重 1224kg（271b 0oz）

枪管长 737mm（29.0in）

膛线 12 条，右旋

弹匣容弹量 11 发

发射方式 半自动射击

枪身铭文 “BARRETTFIREARMSMANUFACTURINGINCMURFREESBORO，TN，USA. CAL. 50”和序列号标于机匣左侧。

保险装置 拇指控制的保险装置位于机匣左侧、握把上方。水平位置为保险，垂直位置是射击。

退弹过程 弹匣扣位于弹匣后部。卸去弹匣，退出枪弹，通过抛壳窗检查弹膛，释放拉机柄，扣动扳机，安装空弹匣。

美国 La France M16K 自动步枪

该枪专门为特种兵部队和其他同类部队设计生产的，M16K 采用 M16 步枪的枪托和其他部件，采用枪机后坐式自动方式，闭膛待击原理。该枪首发命中率高，性能要明显优于其他采用开膛待击式射击的冲锋枪。护手和护木都采用圆筒设计，围绕着枪管周围。枪口处有消焰器。

技术与性能

使用枪弹 0.45 英寸 ACP 枪弹

技术诸元

全枪长 676mm（26.61in）

全枪重　3.86kg(8lb 8oz)

枪管长　184mm(7.24in)

膛线　6 条,右旋

弹匣容弹量　30 发

射速　625 发/分

枪身铭文　"LasFranceSpecialties San DiegoCA USA M16K.45ACP"和序列号标于弹匣槽右侧。

保险装置　和 M16 同样的保险/快慢机、3 位置式按钮位于机匣左侧、握把上方。向后为保险,向前垂直状态为单发射击模式,完全向前为连发射击模式。

退弹过程　弹匣扣位于枪身左侧、弹匣槽后部。卸去弹匣,后拉拉机柄,退出枪弹,通过抛壳窗检查弹膛,释放拉机柄,扣动扳机。

美国鲁格迷你-14 自动步枪

鲁格迷你-14 采用和美国 M1 和 M14 步枪同样的导气式自动方式和旋转枪机装置。但是由于采用先进的高强度的合金,使得枪身变小,质量变轻,便于操作,发射普通枪弹。尽管其本身是狩猎步枪,但是一些准军事组织和警察部队却非常乐于使用这种枪。军用型 K 迷你-14-20GB 有刺刀、消焰器、耐热型玻璃纤维的护木和可折叠枪托。AC-556 军用型,有快慢机,连发射击速度为 750 发/分,同样有枪托可折叠的型号。

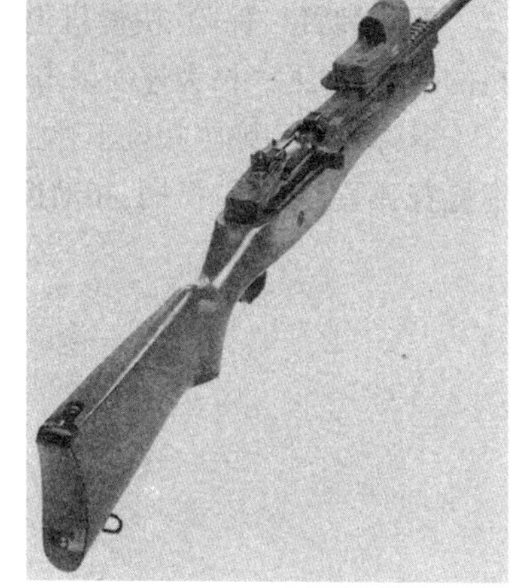

鲁格迷你-14 自动步枪

技术与性能

使用枪弹　5.56×45mmMl93 枪弹或北约制式枪弹

技术诸元

全枪长　946mm(37.25in)

全枪重　2.90kg(61b 6oz)

枪管长　470mm(18.5in)

膛线　6 条,右旋

弹匣容弹量　5 发、20 或 30 发

枪身铭文　"STURM. RUGER&CO Inc SOUTHPORT CONNUSA"标于机匣左侧后部。序列号标于机匣左侧。"RUGER MINI-14 Cal.223"标于机匣顶部后端。

保险装置　手动保险位于扳机护圈前端。向后为保险,向前为射击。

退弹过程　弹匣扣位于机匣下方。卸去弹匣,后拉拉机柄,退出枪弹,通过抛壳窗检查弹膛,释放拉机柄,扣动扳机。

南斯拉夫 Zastava M80 自动步枪

该枪和可折叠枪托型的 M80A 都是为了出口而设计生产的,口径为 5.56mm。再次采用气体调节器设计,可以通过调节气压来控制发射不同的 5.56mm 口径的枪弹,同时有枪榴弹发射装置和辅助瞄准具,可随时安装使用。由于战争的爆发这种枪的出口是否成功,我们不得而知,但该枪出现在世界各地的可能性却不容忽视。

技术与性能

使用枪弹　5.56×45mm M193 枪弹或北约制式枪弹

技术诸元

全枪长　990mm(39.0in)

全枪重　3.50kg(71b 11oz)

枪管长　460mm(18.1in)

膛线　6 条,右旋

弹匣容弹量　30 发

射速　750 发/分

枪身铭文　型号、生产厂标志及序列号标于机匣顶部后方。

保险装置　保险/快慢机位于机匣右侧后部。完全向上为保险,将阻止拉机柄和枪机的运动;向下一格为连发射击模式;完全向下为单发射击模式。

退弹过程　弹匣扣位于弹匣槽的后部。卸去弹匣,后拉拉机柄,退出枪弹,通过抛壳窗检查弹膛,释放拉机柄,扣动扳机。

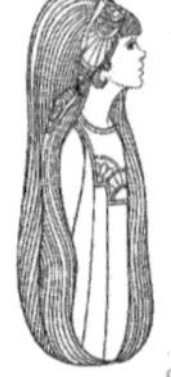

机枪

比利时 FN 米尼米机枪

这款米尼米的设计是为了充分发挥 5. 56mm 枪弹的最佳性能,而且以性能可靠而著名。采用导气式工作原理,枪机回转式闭锁机构,独特之处在于不需任何改造,即可使用 M16 型弹匣或者弹链。其供弹机构参照德国的 MG42。有一种较轻便、枪管较短的伞兵型,枪托可以折叠;还有一种在标准型基础上稍加改装的型号,供美国陆军使用,称作 M249 机枪。

技术与性能

使用枪弹　5. 56×45mm 北约制式枪弹

技术诸元

全枪长　1040mm(41. 0in)

全枪重　6. 85kg(151b 2oz)

枪管长　466mm(18. 35in)

膛线　6 条,右旋供弹方式:30 发弹匣或者 200 发弹链

射速　700-1000 发/分

枪身铭文　在机匣的左侧标有“FN M1NIMl 5. 56”。

保险装置　在机匣的左侧有一保险按钮。从左推至右是保险,反之为射击。

退弹过程　按压位于机匣后上方的两片弹簧钮,打开弹仓盖,卸下弹匣或弹链,向后拉拉机柄,检查弹膛和进弹口,释放拉机柄,扣压扳机。

丹麦麦德森 M50 轻机枪

据说麦德森机枪的卓越之处不是其性能优良,而是其还能操作。枪机机构实际上就是 Martini 枪机的改进型,其在枪管后坐力驱动下,由一个凸轮上下带动。因为不是枪机推动枪弹上膛,该枪有一个独立的推弹杆。枪弹在上膛时,实际上是做曲线运动,这在理论上几乎不可能。不管怎样,该枪是第一款实用的轻机枪,并开创了弹匣上方供弹的先河。在 19 世纪 90 年代被丹麦海军采用,首次投入实战则是俄国在 1904 年的日俄战争期

间。在这之后，经过细小改造的同一型号生产了长达50年之久，在世界各地广泛应用到陆地、坦克和飞机上，但是该枪却从未正式作为任何国家的制式武器。

技术与性能

使用枪弹　从6.5mm至8mm口径的各种枪弹

技术诸元

全枪长　1143mm(45.0in)

全枪重　9.07kg(201b 0oz)

枪管长　584mm(23.0in)

膛线　4条，右旋

供弹方式　25发、30发或者40发弹匣

射速　450发/分

枪身铭文　在机匣的右侧标有"Madsen Model"(年份)和序列号。

保险装置　保险位于扳机的左上方，向上推为保险状态。

退弹过程　按下位于弹匣后面的弹匣扣，卸下弹匣，回拉拉机柄，检查弹膛，释放拉机柄，扣压扳机。

法国哈其开斯M1 922/26机枪

这是哈其开斯在第一次世界大战之后的设计，于1922年上市。该枪使用导气式自动原理，闭锁通过闭锁卡铁来实现。在扳机前面，有一装置可调节射速。供弹可以采用上置式弹匣或者采用哈其开斯弹链供弹，包括设计供M1 924使用的每链3发枪弹的弹链。但是在20世纪20年代，军火生意发展缓慢，除了大约5000枝卖给希腊、1000枝卖给捷克斯洛伐克、数量不详的枪支卖给多米尼加共和国和巴西(型号分为M1922、M1924、M1926)，一直没有足够的销量来维持哈其开斯的经营。

技术与性能

使用枪弹　各种口径

技术诸元

全枪长　1215mm(47.83in)

全枪重　9.52kg(211b 0oz)

枪管长　577mm(22.72in)

膛线　4条，右旋

供弹方式　25发或30发金属弹链

射速　500发/分

枪身铭文　在机匣的右侧标有"HOTCHKISS 1922Brevete"。在机匣的后E方标有序列号。

保险装置 在握把的前方有一保险。

退弹过程 弹匣扣位于弹匣后面。卸下弹匣，回拉拉机柄，检查弹膛，释放拉机柄，扣压扳机。

德国马克沁 MG'08 机枪

一款经典的马克沁导管后坐式机枪，基本上同其他同时期的马克沁机枪一样：沉重、水冷式冷却。就 MG'08 型而言，安装在一个独特的四条腿的"小雪橇"底座上，并可以折叠，使用螺丝拧在地面上。这样放置时，其总质量达到 62kg。使用肘节式闭锁机构，枪管和节套同时后坐，直到节套上的闭锁突笋与机匣壁上的突笋扣合，枪机闭锁，复进簧会使节套再向前运动，再次装填，射击。MG'08 是一款性能优良的武器，在第一次世界大战中证明，只要有冷却使用的水和充足的弹药，它可以连续好几个小时持续射击。第一次世界大战之后，该枪仍然在德国陆军服役。事实上，在 1939 年，也有一挺或两挺这种机枪被带到战场参战，只是很快就被更加现代和轻便的机枪取代。

技术与性能

使用枪弹 7.92×57mm 毛瑟枪弹

技术诸元

全枪长 1175mm(46.25in)

全枪重 26.44kg(581b 5oz)

枪管长 719mm(28.30in)

膛线 4 条，右旋

供弹方式 250 发布制弹链

射速 450 发/分

枪身铭文 在机匣的左侧标有"Deutsche Waffen and MunitionsfabrikenBERLIN"(年份)。在机匣后上方标有"8mmMASCHGEWEHRl908"和序列号。

保险装置 在握把中间有一保险。只有用手指将其扳起，扳机才能扣动。

退弹过程 按压位于进弹口右侧的卡笋，卸下弹链，回拉、释放拉机柄两次，用一根铅笔或者类似工具，检查枪管下的抛壳窗内是否有枪弹，扣压扳机。

德国马克沁 MG'08/15 机枪

MG'08/15 的设计是为了给德国步兵部队提供比标准 MG'08 机枪更加便携的一种使用无底座的武器。使用轻型的两脚架，一个枪托和握把，机匣也重新设计，力图减轻质量。马克沁'08/15 仍然采用布制弹链装填，但使用了一种特别短的弹链，可以缠绕起来，然后装在一个盒子内，挂在机枪侧面。处于固定位置时，该枪也可以使用 250 发制式弹链。该枪还有一款空军使用的型号，采用的是孔装管套，而不是水冷式管套，依赖空气的流动来冷却枪管。

技术与性能

使用枪弹　7.92×57mm 毛瑟枪弹

技术诸元

全枪长　1448mm(57.0in)

全枪重　14.06kg(311b 0oz)

枪管长　71 9mm(23.30in)

膛线　4 条，右旋

供弹方式　50 发布制弹链

射速　500 发/分

枪身铭文　在机匣的上方标有"LMG 08/15 SPANDAU"(年份)；在机匣后部的左侧、闭锁弹簧盖上标有"MG 08/15 SPANDAU(年份)GEWEHRFABRIK"。在机匣的左侧标有序列号。

保险装置　在握把中间有一保险。只有用手指将其扳起，扳机才能扣动。

退弹过程　按压位于进弹口右侧的卡笋，卸下弹链，回拉、释放拉机柄两次，用一根铅笔或者类似工具，检查断的抛壳窗内是否有枪弹，扣压扳机。

德国 MG34 机枪

这款枪开始于 20 世纪 20 年代在瑞士研制，最初称做 Solothurn Model 30。这家公司后来被 Rheinmetall 收购，之后 Solothurn 成为其研发和制造工厂，因为根据《凡尔赛条约》，这种生产在德国是不合法的。Rheinmetall 接着开始改造 MG30，将其改造成了 MG34，并于 1936 年进入德国陆军，成为制式武器，直到被 MG42 取代。MG34 的生产一直持续到第二次世界大战结束，该枪设计的卓越之处包括：只需简单的旋转即可拆卸枪托，直线型设计减少了射击中枪口的跳动，使用两脚架可作为班用自动武器，使用三脚架时，可提供持续的火力支援以及开创早期的通用机枪设计的先河。

技术与性能

使用枪弹　7.92×57mm 毛瑟枪弹

技术诸元

全枪长　1219mm(48.0in)

全枪重　12.10kg(261b 11oz)

枪管长　627mm(24.7in)

膛线　4 条，右旋

供弹方式　50 发弹链或者 75 发弹鼓

MG34 机枪

射速　900 发/分

枪身铭文　在机匣后上方标有“MG34”和序列号。

保险装置　在扳机左上方有一手动保险。向上是射击,向下是保险。

退弹过程　在机匣后部有一卡笋。按下它,打开受弹机盖,卸下弹链,检查,确认没有枪弹留在进弹口,向后拉拉机柄,检查弹膛,将滑钮扳到左侧,合上受弹机盖,扣动扳机。

德国赫克勒-科赫 HK13 型机枪

研发这款机枪是为了辅助赫克勒-科赫 33 型 5.56mm 步枪,也是最早的一种 5.56mm 口径的机枪。它大体上同步枪相同,只是枪管略重,在提供火力持续射击时,枪管还可快速卸下和更换。自动方式同步枪一样,采用枪击延迟后坐。弹匣可以与赫克勒-科赫 33 型系列步枪互换。赫克勒-科赫 13 型在一定程度上处于 5.56mm 的早期时代,因此最初大部分都是销往东南亚国家。后来又有一种改进型号:赫克勒-科赫 33E,在射速选择上加了一个三发点射的功能,还可以更换弹仓和枪机,使用弹链装填。

技术与性能

使用枪弹　5.56×45mm M193 或者北约制式枪弹

技术诸元

全枪长　980mm(38.6in)

全枪重　6.03kg(131b 5oz)

枪管长　450mm(17.71in)

膛线　6 条,右旋

供弹方式　20 发或 40 发弹匣

射速　750 发/分

枪身铭文　在弹匣槽的左侧标有“HK135,56×45”和序列号。

保险装置　保险/快慢机在握把上方、机匣的左侧。向上是保险,中间是单发射击(标有“E”),向下位置是连发(标有“A”)。

退弹过程　在机匣下面,弹匣槽后部有弹匣扣。卸下弹匣,向后拉拉机柄,退出弹膛内的枪弹,通过抛壳窗检查弹膛和进弹口,释放拉机柄,扣压扳机。

德国赫克勒-科赫 HK21 型机枪

赫克勒-科赫 21 型是作为一种通用机枪而设计使用的,可以在两脚架或者三脚架上使用,配合 G3 步枪作战。同步枪很相似,只是装有可快速更换的重式枪管和用弹链装填。但是,它也可以卸去弹链供弹机构,换上一个弹匣适配器,使用 G3 步枪的弹匣。也

可以通过更换枪管、弹鼓以及枪机，转换成 5. 56×45mm 口径或者 7. 62×39mm 口径，因此是一款通用型的武器。在 20 世纪 70 年代，被葡萄牙及一些非洲和东南亚国家采用，其中许多国家现在仍然在使用。赫克勒-科赫 21 型的制造后来被其改进型号——赫克勒-科赫 1A1 取代，接着又被现在的赫克勒-科赫 21E 取代，后者可以三发点射以及拥有其他一些改进性能。

技术与性能

使用枪弹　7. 62×5 1mm 约制式枪弹

技术诸元

全枪长　1021mm(40. 2in)

全枪重　7. 92kg(171b 7oz)

枪管长　450mm(17. 71in)

膛线　4 条，右旋

供弹方式　弹链

射速　900 发/分

枪身铭文　在机匣上方标有序列号。

保险装置　保险/快慢机在握把上方、机匣的左侧。向上是保险，中间是单发(标有“E”)，向下是连发(标有“A”)。

退弹过程　按下位于弹链槽后面的卡笋，使进弹口朝前下方。回拉拉机柄，退出弹膛内的所有枪弹，通过抛壳窗检查弹膛和进弹口。释放枪机，扣压扳机，向上合上受弹机盖，直到卡笋卡住。

以色列内格夫 5. 56mm 轻机枪

内格夫是一种多用途武器，可以使用标准的弹链、弹鼓或弹匣供弹；可夹持射击，也可以使用两脚架、三脚架或者车辆上的架座进行射击。它发射北约制式 SS109 式枪弹，更换枪管后可发射美国 M193 制式枪弹。该枪采用导气式工作原理，枪机回转闭锁机构，枪机锁入枪管节套内，开膛待击。气体调节器设有 3 个调整位置，因此射速可以是 650~800 发/分或 800~950 发/分，或者关闭气源，利用该枪发射榴弹。该枪可以半自动或全自动射击，通过卸下两脚架，装上短枪管和弹匣，就变成了突击步枪。内格夫 1988 年定型，后被以色列军方采购。

技术与性能

使用枪弹　5. 56×45mm 北约制式枪弹或 M193 美国制式枪弹

技术诸元

全枪长(枪托展开)　1020mm(40. 16in)

全枪长(枪托折叠)　780mm(30. 71in)

空枪重　7.50kg(161b 8oz)

枪管长　460mm(18.11in)

膛线　6 条,右旋

供弹方式　30 发或 35 发弹匣、弹链或者弹鼓

射速　800 发/分

保险装置　手动保险/快慢机在握把左上方。按钮在最后位置是连发射击,中间位置是保险,向前是单发射击。

退弹过程　弹匣扣位于弹匣槽后面、扳机护圈的前方。卸下弹匣或按下位于进弹口后面的按钮,揭开盖子,取下弹链。然后回拉拉机柄,直到可以检查弹膛和进弹口。当确认没有枪弹时,合上受弹机盖,释放拉机柄,扣压扳机。

意大利 Ameli 机枪

虽然这款枪外型看起来好像小型的 MG42,但是在工作原理上却完全不同。使用了同 CETME L 型步枪或者赫克勒-科赫步枪或机枪相同的枪机回转闭锁机构。其中的好几个零件都可以与 L 型步枪互换。枪管可快速更换,因此既可以用在两脚架上作为班用机枪,也可用在三脚架上提供持续的火力支援。该枪已经被西班牙军方采用,而且在其他地方也会找到市场,因为这是目前最优秀的 5.56mm 轻机枪之一。

技术与性能

使用枪弹　5.56×45mm 北约制式枪弹

技术诸元

全枪长　970mm(38.2in)

全枪重　6.35kg(141b 0oz)

枪管长　400mm(15.75in)

膛线　6 条,右旋

供弹方式　弹链

射速　850 发或者 1200 发/分

枪身铭文　在机匣的左侧标有“CETMEAMELI 5.56”和序列号,或者“AMELI5.569.223”以及“SantaBarbara”的花押字和序列号。

保险装置　在握把的右侧,有一手动保险。向前是保险,向后是射击。

退弹过程　将位于枪托前方的受弹机盖卡笋向前推,打开受弹机盖,从进弹口提起弹链,将弹链盒推至枪的一侧,回拉拉机柄,检查进弹口和弹膛,合上受弹机盖,压动扳机。

意大利布雷达37式重机枪

从1937年到1945年，该枪作为意大利军方配备的制式重型机枪，有一些独特之处。机枪枪弹在上膛之前，必须先抹油润滑，防止在射击后弹壳粘在弹膛上，这种情况在其他机枪上也出现过。布雷达机枪使用金属弹链，机枪从金属弹链取下弹丸，发射，然后空弹壳又整齐地放回金属链上，接着准备发射下一颗枪弹。没有出现过对这种方式优劣与否的评价，事实上疲惫的机枪手在重新装填之前，必须先从金属链上将空壳全部卸下。尽管如此，该枪还是由于其可靠的性能而受到极大的欢迎。

技术与性能

使用枪弹　8×59mm 布雷达枪弹

技术诸元

全枪长　1270mm(50.0in)

全枪重　19.50kg(43 lb 0oz)

枪管长　679mm(26.75in)

膛线　4条，右旋

供弹方式　20发弹链

射速　450发/分

枪身铭文　在机匣的左侧标有"MITRAGLIATRICE BREDA MOD 37(序列号)ROMA"和年份。

保险装置　在握把中间有一手动保险，向右会锁住扳机。

退弹过程　按下位于进弹口下面左侧的卡笋，卸下弹链，回拉拉机柄，退出弹膛内的所有枪弹，释放拉机柄，再次回拉，检查进弹口和弹膛，释放枪机，压动扳机。

日本99式机枪

当日本军方决定采用7.7mm口径无底缘枪弹而不是6.5mm口径枪弹时，就开始研制这种枪支。为了节省研制时间，设计师以96式作为基础，并对其进行了很大的改进。7.7mm无底缘枪弹不需要油来润滑，抛壳机构重新设计，快速的退弹过程解决了弹壳破裂故障，快速更换的枪管更加方便使用，制造潜力达到了极限。在设计上，不止一处显示了其设计曾经仿照过捷克vz26，日本在20世纪30年代中期曾经从中国得到了一些这种枪支。

技术与性能

使用枪弹　7.7×58mm 三八式步枪枪弹

技术诸元

全枪长　1181mm(46.46in)
全枪重　10.43kg(23 1b 0oz)
枪管长　545mm(21.46in)
膛线　4 条,右旋
供弹方式　30 发弹匣
射速　850 发/分

日本 99 式机枪

枪身铭文　在机匣的上面标有型号和序列号。

保险装置　在枪的右侧、扳机护圈的前面,有一保险。向下是射击,向上是保险。

退弹过程　弹匣扣位于弹匣后面。卸下弹匣,回拉拉机柄,检查进弹口和弹膛,释放拉机柄,压动扳机。

韩国大宇 K3 机枪

K3 是一款轻型、导气式、全自动的机枪,看上去从 FN 米尼米吸取了不少设计上的灵感。使用了相同的弹链或者弹匣供弹系统,可以安装两脚架作为班用自动武器,也可以使用三脚架来提供持续的火力支援。照门可以调整射角和风力修正,准星可以调整射角,达到归零的目的。枪管上安装了一个提把,在行动中可以快速更换,来提供持续的火力。因为枪管带有准星,所以每支枪管都可以各自调整。使用气体活塞驱动,采用了常见的枪机回转式设计。

技术与性能

使用枪弹　5.56×45mm 北约制式枪弹或者 M193 枪弹

技术诸元

全枪长　1030mm(40.55in)
空枪重　6.85kg(151b 21oz)
枪管长　533mm(21.0in)
膛线　6 条,右旋
供弹方式　30 发弹匣或者 250 发金属弹链
射速　700 发/分(弹链),1000 发/分(弹匣)

枪身铭文　在机匣位置的左侧标有“5.56mm K3”及序列号。在机匣前方的右侧标有“DAE WOOPROCISIONINDUSTRIES LTD”。

保险装置　在握把上方、机匣的左侧,有 M-16 型 3 位置的保险/快慢机。顺时针方向到底是保险,垂直扳动是单发射击,逆时针方向到底是连发射击。

退弹过程　弹匣扣位于弹匣槽后面、机匣的左侧。卸下弹匣,按下机匣后面的两个弹簧钮,揭起受弹机盖,退出可能留在进弹口的枪弹,回拉拉机柄,检查进弹口和弹膛,确认已空,合上受弹机盖,释放拉机柄,扣压扳机。

俄罗斯杰格佳廖夫 DP 机枪

经过两年试验之后,DP 机枪 1928 年开始装备于苏联军队,成为苏军的标准步兵班用机枪。在华沙条约国家一直服役到 20 世纪 50 年代,而且散布到世界各地的爱好者手中。仅能连发发射,使用旧的 7.62mm 有底缘弹。扁平的弹盘容易受到损坏;枪管下的活塞复进簧在枪管下如果长时间受热,可能会失去弹性;两脚架也太脆弱,经常会折断。所有这些缺点都在 1941 年暴露了出来,这是该枪首次接受战争的检验,这些缺点也促成了 DPM 的研发(见下面的介绍)。

技术与性能

使用枪弹　7.62×54R 苏联枪弹

技术诸元

全枪长　1290mm(50.8in)

全枪重　9,12kg(20lb 2oz)

枪管长　605mm(23.4in)

膛线　4 条,右旋

供弹方式　47 发弹盘

射速　550 发/分

枪身铭文　在机匣的上方标有生产厂家标识和序列号。

保险装置　在扳机护圈的后面,有一个自动的手握保险装置。当握住枪托,将手放置在扳机上时,保险被按下,就可以射击了。一松开枪托,就处于保险状态了。

退弹过程　弹匣扣同时也是照门的挡板。向后拉并向亡从机匣上取下弹盘,回拉拉机柄,检查进弹口和弹膛,确认没有枪弹,释放拉机柄,扣压扳机。

俄罗斯佳留诺夫 SG43 机枪

第二次世界大战中,由于 1910 式马克沁机枪在战争中的损耗,SG43 机枪取代了 1910 式马克沁机枪成为苏联装备的标准型中型机枪。导气式武器,原理相当复杂,供弹机必须将枪弹从弹带上推下,然后下压,送入供弹口,最后上膛。闭锁机构同布伦轻机枪很相似,但不是枪机偏移式,而是向一侧摆动,锁入机匣内壁。早期的型号都是平滑枪管设计,后来的型号采用了有纵槽的枪管,来帮助散热。匈牙利和中国仿制了该枪,中国的型号与其很接近,匈牙利的设计有些使用了手握把、枪托和两脚架。

技术与性能

使用枪弹　7.62×54R 苏联枪弹

技术诸元

全枪长　1120mm(44.1in)

全枪重　13.60kg(301b 0oz)

枪管长　720mm(28.35in)

膛线　4 条,右旋

供弹方式　250 发布制弹链

射速　650 发/分

枪身铭文　在机匣的上方标有生产厂家标识和序列号。

保险装置　在握把之间的扳机上有一保险装置。在扣压扳机前,必须先将保险打开。

退弹过程　受弹机盖的卡笋在受弹机盖的左后侧。向前按压,将其打开,取出弹链,揭起装填盖的下面,退出进弹口内的所有枪弹,回拉拉机柄,检查机匣内部,扣压扳机,释放拉机柄缓慢向前,合上受弹机盖。

俄罗斯 DShK 机枪

这种枪自 1946 年开始就是苏联和华约国家军队首选的重型机枪,现在仍然在广泛使用,但正在被 NSV 逐渐取代。该枪还广泛分布到世界各地的爱好者手中,无疑将会被制造很多年。最早是在 1934 年限量生产,在 1938 年进行了改进(DShK-38),第二次世界大战中被使用,在 1946 年再次改进(DShK38/46)。1938 年的改进使用了旋转式供弹方式,因此在机匣上有个独特的鼓形圆筒设计。1946 年圆盖又改为平梭式的供弹方式,因此机匣上的受弹机盖又恢复成了矩形平面。在中国、巴基斯坦和罗马尼亚都可以见到该枪的许多仿造型,可以从这些国家的国家标识上辨认出来。

技术与性能

使用枪弹　127×107mm 苏联枪弹

技术诸元

DShK 机枪

全枪长　1588mm(62.50in)

全枪重　35.70kg(781b 12oz)

枪管长　1070mm(42.12in)

膛线　4 条,右旋

供弹方式　50 发弹链

射速　550 发/分

枪身铭文　在握把上方、在机匣后部的上方标有生产厂家标识(签)、年份和序列号。

保险装置　在机匣的左下部,有手动保险。向前是保险,向后是射击。

退弹过程　受弹机盖的卡笋在照门的前方。按压,将其打开,取出弹链,拿起弹鼓,检查,确认没有枪弹留在里面,检查进弹口和弹膛,合上所有的盖子,将保险卡笋向后,回拉拉机柄,扣动扳机。

军用战斗机

美国波音(麦克唐纳·道格拉斯)F—15“鹰”

制空战斗机

1972 年 7 月 27 Et 试飞。1974 年开始在美国海军服役。随后销往以色列、沙特阿拉伯和日本(日本三菱公司获证制造该机)。最新式的894 型于 1989 年交付美国空军。

F—15“鹰”

型号和用户 F—15A　美国空军,以色列

F—15B　美国空军,以色列

F—15C　美国空军,以色列,沙特阿拉伯

F—15D　美国空军,以色列,沙特阿拉伯

F—15DJ　日本

F—15J　日本

数据

机组/舱位　F—15A/C=飞行员

F—15B/D/DJ=学员及教员

最大速度马赫=2.5(800 节,1,482 千米/小时)

转场航程 2,500 余海里(4,631 余千米)

军事装备

内装炮 1 门 20 毫米 M61 机关炮

外挂点 9

最大武器负载 10,705 千克(23,600 磅)包括 4 个机身空对空导弹

代表性武器 AIM—7(—9 和—12)空对空导弹;MK.80 炸弹;“铺路”激光制导炸弹;发动机状况监视装置;保形油箱及外挂油箱

规格

机长　19.4 米(63 英尺 9 英寸)

翼展　13.5 米(42 英尺 9 英寸)

旋翼　5.6 米(18 英尺 5 英寸)

特征

双垂直尾翼;中上后掠翼;2 台普拉特·惠特尼 F100 涡扇发动机;后吹式座舱盖。

美国波音(麦克唐纳·道格拉斯)F—15E“攻击鹰”

双飞攻击机

由 F—15B 衍生而成。厂方提供资金的 F—15E 于 1982 年试飞。1988 年开始在美国空军服役。

改型和用户

F—15E　美国空军(221 余架)

F—15I　以色列(25 架)

F—15K 韩国

F—15S　沙特阿拉伯(72 架)

数据

机组/舱位所有型号=飞行员和武器系统操作员

最大速度马赫=2.5(800 节,1,482 千米/小时)

活动半径 685 海里(1,270 千米)

军事装备

内装炮　1 门 20 毫米 M61 机关炮

外挂点 9

最大武器负载 11,113 千克(24,500 磅)

代表性武器 AIM—7(—9 和—120)空对空导弹;核武器;联合直接攻击炸弹;“铺路”激光制导炸弹;空对地一 88 高速反辐射导弹;制导炸弹—15;发动机状况监视装置;夜间低空导航系统与红外瞄准系统装置;保形油箱及外挂油箱

规格

机长　19.4 米(63 英尺 9 英寸)

翼展　13.5 米(42 英尺 9 英寸)

旋翼　5.6 米(18 英尺 5 英寸)

特征

双垂直尾翼;中上后掠翼;2 台普拉特·惠特尼 F100 涡扇发动机;后吹式座舱盖。

美国波音(麦克唐纳·道格拉斯)F/A—18“大黄蜂"

舰载攻击机

由诺斯罗普 YF—17 衍生而成。首架样机 1978 年 11 月 18 日试飞。“大黄蜂”从 1980 年开始在美国海军及美国海军陆战队服役。2000 年 9 月,第 1,497 架新一代大黄蜂交付。

型号和用户

F/A—18A　美国海军及海军陆战队,澳大利亚,加拿大,西班牙
F/A—18B　美国海军及海军陆战队,澳大利亚,加拿大,西班牙
F/A—18C　美国海军及海军陆战队,芬兰,科威特,瑞士
F/A—18D　美国海军及海军陆战队,芬兰,科威特,马来西亚,瑞士

数据

机组/舱位 F/A—18A/C=飞行员
F/A—19B/D=学员和教员
最大速度马赫=1.8 多
活动半径 290 海里(537 千米)

军事装备

内装炮 1 门 20 毫米 M61 机关炮
外挂点 7(包括翼尖)
最大武器负载 7,031 千克(15,500 磅)
代表性武器 AIM—7(—9 和—120)空对空导弹;炸弹;“铺路”激光制导炸弹;空对地导弹;发动机状况监视装置;指示器吊舱及外挂油箱

规格

机长　17.1 米(56 英尺 0 英寸)
翼展　11.4 米(37 英尺 6 英寸)
旋翼　4.7 米(15 英尺 3 英寸)

特征

双垂直尾翼;中上后掠翼,长前缘翼根大后掠边条翼;2 台通用 F404—GE—400 涡扇发动机;后吹式座舱盖。

美国波音 F/A—18E/F“超级大黄蜂”

舰载攻击机

加长型的 F/A—18C。首架样机 F—18E 于 1995 年 11 月 29 日试飞。“超级大黄蜂”

1999 年开始在美国海军服役。目前,约 284 架“超级大黄蜂”的制造已列入计划中(资金没有全部到位)。

型号和用户

F/A—18E　美国海军

F/A—18F　美国海军

F/A—18G　咆哮者　预计取代 EA—6B 徘徊者

数据

机组/舱位 F/A—lBE = 飞行员

F/A—18F = 学员和教员

F/A—18G = 飞行员和电子战教官

最大速度马赫 = 1.8 多

活动半径 665 海里(1,231 千米)

军事装备

内装炮 1 门 20 毫米 M61 机关炮

外挂点 9(包括翼尖)

最大武器负载 8,051 千克(17,750 磅)

代表性武器 AIM—9(—120)空对空导弹;炸弹;“铺路”激光制导炸弹;空对地导弹;防空区外发射的对地攻击导弹;高速反辐射导弹;联合远距发射武器:联合直接攻击炸弹;发动机状况监视装置;指示器吊舱和外挂油箱

规格

机长　18.4 米(60 英尺 3 英寸)

翼展　13.6 米(44 英尺 8 英寸)

旋翼　4.9 米(16 英尺 0 英寸)

特征

双垂直尾翼;中上后掠翼,长前缘翼根大后掠边条翼;2 台通用 F414—GE—400 涡扇发动机;后吹式座舱盖。

中国 CAC J—7(F—7)

战斗及对地攻击机

米格—21 的中国型。1967 年开始在中国空军服役,后生产出好几种变型。现出口型叫 F—7MG,装有双三角机翼,欧式航空电子设备,改进了的发动机。大约制造了 800 架。

型号和用户

中国 J—7 I/Ⅱ/lII,J-7E/EB,JJ—7(由 GAIC 制造,双飞);阿尔巴尼亚(F—7A);孟

加拉国(F—7MB);埃及(F—7B);伊朗(F—7M);伊拉克(F—7B);缅甸(F—7M);巴基斯坦(F—TP/MP);斯里兰卡(F—7 B);苏丹(F—7B);坦桑尼亚(F—7A);津巴布韦(F—7B/IlN)

数据

机组/舱位　J—7/F—7 改型=飞行员

JJ—7(FF—7)=学员和教员

最大速度马赫=2.05(1,175 节;2,127 千米/小时)

活动半径 259 海里(480 千米)

军事装备

内装炮 1 门 30 毫米 30—1 型机关炮

外挂点 5

最大武器负载大约 1,500 千克(3,300 磅)

代表性武器 PL—7 空中截击导弹—9,"神奇"空对空导弹;常规炸弹;无控航空火箭弹;外挂油箱

规格

机长　12.2 米(39 英尺 11 英寸)

翼展　8.3 米(27 英尺 3 英寸)

旋翼　4.1 米(13 英尺 5 英寸)

特征

下双三角机翼;后掠水平尾翼;单 LMc(溧阳)wP 13F 涡喷发动机;机首进气口,中心整流置。

法国达索"幻影"Ⅲ/5/50

截击和多用途战斗机

设计思路为全天候截击(C/O/S)战斗机。1956 年 11 月 17 日试飞,后发展出双飞教练(B/D),远程战斗轰炸机(E)和侦察(R)飞机。总制造 1,420。

型号和用户

幻影ⅢB/C/D/E/O/R/S　法国,阿根廷,巴西,巴基斯坦,瑞士

幻影 5A/C/D/E/F/G/M/P/R　阿布扎比(阿拉伯联合酋长国),阿根廷,智利,哥伦比亚,刚果(前扎伊尔民主共和国),埃及,利比亚,加蓬,巴基斯坦,秘鲁

幻影 50C/D/F/C 智利,委内瑞拉

数据

机组/舱位　除 B/D 型=飞行员

所有 B/D 型=学员和教员

最大速度马赫=2.2(1,268 节;2,350 千米/小时)

活动半径 700 海里(1,300 千米)

军事装备(MIRAGE5)

内装炮 2 门 30 毫米 DEFA 机关炮

外挂点 7

最大武器负载 3,800 千克(8,370 磅)

代表性武器“魔术”AIM—9 空对空导弹;AS—30　对地导弹;精确制导武器;常规炸弹;无控航空火箭弹;外挂油箱

规格

机长　(幻影ⅢE) 15 米(49 英尺 3 英寸)

机长　(幻影 5/50)15.5 米(51 英尺 0 英寸)

翼展　(幻影ⅢE/5/50) 8.2 米(26 英尺 11 英寸)

旋翼　4.5 米(14<恺撒>9 英寸)

特征

下后掠三角形机翼;单斯奈克玛(阿塔)9C/9K—50 涡喷发动机。

法国达索“幻影”lV—P

侦察轰炸机

按比例加大的“幻影”Ⅲ。由 2 个阿塔 9 涡喷发动机提供动力。样机“幻影”Ⅳ—A 于 1959 年 6 月 17 日试飞,1965 年进入法军服役。1985 年,19 架改变外型作为侦察平台,并重新命名为Ⅳ—P。1968 年,新式的 64lV—As 交付。

型号和用户

幻影Ⅳ—A 法国

幻影Ⅳ—P 法国

数据

机组/舱位　所有型号=飞行员和领航员

最大速度　马赫=2.2(1,268 节;2,350 千米/小时)

活动半径　668 海里(1,250 千米)

军事装备

无内装炮

外挂点翼下 2 个,中心线上 1 个

最大武器负载 3,800 千克(8,370 磅)

代表性装置　中心线 CT52 侦察装置,包括翼下外挂油箱或预警装置以及电子作战联络装置

规格

机长　15.5 米(51 英尺 0 英寸)

翼展　8.2 米(26 英尺 11 英寸)

旋翼　4.5 米(14 英尺 9 英寸)

特征

下后掠三角翼;2 台斯奈克玛(阿塔)9K—50 涡喷发动机。

法国达索“幻影”2000

空防/多功能战斗机 2

作为“幻影”Ⅲ/F1 的继型机,其样机 1979 年 3 月 10 日试飞。1984 年进入法军服役后发展为双飞教练/01,(2000B),多功能战斗机(2000E 和 2000—5/-9).gt. 攻击/攻击机(2000D/N,见下一条款)。在使用中或在订货中的飞机共 600 多架。

型号及用户

达索“幻影”2000

法国 2000B 和 2000C(37 架正改为 2000—5F)

阿拉伯联合酋长国:2000DAD/R_AD/EAD(33 架正改为 2000—9)

埃及 2000 EM/BM

希腊 2000 EG(IO 架正改 2000—5MK.2),2000BG 和 2000—5MK.2

印度 2000H/TH

秘鲁 2000P/DP

卡塔尔 2000—5EDA/DDA

中国台湾 2000—5Ei/Di

数据

机组/舱位除 B/D 型其余=飞行员,

B/D 型=学员和教员

最大速度马赫=2.2

活动半径 800 海里(1.480 千米)

军事装备(幻影 2000—5)

内装炮 2 门 30 毫米 DEFA 机关炮

外挂点 9

最大武器负载 7,260 千克(16,005 磅)

代表性武器“魔术”超 530“云母”空对空导弹;BAP 100 反弹道炸弹;常规炸弹;“铺路”激光制导炸弹;无控航空火箭弹;外挂油箱;指示器;预警和/或侦察装置

规格

机长 14.6 米(48 英尺 0 英寸)

翼展 9.1 米(29 英尺 11 英寸)

旋翼 5.2 米(17 英尺 1 英寸)

特征

下三角形机翼;单斯奈克玛 M53 涡扇发动机;尖机首。

法国达索“幻影”2000D/N

强击/攻击机

由“幻影”2000B 衍生而成。样机 2000N 核攻击型 1983 年 2 月 3 日试飞。1988 年开始服役,后发展成常规攻击型。2000D 于 1991 年 2 月 19 日试飞,1993 年开始服役。共交付 86 架 2000D 和 75 架 2000N。

型号和用户

2000D 法国

2000N 法国

数据

机组/舱位两种型号=飞行员和武器系统操作员

最大速度马赫=2.2

RoA(2000-N)1,800 海里(3,333 千米)

军事装备

无内装炮

外挂点 9

最大武器负载 7,260 千克(16,005 磅)

代表性武器“魔术”2 空对空导弹;空/地中程导弹;空对地导弹;炸弹;“铺路”激光制导炸弹;远控航空火箭弹;指示器;预警和/或侦察装置;外挂油箱

规格

机长 14.5 米(47 英尺 5 英寸)

翼展 9.1 米(2g 英尺 11 英寸)

旋翼 5.1 米(16 英尺 10 英寸)

特征

下三角形机翼;单斯奈克玛 M53 涡扇发动机;尖机首(2000D 缺机首皮托管)。

法国达索“阵风”

多功能战斗机

样机“阵风”于1986年7月4日试飞。首架“阵风”B于1998年11月24日试飞。双飞D强击型比单飞C—型性能更好。舰载M—型于2001年开始服役,2001年年底,共有294架“阵风”被预订。

型号和用户

阵风B教练机,法国

阵风C法国空军

阵风D法国空军

阵风M法国海军

数据

机组/舱位 阵风B=学员和教员

阵风C/M:飞行员

阵风D=飞行员和武器系统操作员

最大速度马赫=1.8(750节;1,390千米/小时)

活动半径570海里(1055千米)

军事装备

内装炮1门30毫米DEFA机关炮

外挂点12(包括翼尖)

最大武器负载9,500千克(20,944磅)

代表性武器“神奇”“云母”空对空导弹;空对地导弹;精确制导武器;炸弹;“铺路”激光制导炸弹;指示器;预警和/或侦察装置;外挂油箱

规格

机长 15-3米(50英尺1英寸)

翼展 10.8米(35英尺5英寸)

旋翼 5.3米(17英尺6英寸)

特征

后掠机首鸭翼;中三角形机翼;双斯奈克玛M88—2涡扇发动机;鸭翼下方机头下部进气口。

法国达索“超军旗”

舰载攻击及侦察机

“超军旗”样机于1974年7月28日试飞,1982年5月交付法国海军航空兵。1990年“超军旗”现代型升级,增加新航空电子设备。1979年销往阿根廷。1983年交付结束。

型号和用户

超军旗/超军旗现代法国海军(71架)

超军旗　阿根廷海军(14架)

数据

机组/舱位超军旗/超军旗现代=飞行员

最大速度马赫=1.0(637节,1,1804千米/小时)

活动半径460海里(850千米)

军事装备

内装炮2门330毫米DEFA机关炮

外挂点6

最大武器负载2,100千克(4,630磅)

代表性武器　“神奇”空对空导弹;AM39“飞鱼”空对地导弹;250千克和400千克常规炸弹;外挂油箱;预警和/或侦察装置

规格

机长　14.3米(46英尺11英寸)

翼展　9.6米(31英尺6英寸)

旋翼　3.86米(12英尺8英寸)

特征

浑圆机首;低后掠翼;后掠水平尾翼;单斯奈克玛8K—50涡喷发动机;驾驶舱两侧进气口。

英国电气公司(英国航宇公司)“堪培拉”

轰炸、强击及侦察机

1949年5月13日试飞。1951年进人皇家空军服役。有20多种机型(包括美国的7种)被生产并大量出口。如今,皇家空军仍然使用“堪培拉”PR.9(包括在阿富汗上空)。在澳大利亚共有英国产的该型飞机448架。美国有403架。

型号和用户

英国/皇家空军　堪培拉B.2(TT)(2);T4(2);堪培拉PR.9(5)

英国/Qinetic　堪培拉 B(TT).2(2)

印度堪培拉 T.4(1);T.54(1);B.52/56(8/7 支付);堪培拉 B(1).12/B(1).68(9);

数据

机组/舱位 B.2:=飞行员和 2 位领航员

T.4/TI.54=学员和教员(加 1)

B(1)改型:飞行员和领航员

PR.9=飞行员和领航员

最大速度 470 节(871 千米/小时)

活动半径 700 海里(1,296 千米)

军事装备 B(1).12/68

内装炮 4 门 320 毫米机关炮

外挂点 4 个在炸弹舱,2 个在翼下

最大武器负载 3,630 千克(8,000 磅)

代表性武器 500 磅、1,000 磅和 4,000 磅常规炸弹;AS.30 空对地导弹;翼尖油箱和翼下拖靶存储器

规格

机长　B(1).12/58/68:19.9 米(65 英尺 6 英寸)PR.9:20.3 米(66 英尺 8 英寸)翼展 B(1).12/58/68:19.5 米(64 英尺 0 英寸)PR.9:20.7 米(67 英尺 10 英寸)

旋翼　4.8 米(15 英尺 8 英寸)

特征

中直翼;B(1).12/58/68 和 P.R9 是偏移座舱盖;双翼中部装 2 台罗尔斯·罗伊斯(埃汶)206 涡喷发动机。

美国费尔柴尔德(洛克希德·马丁)A—10A“雷电”

近距支援飞机

YA—10A 样机于 1972 年 5 月 10 日试飞。1975 年至 1983 年共为美国空军生产了 713 架 A—10A,还生产了一架双座飞机。为了提高视距,0A—10A 作了多种改进。洛克希德·马丁把延寿服务计划做到 2028 年,届时将会有可能重新装备发动机。

A—10A“雷电”

型号和用户

A/OA—10A　美国空军(328 架仍在使用中)

数据

机组/舱位飞行员

最大速度　390 节(722 千米/小时)
活动半径 540 海里(1,000 千米)

军事装备

内装炮 1 门 30 毫米 GAIJ—8/A 机关炮
外挂点 11
最大武器负载 9,450 千克(21,000 磅)
代表性武器 AIM—9 空对空导弹;MK80—系列炸弹;BLu—27/B“岩石眼”集束炸弹;“铺路”Ⅱ激光制导炸弹;AGM—65“小牛”空对地导弹;指示器和预警/发动机状况监视装置;外挂油箱

规格

机长　16.3 米(53 英尺 4 英寸)
翼展　17.5 米(57 英尺 6 英寸)
旋翼　4.5 米(14 英尺 8 英寸)

特征

双垂直尾翼;冲浪板式下直机翼;2 台通用 TF34 涡扇发动机位于机身后部挂舱内。

美国通用动力公司(洛克希德·马丁)F—111

轰炸侦察机

美国空军的 F—111A V—G 强击机,样机于 1964 年 12 月 21 日试飞。538 架 F—111S 机为美国空军制造,而 24 架是为澳大利亚空军制造。1976 年交付最后一架飞机。1996 年起美国空军不再使用 EF—111A = 1982 年澳大利亚空军购买了 4 架 F—111AS。1993 年至 1998 年又购买了 25 架 ex—uS.AG F—111G。其中 10 架为备用机。澳大利亚空军的 F—111 飞机正在进行升级改装,预计 2020 年投入使用。

型号和用户

F—111A(C)　澳大利亚空军(4 架)
F—111C　澳大利亚空军(13 架)
F—11G　澳大利亚空军(15 架)
RF—111C　澳大利亚空军(4 架)

数据

机组/舱位　所有型号 = 飞行员和领航员/武器系统操作员在弹射救生舱内
最大速度　马赫 = 2.2
活动半径　2,750 余海里(5,093 千米)

军事装备

内装炮

1门20毫米M61机关炮(非强制)

外挂点8

最大武器负载大约14,229千克(31,500磅)

代表性武器 AIM—9空对空导弹;MK,80系列炸弹;“铺路”Ⅱ激光制导炸弹;空对地—84“鱼叉”导弹;预警侦察装置,发动机状况监视或装弹指示器;外挂油箱

规格

机长 22.4米(73英尺7英寸)

翼展扩展 21.3米(70英尺0英寸)

完全后掠 10.3米(33英尺11英寸)

旋翼 5.2米(17英尺1英寸)

特征

悬臂式可变几何形状后掠翼;双普拉特·惠特尼TF30—P—涡扇发动机;并列双座驾驶座舱;宽圆滑机首。

美国格鲁门公司(诺斯罗普-格鲁门)EA—6B“徘徊者”

电子战飞机

由A一6“入侵看”衍生而成。样机EA—6B“徘徊者”1968年5月25日试飞,1971年进入美国海军服役。其ALQ—99战术干扰系统逐步升级至ICAPⅢ水平。总共制造了170架“徘徊者”,现在由美国海军和美国空军混合飞行。

型号和用户

EA—6B 美国海军

数据

机组/舱位 双飞行员和双武器系统操作员

最大速度530节(982千米/小时)

活动半径878海里(1,627千米)

军事装备

无内装炮

外挂点1个位于中线,4个位于机翼下方

最大武器负载大约4,547千克(10,025磅)

代表性武器 空对地一88高速反辐射导弹;外挂油箱

规格

机长 18.2米(59英尺10英寸)

翼展 16.1米(53英尺。英寸)

旋翼 4.9米(16英尺3英寸)

特征

球茎状尾翼整流罩；中置后掠机翼；2 台普拉特・惠特尼 J52 涡喷发动机；低机身进气口；双并列双座飞机座舱：

英国霍克(霍克・西德利公司/英国航宇公司)“猎手”

战斗，对地攻击机

1951 年 7 月 20 日试飞。1954 年进皇家空军服役并行销全球。共制造 1,985 架“猎手”。该机一直进行再生产，部分改为教练机，仍有两个国家，包括英国的研究机构使用该机。

型号和用户

英国 Qinetic 猎手 T.7(1 架)

黎巴嫩猎手 FGA.70/70A(5 架)，T.66(u)(1 架)

津巴布韦　猎手 FGA.9(11 架)T.81(1 架)

数据

机组/舱位　猎手 FGA.9/70/70A＝飞行员

猎手 T7/66C/81＝学员和教员

最大速度 620 节(1,149 千米/小时)

活动半径　大约 600 海里(1,111 千米)

军事装备(FGA.9/73/70A)

内装炮 4 门 30 毫米亚丁机关炮

外挂点 4

最大武器负载 3,357 千克(7,400 磅)

代表性武器 500 磅和 1,000 磅炸弹；2 英寸/2.75 英寸无控航空火箭弹；3 英寸火箭发射器；炸弹与轻型外挂物挂架和外挂油箱

规格

机长　13.9 米(45 英尺 10 英寸)

翼展　10.3 米(33 英尺 8 英寸)

旋翼　4.0 米(13 英尺 2 英寸)

特征

后掠垂直尾翼；中置后掠机翼；单罗尔斯・罗伊斯(埃汶)207 涡喷发动机；翼根进气口。

美国洛克希德 F/104“星”

多功能战斗机

1954 年 2 月 7 日试飞。从 1956 年开始,F—104A“星”进入美国空军服役,并且行销世界各地。加拿大、意大利和日本获证生产,最新用户是意大利,其改进型 F—104 系列 ASA—M 和 TF—104G—M,2002 年已被 F—16 系列取代。共制造 2,578 架“星”。

104“星”

型号和用户

F—104S ASA—M 意大利(60 架) TF—104G—M 意大利(19 架)

数据

机组/舱位 F—104S ASA—M = 飞行员

TF—104G—M:学员和教员最大速度马赫 = 2.2(1,259 节;,2,330 千米/小时)活动半径 673 海里(1,247 千米)

军事装备

内装炮　1 门 20 毫米 M61 机关炮

外挂点　5(包括翼尖)

最大武器负载 3,402 千克(7,500 磅)

代表性武器 AIM—7(—9)和“阿斯派德”空对空导弹;翼下或翼尖外挂油箱

规格

机长　16.7 米(54 英尺 9 英寸)

翼展　6.7 米(21 英尺 11 英寸)

旋翼　4.1 米(13 英尺 6 英寸)

特征

T 形尾翼;长机身;下反角小机翼;单通用 J79 涡喷发动机。

美国洛克希德·马丁 AC—130H/U

武装运输机

“大力神”武装运输机概念可追溯到越南战争时期使用的 AC—47。首架 C—130H“幽灵”,装备了各种接收器和重武器,1989 年 9 月试飞。改进型的 AC—130U“鬼怪”,由美国(今波音)洛克威尔北美公司生产,1990 年 12 月试飞。

型号和用户

AC—130H 幽灵　美国空军(8 架)

AC—130U 鬼怪　美国空军(13 架)

数据

机组/舱位 3 人飞行机组,外加 10 人(AC—130U)或 11 人(AC—130H)任务机组

最大速度 325 节(602 千米/小时)

航程 2,046 海里(3,791 千米)

军事装备(AC—130U)

内装炮 1 门 255 米 GAU—12/U 机关炮,1 门 40 毫米 M2A1“博福斯”高射炮,1 门 105 毫米 M1 37A1 榴弹炮位于机身左侧

外挂点 4

代表性武器　空对地—114“地狱火”导弹;翼下外挂油箱

规格

机长　29.8 米(97 英尺 9 英寸)

翼展　40.4 米(132 英尺 7 英寸)

旋翼　11.7 米(38 英尺 3 英寸)

特征

上直翼;4 台罗尔斯·罗伊斯(艾利逊)T56 涡桨发动机。

美国洛克希德·马丁 F—16“战隼”

多用途战斗机

样机 YF—16A,1974 年 2 月 2 日试飞。1979 年,F—16A/B 进入美国空军服役。后逐步发展成现代系列的 F—16C/D 50/52;B—和 D—型均是双座教练机。共订货 4,350 架,总交付 4,050 架,销往 20 多个国家,包括美国海军和空军都在使用该机。

F—16“战隼”

型号和用户

F—16A/B　美国空军、比利时、丹麦、埃及、印度尼西亚、以色列、约旦、荷兰、挪威、阿曼、巴基斯坦,葡萄牙、新加坡、中国台湾、泰国、委内瑞拉

F—16C/D　美国空军、巴林、智利、埃及、希腊、以色列、新加坡、土耳其

F—16N 美国海军

数据

机组/舱位 F—16A/C/N=飞行员;

F—16B/D=学员和教员

最大速度马赫=2.0+

活动半径500余海里(925余千米)

军事装备

内装炮1门20毫米M61机关炮

外挂点9(包括翼尖)

代表性武器 AIM—9(—120)空对空导弹;MK.80—系列和集束炸弹:"铺路"系列激光制导炸弹;空对地65F"小牛"导弹;"企鹅"空对面导弹:发动机状况监视装置;指示器装置;外挂油箱

规格

机长 15.0米(49英尺4英寸)

翼展 10.0米(32英尺9英寸)

旋翼 5.1米(16英尺8英寸)

特征

中后掠翼;1台普拉特·惠特尼F100或通用F110涡扇发动机;机头下部进气口。

美国洛克希德·马丁F—22"猛禽"

制空战斗机

YF—22样机于1990年9月29日试飞(装通用YF20发动机),是一种同诺斯罗普YF一23竞争的机型。1991年4月23日,美国空军选用YF—23装普拉特·惠特尼YF119发动机试飞。发动机改型后,F—22A试验了9次。2001年出厂,以满足美国空军339架的订货需求。

型号和用户

F—22A 美国空军

数据

机组/舱位飞行员

最大速度马赫=1.7多

活动半径无数据

军事装备

内装炮1门20毫米M61机关炮

外挂点翼下4个,舱内3个

代表性武器 AIM—9(—120)空对空导弹;联合直接攻击系列炸弹;WCMDS:空对地—88高速反辐射导弹;"铺路"Ⅲ激光制导炸弹,外挂油箱

规格

机长 18.9米(62英尺1英寸)

翼展　13.6 米(44 英尺 6 英寸)

旋翼　5.0 米(16 英尺 5 英寸)

特征

双垂直尾翼;上后掠翼;2 台普拉特·惠特尼 T119 涡扇发动机,前缘翼根大后掠边条翼进气口。

美国洛克希德·马丁 F—1 17A“夜鹰”

隐身攻击机

1977 年 12 月,计划样机试飞。1981 年 6 月 18 日,前一系列 F—117A 试飞。1982 年 8 月 23 日进入美国空军服役。1988 年 11 月 10 公开亮相。计划中的 100 架已生产 59 架。定期升级。

型号和用户

F—117A　美国空军

数据

机组/舱位飞行员

最大速度　马赫=1.0 多

活动半径　无数据

军事装备

无内装炮有武器舱但无外挂点

代表性武器:MK.84 炸弹;BLU—109B,GBU—10,GBU—27 激光制导炸弹;空对地—65“小牛”导弹:空对地 AGM—88 高速反辐射导弹

规格

机长　20.1 米(65 英尺 11 英寸)

翼展　13.2 米(43 英尺 4 英寸)

旋翼　3.8 米(12 英尺 5 英寸)

特征

后掠蝴蝶式尾翼;下后掠翼与有棱角的机身融为一体;2 台通用 F404 涡扇发动机。

美国麦克唐纳·道格拉斯(波音)AV—8B“鹞”GR.7/9

短距/垂直起降攻击机

首架 YAV—8B 演示机于 1978 年 11 月 9 日试飞。首架全尺寸 Av—8B 于 1981 年 11 月 5 日试飞。1982 年进入美国海军陆战队服役于美国海军陆战队将该机升级为夜间攻击型和“鹞”Ⅱ Plus 型。首架皇家空军“鹞”GR.5 于 1985 年 4 月 30 日试飞。

1987 年 7 月 1 日进入英国皇家空军服役,后有 3 架改型飞机,分别是 GR.5A/7/9。到 1995 年 10 月共制造 391 架 AV—8B/“鹞”GR.5/7/9 和 37 架 TAv—8B/“鹞”T.10 教练飞机。

型号和用户

AV—8B　美国海军陆战队、意大利、西班牙

鹞 GR.5/7/9 皇家空军(英国)

TAV—8B 美国海军陆战队、意大利、西班牙

鹞 T.10 皇家空军(英国)

数据

机组/舱位

AV—8B 鹞 GR.5/7/9=飞行员

TAV—8B 鹞 T.10=学员和教员

最大速度　575 节(1,065 千米/小时)

活动半径　594 海里(1,101 千米)

军事装备

内装炮　1 门 25 毫米 GAu—12/U 机关炮(美国海军陆战队),2 门 25 毫米阿登机关炮(现已被英国皇家空军淘汰)

外挂点 7(英国皇家空军和“鹞”ⅡP1us 是 9)

代表性武器　空中截击导弹—9;MK.80—系列炸弹;空对地导弹—65“小牛”;“铺路”激光制导炸弹;无控航空火箭弹;“硫磺石”先进的机载反装甲武器;外挂油箱

规格

机长　—AV—8B 14.1 米(46 英尺 4 英寸)

机长　—鹞 GR.5/7/9:14.4 米(47 英尺 1 英寸)

翼展　9.2 米(30 英尺 4 英寸)

旋翼　3.5 米(11 英尺 7 英寸)

特征

悬臂式后掠翼,前缘翼根大后掠边条翼;1 台罗尔斯·罗伊斯(飞马)11—61 推力换向涡扇发动机。

美国麦克唐纳·道格拉斯(道格拉斯)A—4“空中之鹰”

攻击轰炸机

XA4D—1“空中之鹰”样机 1954 年 6 月 22 日试飞,共制造 2,960 架(大多供美国海军和美国海军陆战队使用)。销往 9 个国家,很多都经过升级改良,包括新加坡“空中之鹰”改装了通用 F404 涡扇发动机。1979 年交付完毕。

A—4“空中之鹰”

型号和用户

阿根廷　A—4AR(改型 OA/A—4M 系列),TA—4AH

巴西

A—4MB,TA—4MB(在科威特交付 LTA/A—4KUs)

印度尼西亚　A—4E,TA—4H/J

以色列　A—4H/N,TA—4H/J

新加坡　A—4SU,TA—su(改型 A—4Bs)

数据

机组/舱位

A—4AR/E/H/MB/N/SU=飞行员;

TA—4AR/H/J/SU=学员和教员

最大速度　561 节(1,040 千米/小时)

活动半径　800 海里(1,480 千米)

军事装备

内装炮 2 门 20 毫米 MK.12 机关炮

外挂点 5

最大武器负载 4,528 千克(10,000 磅)

代表性武器 AIM—9 空对空导弹;空对地导弹—65“小牛”;“铺路”激光制导炸弹;HK.80—系列炸弹;无控航空火箭弹;外挂油箱和侦察装置

规格

机长　12.3 米(40 英尺 4 英寸)

翼展　8.4 米(27 英尺 6 英寸)

旋翼　4.6 米(15 英尺 0 英寸)

特征

下三角翼;三角形水平尾翼;1 台普拉特-惠特尼 J52—P—408 涡喷发动机;机身座舱两侧进气口。

美国麦克唐纳·道格拉斯(波音)F—4“鬼怪”Ⅱ

多用途战斗机

XF4H—1“鬼怪”样机于 1958 年 5 月 27 日试飞,所有型号共制造 5,195 架(包括日本产的样机),到目前为止仍有 9 个国家在使用,很多已经升级。1981 年交付完毕。

型号和用户

RF—4C　韩国、西班牙

F—4D　伊朗、韩国

F—4E　埃及、希腊、伊朗、以色列、韩国、土耳其

F—4DEJkai　日本

RF—4E　希腊、伊朗、以色列、土耳其

RF—4EJKai　日本

F—4F　德国

数据

机组/舱位　所有机型=飞行员和武器系统操作员

最大速度马赫=2.0+

活动半径618海里(1,145千米)

军事装备(F—4E/F)

内装炮1门20毫米M61机关炮

外挂点9

最大武器负载7,250千克(16,000磅)

代表性武器.AIM—7(—9,—120)空对空导弹;空对地导弹—65“小牛”;“铺路”激光制导炸弹;MK.80—系列炸弹;无控航空火箭弹;发动机状况监视及侦察和指示器装置:外挂油箱

规格

机长　19.2米(63英尺0英寸)

翼展　11.8米(38英尺7英寸)

旋翼　5.0米(16英尺5英寸)

特征

下反角水平尾翼;下后掠翼外翼段上反角;2台普拉特·惠特尼J79涡喷发动机;机身座舱两侧进气口。

俄罗斯米高扬—格刘维奇设计局(MiG)MjG—15bjs“束铁”

昼间战斗机

1947年12月30日,作为I—310发展型飞机试飞。1948年进人前苏军服役。改进后的MiG—1.5his装备了VK—1离心式涡喷发动机,1949年试飞。双发MiG—15uTI使用了原RD—45涡轮喷气发动机。该机在捷克斯洛伐克、匈牙利和波兰也有生产。共有5,000多架MiG—15/—15bis被生产出来,外加几千架MiG—15UTI。

型号和用户

MiG—15bis　阿尔巴尼亚(还有10架在使用中)

MiG—15UI　阿尔巴尼亚、安哥拉、中国、几内亚比绍、几内亚共和国、朝鲜、叙利亚、坦桑尼亚、也门

数据

机组/舱位 MiG—15bis=飞行员

MiG—15UTI=学员和教员

最大速度518节(1,072千米/小时)

活动半径　大约300海里(556千米)

军事装备

内装炮　1门37毫米N—37和2门23毫米NR机关炮

外挂点2

最大武器负载500千克(1,102磅)

代表性武器炸弹;外挂油箱

规格

机长　11.1米(36英尺4英寸)

翼展　10.1米(33英尺1英寸)

旋翼　3.4米(11英尺2英寸)

特征

后掠垂直尾翼;中置水平尾翼;中后掠翼;1台VK—1涡喷发动机;机首进气口。

俄罗斯米高扬—格刘维奇设计局(MiG)MiG—17“壁画”

战斗轰炸机

1950年1月13日作为I—330新研制飞机试飞。1952年,MiG—17进入前苏军服役。改进后的MiG—17F装备了VK—IA发动机,从1953年开始生产。中国制造的该型称为J—4,J—5(出口型F—5);波兰生产的该型机称为LJM—5。MiG—17共制造8,000多架。1958年改型。

型号和用户

MiG—17F壁画—C安哥拉、古巴、埃塞俄比亚、几内亚比绍、几内亚共和国、马达加斯加、马里、叙利亚

J—5/5A/F—5　阿尔巴尼亚、中国、朝鲜、苏丹、坦桑尼亚

数据

机组/舱位飞行员

最大速度617节(1,145千米/小时)

活动半径378海里(700千米)

军事装备

内装炮 1 门 37 毫米 NS—37 和 2 门 23 毫米 NR—23 机关炮

外挂点 4

最大武器负载 5504 千克(1,232 磅)

代表性武器无控航空火箭弹;炸弹;外挂油箱

规格

机长　11.3 米(36 英尺 9 英寸)

翼展　9.6 米(31 英尺 7 英寸)

旋翼　3.8 米(12 英尺 5 英寸)

特征

后掠垂直尾翼;中置水平尾翼;中后掠翼;1 台 VK—1AN 喷发动机;机首进气口。

俄罗斯(MiG)MiG—21(J—7)"鱼窝"

战斗轰炸机

Ye—6 样机 1957 年晚些时候试飞。1958 年,米格—21 入前苏军服役。逐渐改进的该型机有几千架,飞机销往世界各地。印度和罗马尼亚正在对其进行大的改造。中国生产的该机称为 J—7(出口型称为 F—7)。进一步的改进型仍在生产中。

型号和用户

米格—21:阿富汗(21bis),阿尔及利亚(21 bis/PFM/UM),安哥拉(21 bis/UM),阿塞拜疆(21),保加利亚(21 R/MF/bis/UM),柬埔寨(21 bis/UM),刚果(2l bis/UM),克罗地亚(2lbis/UM),古巴(21PFM/MF/bis/UM/us),捷克共和国(21 MF),埃及(21PF/PFM/R/MF/UM/US),埃塞俄比亚(21 MF/UM),几内亚共和国(21 PEM,匈牙利(21 bis/UM),印度(21 FI/M/MF/bis/l/U/UM/US),伊拉克(21 PF/MF/U),老挝(21PFM/U),利比亚(21 bis/UM),马达加斯加(21 FL/U),马里(21 MF/UM),莫桑比克(21bis),尼日利亚 E(21 MF/U),朝鲜(21 PFfPFM/U),波兰(21 R,21 M/MF/bis/UM),罗马尼亚_(21 M/MF/UM),斯洛伐克共和国(21MF/UM),叙利亚(21 PF/MF/bis/U/UM),土库曼斯坦(21),越南(21 bis/UM),也门(21 MF/bis/U),南斯拉夫(21 M,bis/UM),赞比亚(21 MF/US) J—7/F—7:阿尔巴尼亚,孟加拉国,中国,埃及,伊朗,缅甸,巴基斯坦,苏丹,斯里兰卡,坦桑尼亚,津巴布韦

数据

机组/舱位　MiG—21 战斗机系列=飞行员;

MiG—21 U—系列(Mong01)=学员和教员

最大速度马赫=2.2(1,159 节;2,150 千米/小时)

活动半径 400 海 2(740 千米)

军事装备(MiG—21 MF 鱼窝—J)

内装炮　1门双炮管23毫米GSH—23机关炮

外挂点5

最大武器负载大约1,500千克(3,307z#),外加中心线油箱

代表性武器 K一13“环礁”空对空导弹;无控航空火箭弹;常规炸弹;外挂油箱

规格

机长　15.8米(51英尺8英寸)

翼展　7.1米(23英尺5英寸)

旋翼　4.1米(13英尺5英寸)

特征

后掠水平尾翼;三角翼;1台图曼斯基R一13涡喷发动机;机首进气口。

俄罗斯(MiG)MiG—23/27“鞭挞者”

制空战斗机

样机1967年试飞。MiC—23V/G截击机1973年进入前苏军服役,后逐渐改进,有4,000余架行销世界各地。专用对地攻击型MiG—27同样曾进一步改进。

型号和用户

MiG—23:阿尔及利亚(23BN/MS/U B),安哥拉(23/BN/ML/UB),白俄罗斯(23MLD/UB),保加利亚(23BN,MF/ML/MLD/UB),古巴(23BN,MF/ML/UB),埃塞俄比亚(23BN/UB),印度(23BN/MF/U B),哈萨克斯坦(23/MLD/US),利比亚(23B/MS/US),纳米比亚(23),朝鲜(23ML/UB),俄罗斯(23M/UB),苏丹(23 B),叙利亚(23BN/MF/MLrMS/U B),土库曼斯坦(23M/UB),乌克兰(23M/UB),也门(23ML/UB)MiG—27:印度(27M),哈萨克斯坦(27M),俄罗斯(27)

数据

机组/舱位

MiG—23/27战斗机系列=飞行员;

MiG—23UB=学员和教员

最大速度马赫:2.35(1,350节,2,500千米/小时)

活动半径620海里(1,150千米)

军事装备

内装炮　1门双炮管23毫米GSh—23L机关炮

外挂点6

最大武器负载3,000千克(6,615磅)

代表性武器 R—23“尖顶”双管机炮;R—60“蚜虫”空对空导弹;无控航空火箭弹;炸

弹;外挂油箱

规格

机长　16.7米(54英尺10英寸)

翼展扩展　—13.9米(45英尺10英寸),后掠—7.8米(25英尺6英寸)

旋翼　4.8米(15英尺9英寸)

特征

后掠水平尾翼;中上部装可变几何形机翼;1台联盟R—35涡扇发动机;后背鳍。

俄罗斯米高扬—格刘维奇设计局(MiG)MiG—29"支点"

制空战斗机

1977年10月6日试飞,1983年进入前苏军服役。逐渐改进成MiG—29S系列"支点"—C多功能战斗机。MiG—29UB"支点"—B型是双飞改型教练机和舰载型,MiG—29K和其他机型都进行了改进。到2001年共生产出约1,100架MiG—29系列各种型号飞机。

型号和用户

MiG—29"支点"

29—UB保加利亚、古巴、德国、匈牙利、伊朗、伊拉克、马来西亚、朝鲜、波兰、罗马尼亚、斯洛伐克共和国、叙利亚、土库曼斯坦、乌克兰、美国、乌兹别克斯坦、也门、南斯拉夫

29孟加拉国、厄立特里亚

29S/UB阿尔及利亚、白俄罗斯、秘鲁、乌克兰

29/UB/K　印鹰

29/S/UB/K俄罗斯

数据

机组/舱位

MiG—29/29S=飞行员

MiG—29/UB=学员和教员

最大速度马赫=2.3(1,320节,2,445千米/小时)

活动半径　大约380海里(704千米)

军事装备

内装炮　1门30毫米GSh—30—1机关炮

外挂点　7

最大武器负载大约4,000千克(8,816磅)

代表性武器R—27"杨树",R—60T"蚜虫",R—73T"射手"空对空导弹;炸弹;无控航

空火箭发弹;外挂油箱

规格

机长　17.3 米(56 英尺 10 英寸)

翼展　11.4 米(37 英尺 3 英寸)

旋翼　4.7 米(15 英尺 6 英寸)

特征

双垂直尾翼;中后掠翼;2 台克里莫夫 RD—33 涡扇发动机;前缘翼根大后掠边;翼下进气口。

俄罗斯米高扬—格刘维奇设计局(MiG)MiG—31"猎狐犬"

全天候全高度截击战斗机

Ye—155NP 截击机于 1975 年 9 月 6 日试飞。双飞 NiG—31 于 1975 年进入前苏军服役。逐步改进成一种装更多的导弹并改装雷达(MiG—31M)的截击机。

型号和用户

哈萨克斯坦(34)和俄罗斯(315)

数据

机组/舱位　飞行员和武器系统操作员

最大速度

马赫 = 2.83

活动半径

647 海里(1,200 千米)

军事装备

内装炮　1 门 23 毫米 GSh—6—23M 6 管机关炮

外挂点 10

最大武器负载大约 2,700 千克(5,951 磅)

代表性武器 R-33"阿摩司",R—37(AAX—a3),R—40R/R—40T"毒辣"。T—60T"蚜虫",R-77"蝮蛇"空对空导弹;外挂油箱

规格

机长　22.3 米(74 英尺 5 英寸)

翼展　13.5 米(44 英尺 2 英寸)

旋翼　6.1 米(20 英尺 2 英寸)

特征

双垂直尾翼;中上后掠翼;2 台彼尔姆 D 一 30F6 涡喷发动机;角后掠进气口。

中国南昌飞机制造公司 Q—5“反坦”

近距空中支援战斗机

该机是由 J—6/3K 格—19 衍生而成的双喷气发动机攻击机，1965 年 6 月 4 日试飞，1970 年投入使用。作为 A—5 销往 4 个国家，改进型仅研制但未出售。大约制造 1,000 架。

型号和用户

中国(Q—5)，孟加拉国(A—5)，缅甸(A—5)，朝鲜(A—5)，巴基斯坦(A—5)

数据

空勤组/舱位　飞行员

最大速度马赫=1.12(643 节；1,190 千米/R/小时)

活动半径 324 海里(600 千米)

军事装备

内装炮 1 门 23 毫米机关炮

外挂点 10

最大武器负载 2,000 千克(4,410 磅)

代表性武器 PL—2，PL—7，AIM—g，“1:4”空对空导弹；炸弹；无控航空火箭弹：外挂油箱

规格

机长　16.2 米(53 英尺 4 英寸)

翼展　9.7 米(31 英尺 10 英寸)

机高　4.5 米(14 英尺 9 英寸)

特征

后掠翼；2 台沈阳 wP6 涡喷发动机；座舱两侧进气口；尖机首。

美国诺斯罗普(N—G)B—2A“精灵”

远程轰炸机

该机有低可见性(隐形)的外形，整体就像一只飞翼。首架 B—2A 飞 1989 年 7 月 17 日试飞。1996 年进入美国空军服役，仅生产 21 架，但具备升级潜力。

型号和用户

B—2A 美国空军

数据

空勤组/舱位 2 名飞行员(外加第三个座位)

最大速度无数据

航程(内装燃油)4,500 海里(8,334 千米)

军事装备

无内装炮

双武器舱　每层有 8 个储仓旋转发射装置,无外

最大武器负载 18,144 千克(40,000 磅)

代表性武器 AGM—129 先进巡航导弹;精确制导炸弹;联合远距发射武器和联合远程空对地导弹;核武器和常规炸弹

规格

机长　21.0 米(69 英尺 0 英寸)

翼展　52.4 米(172 英尺 0 英寸)

旋翼　5.2 米(17 英尺 0 英寸)

特征

无垂直尾翼;飞翼和机身(蝌蚪状)融为一体;锯齿状翼型后缘;4 台通用 F118 涡扇发动机。

美国诺斯罗普(N—G)F—5A/B"自由战斗机"

轻型战斗轰炸机

N—156C 样机于 1959 年 7 月 30 日试飞。从 1963 年起大量出口。双飞 F—5B 于 1964 年 2 月 24 日飞行。加拿大和西班牙获准生产该机。后多次升级。1976 年交付第 1,199 架。

型号和用户

博茨瓦纳(CF—5A/D),摩洛哥(F—5A/B,RF—5A),挪威(F—5A/B),菲律宾(F-5A/B);沙特阿拉伯(F—5B),韩国(F—5A/B,EF—5A,RF—5A),西班牙(SF—5A/B,SRF—5A),泰国(F—5A/B),土耳其(NF/F—5A/B,RF—5A),委内瑞拉(VF—5A/D,NF—581

数据

空勤组/舱位　F—5A,EF—5A,RF—5A=飞行员;F—5B=学员和教员

最大速度 710 节(1,315 千米/小时)

航程(内装燃油)485 海里(898 千米)

军事装备

内装炮 2 门 20 毫米机关炮

外挂点 5(包括翼尖)

最大武器负载 2,812 千克(6,200 磅)

代表性武器 AIM—9 空对空导弹;炸弹;无控航空火箭弹;外挂油箱(有时在翼尖)

规格

机长　14.4 米(47 英尺 2 英寸)

翼展　7.7 米(25 英尺 3 英寸)

旋翼　4.0 米(13 英尺 2 英寸)

特征

下水平尾翼;下后掠翼;2 台通用 J85 涡喷发动机。

美国诺斯罗普(N—G)F—5E/F"老虎"Ⅱ

轻型战斗轰炸机

该机是 F—5MB 的改型。首架 F—5E 于 1972 年 8 月 11 日试飞,供大量出口。双飞 F—5E 于 1974 年 9 月 25 日试飞。瑞士和中国台湾获准生产,后多次升级。1989 年,第 1,418 架 F—5E/F 型机交付。

型号和用户

F—5E/F　巴林、巴西、智利、洪都拉斯、印度尼西亚、伊朗、肯尼亚、墨西哥、摩洛哥、韩国、瑞士、泰国、突尼斯、美国

F—5E

也门

F—4E/F 约旦

RF/F—5E/F 沙特阿拉伯、中国台湾

RF/F—5S/F 新加坡

数据

空勤组/舱位　F—5E/S,RF—5E/S 老虎眼=飞行员;

F—5F/T=学员和教员

最大速度 710 节(1,315 千米/小时)

航程(内装燃油)570 海里(1,055 千米)

军事装备

内装炮　2 门 20 毫米机关炮(F—5F 只有一门)

外挂点 5(包括翼尖)

最大武器负载 3,175 千克(7,000 磅)

代表性武器 AIM—9 空对空导弹;炸弹;无控航空火箭弹;外挂油箱

规格

机长　14.5 米(47 英尺 5 英寸)

翼展　8.1 米(26 英尺 8 英寸)

旋翼　4.1米(13英尺4英寸)

特征

下水平尾翼;下后掠翼;双通用J85涡喷发动机。

德国/意大利/英国帕那维亚飞机公司“狂风”IDS/ECR

截击攻击和侦察机

“狂风”IDS(aka MRCA)首架样机于1974年8月14日试飞,1980年开始交付。德国、意大利和英国制造,销往沙特阿拉伯。IDS被皇家飞机制造厂称为GR.I,现已被德国升级为GR.4. EcR(由IDs而来)。1988年8月18日试飞。1992年交付第795架“狂风”IDSfECR。

型号和用户

IDS/ECR 德国空军/海军,意大利空军

IDS 英国皇家空军,沙特阿拉伯

数据

空勤组/舱位　飞行员和领航员/武器系统操作员

最大速度　马赫=2.2

航程(内装燃油)750海里(1,39千米)

军事装备

内装炮2门27毫米BK27机关炮

外挂点7

最大武器负载大约7,530千克(16,600磅)

代表性武器 AIM—9空对空导弹;AGM—65“小牛”空对地导弹;AGM—88高速反辐射导弹;“Kormoran”空对面导弹;炸弹;火箭;炸弹与轻型外挂物挂架;发动机状况监视装置;指示器和侦察装置;外挂油箱

规格

机长　16.7米(54英尺IO英寸)

翼展扩展　13.9米(45英尺7英寸);

后掠8.6米(28英尺2英寸)

旋翼　5.9米(19英尺6英寸)

特征

大垂直尾翼;可变几何形机翼;2台涡轮一联合RB199涡扇发动机。

德国/意大利/英国帕那维亚飞机公司“狂风”F.3ADV

空防战斗机

首架“狂风”ADN 样机于 1979 年 10 月 27 日试飞。“狂风”F.2(仅 18 架)现已不再使用。“狂风”F.3(装 RB199 104 发动机)于 1986 年开始交付。销往沙特阿拉伯(24 架)。意大利租用英国皇家空军 24 架 F.3。英国皇家空军后将其升级。共制造 197 架 ADV。

型号和用户

意大利空军(F.3),英国皇家空军(F.3),沙特阿拉伯(F.53)

数据

机绑舱位　飞行员和领航员/武器系统操作员

最大速度　马赫=2.2

航程(内装燃油)　1,000 余海里(1,853 千米)

军事装备

内装炮 1 门 27 毫米 BK27 机关炮

外挂点 8

最大武器负载 8,500 千克(18,740 磅)

代表性武器　空中截击导弹—9(—120),先进近距空对空导弹:“天空闪光”空对空导弹;“瞪羚”牵引雷达假目标;发动机状况监视器:外挂油箱

规格

机长　18.7 米(61 英尺 3 英寸)

翼展扩展　13.9 米(45 英尺 7 英寸);

后掠　8.6 米(28 英尺 2 英寸)

旋翼　5.9 米(19 英尺 6 英寸)

特征

大垂直尾翼;可变几何形机翼;2 台涡轮——联合 RB199 涡扇发动机。

美国洛克威尔(波音)B—1b“枪骑兵”

远程轰炸机

原 B—1A 于 1974 年 12)123 日试飞,有 4 架样机飞行。1981 年,100 架 B—IB 改进型被订货并投入使用,1984 年 1031 18 日试飞,1985 年 531 进入美国空军服役。1988 年 4 月交付结束。潜在能力升级正在进行中。

型号和用户

B—IB　美国空军

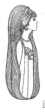

数据

机舱位　两名飞行员，两名武器系统操作员

最大速度马赫=1.25

航程（不进行空中加油）6,475 海里（12,000 千米）

军事装备

无内装炮

武器舱 3 个内舱和 6 个内承力点

最大武器负载内栽：34,019 千克（75,000 磅）

外载 26,762 千克（59,000 磅）

B—1b“枪骑兵”

代表性武器 AGM—86 空射巡航导弹；AGM—69 近距攻击导弹：核武器；炸弹；联合直接攻击炸弹：联合远距发射武器，WCMD；地雷

规格

机长　44.8 米（147 英尺 0 英寸）

翼展扩展　41.7 米（136 英尺 8 英寸）

后掠　23.8 米（78 英尺 2 英寸）

旋翼　10.4 米（34 英尺 0 英寸）

特征

可变几何形机翼与机身融为一体；机身吊舱安装 4 台通用 F101 涡扇发动机；小鸭翼。

美国洛克威尔（波音）OV—10“野马”

多用途防暴飞机

YOV—10A 样机于 1965 年 7 月 16 日试飞。271“野马”曾进入美国海军陆战队和美国空军服役，现已召回。有些出口，一些美国曾使用过的已退役。共制造 361 架。

型号和用户

OV—10A 哥伦比亚、摩洛哥、菲律宾、委内瑞拉

OV—10C 泰国

OV—10E 委内瑞拉

OC—10F 印度尼西亚

数据

空勤组/舱位　两名飞行员

最大速度 244 节（452 千米/小时）

活动半径 198 海里（367 千米）

军事装备

内装炮 4 挺 7.62 毫米 M60 机关枪

外挂点 7

最大武器负载 1,633 千克(3,600 磅)

代表性武器 AIM—9 空对空导弹;MK.80—系列炸弹;无控航空火箭弹;航炮吊舱:外挂油箱

规格

机身长　12.7 米(41 英尺 7 英寸)

翼展　12.2 米(40 英尺 0 英寸)

旋翼　4.6 米(15 英尺 2 英寸)

特征

双尾桁;吊舱机身;2 台加雷特 T76 涡桨发动机;机身外挂机侧突座。

瑞典萨伯公司 JAS 39“鹰狮”

截击、攻击和侦察飞机

1993 年交付的首架多功能“鹰狮”,早在 1988 年 12 月 9 日就已试飞。JAS 39B 样机于 1996 年 4 月 29 日试飞。瑞典预订了 204 架。销往南非(9 架+19 架备用)。

JAS 39“鹰狮”

型号和用户

瑞典　(AS 39A/B/C/D)

南非　(As 39X/XT)

数据

空勤组/舱位　JAB 39A/C/X=飞行员

JAs 39B/D/XT=学员和教员

最大速度超音速

活动半径 432 海里(800 千米)

军事装备

内装炮 1 门 27 毫米 BK27 机关炮

外挂点 6(包括翼尖)

最大武器负载 4,120 千克(9,080 磅)

代表性武器 AIM—9(—120)空对空导弹;空对地导弹 AGM—65“小牛”;子母弹武器系统 39;炸弹;无控航空火箭弹;发动机状况监视和侦察装置,外挂油箱

规格

机长　14.1 米(46 英尺 3 英寸)

翼展　8.4 米(27 英尺 7 英寸)

旋翼　4.5 米(14 英尺 g 英寸)

特征

鸭式前水平翼;三角形主翼;1 台沃尔沃 RM12(通用 F404)涡扇发动机。

中国沈阳飞机公司 J—6/F—6(米格—19)“农夫”

截击机

J—16(出口型为 F—6 和 FT—6 教练飞机)是中国根据米格—19 制造出的飞机,1953 年 9 月试飞。1954 年,米格—19 进入苏联服役。截止到 1959 年停产前约生产了 2,500 架飞机。首架中国产 J—6(米格—19s)于 1961 年 12 月试飞。到 80 年代初,贵州和沈阳共制造数千架 J 一 6 和改型机。

型号和用户

J—6　中国

F—6　阿尔巴尼亚、埃及、伊朗、朝鲜、苏丹、坦桑尼亚、赞比亚

FT—6 孟加拉国、埃及、朝鲜、赞比亚

数据

空勤组/舱位　J—6/F—6=飞行员

FT6=学员和教员

最大速度 738 节(1,452 千米/小时)

活动半径 370 海里(685 千米)

军事装备

内装炮 2/3 门 30 毫米 NR—30 机关炮

外挂点最多可达 8

最大武器负载　大约 500 千克(1,123 磅,加外挂油箱)代表性武器 AIM—9 空对空导弹(巴基斯坦);无控航空火箭弹;炸弹

规格

机长　14.6 米(48 英尺 2 英寸)

翼展　9.0 米(29 英尺 8 英寸)

旋翼　3.9 米(12 英尺 8 英寸)

特征

下置水平尾翼;中后掠翼;2 台沈阳 EP6(R—9BF)涡喷发动机;机首进气口。

中国沈阳飞机公司 J-8"长须鲸"

制空战斗机

首架 J—8 样机于 1969 年 7 月 5 日试飞,但研制滞后。J—8/J—8 I 的生产从 1979 年至 1987 年间进行(100 多架)。J—8 Ⅱ 在 1984 年 6 月 12 日试飞。据报道 1993 年有 24 架投入使用。J—8 Ⅱ 型一直在生产,J—8 Ⅱ M 正在进行升级性研发。

型号和用户

中国

数据

空勤组/舱位　飞行员

最大速度马赫 = 2.2

活动半径 432 海里(800 千米)

军事装备

内装炮 1 门 23 毫米 23—3 双管机关炮

外挂点 7

最大武器负载大约 5,400 千克(11,902 磅)

代表性武器 PL—2B,PL—7,R—27"杨树"空对空导弹;炸弹;火箭;发动机状况监视和侦察装置:外挂油箱

规格

机长　21.6 米(70 英尺 10 英寸)

翼展　9.3 米(30 英尺 8 英寸)

旋翼　5.4 米(17 英尺 9 英寸)

特征

三角形机翼;2 台溧阳 WP13A Ⅱ 涡喷发动机;两侧进气口。

俄罗斯苏霍伊设计局 SU—17/—20/—22/—D/K"钳工"

地面攻击和侦察战斗机

Su—17 由 Su—7 改进而成,其特点是采用了 V—G 外翼,样机于 1966 年 8 月 2 日试飞。后逐步研制出地面攻击、侦察和教练三种机型。Su—20/—22 仅用于外销机型。共制造 2,900 多架 Su—17/—20/—22"钳工"。

型号和用户

阿富汗(Su—22M3/M4),安哥拉(Su—22M4/UM3),阿塞拜疆(Su—17M),保加利亚 Su—22M4/UM3),捷克共和国 Su—22M4/UM3),埃塞俄比亚 Su—22M4),伊朗(Su—

22M),伊拉克(Su 一 22M),利比亚(Su—20/—22M/U/UM3),秘鲁(Su—20/—22U/UM3),波兰(Su—22M4/UM3),斯洛伐克共和国(Su—22M4/UM3),叙利亚(su—20M/22M/M4/U/UM3),土库曼斯坦(Su—17M/UM3),乌兹别克斯坦(Su——17MS/UM3),越南(Su—22M3/M4/UM3),也门(Su—20/-22M/UM3)

数据

空勤组/舱位　除 Su—22U—UM3 外均为飞行员

Su—22U/UM3=学员和教员

最大速度　马赫:2.09

活动半径大约 550 海里(1,017 千米)

军事装备

内装炮 2 门 30 毫米 NR-30 机关炮

外挂点 9

最大武器负载 4,250 千克(9,370 磅)

代表性武器 Kh—23“克里牛”,Kh—25“克伦”,Kh—28“海峡”空对地导弹;炸弹;火箭;外挂油箱

规格

机长　18.8 米(61 英尺 6 英寸)

翼展扩展　10.0 米(32 英尺 10 英寸);后掠 8.8 米(28 英尺 9 英寸)

旋翼　5.0 米(16 英尺 5 英寸)

特征

可变几何形机翼;1 台留里卡 AL—21 F—3 涡喷发动机;机首进气口。

俄罗斯苏霍伊设计局 Su—24“剑客”

轰炸、侦察及预警飞机

同 F—11“相像”,Su—2 样机于 1970 年 1 月试飞。截至 1980 年,产量以每年 70%递增。同样有同型加油机。到目前为止共生产约 1,000 架。

型号和用户

阿尔及利亚、安哥拉、阿塞拜疆、伊朗、伊拉克、利比亚、叙利亚(Su—24M),乌兹别克斯坦、哈萨克斯坦(Su—24/MR),俄罗斯(Su—24/MP/MR,),乌克兰(Su—24M/MP/MR)

数据

空勤组/舱位　飞行员和武器系统操作员

最大速度马赫=2.18

活动半径大约 565 海里(1,050 千米)

军事装备

内装炮 1 门 30 毫米 6 管机关炮

外挂点 9

最大武器负载 8,000 千克(17,635 磅)

代表性武器 Kh—23“克里牛”,Kh—25ML“克伦”,Kh—25MP“击球手”,Kh—290vod“主销”。Kh—29“小锚”,Kh—58“基尔特”空对地导弹;炸弹;火箭;空中加油装置;外挂油箱

规格

机长 24.5 米(80 英尺 5 英寸)

翼展扩展 17.6 米(57 英尺 10 英寸);后掠 10.4 米(34 英尺 0 英寸)

旋翼 5.0 米(16 英尺 3 英寸)

特征

V—G 机翼;2 台留里卡(土星)AL—21F—3A 涡喷发动机;两侧进气口;腹鳍。

俄罗斯苏霍伊设计局 SU—25“蛙足”

近距空中支援飞机

SU—25 样机于 1975 年 2 月 22 日试飞。最初在格鲁吉亚的第比利斯生产,1989 年停产,仍有 50 架成品和半成品机未出售。俄罗斯在 U—Ian—Ude 的生产于 1992 年完成,但一直进行 SU—39 的研制。截至目前,约生产出 1,000 架 SU—24 飞机。

型号和用户

安哥拉、亚美尼亚、阿塞拜疆、刚果共和国、伊朗、马其顿、秘鲁、乌兹别克斯坦(Su—25);保加利亚、捷克共和国、伊拉克、朝鲜、斯洛伐克共和国、土库曼斯坦(Su—25/IJBK);格鲁吉亚(Su—25/1JBKfFflTI/Su—39);俄罗斯(SU—25/UB/UTG/T/TM/SU—39)、乌克兰(SU—25/UBK/IJTG)

数据

空勤组/舱位 Su—25/T/TM/SU—39 = 飞行员

SU—25UB/UBK/UTG = 学员和教员

最大速度 526 节(975 千米/小时)

活动半径 675 海里(1,250 千米)

军事装备

内装炮 1 门 30 毫米 A0—17A 双管机关炮

外挂点 10

最大武器负载 4,400 千克(9,700 磅)

代表性武器 R—3s“Ato11”,R—60“蚜虫”空对空导弹;Kh—23“克里牛”,Kh—25“克伦”,Kh—29“小锚”空对地导弹;激光制导炸弹;炸弹;火箭;23 毫米机炮吊舱;外挂油箱

规格

机长　15.5 米(50 英尺 11 英寸)

翼展　14.4 米(47 英尺 1 英寸)

旋翼　4.8 米(15 英尺 9 英寸)

特征

中上略后掠翼;发动机状况监视装置位于翼尖;2 台联盟 R—195 涡喷发动机;两侧进气口;尾喷管。

俄罗斯苏霍伊设计局 Su—27“侧卫”

制空战斗及地面攻击机

Su—27 样机于 1977 年 5 月 26 日试飞,后发展为远程重型战斗机,除此之外还是一种实战教练机。该机为出口机型,中国获准制造名为 J—11 并出口。

型号和用户

中国、哈萨克斯坦、俄罗斯、乌克兰、乌兹别克斯坦、越南(Su—27/UB);埃塞俄比亚(Su—27)

Su—27“侧卫”

数据

空勤组/舱位　SU—27=飞行员

Su—27UB=学员和教员

最大速度　马赫=2.35(1,350 节,2,500 千米/小时)

活动半径　810 海里(1,500 千米)

军事装备

内装炮　1 门 30 毫米 Gsh—30—1 机关炮

外挂点 8(包括翼梢)

最大武器负载 4,000 千克(8,818 磅)

代表性武器 R—27“杨树”,R~33“阿摩司”,R—60“蚜虫”,R—73“射手”空对空导弹;炸弹;火箭;23 毫米机炮吊舱;外挂油箱

规格

机长　21.9 米(71 英尺 11 英寸)

翼展　14.7 米(48 英尺 3 英寸)

旋翼　5.9 米(19 英尺 5 英寸)

特征

双垂直尾翼;中上后掠翼;2 台留里卡(土星)AL—31F 涡扇发动机;机身,机翼下部进气口;腹鳍;喷气管间尾锥。

俄罗斯苏霍伊设计局 Su—30/—33“侧卫”

制空战斗及地面攻击机

最初的 SU—27PU。纵排双飞的 SU—30 作为远程载击机于 1989 年 12 月 31 日试飞。Su 一 30M 是多功能型;Su 一 30MKI 的特征是鸭式布局;SU—33(SU—27K)是舰载机。

型号和用户

印度(SU—30MK/MKI)

俄罗斯(SU—30/M/—33)

数据

空勤组/舱位　飞行员和武器系统操作员

最大速度马赫=2.35(1,350 节,2,500 千米/小时)

活动半径 810 海里(1.500 千米)

军事装备

内装炮　1 门 30 毫米 GSh—30—1 机关炮

外挂点 10(包括翼梢)

最大武器负载 8,000 千克(17.635 磅)

代表性武器 R—27“杨树”,R～73“射手”。R—77“腹蛇”空对空导弹;Kh—29“小锚”,Kh—31/Kh—59 空对地导弹;3M80E 空对面导弹;炸弹;火箭;外挂油箱

规格

机长　21.9 米(71 英尺 11 英寸)

翼展　14.7 米(48 英尺 3 英寸)

旋翼　5.9 米(19 英尺 5 英寸)

特征

双垂直尾翼;中上后掠翼;2 台”留里卡”(土星)AL—31F 涡扇发动机;机身,机翼下部进气口;腹鳍;喷气管间尾锥。

俄罗斯苏霍伊设计局 Su—32/—33U/—34“侧卫”

远程战斗/攻击机

原 su—271B 并列双座机。SU—34 于 1993 年 12 月 18 日试飞。其外型同 Su 一 32 极相似,是一种陆基海上攻击机。SU—33UB(SU—27KUB)为舰载教练机。

型号和用户

俄罗斯(SU—33uB/—34)

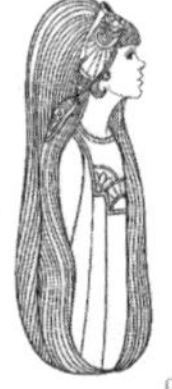

数据

空勤组/舱位 SU—32/—34＝飞行员和武器系统操作员

Su—33UB＝学员和教员

最大速度马赫＝1.8(1,025 节;1,900 千米/小时)

活动半径 601 海里(1,113 千米)

军事装备

内装炮　1 门 30 毫米 GSh—0—1 机关炮

外挂点 10(包括翼梢)

最大武器负载 8,000 千克(17,635 磅)

代表性武器 R—73“射手”,R—77“腹蛇”空对空导弹;空对面导弹;激光制导炸弹;炸弹;外挂油箱

规格

机长　23.3 米(76 英尺 7 英寸)

翼展　14.7 米(48 英尺 3 英寸)

旋翼　6.5 米(21 英尺 4 英寸)

特征

双垂直尾翼;中上后掠翼;鸭式前置水平翼面;2 台留里卡(土星)AL—31F 涡扇发动机;机身/机翼下部进气口;腹鳍;喷气管间尾锥。

俄罗斯苏霍伊设计局 SU—35—37“侧卫”

全天候制空战斗机

SU—35 型源于原 SU—27M 型,1988 年 6 月 28 日试飞。原计划在俄罗斯服役,但未生产。出口有市场。SU—37 是推力换向喷气管技术演示飞机,1996 年 4 月试飞。

型号和用户

至今没使用

数据

机组/舱位飞行员

最大速度　马赫＝2.35(1.350 节,2500 千米/小时)

航程 2,160 余海里(4,000 余千米)

军事装备

内装炮　1 门 30 毫米 GSh—30—1 机关炮

外挂点 12(包括翼梢)

最大武器负载 8,200 千克(18,077 磅)

代表性武器 R—27“杨树”,R—40“毒辣”,R 一 60“蚜虫”,R—73“射手”,R—77“蝮

蛇"空对空导弹;Kh 一 25MI"克伦",Kh—25MP"击球手",Kh 一 29"小锚",Kh—31/Kh—59 空对地导弹;激光制导炸弹;精确制导武器;炸弹;火箭;发动机状况监视装置;外挂油箱

规格

机长　22.2 米(72 英尺 9 英寸)

翼展　15.2 米(49 英尺 9 英寸)

旋翼　6.4 米(20 英尺 10 英寸)

特征

双垂直尾翼;中上后掠翼;鸭式前置翼面;2 台留里卡(土星)AL—35F 涡扇发动机;机身/机翼下部进气口;腹鳍;喷气管间尾锥。

俄罗斯图波列夫设计局 Tu—22M"逆火"

轰炸及预警飞机

可变几何形机翼的 Tu—22M 型飞机于 1969 年 8 月 30 日试飞。1975 年,成品的 Tu—22M—2 进入俄罗斯服役。随后改型 M—3 型于 1983 年问世。Tu—22ND 是预警护航干扰飞机;MR 是海上侦察机,1992 年停止生产。共制造 497 架。

Tu—22M"逆火"

型号和用户

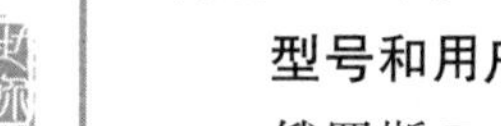

俄罗斯 Tu—22M/MR

乌克兰 Tu—22M

数据

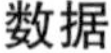

空勤组/位　两名飞行员,领航员,武器系统操作员

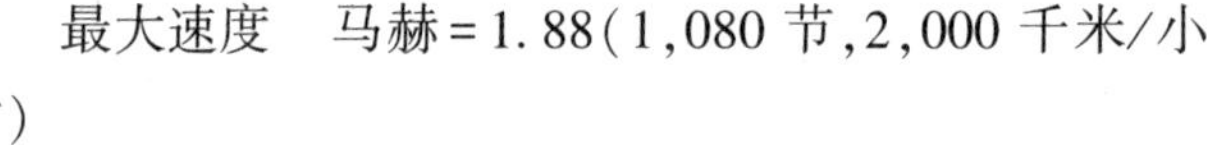

最大速度　马赫=1.88(1,080 节,2,000 千米/小时)

活动半径 1,300 海(2,410 千米)

军事装备

内装炮　1 门 23 毫米 GSh—23M 双管机关炮,内装武器舱加 2 个外挂点

最大武器负载 24,000 千(52,910 磅)

代表性武器 kh 一 22"Kitchen"空对面导弹;Kh—15P"反冲"空对地导弹;近程攻击导弹;Kh—31"Kryton",Kh—35"Kayak"空对地导弹;炸弹;地雷

规格

机长　42.5 米(139 英尺 4 英寸)

翼展扩展　34.3 米(112 英尺 6 英寸);后掠 23.3 米(76 英尺 5 英寸)

旋翼　11.0 米(36 英尺 3 英寸)

特征

下可变几何形机翼;机身装 2 台库兹涅佐夫(萨马拉)NK—25 涡扇发动机;两侧进气口。

俄罗斯图波列夫 TU—95/—142“熊”

远程轰炸机

TU—95 样机于 1952 年 1 1A 12 13 试飞,1956 年进入苏联服役。Tu—95MS6(熊—H61 于 1984 年投入使用。首架 Tu—142 AsM 型飞机 1968 年试飞。1972 年,Tu—142M(熊一 F 改型 2)投入使用。1994 年生产出最后一架飞机。

型号和用户

俄罗斯 Tu—95/MR/MS/Tu—142

印度 Tu—142M

数据

空勤组/舱位 2 名飞行员 4 名武器系统操作员,1 名炮手

最大速度 499 节(925 千米/小时)

活动半径 3,455 海里(6,400 千米)

军事装备

内装炮 1/2 门 23 毫米机关炮

外挂点 2(加内装武器舱)

最大武器负载　大约 11,000 千克(24,244 磅)

代表性武器 Kh—55“Kent”,Kh—101 空射巡航导弹;Kh—35“Kayak”空对面导弹;炸弹;地雷;声纳浮标

规格

机长　49.1 米(161 英尺 2 英寸)

翼展　50.0 米(164 英尺 2 英寸)

旋翼　13.3 米(43 英尺 8 英寸)

特征

高垂直尾翼;中上后掠翼;4 台库兹涅佐夫(萨马拉)NK—12MP 涡桨发动机;Tu—95NS 机首有天线罩;Tu—142M 机身下有天线罩。

俄罗斯图波列夫 Tu—160“海盗旗"

远程轰炸机

1981 年 12 月 18 日或 19 日试飞。1987 年 5 月,生产型 Tu—160 进入苏联和乌克兰服役。苏联解体后,乌克兰送回 8 架 Tu—160 给俄罗斯。截至 1992 年,原计划中生产的 100 架只生产了 32 架。

型号和用户

Tu—160 俄罗斯

数据

机组/舱位 2 名飞行员,2 名武器系统操作员

最大速度马赫=2.05(1,200 节,2,220 千米/小时)

活动半径 1,080 海里(2,000 千米)

军事装备

无内装炮 2 个内置武器舱

最大武器负载 40,000 千克(88,185 磅)

代表性武器 Kh—55“Kent”,Kh—101 空射巡航导弹;Kh—15P“反冲”近程攻击导弹

规格

机长　54.1 米(177 英尺 6 英寸)

翼展扩展　55.7 米(182 英尺 9 英寸);后掠 35.6 米(116 英尺 10 英寸)

旋翼　13.1 米(43 英尺 0 英寸)

特征

可变几何形翼与机身成一体;机身下装 4 台萨马拉 NK—321 涡扇发动机。

美国凌·特姆科·沃特公司(N—G)A—7“海盗船”Ⅱ

攻击机

根据 F—8“战斗者”研制而成。首架 A—7A 于 1965 年 9 月 27 日试飞。1966 年开始在美国海军服役。1968 年进入美国空军服役。现全部退役。A—7A/B—C 系列装普拉特·惠特尼 TF30 发动机,A—7D—E/H/J 装艾利逊(罗尔斯·罗伊斯)发动机,TF74.1 安装了斯贝发动机。1982 年交付第 1,541 架飞机。1985 年完成最后一架再生产的 A—7P。

型号和用户

IA—7C 希腊、泰国

A—7E 希腊、泰国

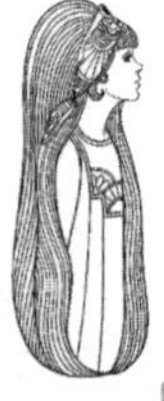

A—7I-I 希腊

TA—7H 希腊

数据

空勤组/舱位 A—7E/H＝飞行员

TA—7C/H＝学员和教员

最大速度 600 节(1,112 千米/小时)

活动半径 大约 700 海里(1,296 千米)

军事装备

内装炮 1 门 20 毫米 M61 机关炮

外挂点 8

最大武器负载 6,805 千克(15,000 磅)

代表性武器 AIM—9 空对空导弹;激光制导炸弹;MK.80—系列炸弹;无控航空火箭弹;外挂油箱

规格

机长　14.1 米(46 英尺 1 英寸)

翼展　11.8 米(38 英尺 9 英寸)

旋翼　4.9 米(16 英尺 0 英寸)

特征

中上后掠翼;1 台艾利逊 TF41 渐贝涡扇发动机;机头下部进气口。

中国/俄罗斯西安飞机工业公司 H—6(TU-16)"獾"

中型轰炸机

H—6 就是 Tu—16,1952 年 4 月 27 日(作为 Tu—88)试飞。中国获证生产,由中国人民解放军使用,80 年代后期停止生产。

改型和用户

中国(H—6,H—6Ⅲ),伊拉克(H—6Ⅲ)

数据

空勤组/舱位 2 名飞行员,1 名领航员/轰炸员,3 名炮手

最大速度 566 节(1,050 千米/小时)

航程 3,885 海里(7,200 千米)

军事装备

内装炮 7 门 23 毫米 AM—23 机关炮,内置炸弹舱加 2 个外挂点

最大武器负载 9,000 千克(19,800 磅)

代表性武器 KH—26"Kingfisher"空对面导弹;核武器;常规炸弹

规格

机长　34.8 米(114 英尺 2 英寸)

翼展　33.0 米(108 英尺 3 英寸)

旋翼　10.4 米(34 英尺 0 英寸)

特征

中后掠翼;尾翼边缘整流片;2 台米库林 RD—3M—500 涡喷发动机;翼根进气口;玻璃机首。

军用教练机

意大利马基飞机制造公司 MB—339

高级教练/轻型攻击机

样机 MB—339 于 1976 年 8 月 12 日试飞。MB—339CD/FD 系列飞机的特征是数字航空电子设备。订货(包括交付)共 219 架。

型号和用户

MB—339A 系列　加纳、意大利、马来西亚、尼日利亚、秘鲁、阿拉伯联合酋长国(迪拜)

MB—339C 系列　厄立特里亚.意大利

MB—339FD 委内瑞拉

MB—339PAM　意大利

数据

机组/舱位　学员和教员

最大速度 500 节(926 千米/小时)

活动半径 255 海里(472 千米)

军事装备

无内装炮

外挂点 6(包括翼梢油箱)

最大武器负载 1,814 千克(4,000 磅)

代表性武器 AIM—9“响尾蛇”空对空导弹;空对地导弹—65“小牛”;“马特”空对面导弹;常规炸弹;无控航空火箭弹;机炮和侦察装置吊舱;外挂油箱

规格

机长　11.2 米(36 英尺 10 英寸)

翼展　11.2 米(36 英尺 10 英寸)

旋翼　3.9 米(12 英尺 11 英寸)

识别特征

下直翼,增压座舱;1 台罗尔斯·罗伊斯(维珀)680 涡喷发动机;翼梢油箱。

意大利马基飞机制造公司(SIAI—马歇蒂公司)S.211

喷气教练机

1981年4月10日试飞,1984年开始交付。1997年,生产权转给了马基飞机制造公司。共制造60架。

型号和用户

S.211A 菲律宾,新加坡

数据

机黼位　学员和教员

最大速度400节(740千米/小时)

航程无数据

军事装备

无内装炮

外挂点4

最大武器负载660千克(1,455磅)

代表性武器常规炸弹;无控火箭弹;航炮吊舱;外挂油箱

规格

机长　9.5米(31英尺4英寸)

翼展　8.5米(27英尺9英寸)

旋翼　3.7米(12英尺3英寸)

识别特征

中后掠翼;两侧进气口;1台普拉特·惠特尼JT—15D—4C涡扇发动机;纵列座舱。

意大利马基飞机制造公司M—290TP(L—90)“雷迪奇”

多级教练/通讯机

L—90飞机在芬兰设计,首架样机1986年7月1日试飞。芬兰订货10架。1996年马基飞机制造公司接手此项目,将其代码改为M—290,共生产31架。

型号和用户

M—290 厄立特里亚、芬兰、墨西哥

数据

机组/舱位　学员和教员

最大速度224节(415千米/小时)

航程645海里(1,195千米)

军事装备

无内装炮

外挂点 6

最大武器负载 800 千克(1,764 磅)

代表性武器无控航空火箭弹;航炮吊舱;目标牵引成套部件;外挂油箱

规格

机长　8.5 米(28 英尺 0 英寸)

翼展　10.6 米(34 英尺 9 英寸)

旋翼　3.2 米(10 英尺 6 英寸)

识别特征

上反角下直翼;并列双座驾驶舱;1 台艾利逊 250—B17F 涡桨发动机。

罗马尼亚克拉约瓦飞机企业 IAR—99“鹰”

基础/高级喷气教练/轻型攻击机

样机于 1985 年 12 月 21 日试飞。1988 年生产了 20 架。“毒蛇”是 Avione 发动机,装备航空电子设备,驾驶舱升级。共生产 18 架。

型号和用户

IAR—99 罗马尼亚

数据

机组/舱位　IAR—99=学员和教员

最大速度 467 节(865 千米/小时)

航程 593 海里(1,100 千米)

军事装备

内装炮　可折装机腹 23 毫米 DsH—23 航空机炮

外挂点 4

最大武器负载 2,000 千克(4,408 磅)

代表性武器常规炸弹;无控航空火箭弹;航炮吊舱;外挂油箱

规格

机长　11.0 米(36 英尺 1 英寸)

翼展　9.8 米(32 英尺 4 英寸)

旋翼　3.9 米(12 英尺 9 英寸)

识别特征

下直翼;凸起式驾驶舱;1 台罗尔斯·罗伊斯(维珀)632 涡喷发动机;翼根进气口。

英国飞机公司(英国航宇公司)1 67 Strikemaster

初/高级喷气教练/轻型攻击机

这款飞机是根据波音145喷气;Provost T.5(现已撤回)衍生成而。首架strlkemaster于1967年10月26日试飞。共制造155架。

型号和用户

厄瓜多尔(MK.89),阿曼(MK.82),苏丹(MK.90)

数据

机组/舱位学员和教员

最大速度467节(865千米/小时)

航程593海里(1,100千米)

军事装备

内装炮2门7.62毫米FN机枪

外挂点8(包括翼梢油箱)

最大武器负载1,360千克(3,000磅)

代表性武器常规炸弹;无控航空火箭弹;

侦察装置:外桂油箱

规格

机长　11.0米(36英尺1英寸)

翼展　9.8米(32英尺4英寸)

旋翼　3.9米(12英尺9英寸)

识别特征

下直翼;并列双排座驾驶舱;1台罗尔斯-罗伊斯(维珀)535涡喷发动机;两侧进气。

英国航宇公司/波音T—45“苍鹰”

中/高级喷气教练机

舰载T—45“苍鹰”样机于1988年4月16日试飞。T—45A从1992年交付美国海军使用。T—45c(璃驾驶舱)从1997年开始在美国海军服役。预计生产187架。

型号和用户

美国海军

数据

机组/舱位学员和教员

最大速度575节(1,065千米/小时)

航程 345 海 E(638 千米)

军事装备

无内装炮

外挂点 3

最大武器负载无数据

代表性武器常规炸弹;无控航空火箭弹;外挂油箱

规格

机长　12.0 米(35 英尺 4 英寸)

翼展　9.4 米(30 英尺 10 英寸)

旋翼　4.3 米(14 英尺 0 英寸)

识别特征

低后掠翼;纵列驾驶舱;捕获钩;机首弹射器;1 台罗尔斯·罗伊斯,透博梅卡(阿杜尔)涡扇发动机。

美国比奇(雷神)T—34“教练”

初级教练/轻型强击机

首架比奇 45 型(大陆 0—470—13A 活塞发动机)于 1948 年 12 月 2 日试飞。首架 YT—34A 美国海军型于 1950 年 5 月试飞。美国空军购买了 450 架 T—34A;美国海军购买了 423 架 T—34BS,,1973 年 9 月 21 日首架 YT—34—C 涡轮一门特试飞。日本获准生产 50 架富士 T—35。

型号和用户

T—34A/B　阿根廷、哥伦比亚、多米尼加共和国、印度尼西亚、乌拉圭、委内瑞拉

VT—34A　委内瑞拉

T—34C　阿尔及利亚、阿根廷、厄瓜多尔、加蓬、印度尼西亚、摩洛哥、秘鲁、中国台湾、乌拉圭、美国

NT—3412　美国

富士 T—3　日本

数据

机组/舱位　学员和教员

最大速度 280 节(518 千米/小时)

航程 708 海里(1,311 千米)

军事装备(T—34C—1)

无内装炮

外挂点 4

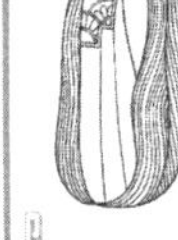

最大武器负载 544 千克(1,200 磅)
代表性武器 AGM—22 空对地导弹;演习炸弹;无控航空火箭弹;航炮吊舱
规格
机长 8.8 米(28 英尺 8 英寸)
翼展 10.2 米(33 英尺 4 英寸)
旋翼 2.9 米(9 英-K7 英寸)
识别特征
上反角下直翼;纵列驾驶舱;1 台普拉特·惠特尼 PT6A—25 涡桨发动机。

西班牙航空制造股份有限公司 C—101“航空喷气”

中/高级教练/攻击机

样机 C—101 于 1977 年 6 月 27 日试飞,88 架 C—101(E.25 Mi rlo)交付西班牙。智利的 ENAER 公司获证装配。1997 年停产。共制造 151 架。

型号和用户
C—101 BB 洪都拉斯,智利(T—36)
C—101CC 约旦、智利(A—36)
C—101EE 西班牙(T—36)
数据
机组/舱位 学员和教员
最大速度 450 节(834 千米/小时)
航程 260 海里(482 千米)
军事装备(A—36)
内装炮备存机腹炮组件箱(一门 20 毫米机关炮或 2 挺 7.62 毫米机枪)
外挂点 6
最大武器负载 2,250 千克(4,960 磅)
代表性武器 AIM—9 空对空导弹;A(3M—65)空对地导弹,炸弹;无控航空火箭弹;外挂油箱
规格
机长 12.5 米(41 英尺 0 英寸)
翼展 10.6 米(34 英尺 9 英寸)
旋翼 4.2 米(13 英尺 11 英寸)
识别特征
下直翼;两侧进气口;纵列驾驶舱;1 台联信 TFE731 涡扇发动机。

法国/德国达索/道尼尔“阿尔法”喷气机

高级教练/近距空中支援飞机

4 架样机中的首架于 1973 年 10 月 26 日试飞，同年进入法军（作为教练机）和德军（cAs 型现已撤回）服役。共生产 504 架“阿尔法喷气”机。1991 年停产。

型号和用户

比利时、喀麦隆、埃及、法国、象牙海岸、摩洛哥、尼日利亚、葡萄牙、卡塔尔、泰国、多哥、阿拉伯联合酋长国（阿布扎比）、英国

“阿尔法”喷气机

数据

机组/舱位　学员和教员

最大速度 560 节（1,038 千米/小时）

航程 315 海里（583 千米）

军事装备

内装炮机身下的吊舱内有一门 30 毫米 DEFA 或 27 毫米毛瑟机关炮

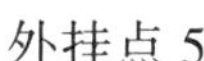

外挂点 5

最大武器负载 2,500 千克（5,510 磅）

代表性武器“魔术”AIM—9 空对空导弹；空对地导弹—65“小牛”；MK.81/82 炸弹；无控航空火箭弹；侦察装置和航炮吊舱；外挂油箱

规格

机长　11.8 米（38 英尺 6 英寸）

翼展　9.1 米（29 英尺 10 英寸）

旋翼　4.2 米（13 英尺 9 英寸）

识别特征

中上后掠翼；两侧进气口；纵向排列座舱；2 台斯奈克马/透博梅卡（阿杜尔）04—C6/20 涡扇发动机。

阿根廷 IA63/AT—63“潘帕”

中/高级喷气教练机

1A63“潘帕”样机于 1984 年 10 月 6 日试飞。1987 年起开始向阿根廷交付。2001 年，AT—63 轻型攻击机在巴黎航展上推出。共制造 18 架 LA 63。有 20 架 AT—63 订货。

型号和用户

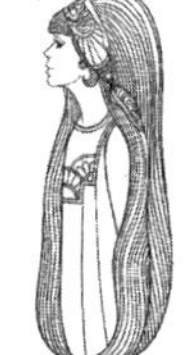

IA63 阿根廷

数据

机黼位　学员和教员

最大速度 445 节(825 千米/小时)

航程 1,090 海里(2,018 千米)

军事装备

无内装炮

外挂点 7

最大武器负载 2,290 千克(5,047 磅)

代表性武器空对地导弹;空对空导弹;炸弹;无控航空火箭弹;航炮吊舱;外挂油箱

规格

机长　10.9 米(35 英尺 9 英寸)

翼展　9.7 米(3 英尺 9 英寸)

旋翼　4.3 米(14 英尺 1 英寸)

识别特征

中上直翼;纵向排列座舱;1 台联信 TFE731—2—2N 涡扇发动机;两侧进气口。

法国富加(法国宇航公司)CM—170“教师”

中/高级喷气教练机

样机 CM—170—01“教师”于 1952 年 7 月 23 日试飞。1965 年交付。芬兰、德国和以色列获证生产。各种机型共制造 921 架。

型号和用户

cM—170—01 比利时、喀麦隆、以色列、黎巴嫩、摩洛哥、萨尔瓦多、塞内加尔

数据

机组,舱位学员和教员

最大速度 350 节(650 千米/小时)

航程 675 海里(1,250 千米)

军事装备

内装炮 2 挺 7.62 毫米机枪

外挂点 4(包括翼梢油箱)

最大武器负载 100 千克(220 崂)

代表性武器 AS—11 空对地导弹;110 磅炸弹;无控航空火箭弹;航炮吊舱

规格

机长　10.0 米(33 英尺 0 英寸)

翼展　11.4 米(37 英尺 5 英寸)

旋翼　2.8 米(9 英尺 2 英寸)

识别特征

无垂直尾翼;蝴蝶式尾翼;中直机翼,翼尖油箱;纵向排列座舱;1 台透博梅卡(玛波尔)Ⅱ/Ⅲ/Ⅳ涡喷发动机。

日本川崎重 21 2 业公司 T—4

中型喷气教练机

首架 XT—4 于 1985 年 7 月 29 日试飞。1988 年交付:用于装备日本航空自卫队“蓝色脉冲”特技飞行队,外形类似“阿尔发”喷气飞机。共制造 212 架。

型号和用户

T—4　日本

数据

机组/舱位　学员和教员

最大速度 560 节(1,038 千米/小时)

航程 900 海里(1,668 千米)

军事装备

无内装炮

外挂点 3

最大武器负载无数据

代表性武器发动机状况监视装置;外挂油箱

规格

机长　13.0 米(42 英尺 8 英寸)

翼展　9.9 米(32 英尺 7 英寸)

旋翼　4.6 米(15 英尺 1 英寸)

识别特征

高垂直尾翼;中上部后掠翼;纵向排列座舱;2 台石川岛播磨 F3—1141—30 涡扇发动机;两侧进气口。

韩国大宇重工业公司 KT—1 Woong—Bee

中/高级教练/攻击机

KTX—1 样机于 1991 年 12 月 12 日试飞。KT—1 于 1999 年订货生产(订货 85 架),包括为印度尼西亚生产的 7 架 FAC 型。KOX—l 型飞机正在研制需求 20 架。

型号和用户

KT—1 韩国、印度尼西亚

数据

机组/舱位　学员和教员

最大速度 350 节(648 千米/小时)

航程 900 海里(1,668 千米)

军事装备

无内装炮

外挂点 4

最大武器负载无数据

代表性武器无控航空火箭弹;航炮吊舱;外挂油箱

规格

机长　10.3 米(33 英尺 8 英寸)

翼展　10.6 米(34 英尺 9 英寸)

旋翼　3.7 米(12 英尺 0 英寸)

识别特征

下直翼;纵向排列座舱;1 台普拉特·惠特尼 PT6A—62A 涡桨发动机。

中国南昌航空工业集团 K—8

中级喷气教练/轻型攻击机

最初与巴基斯坦合作研制。首架 K—8 于 1990 年 11 月 21 日试飞。1994 年起向巴基斯坦交付了 6 架预生产型 K—8。中国使用的是重新安装了俄罗斯 A1—25 发动机的 K—8J。大约交付 30 架。

型号和用户

K—8　中国、巴基斯坦、斯里兰卡

K—8J　中国

数据

机组/舱位　学员和教员

最大速度 512 节(950 千米/小时)

航程(内装燃油)842 海里(1,560 千米)

军事装备

内装炮　中线航炮吊舱内有 1 门 23 毫米机关炮

外挂点 4

最大武器负载 943 千克(2,080 磅)

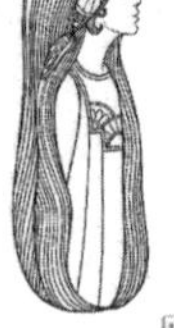

代表性武器 PL—7 空对空导弹;炸弹;无控航空火箭弹;外挂油箱

规格

机长　11.6 米(38 英尺 1 英寸)

翼展　9.6 米(34 英尺 7 英寸)

旋翼　4.2 米(13 英尺 10 英寸)

识别特征

下梯度形翼;纵向排列驾驶舱;1 台联信 IFE731 或进步 A1—25 涡扇发动机;双侧进气口。

美国诺斯罗普(N—G)T—38“禽爪”

超音速喷气教练机

私人投资 T—38“禽爪”样机于 1959 年 4 月 10 试飞。1961 年进入美国空军服役,后发展为 F 一 5 系列战斗机。T 一 38C 型飞机于 1996 年由麦克唐纳·道格拉斯(波音)升级并预订,1972 年交付该型机第 1,187 架。

型号和用户

T—38A　德国、土耳其 T—38　韩国

T—38A/B/C.AT—38B　美国

数据

机型组/舱位学员和教员

最大速度马赫=1.23+航程(内装燃油)955 海里(1,700 千米)

军事装备

无内装炮

外挂点　1(仅 AT—38B)

最大武器负载无数据

代表性武器无数据

规格

机长　14.1 米(46 英尺 4 英寸)

翼展　7.7 米(25 英尺 3 英寸)

旋翼　3.9 米(12 英尺 10 英寸)

巴基斯坦/瑞典 PAC Mushak(萨伯 MFl—17“援助者”)

轻型教练/观察飞机

MFl—17 型飞机于 1973 年 4 月 9 日试飞。巴基斯坦获证生产。后升级为 Shabaz 和

超 Musha kAglie,截至 2000 年共生产 295 多架。

型号和用户

Mushak 巴基斯坦

MFI—17 丹麦、挪威、乌干达、赞比亚

数据

机组/舱位学员和教员(加另外一人)

最大速度 196 节(363 千米/小时)

航程(内装燃油)无数据

军事装备

无内装炮

外挂点无数据

最大武器负载无数据

代表性武器无数据

规格

机长　7.0 米(22 英尺 11 英寸)

翼展　8.8 米(29 英尺 0 英寸)

旋翼　2.6 米(8 英尺 6 英寸)

识别特征

上水平尾翼;中上略向前掠翼;固定前三点起落架;1 台达信·莱康明 10—360 活塞发动机。

波兰梅莱茨飞机有限公司 M—93/M—96“铱”

中/高级喷气教练机

I—22 样机(后重新设计为 M—93),1985 年 3 月 3 日试飞。进一步发展为 M—96 型,但随后停止研制。共生产 19 架 I—22/M—93,6 架 M—96 未生产完的飞机被库存。

型号和用户

M—93/M—96 波兰

数据

机组/舱位学员和教员

最大速度马赫=0.8

航程(内装燃油)647 海里(1,200 千米)

军事装备

内装炮机腹组件箱内装 1 门 GSZ 一 23I。双管机关炮

外挂点 4

最大武器负载 1,800 千克(3,968 磅)

代表性武器　R—60"Aphid"空对空导弹;炸弹;无控航空火箭弹;航炮吊舱;外挂油箱

规格

机长　13.2 米(43 英尺 4 英寸)

翼展　9.6 米(31 英尺 6 英寸)

旋翼　(M—93K)4.3 米(14 英尺 1 英寸),(M—96)4.8 米(15 英尺 9 英寸)

识别特征

肩后掠翼;小前缘翼根大后掠边条翼;纵向排列驾驶舱;2 台 K—15 涡喷发动机。

波兰华沙国营飞机厂 PZL—1 30TC—1"小斑鹰"

中/高级教练机

由活塞发动机 PZL—130 衍生而成的涡桨样机采用了 PT6A 发动机,1986 年 7 月 18 日试飞。PZL—130TB 装 M601 涡桨发动机,1991 年 9 月 17 日试飞,制造了 9 架。8 架 TBS 升级为 PZL—130TC—1,后又制造了 15 架这种飞机。PZ/—130TC—2 装备了 PT6A—25 涡桨和先进的航空电子设备。

型号和用户

PZL—1 30TC—1 波兰

数据

机组/舱位　学员和教员

最大速度 200 节(371 千米/小时)

航程(内装燃油)761 海里(1,410 千米)

军事装备

无内装炮

外挂点 6

最大武器负载 800 千克(1,764 磅)

代表性武器炸弹;无控航空火箭弹;航炮吊舱

规格

机长　813 米(27 英尺 2 英寸)

翼展　8.6 米(28 英尺 2 英寸)

旋翼　3.0 米(9 英尺 8 英寸)

识别特征

下梯度形翼;纵向排列驾驶舱;1 台瓦尔特 M601T 涡桨发动机。

俄罗斯米格和莫斯科飞机联合生产企业(MIG—AT)

高级喷气教练机

两个设计中的一个被选为最终评估机型,作为 L—29/L—39 的继型机在俄罗斯服役。样机 1996 年 3 月 21 日试飞,预计有几种装备俄罗斯或法国发动机和航空电子设备的改装型飞机,至今仍无商家订货,但有 3 架发展型飞机已试飞。俄罗斯需求 200 到 250 架,最初只预订了 12 架到 16 架。

型号和用户

MIG—AT 俄罗斯

数据

机组/舱位学员和教员

最大速度 540 节(1,000 千米/小时)

航程 647 海里(1,200 千米)

军事装备

无内装炮

外挂点 7

最大武器负载 2,000 千克(4,410 磅)

代表性武器　空对空导弹;空对地导弹;炸弹;无控航空火箭弹;航炮吊舱;外挂油箱

规格

机长　12.0 米(39 英尺 5 英寸)

翼展　10.2 米(33 英尺 4 英寸)

旋翼　4.4 米(14 英尺 6 英寸)

识别特征

下梯度形翼;翼根发动机吊舱;2 台透博梅卡/斯奈克马(拉扎克)04—R20 涡扇发动机;纵向排列驾驶舱:

美国洛克威尔(波音)T—2"橡树"

喷气教练机

T2J—1"橡树"样机于 1958 年 1 月 3 日试飞。早期的 T—2A/B 型从美国海军撤回,但仍保留着 T—2C 型,等待着 T 一 45 型来取代。最新式的第 550 架"橡树"于 1976 年交付。

型号和用户

希腊(T—2C/E),美国海军(T—2C),委内瑞拉(T—2D)

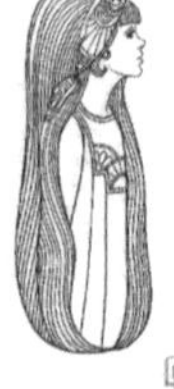

数据

机组/舱位　学员和教员

最大速度 460 节(882 千米/小时)

航程 930 海里(1,722 千米)

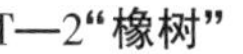

T—2"橡树"

军事装备

无内装炮

外挂点 6(包括翼梢油箱)

最大武器负载　1,588 千克(3,500 磅)

代表性武器空对地导弹;炸弹;无控航空火箭弹;航炮吊舱;外挂油箱

规格

机长　11.7 米(38 英尺 3 英寸)

翼展　11.6 米(38 英尺 1 英寸)

旋翼　4.5 米(14 英尺 9 英寸)

识别特征

中梯度形翼;翼尖油箱;纵向排列驾驶舱;2 台通用 J85 涡喷发动机;机首下进气口。

英国斯灵比飞机有限公司 T67"萤火虫"

中级教练机

目前的这款 T67—系列是原木制的 T67A(自身获证制造的富尼埃 RF6B 型,1980 年首次试飞 1 的复合型飞机。首架 T67M 军用 1982 年 12 月 5 日问世,有各种发动机型。该机在英国用于军事训练飞行,但文职人员亦可使用。到 1999 年共生产出 265 架。2001 年,约旦预订了 16 架 T67M—260。

型号和用户

T67 加拿大、中国

T67M—160 英国

T67M—200 伯利兹、英国

T67M—260 英国、约旦

T—3A 皇家空军(但现已退出)

数据

机组/舱位学员和教员

最大速度 195 节(361 千米/小时)

航程 407 海里(753 千米)

军事装备

无内装炮

外挂点无数据

最大武器负载无数据

代表性武器无数据

规格

机长　7.6 米(24 英尺 10 英寸)

翼展　10.6 米(34 英尺 9 英寸)

旋翼　2.4 米(8 英尺 9 英寸)

识别特征

下翼;并列双座驾驶舱;1 台达信·莱康明 AEIO—540—D4A4 活塞发动机;固定前三点起落架。

法国索卡塔(法国宇航公司)TB 30"埃普西隆"

中级教练机

TB 30"埃普西隆"样机于 1979 年 12 月 22 日试飞,作为最初试用的结果,该设计是令人满意的。1984 年进入法军服役。共制造 174 架。

型号和用户

TB30　法国、葡萄牙、多哥

数据

机组/舱位　学员和教员

最大速度 281 节(530 千米/小时)

航程无数据

军事装备

无内装炮

外挂点 4

最大武器负载 300 千克(661 磅)

代表性武器无控航空火箭弹;航炮吊舱;演习炸弹挂架

规格

机长　7.6 米(24 英尺 10 英寸)

翼展　7.9 米(26 英尺 0 英寸)

旋翼　2.7 米(8 英尺 9 英寸)

识别特征

下翼;纵向排列驾驶舱;1 台达信·莱康明 AEID—540—L185D 活塞发动机。

战斗支援飞机

法国宇航公司(北运河)262/“军舰马”

轻型运输机

北运河262样机装备了贝斯坦VIC涡桨发动机,1962年12月24日试飞。1965年进人民航运营,后改装了贝斯坦VU涡桨发动机,遂便命名为“军舰马”。1977年第110架飞机交付。

型号和用户

N262 布基纳法索、法国、加蓬

数据

有效载荷/舱位 2~3. g 机组人员外加26名乘客(班机)或29名战- ~/18. g 伞兵(军用型),另有特别功能(空中救护,海上训练型)

最大速度 225节(418千米/小时)

航程 1,295千米(2,400千米)

规格

机长　22. 6米(74英尺2英寸)

翼展　19—3米(63英尺3英寸)

旋翼　6. 2米(20英尺4英寸)

特征

肩翼;2台透博梅卡(贝斯坦)VIC/VII涡扇发动机;机身起落架整流罩。

空中客车工业公司 A310 MRTT

空中加油/运输机

欧洲空中客车公司研发,作为空中加油机,其原型机预计2003年9月在德国投入飞行。加拿大2001年底预订了2架相似型号的CC一150Polaxis M RTs。

型号和用户

A310MRT/MR TT　加拿大/德国

数据

有效载荷/舱位　3 至 4 名机组人员外加 214 名乘客或 36,000 千克货物

可携燃油 28,000 千克(61,729 磅)

最大速度马赫=0.8

航程 4,800 海里(8,889 千米)

规格

机长　47.4 米(155 英尺 5 英寸)

翼展　43.9 米(144 英尺 0 英寸)

旋翼　15.8 米(51 英尺 10 英寸)

特征

下后掠翼;2 台通用 cF6 涡扇发动机;翼下空中加油吊舱和/或尾装空中加油伸缩套管。

航空技术工业公司 CN—235M

运输/海上巡逻机

由印度尼西亚的飞机工业有限公司和西班牙的航空制造有限公司合资研制,样机 CN—235 于 1983 年 11 月 11 日试飞,1991 年两国同时投入使用。还研发了 MPA 型飞机。共制造约 249 架军用机和 45 架民用机。

型号和用户

CN—235—10　西班牙

CN—235M　博茨瓦纳,文莱,哥伦比亚,克罗地亚,厄瓜多尔,加蓬,约旦,马其顿,沙特阿拉伯,土耳其,阿拉伯联合酋长国(阿布扎比),美国

CN—235M—100　智利,法国,印度尼西亚,摩洛哥,阿曼,巴布亚新几内亚,南非,韩国,西班牙

CN—235M—200　马来西亚,泰国

CN—235M—220　韩国

CN—235MP　爱尔兰

CN—235MPA　文莱.印度尼西亚

数据

有效载荷/舱位 2 名机组人员和 1 名装卸长,外加 46 名伞兵或 6,000 千克(13,227 磅)货物

传感器(海上巡逻机)搜索雷达,前视红外探测回转装置,电子监视监控/防御型航空电子系统

军事装备(M—系列)

6个翼下外挂点用来安装空对面导弹或深水炸弹

最大速度240节(445千米/小时)

航程2,400海里(4,445千米)

规格

机长　21.4米(70英尺2英寸)

翼展　25.9米(64英尺8英寸)

旋翼　8.2米(26英尺10英寸)

特征

高垂直尾翼;肩梯度形翼;2台通用CT7—9C涡桨发动机;机身起落架整流罩。

洛克希德·马丁C—27J“斯巴达人”

战术运输机

由阿莱尼亚宇航公司和洛克希德·马丁公司合资研发,采用了G222型引擎和C—130J型的航空电子设备及系统。样机C—27J(G222改型)1999年9月24日试飞。意大利1999年预订了12架。预计在今后20年内将出售500架。

C—27J“斯巴达人”

型号和用户

C—27J 意大利,希腊(订货)

数据

有效载荷/舱位 2名机组人员和1名装卸长,外加53名军人,40名伞兵或10,000千克(22,046磅)货物

最大速度325节(602千米/小时)

航程1,350海里(2,500千米)

规格

机长　22.7米(74英尺5英寸)

翼展　28.7米(94英尺2英寸)

旋翼　9.8米(32英尺2英寸)

特征

高尾部,肩梯度形翼;2台罗尔斯·罗伊斯AE 2100 D2涡桨发动机;机身起落架整流罩。

乌克兰安东诺夫设计局 An—12(Y—8)“幼狐”

战术运输机

由 An—10 客机衍生而成。An—12 装备了 NK—4 涡桨发动机,1958 年试飞。后改装了 Aj—20A/N 涡桨发动机。1959 年开始投入使用。到 1973 年约生产了 900 架,包括 EW 型。出口量大。中国获证生产,名为 Y—8。

型号和用户

An—12 阿富汗,阿尔及利亚,安哥拉,阿塞拜疆,伊拉克,哈萨克斯坦,俄罗斯,乌克兰,乌兹别克斯坦,也门

Y—8　中国,缅甸,斯里兰卡,苏丹

数据

有效载荷/舱位　5 名机组人员和 1 名后炮手,外加 90 名军人,60 名伞兵或 20,000 千克(44,090 磅)货物

最大速度 419 节(777 千米/小时)

航程 1,942 海里(3,600 公里)

规格

机长　33.1 米(108 英尺 7 英寸)

翼展　38.0 米(124 英尺 8 英寸)

旋翼　12.2 米(40 英尺 0 英寸)

军事装备

尾翼回转装置内装 2 门 23 毫米 NK—23 机关炮

识别特征

高尾部,肩梯度形翼;外翼段下反角;4 台叶夫琴科 A1—20 涡桨发动机;机身起落架整流罩。

乌克兰安东诺夫设计局 An—22 安托斯“雄鸡”

战略运输机

1965 年 2 月 27 日试飞。1971 年至 1974 年生产。约生产了 66 架。

型号和用户

An—22 俄罗斯

数据

有效载荷/舱位 5 或 6 名机组人员,外加 29 名乘客和 80,000 千克(176,350 磅)货物

最大速度 399 节(740 千米/小时)

航程 5,905 海里(10,950 千米)

规格

机长　57.9 米(190 英尺 0 英寸)

翼展　64.4 米(211 英尺 4 英寸)

旋翼　12.5 米(41 英尺 1 英寸)

识别特征

高尾部,双垂直尾翼;肩梯度形翼;外机翼段下反角;4 台库兹涅佐夫 NK—12MA 涡桨发动机;机身起落架整流罩。

乌克兰 An—24"焦炭",An—26"卷毛",An—32"斜坡"

战术运输机/货运机/勘测机

样机 An—24 1959 年 12 月 20 日试飞,1963 年投入使用。载至 1979 年底约生产了 1,200 架。60 年代中期在中国继续生产(运—7)。中国产 An—26 货运机(运—7H—500 中国产)于 1969 年首次亮相。An—32 为 An—26 的衍生型,1976 年 7 月 9 日试飞到 1997 年共产 346 架。

型号和用户

An—24　阿富汗。安哥拉,阿塞拜疆,白俄罗斯,保加利亚,柬埔寨,刚果,古巴,捷克共和国,几内亚比绍,几内亚共和国,哈萨克斯坦,老挝,马里,蒙古,朝鲜,罗马尼亚,俄罗斯,斯洛伐克共和国,叙利亚,乌克兰,乌兹别克斯坦,也门

An—26　阿富汗,安哥拉,白俄罗斯,保加利亚,佛得角,乍得,中国,古巴,捷克共和国,埃塞俄比亚,匈牙利,伊拉克,哈萨克斯坦,利比亚,立陶宛,马达加斯加,马里,蒙古,莫桑比克,尼加拉瓜,尼日尔,朝鲜,波兰,罗马尼亚,俄罗斯,斯洛伐克共和国,叙利亚,乌克兰,乌兹别克斯坦,越南,也门,南斯拉夫,赞比亚

An—32　阿富汗,安哥拉,亚美尼亚,孟加拉国,克罗地亚,古巴,厄瓜多尔,几内亚。埃塞俄比亚,印度,墨西哥,秘鲁,俄罗斯,斯里兰卡,乌克

数据

有效载荷/舱位 5 至 6 名机组人员,外加(An—24)36 至 44 名乘客或(An—26)4,500 千克(9,920 磅)货物;(An—32)3 至 4 名机组人员,外加 50 名乘客,42 名伞兵或 7,500 千克(16,525 磅)货物

An—24 最大速度　243 节(450 千米/小时)

航程 296 海里(550 公里)

An—32 最大速度　286 节(530 千米/小时)

航程 971 海里(1,800Q 千米)

规格

An—24 机长 23.5 米(77 英尺 2 英寸)
翼展 29.2 米(95 英尺 9 英寸)
旋翼 8.3 米(27 英尺 3 英寸)
An—32 机长 23.7 米(77 英尺 8 英寸)
翼展 29.2 米(95 英尺 9 英寸)
旋翼 8.7 米(28 英尺 8 英寸)

特征

上反角水平尾翼;肩梯度形翼;(An—24/—26)2 台进步/叶夫琴科 AI—24A 或(An—32)2 台 AI—20D5 涡桨发动机。

英国航宇公司“猎迷”M R.2/M RA.4

海上巡逻和海空作战飞机

由“彗星”4C 衍生而成,HS.801“猎迷”样机于 1967 年 5 月 23 日试飞。1969 年进人皇家空军服役。49 架“猎迷”中有 46 架 MR.1 和 3 架 R.1 电子侦察机。35 架改成 MR.2 标准型,其中还有一架已改回 R.1 标准型(取代已坠毁的飞机)。现有 18 架 MR.2 型飞机正重新改进为 MRA.4 型。

型号和用户

猎迷 R.1 英国
猎迷 MR.2P 英国
猎迷:MRA.4 英国

数据

有效载荷/舱位 3 名机组人员和 9 名军事专家

承力点每个翼下有一枚“鱼叉”空对面导弹或 AIM—9 空对空导弹(MRA.4 型每个翼下有 2 枚);机身声纳发射器;低机身炸弹舱放地雷.深水炸弹或“鱼工”鱼雷。最大有效载荷是 6,120 千克(13,500 磅)

最大速度 500 节(926 千米/小时)
转场航程 5,000 海里(9,265 千米)

规格

机长 39.4 米(129 英尺 1 英寸)
翼展 35.0 米(114 英尺 10 英寸)
旋翼 9.1 米(29 英尺 8 英寸)

识别特征

垂直尾翼顶端装电子监视监控舱;中后掠翼;翼尖电子监视监控吊舱;翼根装 4 台罗尔斯·罗伊斯(斯贝)MK.207(MR.2)或罗尔斯—罗伊斯(宝马)BR710(MRA 4)涡扇发动

机；尾梁装（反潜）磁性探测器。

俄罗斯别里也夫设计局 Be—12 Chaika“铠甲”

空海作战/海上巡逻两栖飞机

由 Be—6 两栖飞机衍生而成。样机 Be—12 于 1960 年试飞，1964 年开始生产。截至 1973 年，共制造了 140 架。

型号和用户

Be—12 俄罗斯，乌克兰

数据

有效载荷/舱位 5 名机组人员，外加军事专家，座舱服务设施根据任务需求而设

最大速度 297 节（550 千米/小时）

航程 4，050 海里（7，500 千米）

规格

机长　30.2 米（99 英尺 0 英寸）

翼展　29.8 米（g7 英尺 9 英寸）

旋翼　7.0 米（22 英尺 11 英寸）

军事装备

无内装炮

外挂点 4，外加内装武器舱

最大武器负载无数据

代表性武器鱼雷，深水炸弹，地雷

识别特征

双尾翼；肩上后掠翼；倒海鸥式内机翼；机翼浮筒；2 台叶夫琴科 AI—20D 涡桨发动机；尾翼机载（反潜）磁性探测器尾梁。

俄罗斯别里也夫设计局 A—40（Be—42）“信天翁”“美人鱼”

多功能两栖飞机

最早的 2 架 A—40 于 1986 年 12 月 8 日试飞。计划中的民用 Be—40 和军用 Be—42 搜索与救援型飞机由于资金短缺而研发中止。

型号和用户

A—40 俄罗斯

数据

有效载荷/舱位 8 名机组人员，包括军事专家，

最大有效载荷 5,000 千克(11,023 磅)
最大速度 350 节(650 千米/小时)
航程 2,212 海里(4,100 千米)

规格

机长　43.8 米(143 英尺 10 英寸)
翼展　41.6 米(136 英尺 6 英寸)
旋翼　11.1 米(36 英尺 4 英寸)

识别特征

T 形尾翼;肩后掠翼;翼尖浮筒;后机身上方装 2 台索洛维耶夫 D—30KPV 涡扇发动机;机首空中加油伸缩杆。

俄罗斯别里也夫设计局(伊留申)A—50“大支柱”

空中预警机

这型空中预警飞机是由Ⅱ—76(另见)研发而成的,样机 A—50 于 1978 年 12 月 19 日试飞。机身上方的旋转无线罩内装有 IJaria 或 Vega—MshmeU—11 空中预警雷达。约生产了 28 架。

型号和用户

A—50　中国。俄罗斯

数据

有效载荷/舱位 5 名机组人员和 10 名系统操作员
最大速度 425 节(785 千米/小时)
航程 2,753 海里(5,100 千米)

规格

机长　46.6 米(152 英尺 10 英寸)
翼展　50.5 米(165 英尺 8 英寸)
旋翼　14.8 米(48 英尺 5 英寸)

识别特征

T 形尾翼;中上后掠翼;4 台索洛维耶夫 D—30KP—2 涡扇发动机;飞碟形雷达装在后机身上方;机身起落架整流罩。

美国波音(麦克唐纳·道格拉斯)C—17“环球霸王”Ⅲ

战略运输机

80 代初期作为 C—X 型而研发。1991 年 9 月 15 日首架 C—17A 试飞。1993 年首次向美国空军交付。美国空军拥有订货120架中的100架。另外有4架属波音公司的飞机租给了英国皇家空军。

型号和用户

C—17A 英国、美国

数据

有效载荷/舱位 2名机组人员和1名装卸长,外加154名乘客、102名伞兵或最大有效载荷76,655千克(169,000磅))的货物

最大速度 马赫=0.77

航程 2,400海里(8,704千米)

规格

机长 53.0米(174英尺0英寸)

翼展 51.7米(169英尺9英寸)

旋翼 16.8米(55英尺1英寸)

识别特征

T形尾翼;中上后掠翼;翼梢小翼;4台翼装普拉特·惠特尼;F117—PW—100(Pw 2040)涡扇发动机;机身起落架机侧突座。

美国波音E—3"望楼"空中警戒和控制系统

空中预警机

以波音707—320B客机机体为基础,在后机身上装AN/APY—1飞碟形天线罩。首架样机被称为EC—137D,1972年2月5日试飞。首架E—3A"望楼"1975年试飞,1977年进入美国空军服役。英国,法国和沙特的E—3系列装备TCFM 56涡轮发动机。1992年停产。共生产68架。

型号和用户

E—3A 北约.沙特阿拉伯

E—3B/C 美国空军

E—3D 英国

E—3F 法国

数据

有效载荷/舱位 4名机组人员,外加13名军事专家

最大速度460节(853千米/小时)

最大续航时间11小时多

规格

机长 46.6米(152英尺11英寸)

翼展　44.4 米(145 英尺 9 英寸)

旋翼　12.7 米(41 英尺 9 英寸)

识别特征

下后掠翼;后机身上方天线罩;4 台普拉特·惠特尼 TF33—PW—100 或 CFMI 国际 F108(CFM56)涡扇发动机,每个翼下各有 2 台。

美国波音 E—6A“水银”“塔卡莫”Ⅱ

通讯中转机

该机以 E—3“卫兵”的机体为基础,装备了机载低频通信中转系统。首架样机 E—6 于 1987 年 6 月 1 日试飞。该机取代了美国海军中从 1989 年起使用的 EC—130Q“大力神”TACAM0 飞机。共生产了 16 架。

型号和用户

E—6A 美国海军

数据

有效载荷/舱位 4 名机组人员,外加 8 名军事专家

最大速度 530 节(981 千米/小时)

最大续航时间 15 个小时(多)

规格

机长　46.6 米(152 英尺 11 英寸)

翼展　45.2 米(148 英尺 2 英寸)

旋翼　12.9 米(42 英尺 5 英寸)

识别特征

下后掠翼;后机身上方有天线罩;4 台 CFM 国际 F108—CF—100(CFM56—2A—2)涡扇发动机;每个翼下各有 2 台。

美国波音 E—767/KC—767 加油飞机

机载预警控制系统及加油机

在波音 767—200ER 的机体上安装了 AN/APY—2 雷达。样机 E—767(供日本用)1994 年 10 月 10 日试飞。4 架 E—767 型飞机在使用中。日本计划买 1 架飞机或更多。有可能代理 KC—767 空中加油飞机改型。意大利已选中 KC 一 767 型飞机,而美国空军希望出租 100 架 KC—767。英国正考虑在未来战略空中加油机计划中选用该机。

型号和用户

E—767　日本

KC—767　意大利,日本,美国(未使用)

数据

有效载荷/舱位(机载预警和控制系统)2名飞行人员,外加最多19名军事专家

最大速度434节多(805千米/小时)

航程5,000海里(9,260千米)

规格

机长　48.5米(159英尺2英寸)

翼展　47.6米(156英尺1英寸)

旋翼　15.8米(52英尺0英寸)

KC—767加油飞机

识别特征

下后掠翼;后机身上方装飞碟形天线罩;双通用CF6—80C 286FA涡扇发动机。

美国波音KC—135“同温层油船”

AAR空中加油机

根据波音367—80型—707型客机(美国空军使用的叫C—137,美国海军使用的叫C—18)改进而成。该机采用了较大直径机身,1954年7月15日试飞。KC—135“同温层油船”装有飞行尾梁加油系统。波音和IAl已出售几架由707改型的空中加油机。KC一135从1957年起在美国空军服役。美国购买了732架“同温层油船”(如今主要是KC—135R型飞机)。法国买了12架C—135F空中加油机。

型号和用户

C—135F/FR法国

KC—135E美国空军

KC—135R法国,新加坡,土耳其,美国空军

KC—137巴西。委内瑞拉

KC—707以色列

KE—3A沙特阿拉伯

707空中加油机澳大利亚,智利,哥伦比亚,伊朗,意大利,秘鲁,南非,西班牙

数据

有效载荷/舱位4名机组人员。外加1名空中加油操作手

最大速度530节(982千米/小时)

航程2,997海里(5,552千米)

规格

机长　41.5米(136英尺3英寸)

翼展　39.9 米(130 英尺 10 英寸)

旋翼　12.3 米(40 英尺 7 英寸)

识别特征

下后掠翼;后机身下安装了飞行尾梁(有些飞机有翼下加油吊舱);4 台 CFM 国际 F108(CFM56)或普拉特·惠特尼 TF33(JT3D)涡扇发动机。

美国波音 C—135 系列

特殊使命飞机

在购买 KC—135 型飞机的同时,美国空军购买了 88 架非空中加油 C—135 型飞机,这些飞机适合执行各种特殊使命,包括空中指挥,电子侦察,无线电中转,航程监控,SIGINT 试验,气象侦察和运送重要人物等。主要改型(虽然仅小批量生产)细节下列。

型号与用户

C—135B/C/E,EC—135E/K/N,RC—135S 眼镜蛇球,RC—135U Combat Sent,RC—135V Rivet Joint,TC—135W,WC 一 135C/W,各种机型都在美国服役

数据

有效载荷/舱位 4 名机组人员,外加各种军事专家

EC—135K

最大速度 530 节(982 千米/小时)

航程 2,997 海里(5,5524 千米)

RC-135V

最大速度 535 节(991 千米/小时)

航程 4,913 海里(9,100 千米)

规格

EC—135K

机长　41.5 米(136 英尺 3 英寸)

翼展　39.9 米(130 英尺 10 英寸)

旋翼　12.3 米(40 英尺 7 英寸)

RC—135V

机长　49.9 米(163 英尺 9 英寸)

翼展　44.4 米(145 英尺 8 英寸)

旋翼　12.9 米(42 英尺 4 英寸)

识别特符

下后掠翼;机首和机身上有各种非标准旋转雷达罩/天线;4 台普拉特·惠特尼 J57 涡喷发动机或普拉特·惠特尼 TF33(JTI3D)或 CFM 国际 F108(CFM56)涡扇发动机;每

个翼下有2台。

西班牙航空制造股份有限公司(EADS)C—295M

多用途运输机

由CN—235M型衍生而成。C—295M于1997年11月28日试飞。同C—212和CN—235M一样,能适应各种功能,包括战斗运输、空降、货运和海上巡逻。西班牙1999年预订了9架。预测有300架的市场需求。

型号和用户

C—295M 西班牙

数据

有效载荷/舱位 2名机组人员,外加最多78名乘客,48名伞兵或7,500千克(16,535磅)货物

最大速度 260节(481千米/小时)

航程 728海里(1,348千米)

规格

机长 24.4米(80英尺2英寸)

翼展 25.8米(84英尺8英寸)

旋翼 8.6米(28英尺2英寸)

识别特征

中上梯度形翼;机身起落架整流片;2台普拉特·惠特尼PW127G涡桨发动机。

法国达索(布雷盖)“大西洋”1&2

空海作战/海上巡逻机

布雷盖BR 1150型飞机于1961年10月21日试飞。1965年法—德“大西洋”1号进入法国海军服役。德国、意大利和巴基斯坦的该型机随后升级。1974年“大西洋”1号(生产了87架)停产。法国把28架“大西洋”1号飞机改进为“大西洋”2号。大西洋2号于1990年进入使用阶段。

型号和用户

大西洋1 德国,意大利,巴基斯坦

大西洋2 法国

数据

有效载荷/舱位 2名机组人员。外加10名军事人员

最大速度 300节(556千米/小时)

航程 4,200 海里(7,778 千米)

武器炸弹舱装深水炸弹或自导鱼雷,外加翼下火箭和空对地导弹外桂点

规格

机长　31.8 米(104 英尺 2 英寸)

翼展　36.3 米(119 英尺 1 英寸)

旋翼　11.3 米(37 英尺 2 英寸)

识别特征

直中翼,垂直尾翼顶上有发动机状况监视装置;尾部有机载(反潜)磁性探测器;2 台斯奈克玛—罗尔斯—罗伊斯(泰)RTy.20. MK.21 涡桨发动机。

加拿大德·哈维兰德飞机公司 DHC—4A"驯鹿"

短距起降运输机

样机 DHC—4 于 1958 年 7 月 20 日试飞。"驯鹿"在加拿大和美军(后在美国空军)服役。军用和民用型都曾出口。样机已由 PenTurbo 飞机制造业试验,涡轮"驯鹿"型装备普拉特·惠特尼 PT6A 发动机。共生产了 307 架。

型号和用户

DHC—4 澳大利亚,哥斯达黎加,马来西亚

数据

有效载荷/舱位 2 名机组人员,外加 32 外军人,26 名伞兵或 3,965 千克(8,740 磅)货物

最大速度 188 节(347 千米/小时)

航程 210 海里(390 千米)

规格

机长　22.1 米(72 英尺 7 英寸)

翼展　29.1 米(95 英尺 7 英寸)

旋翼　9.7 米(31 英尺 9 英寸)

识别特征

上直翼;高海狸式尾部;2 台普拉特·惠特尼 R—2000—7M2 活塞发动机。

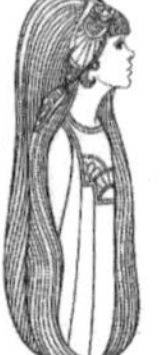

德国道尼尔 Do—28"空中仆人"

短距起降运输机

Do—28 于 1966 年 2 月 23 日试飞。其特征是发动机装在前机身挂架上,固定主起落架。Do—28 四种改型广泛被德国(退役后)和其他国家使用。Do—28—6 装备了普拉

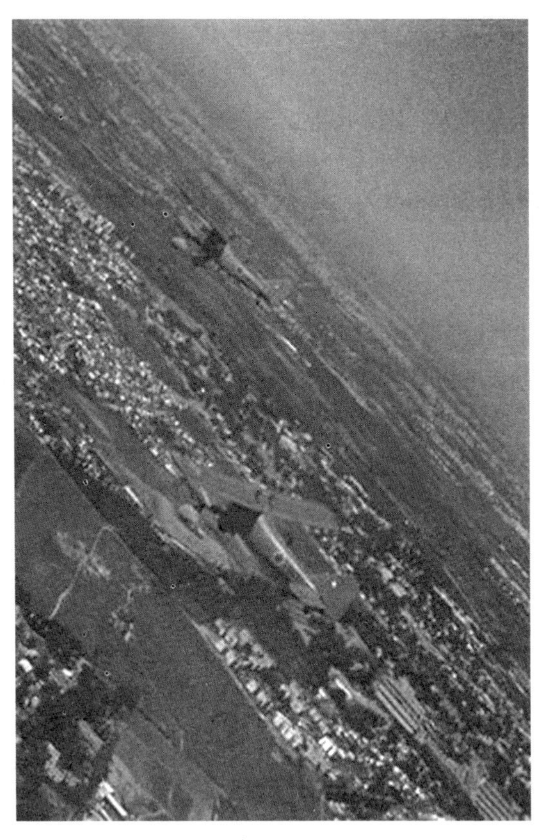

Do—28“空中仆人”

特·惠特尼 PT6A 涡桨发动机。海上巡逻型销往喀麦隆。共制造各种改型飞机累计 300 架。

型号和用户

Do—28 克罗地亚,希腊,肯尼亚,土耳其,南斯拉夫

Do—28 D—1 赞比亚

Do—28D—2 摩洛哥。尼日利亚

Do—28—2 尼日尔

Do—28—6 喀麦隆,尼日利亚,赞比亚

数据

有效载荷/舱位 2 名机组人员和 12 名乘客

最大速度 175 节(325 千米/小时)

航程 566 海里(1,050 千米)

规格

机长　11.4 米(37 英尺 5 英寸)

翼展　15.5 米(51 英尺 0 英寸)

旋翼　3.9 米(12 英尺 9 英寸)

识别特征

上直翼;固定尾轮起落架;短翼上装 2 台莱康明 IGSO 一 540 一 A1E 活塞发动机。

美国 DC—3“达科他”/C—47“空中列车”

多用途运输机

DC—3“达科他”随处可见,1935 年 12 月 18 日试飞。是道格拉斯 1946 年最后制造完成的机型(共制造 10,629 架)。俄罗斯和中国生产过该机型(中国:Lj—2)。美国(Basler Turbo—67 型)和南非(C—47TP 型)使用的飞机已改装涡桨发动机。

型号和用户

C—47 哥伦比亚,刚果,萨尔瓦多,希腊,海地,洪都拉斯,印度尼西亚,以色列.马达加斯加,墨西哥,巴拉圭,委内瑞拉,津巴布韦

C—47TP 南非,英国(BBMF)

TurbOAC—47 哥伦比亚,泰国

TurbO—67 玻利维亚,哥伦比亚,萨尔瓦多,危地马拉,马拉维,马里,泰国

数据

有效载荷/舱位 2 名机组人员和 21 名乘客

最大速度 199 节(368 千米/小时)

航程 1,306 海里(2,420 千米)

规格

机长　19.6 米(64 英尺 5 英寸)

翼展　28.9 米(95 英尺 0 英寸)

旋翼　5.2 米(16 英尺 11 英寸)

识别特征

下梯度形翼;尾轮主起落架;2 台 Wright Cy—cIone GR—1820—G102A,普拉特·惠特尼 Twin(瓦西伯)R—1830—s1 C3G 活塞发动机或普拉特·惠特尼 PT6A—65AR/—67R 涡桨发动机。

中国哈尔滨飞机工业公司 SH—5“飞船”

海上巡逻、海空作战、搜索与救援飞机

1970 年开始设计,SH—5 型 1976 年 4 月 3 日试飞。共制造 7 架。1986 年,4 架飞机加入中国人民解放军海军航空兵服役。

型号和用户

SH—5 中国

数据

有效载荷/舱位 5 名飞行人员和 3 名任务专家

最大速度 300 节(556 千米/小时)

航程 2,565 海里(4,750 千米)

内装炮机身上部有一个炮塔,内置 2 门 23 毫米机关炮

外挂点每个翼下有 2 枚 C—101 空对地导弹,鱼雷,外挂油箱;外加后机身深水炸弹/声纳浮标;最大有效载荷为 6,000 千克(13,228 磅)

规格

机长　38.9 米(127 英尺 7 英寸)

翼展　36.0 米(118 英尺 1 英寸)

旋翼　9.8 米(32 英尺 2 英寸)

识别特征

双垂直尾翼;直中上翼;翼装 4 台东安 WJ5A 涡桨发动机;外翼浮筒;机首天线罩;后机身(反潜)磁性探测器尾梁。

以色列飞机公司(波音)“费尔康”707

空中预警机

该机专为智利研制,是一架以色列飞机公司生产的波音 707—320C 改型飞机。该机机首安装了“费尔康”固态相控阵雷达。前机身安装了小型火箭发射装置。1993 年 5 月 12 日试飞。1995 年交付智利,仅生产了一架。

型号和用户

费尔康 707 智利

数据

有效载荷/舱位 3 名飞行人员和 13 名任务专家

最大速度 545 节(1,010 千米/小时)

航程 5,000 海里(9,265 千米)

规格

机长　46.6 米(152 英尺 11 英寸)

翼展　44.4 米(145 英尺 9 英寸)

旋翼　12.9 米(42 英尺 5 英寸)

识别特征

后掠下翼,翼装 4 台普拉特 · 惠特尼 JT3D—7 涡扇发动机;大机首天线罩;前机身两侧装小型火箭发射装置;纵向天线罩。

俄罗斯伊留申设计局 IL—18/—20/——22“黑鸦”

空中指挥侦察机

这些非军事运输机由 11—18 D“大鹞”研发而成(见 94 页)。1957 年 7 月 4 日试飞。已改为专用功能飞机。1969 年停止系列生产 I1—18 型飞机。共制造 565 架。

型号和用户

Ⅱ—18D—36 黑鸦俄罗斯

Ⅱ—20M 黑鸦—A 俄罗斯

Ⅱ—22M—Ⅱ黑鸦—B/-C 白俄罗斯,俄罗斯,乌克兰

数据

有效载荷/舱位 5 名飞行人员,外加任务专家(或 65 名乘客),特提供无线电信号监听装置,电子侦察机载侧视雷达

最大速度 364 节(675 千米/小时)

航程 3,508 海里(6,500 千米)

规格

机长　35.9 米(1 17 英尺 9 英寸)

翼展　37.4 米(122 英尺 8 英寸)

旋翼　10.2 米(33 英尺 4 英寸)

识别特征

梯形低翼,翼装 4 台叶夫琴科 AI—20 涡扇发动机;机身下装“独木舟”天线罩。

俄罗斯伊留申设计局 IL—38“五月”

海上巡逻及空海作战飞机

由 IL—18D“黑鸦”(见 94 页)衍生而成的这款海上巡逻机于 1961 年 9 月 27 日试飞。随后进入印度和俄罗斯海军航空兵服役。现正进行接收传感声纳升级。共制造 57 架。

型号和用户

U—38 印度,俄罗斯

数据

有效载荷/舱位 3 名飞行人员,外加 9 名任务专家,特提供空海作战和监视传感有效载荷

最大速度 390 节(722 千米/小时)

航程 3,887 海里(7,200 千米)

规格

机长　39.6 米(129 英尺 10 英寸)

翼展　37.4 米(122 英尺 8 英寸)

旋翼　10.2 米(33 英尺 4 英寸)

识别特征

梯形下翼,翼装 4 台叶夫琴科 AI 一 20M 涡桨发动机;前机身下方圆形天线罩;尾部机载(反潜)探测器尾梁。

日本川崎重工业公司 C—1A

运输机

首架 XC—I 军事运输机样机于 1970 年 11 月 12 日试飞。EC—1ECM 教练型改自 C—1A,一个大的球型机首整流罩,2 个小的前机身两侧整流罩。共制造 31 架。

型号和用户

C—1A　日本

EC—1　日本

数据

有效载荷/舱位 5 名飞行人员,外加 11,900 千克(26,235 磅)货物

最大速度 435 节(806 千米/小时)

航程 1,810 海(3,353 千米)

规格

机长　29.0 米(95 英尺 2 英寸)

翼展　30.6 米(100 英尺 5 英寸)

旋翼　26.5 米(86 英尺 11 英寸)

识别特征

T 形尾翼;中上后掠翼;翼下装 2 台三菱(普拉特·惠特尼)JT8D—M—9 涡扇发动机。

美国洛克希德·马丁 S—3B"北欧海盗"

舰载反潜机

样机 1972 年 1 月 21 日试飞。1974 年进入美国海军服役。S—3A 共制造了 187 架,包括 5 架 US—3A(01)型和 1 架 KS—3A 空中加油机。1984 年 9 月 13 日,首架 S—3B 型飞机试飞。有 122 架 A 型机达到 S—3B 型的标准(服役中),外加 16 架达到 ES—2B 预警标准。

型号和用户

S—3B　美国

数据

有效载荷/舱位 2名飞行人员和2至3名任务专家

最大速度 450节(834千米/小时)

航程 2,000海里(3,706千米)

外挂点　每个翼下一个外挂点,用来放置地雷;鱼叉/防空区外发射的对地攻击导弹;空对地导弹;外挂油箱或同型空对空导弹吊舱;机身声纳发射器;机身炸弹舱,深水炸弹或鱼雷

S—3B“北欧海盗”

规格

机长　16.3米(53英尺4英寸)

翼展　20.9米(68英尺8英寸)

旋翼　6.9米(22英尺9英寸)

识别特征

中上后掠翼;翼下装4台通用TF34—GE—2涡扇发动机;可伸缩机载(反潜)磁性探测器尾梁;凸起并列双座驾驶舱。

美国洛克希德·马丁U—2S

高空侦察机

样机“龙夫人”于1955年8月4日试飞,生产数不详,供美国空军和海军使用。U—2R于1967年试飞,生产了12架。从1979年开始又生产了37架,其中包括16架U—2R,1架U—2RT教练机,16架TR—1A型,2架TR—lB教练机和2架ER—2型飞机供国家航空航天局使用。从1994年起,剩下的飞机改用U—2S TU—2S型飞机发动机。现正对航空电子设备进行升级改造。

型号和用户

U—2S美国

TU—2S美国

数据

有效载荷/舱位 U—2S飞行员

TU—2S飞行员和教员

最大速度673节(692千米/小时)

航程2,605海里(4,830千米)

外挂点　每个翼下有一个各种声纳设备吊舱,外加机身装的声纳外挂点

规格

机长　19.2米(63英尺0英寸)

翼展　31.4 米(10 英尺 0 英寸)

旋翼　4.9 米(16 英尺 0 英寸)

识别特征

中上梯形翼,一些飞机有机翼吊舱;1 台通用 F118—GE—101 涡扇发动机;根据飞机外形有不同的整流罩或天线。

美国洛克希德·马丁 C—5"银河"

大型军事货运机

1968 年 6 月 30 日试飞。C—5A"银河"1969 年进入美国空军服役。1984 年改进为 C—5B 型机。1/3 的重复型(非正式归类为 C—5M)现正对航空电子设备进行升级并安装新型发动机。共制造 81 架 C—5A 和 50 架 C—5B 飞机。

型号和用户

C—5MB 美国

数据

有效载荷/舱位 5 名飞行人员,外加 118,387 千克(261,000 磅)货物

最大速度 496 节(919 千米/小时)

航程 5,618 海里(10,411 千米)

规格

机长　75.5 米(247 英尺 10 英寸)

翼展　67.9 米(222 英尺 8 英寸)

旋翼　19.8 米(65 英尺 1 英寸)

识别特征

T 形尾翼;翼中上后掠翼;翼下装 4 台通用 TF39—GE—1C 涡扇发动机;低机身起落架整流罩。

美国洛克希德·马丁 C—130J"大力神"Ⅱ

运输及特殊使命飞机

首架第一代 C—130J"大力神"Ⅱ型飞机于 1996 年 4 月 5 日试飞(美国空军评估飞机)。英国首先正式预订了 15 架加长型 C—130J—30("大力神")现改叫 CC-130J 和 10 架 C-130J("大力神"C5)。2002 年 2 月有 1 18 架"大力神"被预订。美国空军期望从 2003 年起获得 44 架 CC—130J,外加美国海军陆战队订购的 4 架 KC—130J 型飞机。

型号和用户

C—130J 意大利,英国,美国

CC—130J 澳大利亚，丹麦，意大利，英国

EC(KC—，WC—，)—130J 美国

数据

有效载荷/舱位 2 名飞行人员，外加装卸长和(C—130J)94.g 军人，64 名伞兵或 18，955 千克(41，790 磅，)货物或(CC—130J)128～；军人，92 名伞兵或 17，264 千克(38，061 磅)货物

最大速度 348 节(645 千米/小时)

航程 2，835 海里(5，250 千米)

规格

机长　(C—130J)29.8 米(97 英尺 9 英寸)

机长　(CC—130J)34.4 米(112 英尺 9 英寸)

翼展　40.4 米(132 英尺 7 英寸)

旋翼　11.7 米(38 英尺 3 英寸)

识别特征

中上直翼；翼装 4 台罗尔斯·罗伊斯(艾利逊)AE2100D3 涡桨发动机；低机身起落架整流罩。

美国洛克希德·马丁 C—141 B“运输星”

运输机

“运输星”样机于 1963 年 12 月 17 日试飞。C—141A 于 1965 年进入美国空军服役。共制造 285 架 C—141A。加长型 YC—141B 于 1977 年 3 月 24 日试飞。到 1982 年，有 270 架被改为 C—141B 标准型。现已排出了 2006 年前的生产计划表。

型号和用户

C—141B　美国

数据

有效载荷/舱位 4 名飞行人员，外加 205 名军人，16 名伞兵或 41，222 千克(90，800 磅)货物。

最大速度 492 节(910 千米/小时)

航程 2，550 海里(4，725 千米)

规格

机长　51.3 米(168 英尺 3 英寸)

翼展　48.7 米(159 英尺 11 英寸)

旋翼　12.0 米(39 英尺 3 英寸)

识别特征

T 形尾翼；中上后掠翼；翼下装 4 台普拉特·惠特尼 TF33—P—7 涡扇发动机；低机身起落架整流罩。

美国洛克希德·马丁 P—3“奥利安”

海上巡逻、反潜及特殊使命飞机

由“依列克特拉”客机改进而成。首架 YP—3A 于 1959 年 11 月 2 日试飞。1962 年进入美国海军服役。P—3A 和 B 以及 P—3CZ 种升级型飞机相继问世，销路很好。很多“奥利安”飞机在进一步升级中。共生产 650 架。

P—3“奥利安”

型号和用户

阿根廷（P—3B），澳大利（TAP—3B，P—3C/W），巴西（P—3A/B），加拿大，（CP—140 曙光，CP—140A 大角），智利（P—3A，UP—3A），希腊（P-3B），伊朗（P-3F），荷兰（P—3C），新西兰（P—3K），挪威（P3C/N），巴基斯坦（P—3C），葡萄牙（P-3P），韩国（P—3C），西班牙（P—3A/B），泰国（P—3T，UP—3T），美国（TP—3A，UP—3A，VP—3A，P-3B，UP-3B，P-3C，EP-3C，NP—3C/D）

数据

有效载荷/舱位 3 名飞行人员和 7 名任务专家

最大速度 411 节（761 千米/小时）

航程 2，070 海里（3，835 千米）

外挂点：每个翼下有 3 个外挂点：用于挂栽地雷；“鱼叉”/防空区外发射的对地攻击导弹；AIM—9 空对空导弹；后机身声纳发射器；机身弹舱用于地雷，深水炸弹或鱼雷。最大有效载荷 3，290 千克（7，252 磅）

规格

机长　35. 6 米（116 英 g.10 英寸）

翼展　30. 4 米（99 英尺 8 英寸）

旋翼　10. 3 米（33 英 g-8 英寸）

识别特征

下梯形翼；翼装 4 台罗尔斯·罗伊斯（艾利逊）T56—A—14 涡桨发动机；尾部机载（反潜）磁性探测器尾梁；特殊使命飞机上有各种天线。

美国麦克唐纳·道格拉斯 KC—1 0A“开拓者”

加油/运输机

根据 DC—10—30F 型改进。首架 KC—10A 于 1980 年 7 月 12 日试飞,1981 年进入美国空军服役。一些飞机现已装备 MK.32B 空中加油吊舱,以便携带燃油。最后 60 架“开拓者”于 1990 年交付。1995 年荷兰购买了 2 架由客机改造的 KDC—10 加油机,改进后的飞机基本同“开拓者”相像。

型号和用户

KC—10A 美国

KDC—10 荷兰

数据

有效载荷/舱位　3 名飞行人员和空中加油操作手,外加 76,843 千克(169,409 磅)货物

最大速度 530 节(982 千米/小时)

航程 3,797 海里(7,032 千米)

外挂点每个翼下 1 个空中加油吊舱

规格

机长　55.3 米(182 英尺 7 英寸)

翼展　50.4 米(165 英尺 4 英寸)

旋翼　17.7 米(58 英尺 1 英寸)

识别特征

低后掠翼;2 台翼装和 1 台尾翼下装通用 CF6—50C2 涡扇发动机;尾翼下有高级航空加油伸缩套管;有些翼下有空中加油吊舱。

美国诺斯罗普·格鲁门 E—2C“鹰眼”

早期预警飞机

E—2A 样机于 1960 年 10 月 21 日试飞。接着改进出 E—2B 和 E—2C 型样机。E—2C 于 1971 年 1 月 20 日试飞。空中预警雷达逐步通过—125,—138,—139 从 AN/AOS—120 改进为 AN/APS—145。最新一款飞机叫“鹰眼”2000。有节制地出口。共制造或订货 211 架。

型号和用户

E—2C　埃及,法国,日本,新加坡,美国海军

E—2T　中国台湾

TE—2C　美国海军

数据

有效载荷/舱位 2 名飞行人员，外加 3 名任务专家

最大速度 338 节（626 千米/小时）

航程 1,541 海里（2,854 千米）

规格

机长　17.6 米（57 英尺 9 英寸）

翼展　24.6 米（80 英尺 7 英寸）

旋翼　5.6 米（18 英尺 4 英寸）

识别特征

4 个垂直尾翼；梯形机翼；翼装 2 台罗尔斯·罗伊斯（艾利逊）T56—A—427 涡桨发动机；机身上方装“飞碟”旋转雷达罩。

美国诺思罗普·格鲁门（波音）E—8“联合之星”

地面监视/战斗管理飞机

根据波音 707—300 系列客机改进而成。前机身下“独木舟”整流罩内安装 AN/APY—3 机载侧视雷达。首架 E—8“联合之星”全尺寸型于 1988 年 12 月 22 日试飞。另外有 2 架 E—8A 研制飞机和一架 E—8C 永久试验台。共生产 17 架 E—8C 型飞机。

E—8“联合之星”

型号和用户

E—8A/C 美国空军

数据

有效载荷/舱位 4 名飞行人员，外加 18 名任务专家（长期使命：外加几名预备空勤人员）

最大速度马赫 = 0.84

最大续航时间　内装燃油可持续使用 11 小时

规格

机长　46.6 米（152 英尺 11 英寸）

翼展　44.4 米（145 英尺 9 英寸）

旋翼　12.9 米（42 英尺 6 英寸）

识别特征

后掠翼；翼下装 4 台普拉特·惠特尼 TF33C—P—102C 涡扇发动机；前机身下方有“独木舟”天线罩。

美国雷神(比奇)C—12&RC—12"护栏"

运输及电子侦察机

2架独特军用型飞机已由比奇(超)"空中国王"200型飞机发展而成。1972年10月27日试飞的C—12"休伦族"通用型运输机供美国空军(C—12供美国海军和美国海军陆战队)使用。RE—12"护栏"特殊使命飞机供美军使用,各种机型共制造了1,789余架。

型号和用户

空中国王200,阿尔及利亚,阿根廷,澳大利亚,玻利维亚,布基内法索,智利,哥伦比亚,多米尼加共和国,厄瓜多尔,危地马拉,爱尔兰,以色列,马其顿,马来西亚,墨西哥,摩洛哥,荷兰,新西兰,巴基斯坦,秘鲁,南非,斯里兰卡,瑞典,泰国,多哥,土耳其,乌拉圭,美国,委内瑞拉

C—12A/R/AP 休伦族希腊

C—12C/D/FP 休伦族　美国空军

C—12R 美国军队

UC—12B/F/M　美国海军,美国海军陆战队

RC—12D/K　以色列美军

RC—12F/H/M/N/P/Q/ 美军

数据

有效载荷/舱位 2名飞行人员,外加(UC/C—12)7名乘客或(Rc—12)各种任务专家。

最大速度 292节(541千米/小时)

航程 1,850海里(3,426千米)

规格

机长　13.4米(43英尺10英寸)

翼展　16.6米(54英尺6英寸)

旋翼　4.5米(14英尺10英寸)

识别特征

T形尾翼;梯形机翼;翼装2台普拉特·惠特尼PT—6A—42涡桨发动机;RC—12型飞机有翼梢油箱;机身装天线罩和天线装置(取决于机型)。

军用直升机

美国阿帕奇直升机

AH—64“阿帕奇”直升机是美国最先进的具有全天候、昼夜作战能力的武装直升机。海拉克实施大规模空袭前22分钟,8架“阿帕奇”攻击直升机从750千米外的基地起飞,发射了3枚“海尔法”导弹,导弹沿着波束飞向伊拉克西部两个地面雷达站,不到2分钟,就彻底摧毁了它,从而为空袭部队提供了安全走廊,保证了空袭成功。其后,又以一架AH—64A“阿帕奇”攻击直升机摧毁23辆坦克的纪录载入史册。

阿帕奇直升机

在机头旋转炮塔内装1门30毫米链式反坦克炮、4个外挂点可挂8枚反坦克导弹和工具,19联装火箭发射器。最大起飞重量’7890千克。机上还装有目标截获显示系统和夜视设备,可在复杂气象条件下搜索、识别与攻击目标。它能有效摧毁中型和重型坦克,具有良好的生存能力和超低空贴地飞行能力.是美国当代主战武装直升机。

该机特点表现在火力强,它以反坦克导弹为主要武器,另外还有机炮和火箭等;装甲防护和弹伤容限及适坠性能好;飞行速度快;作战半径大,可达200千米左右;机载电子及火控设备齐全,具有较高的全天候作战能力和较完善的火控、通信、导航及夜视系统;具有“一机多用”能力。

美国休斯直升机公司1975年研制的反坦克武装直升机。最大平飞时速307千米,实用升限6250米,最大上升率16.2米/秒,航程578千米。

美国OH—58D直升机

OH—58D是美国特种部队采用的战场武装侦察机,是一种用高技术装备起来的直升机.与其他直升机一样。OH58D也有个绰号——“基奥瓦”。沙漠之盾/沙漠风暴作战中,美军共部署 130 架 OH58D 在波斯湾，出勤率高达 84%，其中基本型 OH—58D 用于侦察斥候任务，:PRI。MECHANCEOH—58D 部署在美海军舰艇上，开战后 1991 年 1 月 18 日逮捕波湾战争中第一批 23 名伊拉克战俘；在同年 1 月 24 日，虏获 29 名战俘；在接下来的战事中，陆续摧毁伊拉克的快艇和蚕式反舰飞弹基地。

OH—58D 直升机

在众多的直升机中，OH—58D 可以说是长相最为特别：一个“小脑袋”，两只圆圆的“眼睛”。其实这个“小脑袋”，它可是 OH—58D 的旋翼瞄准具，虽然它的体积不大，但里面的设备却十分先进，有可以放大 12 倍的电视摄像机，有自动聚焦的红外线成像传感器，还有激光测距仪.它的武器系统包括；机身两侧有多用途轻型导弹悬挂架，可以挂 4 枚“毒刺”使空对空导弹，或者挂“海尔法”空对地导弹，这使它具有一定的对地攻击能力。它可以在海拔 1200 米的高原地区飞行，也可以在高气温条件下使用。此外，它还有贴地飞行能力和全天候空中侦察能力。

OH—58D 的后舱也很特别，它有两个多功能显示器，分别由正、副驾驶使用，旋翼瞄准具观测到的一切都可以在这个显示器上显示出来。座舱里还配有夜视器材，可以在夜间执行侦察任务。它的操纵系统也别具一格，正、副驾驶专管侦察和武器发射。正、副驾驶的座椅并列而设。OH—58D 安装的是滑撬式起落架，机身两侧各有一个舱门，舱内有加温和通风设备。

OH—58X 直升机的机身长 10.31 米，机高 2.59 米，机宽 1.97 米，空重 1281 千克。最大平飞速度 234 千米/小时，实用升限 3660 米，航程 556 千米，续航时间 2.5/1J、时。

苏联米—10 哈克重型起重直升机攻击机

米—10 是苏联米里直升机实验设计局研制的重型起重直升机，这种直升机由米一 6 发展而来，北大西洋公约组织赋予绰号为“哈克”（Harke）。“哈克”A1960 年原型机开始试飞，1961 年航空节于土希诺机场首次展出（第二架原型机）。“哈克”B 又名米一 101，该型在设计方面做了一些改进，降低了起落架的高度，尾梁显得更细。70 年代末大约交付了 80 架。到 1986 年末，苏联空军至少还有 14 架仍在服役。

米一 10 采用了高的大行程四点式起落架。主轮距有 6 米多，满载时机身下表面离地高度达 3.75 米，因而可以使直升机滑行到要运载的货物上方，便于运送庞大的货物，如建筑物的预制件等。机身下面可装轮式载货平台，平台由液压夹具固定，液压夹具可在座舱内或用于提式控制台操纵。如不用载货平台，用液压夹具可装载长 20 米，宽 10 米，高 3.1 米的物件，在 1.5~2 分钟内可将物件吊起。座舱内可装载附带货物或运送旅客。

动力装置早期生产型装两台 A-25B 型涡轮轴发动机,单台功率为 4101 千瓦(5500 轴马力)。两台发动机并排安装在旋翼轴前、机身顶棚的上部。机身内部有一个内部燃油箱,机身两侧有两个外挂油箱,总载油量为 9000 升。米—10 备有外部吊挂装置作为标准设备。外吊挂装置可与由座舱内的手提式控制台操纵的绞车一起使用。当直升机用于悬停救护或其他任务时,这一绞车可经座舱地板舱口提起。

性能参数

机长　32.86 米

旋翼　9.8 米

空重　27300 公斤

旋翼直径　35 米

航程　795 公里

最大起飞重　43700 公斤

尾桨直径　6.3 米

实用升限　3000 米

巡航时速　202 公里

最大时速　250 公里

俄米—38 多用途直升机

喀山公司希望以米—38 来替代现在已显过时的米—8/17 和米—6 等老式直升机。尽管全面的测试工作还未结束,但研制人员已设计出了米—38 的一系列衍生型号。根据不同的用途,该机的衍生型号机可分别安装不同的发动机组。基础型米—38 的载重量为 5—6 吨(还有可能提高至 7—8 吨),装备两台 PmttWhitney 公司研制的 PW127T/S 型涡轮螺旋桨发动机(平均功率 2500 马力,加力状态下最高可达 3600 马力)。米—38 的最大起飞重量为 15.6 吨,最高时速 285 公里/小时,实用升限 5500 米,最大飞行距离 820 公里。

俄米—38 多用途直升机

英法"山猫"双发多用途直升机

"山猫"作为一种多用途的军用直升机,到目前为止已有 20 种不同改进型.共生产了 380 架。马来西亚已订购 6 架海军型,泰国订购了 2 架,而阿曼则订购了 16 架多任务陆用型。

其改进型“超山猫300”目前可挂载的武器有火箭筒、深水炸弹、20毫米航炮吊舱、鱼雷和“海鸥”空舰导弹等。陆军型主要配备雷锡恩公司的BGM-71“陶”式反坦克导弹。正在试验发射洛马公司的AGM—114“海尔法”反坦克导弹。根据客户要求。还可在机身一侧舱门内安装活动机枪。机上火控系统软件灵活性较大,可根据武器特性修定,并拟增设外挂管理系统。目前机身内好象没有装甲保护,如有要求也可以加改装。

“超山猫300”侧向和向后最大飞行速度限制为72千米/小时,最大转向角速度向左向右都是每秒60,最大飞行速度不允许超过305千米/小时,最大正常平飞速度278千米/小时。速度在280千米/小时之内时,飞行员的振动感觉很轻微。

性能参数

最大连续巡航速度　259公里/小时

高　2.964米

空重　2787公斤

航程　630公里

最大起飞重　4535公斤

巡航时速　259公里

法国SA341/342小羚羊武装直升机

SA341/342“小羚羊”最初是法国国营航宇工业公司研制的轻型多用途直升机。1969年,法国国营航宇工业公司和英国韦斯特兰公司共同研制和生产。截至1989年1月,共有41个国家和地区订购了1253架民用型和军用型“小羚羊”。1971年5月13日和14日,SA341创造了三项E1C级世界纪录:在3km直线航段上飞行速度达310km/h;在。15/25km直线航段上飞行速度达312km/h:在100km闭合航线上飞行速度达296km/h除了英国和法国外,埃及和南斯拉夫也专利生产“小羚羊”直升机。到1991年6月30日,共向世界上41个国家交付了1254架“小羚羊”直升机,包括英国、法国、中国、伊拉克、爱尔兰、摩洛哥、安哥拉、南斯拉夫、埃及等。

性能参数

旋翼直径　10.50米

机长　11.97米

旋翼　3.19米

空重　991千克

最大允许速度　280公里/小时

最大爬升率　7.8米/秒

实用升限　4100米

航程　710公里

欧洲飞行猛虎

HAP/PAH—2/HAC“虎”是德国 NBB 公司和法国国营航宇工业公司联合研制的反坦克和地面支援直升机。HAP/PAH—2/I-IAC“虎”发展下列三种型别:HAP“虎”法国陆军护航和火力支援型,装有一门 30 毫米 GIAT—30781 自动机炮,带有 150~450 发炮弹。两侧短翼装 4 枚玛特拉公司“密史脱拉风”红外制导空空导弹和 2 个分别装 22 枚 68 毫米 SMEB 火箭弹的火箭发射器;PAH—2“虎”德国陆军反坦克型,短翼挂架可装 8 枚“霍特”2 或第 3 代远程反坦克导弹,旋翼轴上装有电视、前视红外仪/跟踪装置/激光测距仪.机头装驾驶员用前视红外夜视装置;HAC“虎”法国陆军反坦克型,短翼挂架可装 8 枚“霍特”2 或第 3 代远程反坦克导弹。旋翼轴上装有类似于 PAH—2 那样的前视红外夜视系统。第一架原型机于 1991 年上半年试飞。

欧洲飞行猛虎

尺寸数据:旋翼直径 13.00 米,尾桨直径 2.70 米,机身长 14.00 米,机高 3.81 米,翼展 4.32 米。重量数据:基本空重 3300 千克,任务起飞重量 5300—5800 千克,最大过载起飞重量 6000 千克。

性能数据

巡航速度　250—280 千米/小时

最大爬升率(海平面)　大于 10 米/秒

悬停升限(无地效)　大于 2000 米

续航时间(20 分钟余油)　2 小时 50 分

西班牙 AC—12/AC—14 直升机

AC—12 的军方名称为 EC—XZ—2,原型机 1956 年 7 月 20 试飞。不过这种直升机性能平平,并没有赢得大宗订单,军方只购买了 12 架用于飞行训练。这种直升机造型奇特。发动机整流罩外形巨大,就像一顶印度缠头帽那样高高地压在座舱顶上。该机全长 7.55 米,高度为 2.75 米,空重 500 千克,最大起飞重 820 千克,巡航速度 115 千米/小时,最大速度 140 千米/小时。航程 230 千米,带辅助油箱则增加到 460 千米。最大升限 4000 米,有地效悬停 2400 米。爬升率 300 米/分。

AC—12 升级版为 AC—14,原型 AC—13,1957 年 7 月 16 日首次试飞。该机由法国北方飞机公司建造原型.西班牙军方订购了10架，编号为EC—XZ—4。它没有安装反转旋翼，其气动偏转在低速飞行中可以自行控制，尾梁部位装有可控端板，有利于高速飞行。仍然保留了滑橇起落架。该机全长8.13米，高度为3.1米，旋翼直径9.65米，4桨叶设计，空重650千克，最大起飞重1350千克，速度最大为180千米/小时，巡航速度150千米/小时，带辅助油箱最大航程640千米，一般为300千米，有地效悬停4900米，升限6800米，爬升率420米/分。

意大利A129“猫鼬”武装直升机

意大利陆军航空兵的主战直升机A129，是一种轻型专用武装直升机，绰号“猫鼬(Mangusta)”。A129从1975年开始研裂，1985开始试飞，1990开始正式交付给意大利陆军航空兵服役，迄今生虚总数不过60架，而且全是交付给意大利陆军，未正式参加过作战。A129是意大利阿古斯特公司研制的专用轻型反坦克武装直升机。A129具有全天候反坦克和火力支援能力，也可用来执行侦察和其他各种任务。意大利政府批准生产60架，以装备2个意大利陆军航空兵中队。意大利政府还要求生产另外30架和零备件，以装备第3陆军航空兵中队。荷兰订购20架。80年代末单价700万美元。

作为一种轻型专用武装直升机，旋翼桨叶由复合材料制造，机体所有外露面的70%为复合材料。铝合金大梁和构架组成常规半硬壳式结构。复合材料占整个机身重量(除发动机外)的45%，估空重的16.1%，主要用于机头整流罩、尾梁、尾斜梁、发动机短舱、座舱盖骨架和维护壁板。该机在乘员舱和其他重要部位有保护装置，能防7.62和12.7毫米枪弹。串列式双座舱，副驾驶/射手在前，飞行员在较高的后舱内，均有坠机能量吸收座椅。採用抗坠毁固定式后三点起落架。

性能参数

旋翼　直径11.90米

机长　14.29米

机宽　0.95米

旋翼　3.35米

空重(带设备)　2529千克

最大起飞重量　4100千克

续航时间　3小时

波兰猎鹰直升机

W—3“猎鹰”是波兰希维德尼克航空公司研制的单旋翼带尾桨的双发中型多用途直升机，其研制工作于1970年下半年开始，共生产了5架原型机，1985年开始生产.直至现在。W—3A 于 1993 年分别获得波兰、美国和德国民用航空局第 29 部的型号合格证。1995 年波兰授予了该机满足国际民用航空组织标准的噪声合格证。截至 1997 年 W—3 各型直升机总计生产了 120 架。带目视飞行设备的单驾驶 W 一 3 单价为 315.6 万美元。

南非石茶隼攻击直升机

"石茶隼"武装直升机其代号为 CSH—2,由南非的阿特拉斯飞机公司研制,研制工作始于 1984 年,原型机 1990 年 2 月首次飞行。1995 年投入使用。原定购主要任务足在有各种苏制地对空导弹的高威胁环境中进行近距空中支援和反坦克、反火炮作战。以及为直升机护航。

CSH—2 的研制采用了尽量利用现有技术的方针,如利用了"美洲豹"直升机的旋翼和发动机等动力部件。驾驶舱舒适,自动化程度高,机组由一名驾驶员和一名射击员组成,驾驶员在前,射击员在后,这有利于驾驶员在空战中眼观六路,耳听八方,好随机应变。射击员舱也有全套操纵装置,如果驾驶员受伤不能驾驶时,射击员也能操纵直升机。

CSH—2 装有机炮,可带火箭、导弹等一般反坦克直升机所带的特种制式武器。火力很强。与 AH—64"阿帕奇"武装直升机不同的是,"石茶隼"炮塔安装在机头下前方。而不是在机身正下方。这个位置有利于空战时射击、因为机炮上射范围不受机头遮挡,比 AH 一 64 大得多。炮塔内装一门 20 毫米 GA—l 机炮。后掠式短翼向内装有武器瞄准机。两个内侧挂架可挂 18 枚 68 毫米火箭发射巢,相对直升机能作俯仰运动.便于瞄准攻击目标。

所有油箱被 12.7 毫米穿甲弹穿透后能自密封。所有操纵拉杆被 12.7 毫米枪弹击中后仍能工作,并能经受 1100 摄氏度高温烧烤 15 分钟。"石茶隼"在被打掉尾桨后能继续飞行,大的垂直尾面在滑跑着陆时能提供足够的操纵。"石茶隼"能以 6 米/秒的下降速度作粗猛着陆。在 10 米/秒的下降速度垂直撞击地面时.起落架、座椅和可压皱结构能逐级吸收撞击能量,使飞行员仍能生存。同时,坠毁传感器和易断连接器会立即切断电气系统,并立即隔离燃油系统,从而防止发生火灾。印度 ALH 先进轻型直升机

ALH(先进轻型直升机)是印度斯坦航空公司在原德国 MBB 公司的协助下研制的单旋翼带尾桨的双发多用途轻型直升机,又称"北极星"或者"Dhruv"。1984 年 7 月,印度政府和原德国 MBB 公司签订了一项研制先进的装有两台涡轮轴发动机的轻型直升机合同。将用于通信联络、作战、陆上和海上侦察、运送伤员、救援、运货和训练。海军型将用于反潜、搜索与攻击,以及海上垂直补给。印度政府需要 300 架 ALH 直升机来替代现役的"猎豹"/"印度豹"直升机。预计 AIH 直升机军民用型的总订货量达 650 架。

海军型舱外吊架可携带 2 枚鱼雷/深水炸弹或 4 枚反舰导弹。陆军和空军型可携带 8 枚反坦克制导导弹,4 个 68 毫米或 70 毫米火箭舱或 4 枚空空导弹,也能在机身下安装 20 毫米机炮炮塔或吊挂运输地雷。

甚高频/超高频、单边带、高频无线电通信设备,内部通话设备,多普勒导航系统,四通道自动飞行控制系统,自动定向器,无线电高度表,航向传感器,敌我识别器和气象雷达等。根据任务还可选装两副担架,救援绞车和承载能力为1500千克的货物吊挂装置等。

性能参数

外形尺寸

旋翼直径　13.20m

尾桨直径　2.55m

机身长　13.43m

最大起飞重量　5000kg

最大允许速度　330km/h

最大平飞速度　290km/h

实用升限　6000m

悬停高度　>3000m

航程　800km

中国卡—28直升机

卡一28舰载直升机为双旋翼直升机,旋翼直径为15.9米。桨叶用复合材料制成,上面装有电一热除冰系统和桨叶折叠系统,以便于在舰上停放。其机身很紧凑,有不可收放式的4点式起落架,以便在10级左右的海况条件下在舰船甲板上操纵和起降。

卡—28直升机装有1枚自导的鱼雷,1枚火箭助推鱼雷。10枚PIAB250—120航弹,2枚OMAB航弹,主要用于舰队的反潜战。该直升机可由各级舰船搭载,利用其航空电子设备和自动控制系统探测到深潜的先进潜艇和水上目标,并将目标数据传送给陆上指挥所,同时飞向指定点由飞行员选用机载武器攻击目标。卡一28的出口型是在卡一27的基础上发展而来的。它与后者的主要区别是机载设备、敌我识别系统不同,并具有较大的载油量(4470升)。

中国卡—28直升机

卡—28全重12000公斤,最大飞行速度270公里/小时.巡航速度250公里,小时,悬停高度5000米,航程800公里,战术半径200公里,续航力2小时(搜索攻击型)或2.5小时(搜索型),乘员3人。

坦克装甲

主战坦克

美国 M-48 中型坦克

美国由于侵朝战争中苏制 T—34 坦克的威胁,1951 年 3 月陆军在 6 辆样车测试评估工作未完成之前就签订了总数超过 1300 辆的 T48 生产合同。第一辆生产型车于 1952 年 4 月在克莱斯勒公司的特拉华(Delaware)坦克厂制成,从研制到生产不到两年时间。由于匆忙投产,问题甚多,随后又不得不专门设立改装厂来修改 T48 坦克。

1953 年 4 月陆军将 T48 坦克列入装备,改称 M48 坦克,也称 M48 巴顿坦克,该系列坦克生产量达 11703 辆,其中克莱斯勒公司制造 6000 辆,各型车生产持续到 1959 年。1967 年以色列曾把该坦克成功地用于第三次中东战争。装备情况:联邦德国(800~900 辆 M48 改造型车)、希腊(1100 辆)、以色列(600 辆)、约旦(约 200 辆)、土耳其(2700 辆)、韩国(950 辆)、黎巴嫩(104 辆)、中国台湾地区(286 辆)、摩洛哥(108 辆)、泰国(135 辆)

该系列坦克的生产型车主要武器都采用 1 门 M41 式 90mm 坦克炮,炮管前端有一圆筒形抽气装置,炮口有导流反射式制退器,有电击式击发机构,炮管寿命为 700 发。主炮左侧安装 1 挺 7.62mmM73 式并列机枪,车长指挥塔上安装 1 挺 12.7mmM2 式高射机枪,其俯仰范围为-10°~+60°,且能在指挥塔内瞄准射击。

M48A2C 坦克车长配有 1 具 M13A1E1 合像式光学测距仪,最大测距距离为 4400m,放大倍率为 10。采用机电式弹道计算机,通过机械导杆将目标距离传入计算机,通过炮长面板上的 6 个选择钮用手工输入温度、炮膛磨损、弹药种类等弹道参数。

性能参数

乘员　4 人

战斗全重　48.9 吨

车长　6.9 米

车宽　3.63 米

车高　3.28 米

最大速度　48km/h

爬坡度　31°

最大行程　494 公里

M1 艾布拉姆斯系列主战坦克

1979 年 5 月间美国陆军决定试生产 XM1 坦克 110 辆，在利马坦克厂制造，1980 年 2 月完成头两辆生产型车。为纪念原陆军参谋长、二次大战中著名的装甲部队司令格雷夫顿 W·艾布拉姆斯（GreightonW.Abrams）将军，特把该坦克命名为艾布拉姆斯主战坦克。在 1981 年 2 月陆军就已批准生产 7058 辆 M1 坦克，同时将 XMl 坦克正式定名为 M1 艾布拉姆斯主战坦克。1984 年陆军把 M1/M1A1 坦克的计划生产总数为 7467 辆。

炮塔和车体各部分和装甲厚度不等，最厚达 125mm，最薄为 12.5mm，相差 10 倍。车首上装甲钢板的厚度自下而上逐渐增厚，为 50～125mm。M1 坦克可在车首安装新的推土铲，以完成推土和清理阵地等任务。该坦克的主要武器是 1 门 105mmM68El 式线膛炮，发射尾翼稳定脱壳穿甲弹时，初速为 1524m/s，直射距离约 1700m。

该坦克采用了指挥仪式数字式坦克火控系统，主要特点是光学主瞄准镜与火炮/炮塔相互独立稳定。该传动装置有 4 个前进档和 2 个倒档，可实现连续转向和空档原位转向。采用了装甲隔离措施，用装甲隔板将炮塔内弹药仓和乘员舱分隔开，一旦弹药仓被命中或着火爆炸，气浪会先将炮塔顶部 3 块泄压板冲开，使乘员免受二次效应的伤害。

性能参数（M1 基本型）

公路路最大速度　72.42km/h

涉水深度（有准备）　1.98m

爬坡度　60%

攀垂直墙高　1.244m

越壕宽　2.743m

最小转向半径　原位

俄罗斯 T-72 主战坦克

苏联在 1961 年开始生产 T-62 主战坦克，以后研制了 T-64 主战坦克，由于后者存在许多一时难以解决的问题而未能大量生产。为了保持坦克技术的优势，苏联利用 T-64 坦克的某些技术，经 T-70 试验车，发展成 T-72 主战坦克。T-72 系列坦克产量在 20000

辆以上，捷克、波兰、印度、南斯拉夫和罗马尼亚也有生产。目前至少有15个国家装备了T-72系列。

该坦克的主要武器是1门2A46式短后坐距离的125mm滑膛坦克炮，并列安装1挺7.62mmI/IKT式机枪。穿甲弹最大有效射程为2120m，初速1800m/s，两种穿甲弹的穿甲厚度分别为300mm/1000m和400mm/1000m；破甲弹初速为900m/s，最大直射距离为4000m，破甲厚度为475mm/1000m；榴弹初速为850m/s，最大有效射程9400m。

性能参数

公路最大速度　60km/h

越野最大速度　45km/h

公路最大行程　460km

涉水深(无准备)　1.2m

潜渡深　5m

爬坡度　60%

侧倾坡度　40%

垂直攀墙高　0.8m

越壕宽　2.7m

最小转向半径　1.76m

法国 AMX-30 主战坦克

AMX-30系列从1966年开始量产，一直持续至1985年以后，总产量达2300辆，其中1250辆配备于法国陆军，其他则出口给智利(21辆)、塞浦路斯(50辆)、希腊(190辆)、西班牙(299辆)、委内瑞拉(81辆)、卡达(24辆)、沙特阿拉伯(29辆)、阿拉伯联合大公国(64辆)。

该坦克的主要武器是1门CN-105-F1式105mm火炮，装有镁合金隔热护套，能防止炮管因外界温度变化引起的弯曲。该炮的最大射速为每分钟8发。G型破甲弹的主装药是黑索今混合炸药，该弹0°法线角着靶时可击穿400mm装甲，65°法线角着靶时可穿透150mm装甲，背板孔径可达15mm。榴弹直射时有效射程为3500米。在3000米距离上命中率为75%，在2500米距离上超过90%。穿甲弹初速，AMX-30B为1500m/s，AMX-30B2为1525m/s 。

该坦克装有较多的光学火控仪器，使该坦克具有昼夜作战能力。探照灯发射红外光时视距为500米，发射白光时视距为700米。为满足中东国家的特殊使用要求，以该坦克为基础发展了适合沙漠地区高温环境使用的AMX-30S坦克。每个法国陆军团有3个连，每连配备13辆坦克，每团另有2辆指挥坦克。

性能参数

型号　AMX-30B

战斗全重　36000kg

车体长　6.590m

车宽　3.100m

车高　2.290m

公路最大速度　65km/h

涉水深(有准备)　2.2m

潜渡深　4.0m

爬坡度　60%

侧倾坡度　30%

攀垂直墙高　0.93m

越壕宽　2.9m

韩国 K1A1 主战坦克

在朝鲜战争期间,几十万韩国军队在朝鲜人民军 T-34 坦克的强大攻势下溃不成军,退缩至釜山附近,落得差点被赶下海的悲惨下场。这一历史教训,始终成为韩国军方的“切肤之痛”。20 世纪 70-80 年代,由于韩国经济腾飞,国力增强,终于使韩军方设计本国主战坦克的愿望得以实现。1980 年韩国招标选中美国克莱斯勒公司的方案。1983 年美方完成了设计及样车试制工作,研制代号为 XK1 主战坦克,于 1985 年设计定型,正式命名为 K1 主战坦克,也称之为 88 式主战坦克。

K1 坦克的主炮是 105 毫米高速率加农炮并有 1 挺 7.62 毫米的同轴机枪。车长室配备了一挺 12.7 毫米的机枪,装填手则配备了一挺 7.62 毫米的机枪。K1 坦克移动中打击移动目标的首发命中率据说达到了 90%。K1 坦克拥有最大的公路行驶速度为 65 公里/小时。很小的地面压力(0.87 千克/厘米)使它可以在湿地和沙地等环境下灵活的操纵行驶。

性能参数

战斗全重　51000kg

车体长　7.477m

车宽　3.594m

车高　2.248m

公路最大速度　65km/h

爬坡度　60%

涉水深　1.8m

攀垂直墙高　1m

越壕宽　2.74m

马来西亚 PT-91M 主战坦克

根据马来西亚国防部与波兰 Bumar 公司于 2003 年 4 月 11 日签订的合同(3.75 亿美元),马来西亚最终将接收 48 辆 PT-91M 主战坦克。

PT-91M 的主炮是一门 D-81TM 型 125 毫米滑膛炮,安装了法国 SAGEM 公司的 SAVANl5 火控系统。这套系统在 2001 年 7 月安装在 PT-91M 原型车上进行移动目标的射击试验时表现非常出色,马来西亚专家当即敲定了此套系统。此外,炮塔还安装了 EADS 公司研制的超快方位、俯仰角调节电机,大大缩短了战场中目标瞄准射击所需的时间。

马来西亚 PT-91M 主战坦克

相比于为波兰军队生产的 PT-91 主战坦克,PT-91M 在诸多方面有了很大的改进。首先在防护上,PT-91M 的车体和炮塔(包括前部和侧面)挂装了波兰新式的增强型模块化爆炸反应装甲。为增强对地雷的防护,在战车的底部安装了防护附件,乘员的座椅下装备了特殊防护装置,扭杆悬挂装置得到改进并加长,原先的履带也更换为德国迪尔公司生产的与"豹"2 坦克一样的履带。

性能参数

战斗全重　45300kg

车宽　3.37m

车高　2.19m

公路最大速度　60km/h

爬坡度　30%

涉水深　1.8m

攀垂直墙高　0.85m

越壕宽　2.8m

英国维克斯——典型的外贸坦克

英国著名的军火制造商——维克斯防务系统公司,算得上是"百年老店"。1847 年,英国贵族 W·G·阿姆斯特朗创建了维克斯公司。从世界上第一辆过顶履带式的菱形坦克,直到英国最新式的"挑战者"2 主战坦克,可以说,英国坦克的发展是和维克斯公司的发展壮大紧紧联系在一起的。最近，经过整合，新成立了“阿尔维斯——维克斯公司”。1965 年，维克斯公司研制出二战后第一种外贸坦克——“维克斯”1 型坦克。同年，开始在印度生产这种坦克，并命名为“胜利”坦克。生产总数达 1500 多辆。

主要武器是 1 门英国 L7A1 型线膛炮。弹种有：脱壳穿甲弹、碎甲弹和烟幕弹，后来又发展了尾翼稳定脱壳穿甲弹。弹药基数 44 发。辅助武器为 2 挺 7.62 毫米机枪，1 挺为并列机枪，1 挺为车长专用的高平两用机枪，携机枪弹 2400 发。另有 1 挺 12.7 毫米测距机枪，携弹 600 发火控系统较简单，包括：炮长瞄准镜、双向稳定器、12.7 毫米测距机枪、炮控装置等。火控系统有稳定、非稳定、紧急工况三种工作方式。履带板为高锰钢铸造件，有可更换的橡胶垫块。坦克的最大速度为 48 千米/小时，最大行程 480 千米。安装浮渡围帐后，靠履带划水可达到 6.4 千米/小时的最大航速。

性能参数

战斗全重　54640kg

车体长　7.722m

车宽（带裙板）　3.420m

公路最大速度　72km/h

涉水深（无准备）　1.7m

爬坡度　60%

侧倾坡度　30%

攀垂直墙高　1.1m

越壕宽　3m

瑞士 Pz61 主战坦克

Pz61 是瑞士在 1961 年研制出的主战坦克，在 1968 年，瑞士又完成了对 Pz61 的重大改进，改进后的坦克就称为 Pz68。Pz61 和 Pz68 体现了瑞士强盛的军事工业.虽然瑞士购买了 380 辆德国的“豹”2 主战坦克，但是 Pz61 和 Pz68 仍然占瑞士坦克数量的 60%左右，仍是瑞士装甲力量的重要支柱，目前归瑞士第四机械化师的坦克营使用。

Pz61 安装了当时非常流行的英国 L7A1 型 105mm 线膛炮，但是把火炮的炮闩改成了立式炮闩。L7A1 火炮可发射瑞士设计的榴弹（初速为 600m/s）、常规脱壳穿甲弹（初速为 1470m/s）、碎甲弹（初速为 730m/s）和烟幕弹。Pz61 还安装了一门瑞士自制的 20mm 机关炮作为辅助武器。

该坦克提供 6 个前进档和 2 个倒档，后者有液压转向装置，可实现无级和连续转向，使用方向盘操纵。炮塔呈流线形，较扁平，厚度为 120mm，与逊邱伦坦克相当。车体前上装甲倾斜度较大，车体两侧有装甲裙板，车尾部亦倾斜。

性能参数

战斗全重　38000kg

车体长　6.780m

车宽　3.080m

公路最大速度　55km/h

公路最大行程　300km

涉水深　1.1m

爬坡度　60%

攀垂直墙高　0.75m0

越壕宽　2.6m

德国豹-Ⅱ主战坦克

1977年,联邦德国选定克劳斯·玛菲公司为主承包商并签订了大量生产豹2坦克的合同,在1800辆订货中,克劳斯·玛菲公司生产990辆,其余810辆由克虏伯·马克公司制造。联邦德国陆军的1800辆豹2坦克订货分5批生产,5批的总费用为92亿联邦德国马克。"豹"2主战坦克几乎成了德国陆军的标志。"豹"2坦克以其优异的性能在国际武器市场上占有巨大的份额,目前已有11个国家的陆军装备了这种坦克。自从"豹"2坦克开始生产到今天,已经历了30多年的时间。

德国豹-Ⅱ主战坦克

该坦克安装莱茵金属公司研制的120mm滑膛炮,配用尾翼稳定脱壳穿甲弹和多用途破甲弹两种弹药。该穿甲弹的初速约为1650m/s,最大有效射程为3500m。多用途破甲弹具有破甲和杀伤双重作用,初速为1143m/s。

火控系统是由机械、光学、液压和电子件组成的综合系统,因采用稳像式瞄准镜,火炮液压伺服系统随动于瞄准镜。具有易于稳定和很高的行进间对运动目标的射击命中率。该坦克的设计把乘员生存力量于20项要求之首位,车体和炮塔均采用间隙复合装甲,车体前端呈尖角状,增加了厚的侧裙板,车体两侧前部有3个可起裙板作用的工具箱,提高了正面弧形区的防护能力。炮塔外轮廓低矮,防弹性好。

性能参数

战斗全重　55150kg

车长(炮向前)　9.668m

车宽　3.540m

车高(至炮塔顶)　2.480m

车底距地高　0.490m

公路最大速度　72km/h

涉水深(有准备)　2.35m

潜渡深　4.00m

爬坡度　60%

攀垂直墙高　1.10m

越壕宽　3.00m

日本74式主战坦克

日本在设计74式坦克时,考虑到国内山多,田少,河流湍急,士兵平均身材矮等特点。与现有其他主战坦克相比,74式坦克更为低矮更为紧凑。目标较小,易于隐蔽。同时采用液压空气悬挂,车体距地高可从60厘米降至20厘米,使上述优点得到发挥。该坦克的研制总经费约25亿日元。1975年9月接收首批生产型车,1990年度停产,共生产870辆。每辆坦克的价格,按1984年度币值计算约3.76亿日元。

105mm火炮发射脱壳穿甲弹和碎甲弹。从英国购买的脱壳穿甲弹的弹丸重6.12kg,初速为1490m/s,为了提高74式坦克的火力,从1983年度开始用M735105mm尾翼稳定脱壳穿甲弹,初速为1501m/s,碎甲弹的初速为730m/s。该坦克7.62mm并列机枪安装在主炮左侧,该机枪的标准射速为650发/min。M2式12.7mm该机枪对空射速为1050发/min,平射时为400发/min,初速为850m/s。

该坦克的火控系统由火炮双向稳定器、红宝石激光测距仪、模拟式弹道计算机、潜望式瞄准镜等组成。红宝石激光测距仪与J3车长潜望式瞄准、观察镜组成一体,装在车长指挥塔正面,它的测距范围为300~5000m,精度为±10m。

性能参数

战斗全重　38000kg

车体长　6.700m

车体宽　3.120m

公路最大速度　53km/h

涉水深(有准备)　2m

潜渡深　4~5m

爬坡度　60%

攀垂直墙高　1m

越壕宽　2.7m

中国 ZTZ-99 式改进型主战坦克

ZTZ-99 式主战坦克是我军最新型主战坦克,具备优异的防弹外型,其炮塔和车体均采用复合装甲,抗弹能力成倍提高,是我军装甲师和机步师的主要突击力量,被称为中国的陆战王牌。具备优异的防弹外型,99 改式坦克的车体和炮塔的防护能力则相当于 800 和 1000 毫米厚的均质装甲。其配备的多功能爆破榴弹为增强装药的高爆型,其威力较大,足以使当今主战坦克丧失战斗力。

ZTZ99 式改进型主战坦克,装有一门 125 毫米高膛压滑膛坦克炮,最大射速为 8 发/分,自动装弹机装填,采用人工装弹时,射速 12 发/分,使用钨合金尾翼稳定脱壳穿甲弹时,初速为 1,780 米/秒,可在 2000 米距离上击穿 850 毫米的均质装甲,而使用特种合金穿甲弹时,同距离穿甲能力达 960 毫米以上,另外 99 改主战坦克炮,还能发射我国仿制的俄 125 毫米口径炮射导弹,该导弹最大射程 5.2 公里,最大飞行速度达 800m/s,平均速度为 500m/s,也具有反击直升机的功能,最大破甲深度 700 毫米。

火控系统其最显著的特点是,射击反应时间短,当静对静时小于等于 5 秒,静对动时小于等于 7 秒,动对动时小于等于 9 秒,在 2000 米距离上首发命中率可达百分之 85 以上。夜间或复杂气象条件下,对坦克目标观察距离达 7~9 公里,具备了在昼/夜间于运动状态下对运动目标射击能力。就整体综合性能上讲 ZTZ-99 式主战坦克目前已经稳居世界前三位。

性能参数

战斗全重　51000kg

车长　7.6m

宽　3.5m

高　2.37m

最大公路时速　80km/h

越野最大时速　60km/s

轻型坦克

美国 M24 轻型坦克

1944 年 4 月,T24 坦克样车定型,称为 M24 轻型坦克,并以美国陆军阿德纳·R·霞飞将军的名字命名,通称为“霞飞”(Chaffee)坦克。到 1945 年 5 月,卡迪拉克汽车分公司和马塞—哈里斯公司共生产了4070辆。该坦克的火力和装甲防护力超过了第二次世界大战中所有的轻型坦克。M24轻型坦克从1944年开始装备美国陆军,编入美军驻欧洲的先头部队,曾参加了莱茵河战役。第二次世界大战后,除美军外,奥地利、法国、希腊、伊朗、伊拉克、日本、菲律宾、沙特阿拉伯、西班牙和巴基斯坦等国的军队也都使用了M24轻型坦克。该坦克参加了朝鲜战争、印度支那战争和印巴冲突等。此外,中国国民党军队中也有过此种坦克。现在仍有一些国家在使用M24轻型坦克。

美国M24轻型坦克

M24是40年代的产品,主要缺点是装甲薄弱,机动性差,为了适应现代战争,有很多装备M24坦克的国家对其做了重大的改进。主要武器是1门M6型75毫米火炮,采用单肉身管、半自动横楔式炮闩及同心式反后坐装置。后坐装置与炮管同心安装在一起,除具有驻腿退作用外,还起倒向作用。火炮可发射被帽穿甲弹和榴弹,弹药基数48发。其中穿甲弹的初速为860米/秒。火炮装有电击发和手击发两种装置。

火控系统包括炮塔的电液操纵和手操纵方向机、陀螺仪式火炮稳定器、观瞄装置、象限仪和方位仪等。火炮方向射界为360度,高低射界为-10~+15度。

性能参数

型号　M24改进型

乘员　4人

战斗全重　18000kg

车长　5.000m

车宽　2.770m

公路最大速度　57km/h

公路最大行程　400km

涉水深　1.02m

爬坡度　60%

越壕宽　2.4m

攀垂直墙高　0.9lm

美国M41轻型坦克

该坦克是美国在第二次大战后不久研制、1951年投产、1953年列入美军装备的轻型坦克,又称头犬(Bulldog)。它主要用于装甲师侦察营和空降部队,遂行侦察、巡逻、空降以及同敌方轻型坦克和装甲车辆作战等任务。后来,美军中的 M41 轻型坦克虽被 M551 谢里登轻型坦克取代,但它仍在世界许多国家和地区装备,总产量约 5500 辆。现仍装备该型坦克的国家有阿根廷、巴西、丹麦、土耳其、突尼斯、苏丹等 10 多个国家。主要改进型有 M41A1、M41A2、M41A3 等。此外,一些国家还对 M41 坦克做了改进。

该坦克安装 M32(T91E3)76mm 火炮,该炮采用立式滑动炮闩、液压同心式反后从装置、惯性撞击射击机构,发射定装式弹药如榴弹、破甲弹、穿甲弹、榴霰弹、黄磷发烟弹等。1982 年,美国 AAI 公司曾为该炮研制了新型 76mm 尾翼稳定脱壳穿甲弹,能击伤主战坦克装甲。火炮左侧有 1 挺 M1919A4E17. 62mm 并列机枪。此外,在炮塔顶的机枪架上还装 1 挺 M2HB12. 7mm 高射机枪。

该坦克车体由钢板焊接而成,前上甲板倾角 60°、厚 25. 4mm,火炮防盾厚 38mm,炮塔正前面厚 25. 4mm。为了反坦克,M41E 可以安装欧洲导弹(Euromissile)公司的 HCT 炮塔,发射架上载 4 枚反坦克导弹,还可安装美国埃默森(Emerson)公司的 ITV 改进型陶式导弹发射系统。

性能参数

战斗全重　23495kg

车长(炮向前)　8. 212m

车宽　3. 198m

车底距地高　0. 450m

涉水深　1. 016m

浮渡能力　无

爬坡度　60%

侧倾坡度　30%

攀垂直墙高　0. 71 1m

越壕宽　1. 828m

美国 M551 谢里登轻型坦克

M551 是美国 20 世纪 60 年代研制的一种轻型坦克,为了纪念南北战争时期北方著名的将领"谢里登"所以命名为美国 M551 谢里登轻型坦克。它曾拥有太多的光环:第一种扛大炮的轻型坦克,第一种使用炮射导弹的轻型坦克,第一次使用全可燃药桶,……曾经它给美国陆军很大的希望,但是在使用中,它却屡出故障,频频"露怯"。海湾战争后,M551 悄悄地退出美军现役,只是有些提供给加利福尼亚的欧文堡国家训练中心,作为假想敌部队坦克,供美军进行实战演练。

炮塔用钢装甲板焊接而成,车长和炮手位于炮塔内右侧,装填手在左侧。主炮是 m81 式 152mm 火炮/导弹发射管,有双向稳定器,采用液压—弹簧式同心反后坐装置。全炮重 607kg,只占全车重的 3.8%,该炮既可发射带可燃药筒的普通炮弹,如多用途破甲弹、榴弹、黄磷发烟弹和曳光训练弹等,又可以发射橡树棍(shillelagh)反坦克导弹。配用的 m409e5 式多用途破甲弹初速 687m/s,有效射程约 1500m,最大垂直破甲厚度达 500mm。

性能参数

战斗全重　15830kg

车长　6.299m

车宽　2.819m

全高　2.946m

车底距地高　0.480m

公路　70km/h

水上　5.8km/h

俄罗斯 πT-76 轻型(水陆)坦克

该坦克是苏联二次大战后研制、1950 年装备其陆军和海军陆战队的唯一轻型(水陆)坦克,到 60 年代末总生产约 7000 辆,主要用于侦察、警戒和指挥,也可作为登陆部队夺取滩头阵地时的火力支援。1957 年以后苏联又在该车底盘上试装过 85mm 口径火炮,定名为 πT-85 轻型(水陆)坦克。现装备该车的国家还有 20 多个。如:苏联海军陆战队、朝鲜、越南、阿富汗、安哥拉、刚果、古巴、埃及、赤道几内亚、芬兰、几内亚、几内亚(比绍)、印度、印度尼西亚、伊拉克、柬埔寨、马达斯加、莫桑比克、尼加拉瓜、老挝、巴基斯坦等。

该坦克安装Ⅱ-56T 式火炮,身管长为 42 倍口径,炮重 1150kg,该炮最大射速为 6~8 发/min,最大射程为 12000~13290m,可以发射曳光穿甲弹、破甲弹、曳光穿甲燃烧弹、曳光超速穿甲弹和榴弹等多种弹药。辅助武器为 1 挺装于主炮右侧的 7.62mm 并列机枪。某些车型还装 1 挺ⅡⅢKMl2.7mm 高射机枪。

有 5 个前进档和 1 个倒档,采用离合-制动转向。悬挂装置为独立式扭杆,有 6 个大负重轮,诱导轮在前、主动轮在后。海军陆战队装备的某些 πT-76 坦克水上行驶时于炮塔后部安装有通气管,它通过一种通风装置将战斗舱内的废气排出。该坦克的缺点是没有三防装置,缺少夜间战斗设备,装甲较薄,甚至能被机枪弹击穿,车体尺寸较大,不宜空降等。

性能参数

战斗全重　14000kg

车体长　6.910m

车宽　3.140m

车高　2.255m

火线高　1.820m

公路　44km/h

水上　10km/h

爬坡度　70%

攀垂直墙高　1.1m

越壕宽　2.8m

瑞典 CV90120-T 轻型坦克

话说当年 CV90120-T 坦克是由瑞典赫格隆公司作为风险投资研发的项目。在项目开始之前,赫格隆公司的工程师经过对现代战争的态势及未来作战需求的分析得出结论,未来的坦克需要具备以下几点:一是要有现役主战坦克如“豹”2 主战坦克的强大火力;二是要有出色的战术及战略机动性;三是要有高水平的战场生存力。在这个需求指引下,CV 系列步兵战车的成熟底盘和紧凑型大成力滑膛炮的完美结合促成 TCV90120-T 坦克的诞生。

CV90120-T 轻型坦克在外观上最典型的特征就是在一个“瘦小”的底盘上架着 1 门威风凛凛的 120 毫米大炮,再加上其众多顶尖军工科技的应用,我们不妨将其称为 21 世纪的“小车扛大炮”。CV90120-T 坦克的代号很有意思,非常好记,CV90 是指 CV90 步兵战车的底盘,120 是主炮口径的毫米数,T 就是指坦克。

CV90120-T 坦克的标准装备包括一套超压核生化三防系统、灭火抑爆系统和发动机的增压系统。选装设备包括空调系统、内部通联/无线电系统等。总之,CV90120-T 坦克的各项设计都是为了达到前文所说的 3 个要求来进行的。这种坦克也确实是一辆不错的“大威力小车”,但令人尴尬的是,CV90120-T 坦克自 2001 年定型以来,截至 2005 年底,还没有收到一份订单。

性能参数

最大速度　70 千米/小时

最大行程为　600 千米

爬坡度为　60%

侧倾坡度　40%

越壕　2.4 米

过垂直墙高　1 米

涉水深为　1.5 米

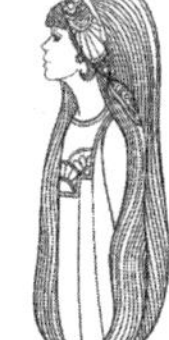

法国 AMX-13 轻型坦克

AMX-13 轻型坦克于 1946 年开始研制，两年后，制成了第一台样车，1952 年开始生产。至 1981 年，AMX-13 轻型坦克总产量达 7615 辆。装备于法国、以色列、阿根廷、智利、多米尼加、厄瓜多尔、萨尔瓦多、印度尼西亚、科特迪瓦、吉布提、黎巴嫩、摩洛哥、尼泊尔、秘鲁、新加坡、突尼斯、委内瑞拉。

法国 AMX-13 轻型坦克

该坦克安装 1 门 75mm 火炮，火线高 1820mm，有炮口制退器并采用自动装弹机构。该炮由炮塔后部的 2 个鼓形弹舱供弹，每个弹舱装有炮弹 6 发。火炮发射后，空弹壳可经炮塔后窗口自动抛出。火炮配有穿甲弹和榴弹，弹药基数 37 发，而后期生产的车辆又增加到 44 发。辅助武器为 1 挺 7.5mm 或 7.62mm 并列机枪，机枪弹 3600 发。炮塔两侧各装有 2 具烟幕弹发射器。

该坦克采用雷诺(Renault)公司 8Gxb 型 8 缸水冷汽油机，最大功率 184kW(250 马力)。动力传动部分在车体前右部呈 Γ 形布置，因而车高才 2.300m。传动装置采用 5 档机械式变速箱和克利夫兰(Cleveland)型差速式转向机。悬挂为独立扭杆式，有 5 对挂胶负重轮，主动轮在前、诱导轮在后。钢制履带板，必要时可安装橡胶衬垫。该坦克没有三防装置，也不能涉深水，还未装夜视仪器，因而许多国家在购买 AMX-13 之后又增添了炮手红外瞄准镜和红外探照灯等。

性能参数

型号　AMX-13

战斗全重　15000kg

车体长　4.880m

车宽　2.500m

车高(至指挥塔顶)　2.300m

车底距地高　0.370m

涉水深　0.6m

浮渡能力　无

爬坡度　60%

越壕宽　1.6m

4×4 驱动车辆

BDX 装甲人员输送车

1976 年伯赫曼 · 迪蒙公司(BehermanDemoen)工程部被授权特许生产改进型爱尔兰“蒂莫尼”(Timoney)(4×4)装甲人员输送车。1977 年比利时政府订购了 123 辆,其中 43 辆装备比利时空军用做机场保卫,80 辆装备比利时宪兵。这批车于 1978 年至 1981 年逐步交付使用。除了提供给阿根廷 5 辆以外,最近比利时军队中的 BDX 绝大部分已转给墨西哥。在此车的基础上进一步研制出维克斯防务系统公司的“瓦尔凯”轮式装甲车,但只有 2 辆被科威特在伊拉克入侵之前买走。维克斯防务系统公司现已不再出售这个车型。

驾驶员位于车体最前端,发动机位于其后,最后面是载员舱。载员舱两侧及后面都有车门。该车车顶可安装多种武器,包括双联 7. 62mm 机关枪,或处于待发状态的双联米兰反坦克导弹发射器。

BDX 为水陆两栖,水上靠车轮推进。任选设备包括喷水推进器、三防装置、烟幕弹发射器、空调系统,前置推土铲。所有安装有汽油机的 BDX 均可改用燃料效率更高的 180 马力 2,800 转的 4V-53T 型底特律柴油机。

性能数据

乘员　2+10 人

驱动型式　4×4

武器配备　参见本文

车长　5. 05m

车宽　2. 5m

车高(含炮塔)　2. 84m

车高(至车体顶)　2. 06m

车底距地高　0. 4m

轴距　3. 003m

战斗全重　10,700kg

净重　9,750kg

单位功率　16. 82hp/t

发动机　克莱斯勒公司 V-8 水冷汽油机 180hp/4,000rpm
公路最大速度　100km/h
公路最大行程　500~900km
燃料容量　248L
涉水深　水陆两栖
攀垂直墙高　0.4m
越壕宽　不适用
爬坡度　60%
侧倾坡度　40%
装甲厚度　12.7mm(最大)
装甲类型　钢
三防装置　可选择安装
夜视装置　可选择安装

变型车

比利时宪兵队所订购的装甲人员输送车中,41 辆无炮塔,26 辆带有推土铲,13 辆带有 81mm 迫击炮。

比利时技术投资公司(Technology Investment)为爱尔兰陆军制造了 10 辆"蒂莫尼"装甲人员输送车,5 辆 MK4 和 5 辆 MK6(现已全部退役)。

埃及卡达"法哈"装甲人员输送车

"法哈"(Fahd)(4×4)是当时的德国亨舍尔公司(今莱茵金属地面系统公司)应埃及陆军的要求研制的装甲人员输送车,研制代号为 TH390。1985 年开始生产,1986 年开始交付使用。该车采用改装型梅赛德斯—奔驰卡车底盘,其装甲车体完全可抵御 7.62×54mm 穿甲弹以及弹片的袭击。

卡达"法哈"装甲人员输送车

车长和驾驶员位于车体前部,发动机在两人下方中间的位置,10 人载员舱在车体后部,人员通过车尾一个上下对开的舱口出入。上扇可向上抬起,下扇放下后可做上下车的台阶。载员舱两侧没有带观察窗的射击孔,车后进出舱口两侧各有一个射击孔、一个观察窗。舱顶有顶舱盖。

标准设备有中央轮胎压力调节系统,驾驶员可根据地面情况调节轮胎气压,此外还有助力转向。该车可选设备包括三防装置、前置液压绞盘、通风系统、夜视装备和烟幕弹发射器。

1991 年“法哈”30 首次公开展示，该车实质上就是“法哈”车和俄罗斯 BMP—2 整套炮塔的组合，该炮塔装备有 30mm 机关炮、7.62mm 并列机枪和顶置反坦克导弹发射器。

性能数据

乘员　2+10 人

驱动型式　4×4

武器配备　7.62mm 机枪（参见本文）×1 挺 烟幕弹发射器 2×4 具

弹药基数　7.62mm 机枪弹×1,000 发（估计）

车长　6m

车宽　2.45m

车高匣车体顶　2.1m

车底距地高　0.31～0.37m

轴距　3.2m

战斗全重　10,900kg

净重　9,100kg

单位功率　15.4hp/t

发动机　梅赛德斯—奔驰公司 OM-352A6 缸直喷式水冷涡轮增压柴油机 168hp/2,800rpm

公路最大速度　90km/h

公路最大行程　800km

涉水深　0.7m

攀垂直墙高　0.5m

越壕宽　0.9m

爬坡度　70%

侧倾坡度　30%

装甲厚度　10mm（最大）（估计）

装甲类型　钢

三防装置　可选择安装

夜视装置　可选择安装

变型车

“法哈”可安装多种武器，从枢轴安装的 7.62mm 机枪到 20mm 机关炮。制造商可提供的变型车有救护车、指挥车、多管火箭发射车、抢救车、布雷车和国内安全车。最新款的生产型车采用了 240 马力，2,600 转/分钟的梅赛德斯—奔驰 OM366 LA 六缸柴油机。

法国潘哈德 VBL 侦察车

1978 年法国陆军提出研制新型轻型侦察/反坦克车(法文缩写为 VBL)的需求。潘哈德公司和雷诺公司为此各制造了一辆样车参加性能试验。1985 年 2 月,潘哈德公司的 VBL 被选中,而与此同时潘哈德公司已经在为墨西哥生产 VBL 了。到 2002 年初,潘哈德公司已生产 1,600 多辆 VBL,其中 1,200 辆交付法国陆军。法国陆军现有 VBL 的两种基型车,一种是战斗/反坦克车,乘员 3 人,装备“米兰”反坦克导弹发射器和 1 挺 7.62mm 机枪;另一种是情报/侦察车,乘员 2 人,装备 1 挺 7.62mm 机枪和 1 挺 12.7mm 机枪。1995 年 10 月第 1,000 辆 VBL 车从位于 Marolles 的潘哈德制造厂出厂。

所有的 VBL 车都将发动机安装在车体前端,发动机后是乘员舱,设有 3 个顶舱盖和 3 个门。VBL 为水陆两栖,车后装有推进器。标准装备包括中央轮胎压力调节系统。可选设备包括加温器、动力转向装置和空调系统。

性能数据

乘员　3 人

驱动型式　4×4

武器配备　7.62mm 机枪×1 挺“米兰”反坦克导弹发射器×1 具

弹药基数　7.62mm 机枪弹×3000 发“米兰”反坦克导弹×6 枚

车长　3.87m

车宽　2.02m

车高　1.7m(至车体顶)2.14m(含 7.62mm 机枪)

车底距地高　0.37m

轴距　2.45m

战斗全重　3,590kg

净重　2,890kg

单位功率　29.57hp/t

发动机　标致公司 XD3T 型,4 缸涡轮增压柴油机 105hp/4150rpm

公路最大速度　95km/h

水上最大速度　4.5km/h

公路最大行程　600km,800km(带附加燃料桶)

涉水深　0.9m(参见本文)

越壕宽　0.50m

爬坡度　50%

侧倾坡度　30%

装甲厚度　11.5mm(最大)

装甲类型　钢

三防装置　有

夜视装置　有(被动式,驾驶员用)

变型车

潘哈德公司有20多种车型可供出口,例如雷达车(用于野战防空)、防空车(装有“西北风”防空导弹)、反坦克车(装有“米兰”“霍特”或“陶”式反坦克导弹)和数量较少的一种国内安全车。还有一种VBL长轴距车型可供选择。

法国潘哈德M3装甲人员输送车

M3(4×4)由潘哈德公司自行投资研制,首辆样车完成于1969年,1971年首批生产型车出厂,共有1,200余辆出口到约35个国家。该车95%的部件与潘哈德AML系列4×4装甲车相同。潘哈德M3可执行多种任务,如用作内务安全车、救护车和指挥车。

驾驶员位于车体前部,发动机在驾驶员后,其余空间为载员舱。所载人员通过车两侧的单扇门和车尾的双扇门上下。舱内共有8个射击孔。可使用多种炮塔,舱顶可安装转塔及机关炮、机枪和“米兰”等反坦克导弹武器系统。

本车为水陆两栖,水中靠车轮划水推进。可选择安装多种设备,如前置绞盘、空调系统和两具烟幕弹发射器。

性能数据

乘员　2+10人

武器配备　参见本文

车长　4.45m

车宽　2.4m

车高　(至7.62mm双联机枪炮塔)2.48m

车高　(至车体顶)2m

车底距地高　0.35m

轴距　2.7m

战斗全重　6,100kg

净重　5,300kg

单位功率 14.75hp/t

发动机　潘哈德4型HD4缸风冷汽油机90hp/4,700rpm

公路最大速度　90km/h

水上最大速度　4km/h

公路最大行程　600km

涉水深　水陆两栖

攀垂直墙高　0.3m

越壕宽(1 个导轨)　0.8m

越壕宽(5 个导轨)　3.1m

爬坡度　60%

侧倾坡度　30%

装甲厚度　12mm(最大)

装甲类型　钢

三防装置　可选择安装

夜视装置　可选择安装

变型车

M3/VDA 防空车——使用单人电动炮塔,装备双管 20mm 机关炮。发射前,放下 4 个支撑腿,以构成一个更稳定的发射平台。该车型目前装备象牙海岸、尼日尔和阿联酋。

M3/VAT 修理车——车尾装有升降装置。

M3/VPC 指挥车——装有远程通信设备。

M3/VLA 工程车——车体前装有清障推土铲。

M3/VTS 救护车——除了本车乘员外,还可运送四名卧姿或六名坐姿伤员,也可混合运送。

M3 雷达车——可安装各种雷达设备,包括 RAS IT 野战侦察雷达或 RA 20S 侦察雷达。

“野牛”(Buffalo)装甲人员输送车——1986 年取代了潘哈德 M3 进入生产。主要是在潘哈德 M3 基型车基础上安装了附加外置储物筐篮,将原来的汽油机换成 146 马力 V-6 汽油机或 95 马力柴油机。此车正在生产中,现役于贝宁、哥伦比亚和卢旺达。它采用的标致(Peugeot)XD3T 95 马力柴油机还同时被潘哈德 VBL(4×4)轻型装甲车所采用,此外还可以用在潘哈德 AML 车上。

德国莱茵金属地面系统 TM 170 装甲人员输送车

TM 170(4×4)由蒂森·亨舍尔公司(Thyssen Henschel)(今莱茵金属公司地面系统分公司)自行投资研制,于 1979 年投入生产。它采用了 UNIMOG 越野卡车底盘,车体为全焊接钢板结构,可防轻武器和弹片的袭击。

动力舱位于车体最前端,其后是车长和驾驶员位置,其余空间为载员舱。车长和驾驶员位置后的车顶部分可安装多种武器系统,如双联 7.62mm 机枪转塔或单人 20mm 机关炮炮塔。

基型车为水陆两栖,在水中靠车轮划水或两个喷水推进器推动,最高水上时速为 9 公里。入水前,须先竖起车前的防浪板,并启动舱底排水泵。可选择安装多种设备,如三防装置、清障铲、烟幕弹发射器、绞盘、闪光灯、灭火装置、加温器、球形射击孔和扩音器。

性能数据

乘员　2+10 人

驱动型式　4×4

武器配备　可选择安装

车长　6. 14m

车宽　2. 47m

车高(至车体顶)2. 32m

车底距地高　0. 48m

轴距　3. 25m

战斗全重　11,650kg

净重　8800kg

单位功率　18hp/t

发动机　戴姆勒—奔驰公司 0M366 超高增压柴油机 240hp/1400rpm

公路最大速度　100km/h

水上最大速度　9km/h

公路最大行程　870km

燃料容量　200L

涉水深　水陆两栖

攀垂直墙高　0. 6m

越壕宽　不适用

爬坡度　80%

侧倾坡度　40%

装甲厚度　8mm(估计)

装甲类型　钢

三防装置　可选择安装

夜视装置　可选择安装

变型车

TM 170 可执行多种任务,包括用作通信车和工程车。最新的车型为经过了多项的改进的 TMl70“强硬者”(Hardliner)。

莱茵金属公司地面系统分公司还制造出了 TM125 和 TM 90(4×4)装甲人员输送车的

样车,但是这两个车型均未能进入生产,目前也已不供货。

以色列 RAM 轻型装甲车车族

20 世纪 70 年代初以色列航空工业公司(Israel Aircraft Industries)下属的拉姆塔结构系统公司(RAMTA Strictures and Systems)自行投资设计并制造了 RBYMkl 轻型装甲侦察车。随后开始批量生产,以供应国内外市场。RBY Mkl 可执行多种任务,有多种武器系统可供选择,从枢轴安装的 7.62mm 机枪到 106mm 无后坐力炮皆可。1979 年,拉姆塔结构系统公司又宣布推出 RAM 轻型装甲战车车族,并且新车型现已取代 RBY 进入生产。拉姆车族可分为两大类,车顶开放的 RAMV-1 和车顶封闭的 RAMV-2。在原 RBY Mk1 基础上所做的主要技术改进包括:使用大直径车轮以提高车底距地高;用柴油机取代原来的汽油机来增加活动范围;采用自动传动装置。

性能数据

乘员　2+7 人

驱动型式　4×4

武器配备　视任务而定

车底距地高　视任务而定

车长　5.52m

车宽　2.03m

车全高　1.72m

车底距地高(车体)　0.39m

车底距地高(车轴)　0.31m

轴距　3.4m

战斗全重　5,750kg

净重　4,300kg

单位功率　22.05hp/t

发动机德兹风冷 6 缸柴油机 132hp

公路最大速度　96km/h

公路最大行程　800km

燃料容量　160L

涉水深　1.00m

攀垂直墙高　0.8m

越壕宽　不适用

爬坡度　64%

侧倾坡度　35%

装甲类型　钢

三防装置　无

夜视装置　可选择安装

变型车

步兵战车——装备 3 挺枢轴安装的 7.62mm 机枪，一个反坦克火箭发射器。

步兵战斗车——除有上述车型的装备外，还有 1 门 52mm 迫击炮，和夜视装置。

TCM-20 防空车——电动单人炮塔装备了双管 20mm 机关炮。发射前，放下稳定支腿，形成一个更稳定的发射平台。

近程坦克歼击车——装有 106mm M40 无后坐力炮。

远程坦克歼击车——装备雷昂系统公司生产的“陶”式反坦克导弹发射器和 2 挺 7.62mm 机枪。

RAMV-2 装甲战车——载员舱为全封闭结构，可容纳 8 到 10 人。可安装多种武器系统，包括 7.62mm 机枪和 12.7mm 机枪以及 40mm 榴弹发射器。

意大利菲亚特/奥托·梅拉瑞 6616 式装甲车

6616 式(4×4)装甲车是由菲亚特公司(FIAT)和奥托布列达公司(Otobreda)联合研制的。该车的很多部件与 6614 式(4×4)装甲人员输送车相同。菲亚特公司负责车体、机械部件的生产和最后总装，奥托·梅拉瑞公司则负责制造双人炮塔。

首辆样车完成于 1972 年。意大利轻骑兵团最先订购了该车。到停产时，菲亚特和奥托公司已为意大利国内和国外市场生产了约 300 辆。

6616 式采用电动炮塔，旋转范围 360°。20mm 莱茵金属 MK 20 Rh 202 式机关炮俯仰范围-5°~+35°。1 挺 7.62mm 并列机枪安装在 20mm 机关炮上方。6616 式可满足水陆两栖需求，水中靠车轮划水推动。可选择的装备有拉力为 4,500 公斤的绞盘、三防装置、空调系统和灭火系统。还可在炮塔顶安装 1 门 106mm M40 无后坐力炮。

性能数据

乘员　3 人

驱动型式　4×4

武器配备　20mm 炮×1 门 7.62mm 机枪(并列)×1 挺烟幕弹发射器 2×3 具

车底距地高　20mm 炮弹×400 发 7.62mm 机枪弹×1,000 发

车长(炮向前)　5.37m

车体长　5.37m

车宽　2.5m

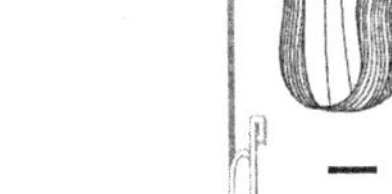

车高(至炮塔顶)2.035m

车底距地高　0.44m(车体中央)0.37m(车轴)

轴距　2.75m

战斗全重　8,000kg

单位功率　20.20hp/t

发动机 8062.24 型超高增压水冷直列柴油机 160hp/3,200rpm

公路最大速度　100km/hr

水上最大速度　5km/hr

公路最大行程　700km

燃料容量　150L

涉水深　水陆两栖

攀垂直墙高　0.45m

越壕宽　不适用

爬坡度　60%

侧倾坡度　30%

三防装置　可选择安装

夜视装置　可选择安装

变型车

为了进行试验,奥托·梅拉瑞 6616 式装甲车试装了多种武器系统,如下所列。但到目前为止尚无一种作为 6616 的变型车进入生产。

奥托·梅拉瑞 OTO T 90 CKL 炮塔——装备 90mm 火炮。

奥托·梅拉瑞炮塔——装备奥托布列达 60mm 速射炮系统。

奥托·梅拉瑞炮塔——装备 25mm 机关炮和 7.62mm 并列机枪。

俄罗斯 BRDM-2 反坦克导弹发射车

BRDM-2“耐火箱”反坦克导弹发射车研制于 20 世纪 60 年代末,用以替代早期装备了“甲鱼”和“蝇拍”反坦克导弹的 BRDM-1(这两种导弹目前均退出现役)。1973 年中东战争时,埃及和叙利亚军队首次将本车用于实战。就车辆部件而言,BRDM-2(装备“耐火箱”)与基型 BRDM-2 水陆两栖侦察车完全相同。本车亦为水陆两栖,在水中靠车后的一个喷水推进器推动;装有中央轮胎压力调节系统;在车体两侧的轮胎间各有两个可驱动的腹轮,遇到崎岖地形时可放下,以提高车辆的越野机动性。

装有 6 枚待发“耐火箱”反坦克导弹的发射器设有顶部装甲防护。发射时,从车体内升出车顶。导弹既可从车内发射,也可通过辅助瞄准装置和导线,在最远距车体 80 米处发射。车体内还载有 8 枚备用弹，须人工装填。“耐火箱”的最大射程为 3,000 米。1977 年，“耐火箱”制导系统从原来的有线制导改进为半主动红外制导。

性能数据

乘员　2、3 人

驱动型式　4×4

武器配备　带有 6 枚“耐火箱”反坦克导弹的发射器

车底距地高　“耐火箱”反坦克导弹×14 枚（共计）

车长　5.75m

车宽　2.35m

车高（发射器收回）　2.01m

车底距地高　0.43m

轴距　3.1m

单位功率　20hp/tonne

战斗全重　7,000kg

发动机　GAZ-41V-8 水冷汽油机 140hp/3,400rpm

公路最大速度　100km/h

水上最大速度　10km/h

公路最大行程　750km

燃料容量　290L

涉水深　水陆两栖

攀垂直墙高　0.4m

越壕宽　1.25m

爬坡度　60%

侧倾坡度　30%

装甲厚度　14mm（最大）

装甲类型　钢

三防装置　有

夜视装置　有（红外夜视仪，驾驶员用）

变型车

装备“拱肩”反坦克导弹的 BRDM-2——1977 年首次露面。车顶有 5 枚待发 AT-5“拱肩”反坦克导弹，车内还有 10 枚备用弹。AT-5“拱肩”的最大射程为 4,000 米。炮长利用瞄准十字线锁定目标。部分 BRDM-2（“拱肩”）装备 2 枚待发 AT-4“塞子”（右侧）和 3 枚待发 AT-5“拱肩”（左侧）反坦克导弹。

装备“蝇拍-C”反坦克导弹的 BRDM-2——1973 年首次露面，其 4 管 AT-2“蝇拍”发射器已由原来的无线电制导改为半主动红外制导。

西班牙圣·芭芭拉 BLR 装甲人员输送车

BLR(BIindado Ligero de Ruedas),旧称毕卡索 BLR 3545,主要设计用途为国内安全车。车体可为乘员提供对轻武器和弹片的全方位防护。车长和驾驶员位于车体前部,后面的空间除后中部的动力机舱外全部为载员舱。为了降低采办费用和寿命周期费用,该车尽可能多地采用了通用标准件。

武器装备取决于其要执行的任务,但是一般都有 1 个单人炮塔,外装 1 挺 7.62mm 机枪。标准装备包括通风系统,手动或自动传动系统、发动机舱和轮胎灭火装置、防弹轮胎和 4,500 公斤拉力的绞盘。

可选择安装多种装备,包括烟幕弹/CS 毒气发射器、动力输出装置、专用防暴装置和多种通信设备。

性能数据

乘员　1+12 人

驱动型式　4×4

武器配备　7.62mm 机枪×1 挺

车底距地高　7.62mm 机枪弹×1,000 发

车长　5.65m

车宽　2.5m

车高(至车体顶)　2m

车底距地高　0.32m

轴距　3.15m

战斗全重　12,000kg

净重　9,600kg

单位功率　17.5hp/t

发动机　毕卡索公司 6 缸涡轮增压直列柴油机 210hp/2,100rpm

公路最大速度　93km/h

公路最大行程　570km

燃料容量　200L

涉水深　1.1m

攀垂直墙高　未取得数据

越壕宽　不适用

爬坡度　60%

侧倾坡度　30%

装甲厚度　8mm(最大)(估计)

装甲类型　钢

三防装置　无

夜视装置　无

变型车

制造商提供了多种可选择的武器系统,包括 12.7mm 机枪、20mm 或 25mm 机关炮以及装备 90mm 火炮的炮塔。专用车型还有救护车和指挥车。

瑞士莫瓦格"鹰"式装甲侦察车

"鹰"(Eagle)式装甲侦察车是由瑞士莫瓦格公司根据瑞士陆军的需求研制的。在三辆样车的测试评定通过后,该公司获得了瑞士陆军 156 辆车的生产合同,首批车于 1995 年初交付使用。

莫瓦格"鹰"式装甲侦察车

"鹰"式车主要采用了美国 AM 通用高机动性多用途轮式车(HMMWV)的底盘。此种车已生产超过 170,000 辆,除用于装备美军外还出口到国外。"鹰"式车采用装甲车体,可防轻武器和弹片袭击。

发动机在车体前部,驾驶员和车长位于车体中部,后部是 2 名载员。车顶安装单人炮塔,炮塔右侧装备 1 挺 7.62mm 机枪,炮塔旋转范围 360°,武器高低射界 -10°~+20°。炮塔靠前部位安装了 1 套昼/夜热成像观察仪。防弹玻璃的防护力与车体相当。

标准设备包括三防装置、动力转向装置和泄气保用轮胎。有多种设备可供选用,包括中央轮胎压力调节系统、加温器和绞盘。

性能数据

乘员　4 人

驱动型式　4×4

武器配备　7.62mm 机枪×1 挺

烟幕弹发射器　1×6 具

弹药基数　7.62mm 机枪弹×400 发

车长　4.90m

车宽　2.28m

车高(至车体顶)　1.75m

车底距地高　0.4m

轴距　3.30m

战斗全重　5,100kg

净重　3,900kg

单位功率　31.3hp/t

发动机　通用汽车公司 6.51 NAV-8 柴油机 160ph/1700rpm

公路最大速度　125km/h

公路最大行程　450km

燃料容量　95L

涉水深　0.76m

攀垂直墙高　未取得数据

越壕宽　不适用

爬坡度　60%

侧倾坡度　40%

装甲厚度　机密

装甲类型　钢

三防装置　有

夜视装置　无(可选择安装)

变型车

最早的生产型车被称为“鹰”式 Mk Ⅰ,现在的生产型车则称为“鹰”式 Mk Ⅱ。Mk Ⅱ有较厚的防弹侧窗。瑞士陆军已订购 120 辆“鹰”式 Mk Ⅲ,用作炮兵观察车。这些车辆加高了车顶,车顶有可伸缩的传感器组。

土耳其 Otokar“蝎”式轻型侦察车

“蝎”(Scorpion)式由 Otokar otobusKaroseri SanayiAS 投资研制,采用了土耳其国内生产的“陆虎”(4×4)的底盘,安装了全装甲车体,可防轻武器袭击。首批样车于 1993 年完成,1994 年首批车生产出厂。该车与下一条目将详细介绍的 Okotar(4×4)装甲人员输送车共用了很多部件。

“蝎”式采用常规布置。发动机在车体前部,其后是驾驶员和车长位置,两人从车体两侧的车门上下。机枪手在车体后部,使用昼/夜瞄准系统遥控瞄准和操纵双联 7.62mm 机枪。

标准设备包括动力转向、空调系统、加温器、抽气装置和泄气保用轮胎。有多种可选择设备,包括车前安装的电动绞盘、电击发烟幕弹发射器、通信设备和一套 24 伏的电气系统。本车可用汽油机或效率更高的柴油机驱动,还可同时安装手动和自动两套换档系统。

性能数据

乘员　3 人

驱动型式　4×4

武器配备　7.62mm 机枪×2 挺

车底距地高　230+3,000 发×7.62mm

车长(带绞盘)　4.19m

车宽　1.91m

车高　2.563m(含武器)　2.01m(不含武器)

车底距地高　0.23m

轴距　2.694m

战斗全重　3,200kg

净重　2,800kg

单位功率　37hp/t

发动机　兰德·路华 V-83.5L 水冷汽油机 134hp/5,000rpm 或路华 300 TDI 4 缸涡轮增压柴油机　111hp/4,000rpm

公路最大速度　125km/h

公路最大行程　650km(汽油机)1000km(柴油机)

燃料容量　85L

涉水深　0.65m

攀垂直墙高　0.315m

越壕宽　未取得数据

爬坡度　70%

侧倾坡度　40%

装甲厚度　机密

装甲类型　钢

三防装置　无

夜视装置　有

变型车

本车除可装备遥控 7.62mm 机枪外,还可安装多种型号的 7.62mm 或 12.7mm 机枪转塔。

国内安全车——装有附加传感器、金属防护网和警报器。

雷达车——可安装多种型号的野战侦察雷达。

导弹发射车——可装备多种地空导弹系统或反坦克导弹。

英国/澳大利亚“肖兰”装甲巡逻车

“肖兰”(Shorland)原是应北爱尔兰皇家警察部队的要求于1965年研制的。同年首批生产型车完成,到现在总量已逾1,000台,主要用于出口。英国陆军现已不再使用。“肖兰”采用改装型长轴距“陆虎”底盘,安装了全装甲车体,可防轻武器和弹片袭击。

最早的生产型车为Mk1,后来陆续推出了Mk2、Mk3、Mk4和Mk5,其间的主要差别在所用的“陆虎”底盘上。Mk5采用了改进型螺旋弹簧悬挂结构,同时加宽了轮存线。后期生产的车型车被称为5系列,装甲巡逻车的编号则为S52。

炮塔装备了1挺7.62mm机枪,其俯仰和旋转均为手动操作。炮塔两侧还可安装4具电击发烟幕弹发射器,向前发射。可选择设备包括各种电台、空调系统和扩音器。该系列车型采用了不同的观察布局方式,并有一种型号选用了107hp的柴油机。最新型号的车,采用了重新设计的呈45°角的车尾,稍有不同的车体前部。

“肖兰”原由北爱尔兰的shorts公司生产,但今后的生产将全部转由澳大利亚的德尼克斯防务系统公司负责完成。

性能数据

乘员　3人

驱动型式　4×4

武器配备　7.62mm机枪×1挺

车底距地高　7,62mm机枪弹×1600发

车长　4.49m

车宽　1.8m

车高(至车体顶)　1.8m

车底距地高　0.324m

轴距　2.79m

战斗全重　3,600kg

单位功率　37.8bhp/t

发动机　路华4冲程V-8汽油机134bhp/500rpm(或柴油机)

公路最大速度　120km/h

公路最大行程　630km

燃料容量　136L

涉水深　0.5m

攀垂直墙高　0.23m

越壕宽　不适用
爬坡度　60%
侧倾坡度　30%
装甲厚度　8mm
装甲类型　钢
三防装置　无
夜视装置　无

变型车

S52——“肖兰”装甲巡逻基型车。

S53——机动防空车。炮塔顶有1个轻型发射架，装备3枚待发状态的“轻标枪”地对空导弹。

S54——反劫持车。装有一种特型炮塔，炮塔上可安装1枝狙击手用步枪。

S55——装甲人员输送车。在装甲人员输送车部分有详细介绍。

英国戴姆勒“费列特”侦察车

“费列特”(Ferret)系列4×4侦察车是戴姆勒公司在二战结束后不久为英国陆军研制的。19496F首批样车制成，批量生产从1952年开始，直到1971年才结束，为英国国内及国外市场共生产了4,409辆。目前英国陆军已不再使用该车。

“费列特”Mk2/3的总体布置为驾驶员在前部，车长居中，发动机在后。炮塔旋转和7.62mm机枪俯仰为手动操作，旋转范围360°，高低射界-15°~+45°。该车的炮塔与许多阿尔维斯“撒拉逊”(Saracen)(6×6)装甲人员输送车使用的炮塔完全相同。车体左侧载有备用轮，右侧对应部位为紧急舱口。车体前部常常横向装有越壕及通过沙地用钢质槽板。

性能数据

乘员　2人
武器配备　7.62mm机枪×1 挺烟幕弹发射器2×3具
车底距地高　7.62mm机枪弹×1,000发
车长　3.835m
车宽　1.905m
车高　1.879m
车底距地高　0.33m
轴距　2.286m
战斗全重　4,400kg

净重　3,640kg

单位功率　29.35bhp/t

发动机　劳斯莱斯 B60 Mk 6A 6 缸直列水冷汽油机 129bhp/3,750rpm

公路最大速度　93km/h

公路最大行程　306km

燃料容量　96L

涉水深　0.914m

有准备涉水深　1.524m

攀垂直墙高　0.406m

越壕宽(带导轨)　1.22m

爬坡度　46%

侧倾坡度　30%

装甲厚度　8~16mm

装甲类型　钢

三防装置　无

夜视装置　无

变型车

"费列特"Mk1——无炮塔,车顶开放。通常有 1 挺枢轴安装的 7.62mm 机枪。

Mk 1/2——乘员 3 人,采用低矮型炮塔,装备 7.62mm 机枪。

Mk 2——与 Mk 2/3 类似,有炮塔。

Mk 2/2——为远东制造,今已不用。

Mk 2/4——有附加装甲。

Mk 2/5——改进到 Mk 2/4 标准的 Mk 2。

Mk 2/6——炮塔两侧装有"警戒"反坦克导弹的 Mk 2/3。英国陆军现已不用,但在中东可能仍在使用。

Mk 2/7——去掉导弹的 Mk 2/6,与 Mk 2/3 相同。

Mk 3——改进内容与 Mk 4 相同的 Mk 1。

Mk 4——经过多项技术改进的 Mk 2/3,其改进包括使用更大的车轮,安装浮渡围帐。

Mk 5——有"旋火"反坦克导弹。今已不用。在 Mk 4(又称"大轮费列特")的改进基础上,演变出了"狐"式车。有相当数量的公司,包括阿尔维斯车辆公司(现为"费列特"车的设计商)提供提高该车性能的改进组件,其中包括燃料效率更高的柴油机。阿尔维斯公司已将用于换装的柴油机销售给了马来西亚。

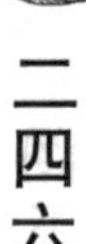

英国“狐”式轻型装甲车

“狐”式侦察车（轮式）是20世纪60年代由当时的英国战车发展研究院（Fight-ingVehicles Research and Development Establishment）（简写为FVRDE,）设计研制的，与此同时“蝎”式履带式侦察车的研制也在进行中。样车由位于考文垂的戴姆勒公司负责制造，1967年首辆样车完成。批量生产由当时的利兹皇家兵工厂承担，1973年首批生产型车完成。1986年利兹皇家兵工厂被维克斯防务系统公司收购，“狐”式于不久前停产。

驾驶员在前，双人炮塔居中，发动机与传动装置在后。炮塔为手动操作，旋转范围360°。30mm“拉登”机关炮的俯仰范围-14°~+40°，配用弹种包括曳光穿甲脱壳弹、曳光二次爆炸穿甲弹、曳光燃烧榴弹和训练弹。

“狐”式轻型装甲车装备有浮渡围帐。当浮渡围帐升起时，车辆在水中靠车轮推进和转向。服役于英国陆军的车辆已被去掉了浮渡围帐。

性能数据

乘员　3人

驱动型式　4×4

武器配备　30mm机关炮×1门 7.62mm机枪（并列）×1 挺烟幕弹发射器2×4具

车底距地高　30mm炮弹×99发 7.62mm机枪弹×2,600发

车长（炮向前）　5.08m

车体长　4.166m

车宽　2.134m

车全高　2.2m

车高（至炮塔顶）　1.981m

车底距地高　0.3m

轴距　2.464m

战斗全重　6120kg

净重　5733kg

单位功率　30.04hp/t

发动机“美洲虎”XK42L6缸汽油机 190bhp/4,500rpm

公路最大速度　104km/h

水上最大速度　5.23km/h

公路最大行程　434km

燃料容量　145L

涉水深　1m，水陆两栖（有准备）

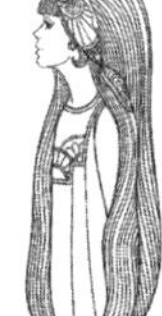

攀垂直墙高 0.5m

越壕宽(带导轨) 1.22m

爬坡度 46%

侧倾坡度 30%

装甲厚度 机密

装甲类型 铝

三防装置 无

夜视装置 有(被动式,驾驶员和炮长用)

变型车

列入研制计划的变型车有多种,但无一种开始服役。英国陆军中的“狐”式车现已淘汰,“狐”式车的炮塔和“蝎”式车底盘组成了“军刀”(Sabre)侦察车。部分30mm“狐”式车炮塔则被英国陆军中的FV432系列装甲人员输送车采用。

英国/澳大利亚“肖兰”S55装甲人员输送车

20世纪70年代初肖特兄弟公司(ShortBrothers)利用“陆虎”(4×4)底盘研制了一种新型装甲人员输送车,以配合“肖兰”装甲巡逻车(采用了与前者类似的底盘)。1973年首辆样车制造完成,代号SB 301。

随后生产的SB 40l增强了装甲防护能力,采用了更大功率的发动机。1980年SB 501问世。该车采用了新型“陆虎”One-Ten底盘,加宽了轴距,同时改进了螺旋弹簧悬挂结构。生产年份不同的车辆在外形上,尤其是车体正面有一些细微差别,例如,早期生产的车发动机散热窗在前挡泥板稍后位置,而SB 501的发动机散热窗则稍微靠前。

所有车型的总体布置都相同,发动机在前,其后为车长和驾驶员(左舵、右舵车型均有),6人载员舱在后,每侧3人,相向而坐。

该车可选择安装多种设备,包括附加油箱、烟幕弹发射器、信号灯、空调系统和顶置式7.62mm机枪。

目前所有车的生产全部在北爱尔兰进行,但市场营销由澳大利亚德尼克斯防务系统公司负责,该公司拥有全部“肖兰”车辆的营销权。

性能数据

乘员 2+6人

配置型式 4×4

武器配备 烟幕弹发射器2×4具

车长 4.25m

车宽 1.8m

车高　2.28m

车底距地高　0.324m

轴距　2.795m

战斗全重　3,600kg

单位功率　37.2hp/t

发动机　路华 V-8 水冷汽油机 134bhp/5,000rpm

公路最大速度　120km/h

最大行程　630km

燃料容量　136L

涉水深　0.50m

攀垂直墙高　0.23m

越壕宽　不适用

爬坡度　60%(估计)

侧倾坡度　30%(估计)

装甲厚度　8mm(估计)

装甲类型　钢

三防装置　无

夜视装置　无

变型车

无变型车。但可参看“肖兰”装甲巡逻车部分。后期生产的车车体正面有所不同,车体每侧有 3 个小观察窗,窗下有相应射击孔。车长和驾驶员有整体式防弹玻璃窗。

英国格罗弗·韦布装甲巡逻车

格罗弗·韦布装甲巡逻车最初是为英国陆军在北爱尔兰的部队设计的,1986 年首批(约 100 台)车辆制造完成。格罗弗·韦布公司后被 GKN 防务公司兼并,而后者 1998 年末又和阿尔维斯车辆公司合并。

该车采用了“陆虎”底盘,其装甲车体可防轻武器和弹片袭击。发动机在前,车长和驾驶员居中,6 人载员舱在后。步兵坐在载员舱两侧,每侧 3 人,相向而坐。

性能数据

乘员　2+6 人

驱动型式　4×4

武器配备　无

弹药基数　无

车长　4.55m

车宽　1.79m

车高　2.08m

车底距地高　0.32m

轴距　2.794m

战斗全重　未取得数据

净重　未取得数据

单位功率　未取得数据

发动机　路华公司V-8;汽油机114hp

公路最大速度　120km/h

公路最大行程　未取得数据

燃料容量　未取得数据

涉水深　未取得数据

攀垂直墙高　0.23m

越壕宽　不适用

爬坡度　60%

侧倾坡度　30%

装甲厚度　机密

装甲类型　钢

三防装置　无

夜视装置　无

变型车

可在车体后部的载员舱安装射击孔和在车顶安装7.62mm机枪。格罗弗·韦布公司还制造了相当数量的"大黄蜂"(Honret)(4×4)装甲车,该车型采用了一种改进型"陆虎"底盘,车体顶部有一转塔,装备7.62mm机枪1挺。

还有很多公司利用"陆虎"(4×4)"防御者"(Defender´)底盘制造轻型装甲车,其中包括英国的NP宇航公司(NP Aerospace),该公司共生产了1,000余辆CAV100,其中有相当部分是为英国陆军生产的。

美国卡迪拉克·盖奇LAV-1 50装甲战车车族

1962年,卡迪拉克·盖奇公司(今达信海洋与地面系统公司)开始投资研制一种新型的4×4车辆,该车就是后来的LAV-100。1963年首辆样车完成,1964年首辆生产型车出厂。LAV-100采用了克莱斯勒汽油机,在南越曾广泛使用。它还有一种体积按比例增大了的车型，代号为 LAV-200，但这种车型只有新加坡曾购买。

1971 年 LAV-100 和 LAV-200 的生产被 LAV-150 取代，后者在前两者基础上进行了大量改进，包括用柴油机替换了原来的汽油机。1985 年 LAV-150 的生产又被 LAV-150S 取代，LAV-150S 轴距更长，因此重量也就更大。截至目前，LAV-150S 的总量已超过 3,200 辆。

在所有这些车型中，车长和驾驶员都是在车体前部，其后除了后部左侧为动力舱外，其余皆为载员舱。全部车型均为水陆两栖，水中靠车轮划水推进；全部装有前置绞盘和泄气保用轮胎。除可安装其他专用设备外，还可安装多种武器系统。

性能数据

乘员　3+2 人

驱动型式　4×4

武器配备　20mm 火炮×1 门 7.62mm 机枪（并列）×1 挺 7.62mm 机枪（高射）×1 挺烟幕弹发射器 2×6 具

车底距地高　20mm 炮弹×400 发 7.62mm 机枪弹×3,200 发

车长　5.689m

车宽　2.26m

车高　2.54m（至炮塔顶）1.981m（至车体项）

车底距地高　0.381m（车轴）0.648m（车体）

轴距　2.667m

战斗全重　9,888kg

单位功率　20.42bhp/t

发动机　V-504V-8 柴油机 202bhp/3,300rpm

公路最大速度　88.54km/h

水上最大速度　5km/h

最大行程　643km

燃料容量　303L

涉水深　水陆两栖

攀垂直墙高　0.609m

越壕宽　不适用

爬坡度　60%

侧倾坡度　30%

装甲厚度　机密

装甲类型　钢

三防装置　无

夜视装置　可选择安装

变型车

有多种变型车，车辆所采用的武器系统有装备双联7.62mm机枪或7.62mm、12.7mm机枪各1挺的转塔、装备1门20mm机关炮和1挺7.62mm机枪的炮塔（分单人和双人两种）、装备1门25mm机关炮和1挺7.62mm机枪的双人炮塔、装备40mm榴弹发射器和1挺12.7mm机枪的炮塔、装备20mm“火神”（Vulcan）机关炮、装备90mm火炮、1挺7.62mm并列机枪和1挺7.62mm高射机枪的双人炮塔、81mm迫击炮、“陶”式反坦克导弹，在指挥车和装甲人员输送车上可安装火箭或导弹发射器，还有抢救车、基地警卫车、救护车和紧急援救车。

该车在美国陆军中的编号为M706，部分车辆被用作诸如SA-9等俄罗斯武器系统的替代车。此外，还有一种6×6车型，“突击队员”LAV-300。

新加坡有很多LAV-200的变型车，其中包括抢救车和带RBS-70地对空导弹的防空车。还有一种在LAV-150基础上演变出来的装甲保安车，详细情况请参见其独立条目。

美国AV技术　“龙骑兵”装甲车

“龙骑兵”装甲战车车族原本是由维恩公司（Veme Corporation）根据美国陆军宪兵队的装备要求而研制的。尽管后来美国军方中止了原装备计划，但维恩公司还是在1978年推出了两辆样车。1982年美国陆军和海军订购了少量一批。美国陆军购买的车辆分电子战车和光学侦察车两种车型，全部在第九步兵师高科技实验场用做试验车辆；美国海军则将所购车辆用来巡逻核武器存放点。AV技术公司现已归通用动力地面系统公司所有。

“龙骑兵”装甲车

为降低采办费用和寿命周期费用，“龙骑兵”采用了Ml13A2全履带式装甲人员输送车和M8095吨（6×6）卡车的部分部件。

车长和驾驶员在前，载员舱在后。车顶可安装多种武器站，直至装备1门90mmKenerga火炮和1挺7.62mm并列机枪的电动双人炮塔。

本车为水陆两栖，在水中靠车轮划水推进。标准装备包括前置绞盘。还可选择安装多种设备。

1984年维恩公司和箭头公司（Arrowpointe Corporation）合并组成了AV技术公司。在对“龙骑兵”不断改进的基础上，陆续又推出了下列车型：装甲人员输送车、装甲保安巡逻车、装甲指挥车、81mm自行迫击炮、90mm火炮炮塔、40mm榴弹发射器门、2.7mm机枪转塔、装甲维修车、电子战车、装甲后勤支援车和“陶”式反坦克导弹发射车。

最新的“龙骑兵”车型为进一步改进后推出的“龙骑兵”2。

性能数据

乘员　3+6 人

驱动型式　4×4

武器配备　20mm 机关炮×1 门 7.62mm 机枪(并列)×1 挺

车长　5.89m

车宽　2.49m

车全高　2.819m

车底距地高　0.685m(车体中心)0.381m(车轴)

轴距　3.10m

战斗全重　12,700kg

净重　11,204kg

单位功率　23.62bhp/t

发动机　底特律柴油机公司 6V-53T 6 缸水冷涡轮增压柴油机 300bhp/2,800rpm

公路最大速度　115.9km/h

水上最大速度　5.5km/h

公路最大行程　869km

燃料容量　350L

涉水深　水陆两栖

攀垂直墙高　0.609m

越壕宽　不适用

爬坡度　60%

侧倾坡度　30%

装甲厚度　机密

装甲类型　钢

三防装置　可选择安装

夜视装置　可选择安装

变型车

“龙骑兵”用途非常广泛,可用做装甲人员输送车、侦察车、抢救车、指挥通信车、防暴车、工程车、保安/护卫车、81mm 自行迫击炮、装备“陶”式导弹的反坦克车、救护车和后勤支援车。

美国卡迪拉克·盖奇侦察车

“突击队员”(Commando)侦察车(4×4)由卡迪拉克·盖奇(今达信海洋与地面系统

公司)投资研制。1977 年首辆样车面世。尽管其主要功用为侦察,但只要稍做改装,即可用作其他多种用途,如反坦克车和指挥车。1983 年印度尼西亚订购了 28 辆“突击队员”侦察车,1986 年埃及订购了 112 辆,并已于 1987 年中期全部交付使用。

本车的油箱位于车体前部,驾驶员在油箱后左侧,右侧是发动机。转塔安装在车体后部,机枪手通过转塔顶舱盖或车尾的舱盖进入车内,后者由上下两部分组成,分别向上和向下开启。

标准设备包括泄气保用轮胎、动力转向装置和带 15.24 米软管的空压机。可选择设备包括警报器/车内播音设备、多种电台、从动电缆(slave cable)、辅助电缆、烟幕弹发射系统、碎片榴弹发射系统以及多种炮塔。

性能数据

乘员　1+1 或 1+2 人

驱动型式　4×4

武器配备　7.62mm 机枪×2 挺

车底距地高　7.62mm 机枪弹×2,600 发

车长　5.003m

车宽　2.057m

车高　2.159m

轴距　2.743m

轮距　1.660m

战斗全重　7240kg

单位功率　20.58hp/t

发动机　康明斯 V-6 柴油机 155hp/3,300rpm

公路最大速度　88km/h

水上最大速度　846km

燃料容量　378L

涉水深　1.168m

攀垂直墙高　0.609m

越壕宽　1.14m

爬坡度　60%

侧倾坡度　30%

装甲厚度　8mm(最大)(估计)

装甲类型　钢

三防装置　无

夜视装置　可选择安装

变型车

40mm/12.7mm 转施塔——装备 40mm 榴弹发射器和 12.7mm 机枪。与美国海军陆战队 AAV7A1 车辆的装备相同。

双联/混合机枪(1m)卡迪拉克·盖奇转塔——装备双联 7.62mm 或双联 12.7mm 机枪或 7.62ram、12.7mm 机枪各 1 挺。炮塔可水平旋转 360°,武器高低射界 -10° ~ +55°。指挥车——乘员 3 人:驾驶员、车长和无线电操作员。用枪架安装 7.62mm 或 12.7mm 机枪 1 挺。

反坦克车——安装了雷昂系统公司"陶"式反坦克导弹发射器,有待发导弹 1 枚,储备弹 6 枚。

美国 O'Gara-Hess M1114 装甲车

M1114 实际上是在 AM 普通型高机动多用途轮式装甲车(HMM WV)的基础上,加装了 O'Gara—Hess&Eisen hardt 装甲公司生产的装甲,从而达到可抵御 7.62mm 穿甲弹、弹片和地雷袭击的防护力。

从 1994 年样车面世,到 2000 年初,生产总量已逾 1,200 台,同时供应美国国内和国外市场。

M1114 的总体布置与 HMMWV 接近,都是发动机在前,乘员舱居中,载物舱在后。可通过 1 个向上开的舱盖上下载物舱。驾驶员通常在左侧,右侧为车长,两人身后还有两个载员位置。

车顶装有 1 个顶舱盖,其上可装备多种武器系统,如 7.62mm 或 12.7mm 机枪,或 1 具 40mm 榴弹发射器。标准装备包括空调系统、动力转向系统和自动传动装置。可选择设备包括被动夜视装置。

性能数据

乘员　1+3 人

武器配备　12.7mm 机枪×1 挺(典型武器)

车底距地高　12.7mm 机枪弹×1000 发(典型武器)

车长　4.99m

车宽　2.3m

车高　1.9m

车底距地高　0.30m

战斗全重　5,489kg

净重　4,445kg

单位功率　34.61hp/t

单位压力　未取得数据

发动机　V-8 涡轮增压柴油机 190hp/3,400rpm

公路最大速度　125km/h

公路最大行程　443kh/h

燃料容量　94L

涉水深　0.762m

攀垂直墙高　未取得数据

越壕宽　未取得数据

爬坡度　60%

侧倾坡度　40%

装甲厚度　机密

装甲类型　机密

三防装置　无

夜视装置　无

变型车

美国空军现装备车辆中有一个 M1114 的改进型，编号为 M1116，可执行多种任务，如做保安警卫车、工程车和爆炸裂击后的救援车。

6×6 驱动车辆

巴西恩格萨 EE-11“乌鲁图”装甲人员输送车

EE-11“乌鲁图”(Urutu)(6×6)是恩格萨公司为满足巴西陆军装备要求而研制的。首辆样车制造于1970年,首批生产型车1974年生产出厂。该车的许多部件与和其同期研制的恩格萨 EE-9“卡斯卡维尔”(6×6)装甲车相同。恩格萨车现已不再投入市场。

所有的恩格萨车总体布置都相同。驾驶员位于车体前部左侧,发动机在右侧,后部是载员舱。步兵通过车体两侧和车尾的门上下(只有Mk V型因为发动机舱较大,车体右侧没有门)。武器装备通常安装在驾驶员身后位置,从枢轴安装的7.62mm或12.7mm机枪,到装有60mm后膛式迫击炮或25mm机关炮炮塔均可选装。载员舱顶有4个顶舱盖。

恩格萨 EE-11“乌鲁图”装甲人员输送车

EE-11“乌鲁图”分7种型号:Ⅰ、Ⅱ、Ⅲ、Ⅳ、Ⅴ、Ⅵ和Ⅶ型,其间的主要区别在发动机(梅塞德斯—奔驰柴油机或底特律柴油机)和传动装置(手动或自动)。后期的生产型车采用了泄气保用轮胎和中央轮胎压力调节系统。Mk Ⅶ型用涡轮增压柴油机替代了212马力的标准6V-53柴油机。“乌鲁图”为水陆两栖,水中靠车轮划水推进。入水前,须先竖起车前的防浪板。可选择安装多种设备,包括射击孔、观察窗、5,000公斤拉力的绞盘、三防装置和夜视装置。

性能数据

乘员　1+12人

驱动型式　6×6

武器配备　12.7mm机枪×1挺

烟幕弹发射器　2×2具

车底距地高　12.7mm机枪弹×1,000发

车长　6.1m

车宽　2.65m

车高(至机枪支架)　2.9m

车高(至车体顶)　2.125m

车底距地高　0.38m

轴距　3.05m

战斗全重　14,000kg

净重　11,000kg

单位功率　18.6hp/t

发动机　底特律柴油机公司6V-53T 6缸水冷柴油机 260hp/2,800rpm

公路最大速度　105km/h

水上最大速度　8km/h

公路最大行程　850km

燃料容量　380L

涉水深　水陆两栖

攀垂直墙高　0.6m

越壕宽　不适用

爬坡度　60%

侧倾坡度　30%

装甲厚度　机密

装甲类型　钢(2层)

三防装置　可选择安装

夜视装置　可选择安装

变型车

除了多种武器装备可选外,还有以下几种变型车:81mm 自行迫击炮、加高车顶的救护车、运输车、装甲火力支援车(90mm 火炮炮塔与 EE-9"卡斯卡维尔"装甲车炮塔相同)、指挥车、抢救车、装备双联 20mm 机关炮的防空车和车体前装有清障铲的国内安全车。

中国北方工业 WZ 551 装甲人员输送车

中国北方工业公司 WZ 551(6×6)装甲人员输送车在外观上与法国 VAB(4×4 和 6×6)系列非常相似。WZ 551 最早见于 20 世纪 80 年代中期。尽管最常见的是 6×6 型,但 4×4 型也有一定产量,此外还有 8×8 型。

该车的总体布置与法国 VAB 类似。驾驶员在前,其后为动力舱,载员舱在最后。载员舱有顶舱盖、射击孔,还有1个很大的右开门。

WZ 551 装甲人员输送车

本条目中的性能数据取自装备25mm机关炮和1挺7.62mm并列机枪的单人炮塔的车型,炮塔旋转范围为360°,高低射界-8°~+55°。

WZ 551为水陆两栖,水中靠车尾两侧的2个隐蔽式推进器推动。标准装备包括泄气保用轮胎和火灾探测与灭火装置。

性能数据采自最近生产型车型,与使用256马力柴油机的早期车型不同,该车使用了马力更大的发动机。

性能数据

乘员　2+11人

驱动型式　6×6

武器配备　25mm机关炮×1门 7.62mm机枪×1挺烟幕弹发射器2×4具

车底距地高　25mm炮弹×400发 7.62mm机枪弹×1000发

车长　6.73m

车宽　2.86m

车高　2.10m(至车体顶)2.89m(至炮塔顶)

车底距地高　0.41m

轴距　1.9m+1.9m

战斗全重　15,000kg

净重　13,000kg

单位功率　16.73hp/t

发动机　德兹BF8L413FCV8柴油机320hp/2500rpm

公路最大速度　90km/h

公路最大行程　800km

燃料容量　400L(估计)

涉水深　水陆两栖

攀垂直墙高　0.5m

越壕宽　1.2m

爬坡度　60%

侧倾坡度　30%

装甲厚度　8mm(最大)(估计)

装甲类型　钢

三防装置　有

夜视装置　有

变型车

救护车——加高了车顶。

反坦克车(4×4)——装备“红箭”8 反坦克导弹。

装甲人员输送车——装备 1 挺 12.7mm 机枪。

步兵战车——炮塔上装备 25mm 机关炮和 1 挺 7.62mm 机枪。

步兵战车——采用 WZ 501 步兵战车的炮塔(与苏制 BMP-1 接近)。

NGV-1 步兵战车——采用法国地面武器工业集团公司 Dragar 式炮塔。

反坦克车(4×4)——装备“红箭”9 反坦克导弹。

105mm 自行火炮(6×6)(样车)

122mm 自行火炮(8×8)(样车)

法国潘哈德 ERC 90 F4“标枪”装甲车

ERC(6×6)装甲车由潘哈德(Panhard)公司于 1975 年开始投资研制。1979 年,首批车在该公司新建于马罗勒(Marolles)的工厂中生产完成。ERC 与和它同期研制的潘哈德 VCR(6×6)装甲人员输送车有许多部件通用。尽管该车原本是专为出口而设计,但法国陆军也将其选定为装备车辆。首批车于 1984 年交付使用。

总体布置为驾驶员在前,双人炮塔居中,发动机和传动装置在后。采用法国地面武器工业集团生产的 TS 90 炮塔,装备 90mm 火炮,可发射霰弹、榴弹、远程榴弹、破甲弹、烟幕弹和尾翼稳定脱壳穿甲弹。炮塔旋转和武器俯仰均为手动操作,旋转范围 360°,高低射界-8°~+15°,该型常被称为 ERC-1“标枪”。

基型车为水陆两栖,靠车轮划水,如需要也可安装喷水推进器。动力转向系统在前轮上。车辆行进时,两侧中间的车轮通常离地提起。有多种可选择设备,包括三防装置、夜视装置、导航系统和空调系统/加温器。

性能数据

乘员　3 人

驱动型式　6×6

武器配备　90mm 火炮×1 门 7.62mm 机枪(并列)×1 挺 7.62mm 机枪(高射)×1 挺(可选择安装)烟幕弹发射器 2×2 具

车底距地高　90mm 炮弹×20 发 7.62mm 机枪弹×2,000 发

车长(炮向前)　7.693m

车体长　5.098m

车宽　2.495m

车高　2.254m(全车高)1.502m(至车体顶)

车底距地高　0.294m(公路)0.344m(越野)

轴距　1.63m+1.22m

战斗全重　8,300kg

单位功率　17.5hp/t

发动机　标致公司 V-6 汽油机 155hp/5,250rpm

公路最大速度　95km/h

水上最大速度　(车轮划水)4.5km/h

水上最大速度　(喷水推进器)7.2km/h

公路最大行程　700km

燃料容量　242L

涉水深　水陆两栖

攀垂直墙高　0.8m

越壕宽　1.1m

爬坡度　60%

侧倾坡度　30%

装甲厚度　10mm(车体最大厚度)(估计)

装甲类型　钢

三防装置　可选择安装

夜视装置　可选择安装(被动式)

变型车

ERC 90 F4“标枪”TTB 190——备 SAMM 公司的 90 mm-TTB 190 炮塔。

ERC 90 F4“标枪”2——体积稍大,有两个发动机。

ERC 90 F1“山猫”——炮塔与 AML 装甲车炮塔相同,为伊斯帕诺—絮扎“山猫”90mm 火炮炮塔。本型通常被称为 ERC-1“山猫”

ERC 防空车——加蓬有装备双联 20mm 机关炮炮塔的 ERC 防空车型。

法国地面武器工业集团　AMX-10RC 侦察车

为满足法国陆军替换潘哈德 EBR(8×8)装甲车的要求,AMX(伊西莱穆利诺制造厂)研制了 AMX-10RC。1971 年推出首辆样车,1978 年首批车出厂,1987 年为法国陆军生产的最后一批订货交付使用。为摩洛哥生产的车辆无喷水推进系统。

该车采用常规布置。驾驶员位于车体前部左侧,三人炮塔居中,左侧是装填手,车长和炮长在右侧,发动机和传动装置在车体后部。炮塔上安装了 105mm 火炮,高低射界-

8°~+20°,旋转范围360°。计算机化火控系统包括有激光测距仪及炮长和车长共用的微光电视监视系统。105mm火炮可发射破甲弹、榴弹和训练弹,1987年又增加了尾翼稳定脱壳穿甲弹。

AMX-10RC为水陆两栖,在水中靠2个喷水推进器推动。驾驶员还可调整悬挂装置以适应不同地形条件。

性能数据

乘员　4人

驱动型式　6×6

武器配备　105mm火炮×1门 7.62mm机枪(并列)×1 挺烟幕弹发射器2×2具

车底距地高　105mm炮弹×38发 7.62mm机枪弹×4,000发

车长(炮向前)　9.15m

车体长　6.357m

车宽　2.95m

车高　2.66m(全车高)　2.29m(至炮塔顶)

车底距地高　0.35m(正常情况下)

轴距　1.55m+1.55m

战斗全重　15,880kg

净重　14,900kg

单位功率　16.45hp/t

发动机　博杜安公司6F11SRX型柴油机280hp/3000rpm

公路最大速度　85km/h

水上最大速度　7.2km/h

公路最大行程　1,000km

燃料容量　未取得数据

涉水深　水陆两栖

攀垂直墙高　0.8m

越壕宽　1.65m

爬坡度　50%

侧倾坡度　30%

装甲厚度　机密

装甲类型　铝

三防装置　有

夜视装置　有(被动式,车长、炮长利驾驶员用)

变形车

AMX-10RC 驾驶训练车

法国陆军中的 AMX-10RC——将在一系列关键部位进行改进，包括安装热成像仪、诱饵系统、附加装甲、中央轮胎压力调节系统、传动装置的电子控制系统以及地面野战管理系统。

法国潘哈德 VCR 装甲人员输送车

VCR 由潘哈德公司投资研制，其部件有很多与潘哈德 ERC(6×6)装甲车系列相同。VCR1977 年首次露面，1979 年进入批量生产。到目前为止的最大的订单来自伊拉克，其订购了 VCT/TH 反坦克车 100 辆。潘哈德公司另外还研制了改进型 VCRTT2(6×6)装甲人员输送车的样车，但此车型尚未进入批量生产。

潘哈德 VCR 装甲人员输送车

VCR 为水陆两栖，在水中靠车轮划水推进。标准装备包括泄气保用轮胎。可选择设备包括前置绞盘、空调系统、三防装置和被动式夜视设备。另外可选择多种武器站，包括车体前部装备 12.7mm 机枪的转塔和后部用环形枪架安装的 7.62mm 机枪。还可选装 60mm 后膛式迫击炮的炮塔、炮塔安装或环形炮架安装的 20mm 机关炮以及装备待发“米兰”反坦克导弹的炮塔。

性能数据

乘员　3+9 人

驱动型式　6×6

武器配备　视任务而定

弹药基数　视任务而定

车长　4.875m

车宽　2.5m

车高(含 7.62mm 机枪)　2.56m

车高(至车体顶)　2.13m

车底距地高　0.315m(4 轮)0.37m(6 轮)

轴距　1.66m+1.425m

单位功率　18.35hp/t

发动机　标致公司 PRVV-6 汽油机 145hp/5,500rpm

公路最大速度　90km/h

水上最大速度　4km/h

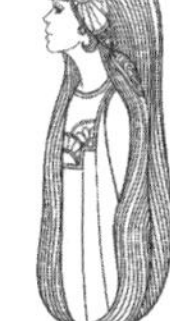

公路最大行程　700km

燃料容量　242L

涉水深　水陆两栖

攀垂直墙高　0.8m

越壕宽　1.1m

爬坡度　60%

侧倾坡度　30%

装甲厚度　12mm(最大)

装甲类型　钢

三防装置　可选择安装

夜视装置　可选择安装(被动式)

变型车

VCR/AT 修理车——装备有后装滑轮组、修理工具和备用部件。

VCR/AA 防空车——装有萨伯·博福斯动力公司生产的 RBS-70 地对空导弹，仅有样车。

VCR/TH 反坦克车——安装了欧洲导弹公司 UTM-800 炮塔，待发“霍特”反坦克导弹 4 枚。车顶后部有 1 挺法国地面武器工业集团生产的 Mascot 7.62mm 遥控机枪。

VCR/IS 救护车——加高了车顶，并载有医疗设备。

VCR/PC 指挥车——载有远程通信设备。也可变型为电子战车。

VCR/TT(4×4)——实际上是将 6×6 车辆的中间车轮去掉，代之以喷水推进器。只装备了阿根廷。

俄罗斯 BTR-152 装甲人员输送车

BTR-152 是在二战结束后研制的，是由改进后的卡车底盘和装甲车体组合而成的。首批车生产于 1950 年，但是苏联军队中的 BTR-152 多年前即已被 BTR-60P 系列 8×8 装甲人员输送车所取代。

全封闭的动力舱在前，车长和驾驶员居中，顶部开放的载员舱在后。在载员舱顶四周有 3 个安装 7.62mm 或 12.7mm 机枪的机枪座。部分车辆车前安装了绞盘，绞盘拉力为 5,000 公斤。

后期生产车型装有中央轮胎压力调节系统，驾驶员可通过调节轮胎压力使车辆适应不同地形情况。

性能数据

乘员　2+17 人

驱动型式　6×6

武器配备　7.62mm 机枪×1 挺

车底距地高　7.62mm 机枪弹×1,250 发

车长　6.55m

车宽　2.32m

车高(不含武器装备)　2.36m

车底距地高　0.295m

轴距　3.3m+1.13m

战斗全重　8,950kg

单位功率　12.29hp/t

发动机　ZIL-123 6 缸直列水冷汽油机 110hp/3,000rpm

公路最大速度　75km/h

公路行程　600km

燃料容量　300L

涉水深　0.8m

攀垂直墙高　0.6m

越壕宽　0.69m

爬坡度　55%

侧倾坡度　30%

装甲厚度　4mm~13.5mm

装甲类型　钢

三防装置　无

夜视装置　有(BTR-152V3 型配备有仅供驾驶员使用的红外夜视仪)

变型车

BTR-152——最早的车型,无绞盘或中央轮胎压力调节系统。

BTR-152V——有外装的中央轮胎压力调节系统,其指挥车代号为 BTR-1521。

BTR-152Vl——有前置绞盘和中央轮胎压力调节系统,其空气管外露。

BTR-152V2——有中央轮胎压力调节系统,其空气管外露。无绞盘。

BTR-152V3——有前置绞盘、红外驾驶灯、中央轮胎压力调节系统,其空气管外露。

BTR-152K——载员舱顶有全装甲防护,其余与 BTR-152V3 一样。

BTR-152U 指挥车——车顶高度加大后使指挥人员可以直立。通常车后牵引有发电机。

BTR-152A 防空车——炮塔上双联 14.5mm 机枪,这种炮塔还被 BTR-40P 采用。

装备 23mm ZU-23 LAAG 的 BTR-152——1982 年夏以色列在黎巴嫩缴获了部分该

型车辆。

装备 12.7mm 机枪的 BTR-152——埃及装备的 BTR-152。车体后部装备了前捷克斯洛伐 Quad12.7mm M53 炮塔。

英国阿尔维斯“撒拉丁”装甲车

“撒拉丁”(Saladin)(FV601)(6×6)装甲车是阿尔维斯公司根据英国陆军的要求研制的。当时的阿尔维斯公司还设在考文垂,现已迁至特尔福德。该车有很多部件与阿尔维斯“撒拉逊”(6×6)装甲人员输送车相同。批量生产从 1959 年开始,一直持续到 1972 年,共生产了 1,177 辆。服役于英国陆军的“撒拉丁”车现已全部被阿尔维斯“蝎”式(轮式)侦察车取代。

该车的主要武器为 1 门 76mm 火炮,炮右侧有 1 挺 7.62mm 并列机枪,炮塔顶部右侧还有 1 挺同样的 7.62mm 机枪。电力控制的炮塔旋转范围 360°,武器俯仰范围-10°~+20°。虽然该车的 76mm 火炮与阿尔维斯“蝎”式的 76mm 火炮不完全相同,但配用弹药相同。

性能数据

乘员　3 人

驱动型式　6×6

武器配备　76mm 机关炮×1 门 7.6mm 机枪(并列)×1 挺 7.63mm 机枪(高射)×1 挺烟幕弹发射器 2×6 具

弹药基数　76mm 炮弹×42 发 7.62mm 机枪弹×2,750 发

车长(炮向前)　5.284m

车体长　4.93m

车宽　2.54m

车高(至炮长潜望镜顶)　2.39m

车高(至炮塔顶)　2.19m

车底距地高　0.426m

轴距　1.524m+1.524m

战斗全重　11,590kg

净重　10,500kg

单位功率　14.66hp/t

发动机　劳斯莱斯 B80 Mk 6A8 缸汽油机 170hW3,750rpm

公路最大速度　72km/h

行程　400km

燃料容量　241L

涉水深　1.07m

攀垂直墙高　0.46m

越壕宽　1.52m

爬坡度　46%

侧倾坡度　30%

装甲厚度　8m～32m

装甲类型　钢

三防装置　无

夜视装置　无

变型车　无

“撒拉丁”的炮塔已被澳大利亚一些 Ml13A1 系列的装甲人员输送车所采用，组装成了火力支援车，不过这些车辆现在只装备预备役部队。

阿尔维斯已开发出撒拉丁的改进型，包括用效率更高的珀金斯柴油机取代原汽油机。印度尼西亚已购买了这种改进型车。

8×8 驱动车辆

德国莱茵金属地面系统 Spahpanzer Luchs 侦察车

20 世纪 60 年代中期，西德陆军提出需要一种新型 8×8 装甲水陆两栖侦察车，在对两种竞标方案进行了对比试验后，最终选定了戴姆勒-奔驰公司设计的车型。1973 年 12 月莱茵钢铁公司（今莱茵金属地面系统公司）获得了生产 408 辆该车型的合同。首批车于 1975 年交付使用，正式定名为 ShabpanzerLuchs。生产一直持续到 1978 年初。

驾驶员在车体前部左侧，双人炮塔居中，发动机在车体后部右侧，副驾驶员兼无线电操作员也坐在左侧，面向车后。炮塔为电动控制，旋转范围 360°，武器俯仰范围-15°～+69°。备有应急的手动控制装置。7.62mm 机枪用环形枪架安装在左侧车长的舱盖上。

该车为水陆两栖，车尾有 2 个螺旋桨推进器。装有动力转向系统，全部 8 个车轮均可进行动力转向。最早进入德国陆军服役时车上安装的是所有乘员共用的红外夜视装置，现在该装置已被热成像夜视装置取代。倒驶的速度和前进速度相同。

性能数据

乘员　4 人

驱动型式　8×8

武器配备　20mm 机关炮×1 门 7.62mm 机枪（高射）×1 挺烟幕弹发射器 2×4 具

车底距地高　20mm 炮弹×375 发（炮塔）7.62mm 机枪弹×100 发（炮塔）

车长　7.743m

车宽　2.98m

车高　2.905m（至机枪架）2.125m（至车体项）

车底距地高　0.44m（车体）0.58m（车轴）

轴距　1.4m+2.356m+1.4m

战斗全重　20,000kg

单位功率　20hp/t

发动机　戴姆勒-奔驰公司 0M403A10 缸 90°V 型 4 冲程多种燃料发动机 390hp/2,500rpm（柴油机燃料）

公路最大速度　90km/h

水上最大速度　9km/h

最大行程　730km

燃料容量　500L

涉水深　水陆两栖

攀垂直墙高　0.6m

越壕宽　1.9m

爬坡度　60%

侧倾坡度　30%

装甲厚度　机密

装甲类型　钢

三防装置　有

夜视装置　有(被动式,车长、炮长和驾驶员用)

变型车

无现役的变型车,但莱茵金属地面系统公司曾建议将该车底盘应用在一种机动性更高的欧洲导弹公司"罗兰德"地对空导弹发射车上。Luchs Al 安装了新型电台,Luchs A2 安装了热成像夜视装置。

意大利依维柯-奥托·梅拉瑞"半人马座"坦克歼击车

"半人马座"(Centauro)(8×8)属于一个为意大利陆军所研制的全新装甲车族。该车先于其他车族成员首先进入批量生产。其余的车族成员还有"公羊"主战坦克、"标枪"步兵战车和"美洲狮"4×4、6×6 系列车族。奥托·梅拉瑞公司负责履带式车辆及所有车辆的武器系统。依维柯公司则负责轮式车辆及所有履带式车辆的机械部分。

"半人马座"坦克歼击车

在经过对多辆样车的性能测试后,意大利陆军决定购买这种车辆。1991 年首批车生产完成。意大利陆军原拟采购 450 台,但后来削减为 400 台。设在斯培西亚(La Spezia)的奥托·梅拉瑞公司提供炮塔,设在波尔查诺(Bolzano)的依维柯公司负责制造"半人马座"的底盘,同时负责整车组装。

驾驶员在车体前部左侧,右侧是动力舱,电力控制的双人炮塔在后。车长和炮长在炮塔右,装填手在左。炮塔除了有 2 个顶舱盖外,后部还有 1 个供乘员撤离和进行弹药补给的安全舱口。炮塔旋转范围 360°,武器俯仰范围-6°~+15°,备有应急的手动操作系统。该车的计算机化火控系统与"公羊"主战坦克使用的火控系统相近,包括有车长用的带稳定器的瞄准装置和炮长用的昼/夜瞄准装置。该车采用油气悬挂装置。前面 4 个车轮采用助力转向。标准设备包括中央轮胎压力调节系统、前置绞盘和火灾探测与灭火装置。中央轮胎压力调节系统使驾驶员可以通过调节各轮胎气压,让车辆适应不同地形。在巴尔干地区的军事行动中,"半人马座"车辆还安装了附加装甲和 2 挺带有护板的 7.62mm 顶置机枪。

性能数据

乘员　4 人

驱动型式　8×8

武器配备　105mm 火炮×1 门 7.62mm 机枪(并列)×1 挺 7.62mm 机枪(高射)×1 挺 烟幕弹发射器 2×4 具

弹药基数　105mm 炮弹×40 发　7.62mm 机枪弹×4,000 发

车长(含火炮)　8.555m

车体长　7.85mm

车宽　3.05m

车高　2.735m

车底距地高　0.417m

轴距　1.6m+1.45m+1.45m

战斗全重　25,000kg

单位功率　20.8hp/t

发动机　依维柯-菲亚特 VTCA V-6 涡轮增压柴油机 520hp/2,300rpm

公路最大速度　105km/h

行程　800km

燃料容量　540L

涉水深　1.5m

攀垂直墙高　0.55m

越壕宽　1.2m

爬坡度　60%

侧倾坡度　30%

装甲厚度　机密

装甲类型　钢

三防装置　有

夜视装置　有(被动式)

变型车

VBC——"半人马座"的装甲人员输送车车型。采用了包括装备 25mm 机关炮、60mm

火炮和12.7mm机枪在内的多种炮塔。

120mm自行迫击炮(尚在研制中)

指挥车(样车)

抢救车(样车)

救护车(样车)

水陆两栖车(研制中)

沙特阿拉伯阿尔法里斯　AF-40-8-1装甲人员输送车

阿尔法里斯8-400(8×8)装甲车由Abdallah阿尔法里斯重工业公司研制,共有两种车型,一种是AF-40-8-1装甲人员输送车,另一种是AF-40-8-2装甲车。

两种车型的主要区别在于装甲人员输送车的动力舱在车体中部,而装甲车的动力舱在车体后部。装甲人员输送车首先进入批量生产。

车长和驾驶员的位置在前,动力舱紧接其后。前部的驾驶舱和车体后部的载员舱之间无通道相连。载员舱的步兵通过两扇小顶舱盖或车尾较大的电动跳板式门上下。

阿尔法里斯车型的特别之处是它的悬挂装置不仅上下方向可调,左右方向也可调。车底距地高可在150mm至600mm之间调节。所有的车轮均为助力转向。标准装备包括三防装置和空调系统。

可选择装备包括中央轮胎压力调节系统、射击孔、绞盘、夜视装置和火灾探测与灭火装置。

该车可安装多种炮塔和武器系统,如装备25mm机关炮、1挺7.62mm机枪和"陶"式反坦克导弹的"德尔科"(Delco)炮塔;120mm装甲迫击炮炮塔;装备106mm的无后坐力反坦克炮,还可枢轴安装多种7.62mm或12.7mm机枪。

性能数据

乘员　1+11人

武器配备　视任务而定

弹药基数　视任务而定

车体长　7.90m

车宽　2.94m

车高　2.36m(参见本文)

车底距地高　0.405m(参见本文)

战斗全重　19,500kg

净重　16,000kg

单位功率　20.51hp/t

单位压力　未取得数据
发动机　德兹公司 10 缸风冷柴油机 400hp
公路最大速度　90km/h
公路最大行程　800km
燃料容量　550L
有准备涉水深　水陆两栖
攀垂直墙高　1.525m
越壕宽　2.50m
爬坡度　80%
侧倾坡度　55%
装甲厚度　机密
装甲类型　钢
三防装置　有
夜视装置　可选择安装

变型车

除了适于安装多种武器站外，该装甲人员输送车还可以改装成多种变型车，比如指挥车和救护车。装甲车型也可换装多种不同的武器站，直至 105mm 火炮炮塔。

巡洋舰

“德·鲁伊特尔”级

性能数据

国家及地区:秘鲁

原产国:荷兰

舰型:巡洋舰

型级:德·鲁伊特尔(CG)

现役:1 艘

舰号/舷号:格兰乌(CLM 81)

总体性能

满载排水量(吨):12165

舰长(英尺/米):624.5(190.3)

舰宽(英尺/米):56.7(17.3)

吃水(英尺/米):22(6.7)

最大航速(节):32

续航力(海里/节):7000/12

武器装备

导弹:8 座“奥托”Mk 2(TGl)型舰舰导弹(将被“大胆”级上的“飞鱼”舰舰导弹取代)。

舰炮:4 座双联装 152 毫米/53“博福斯”舰炮;2 座双联装“布莱达”40 毫米/70;4 座“博福斯”40 毫米/70 炮。

诱饵:2 座“达盖”诱饵和 1 座“达盖”干扰物发射器。

雷达

对空搜索:“西格那尔”LW08 型。

对海搜索/目标指示:“西格那尔”DA08 型。

导航雷达:“台卡”1226 型。

火控雷达:“西格那尔”WM25 型 152 毫米舰炮火控雷达;“西格那尔”STIR。

声呐:已被拆除。

“卡拉”级

性能数据

国家及地区:俄罗斯

原产国:俄罗斯

舰型:巡洋舰

“卡拉”级

型级:卡拉(BERKOT-B)(1134B/BF 型)(CG)

现役:1 艘

舰号/舷号:刻赤(713. 前 711)

总体性能

标准排水量(吨):7650,满载排水量(吨):9900

舰长(英尺/米):568(173.2)

舰宽(英尺/米):61(18.6)

吃水(英尺/米):22(6.7)

最大航速(节):32

续航力(海里/节):9000/15,3000/32

武器装备

导弹:2 座“高脚杯”SA-N-3 双联装舰空导弹发射架;2 座“壁虎”SA-N-4 双联装导弹发射架;2 座 4 联装 SS-N-14 导弹发射架。

舰炮:2 座双联装 76 毫米/60 舰炮;45 座 30 毫米/656 管舰炮。

鱼雷:2 座 5 联装 533 毫米鱼雷发射管。

反潜火箭:2 座 RBU 6000 12 管转动式发射器;2 座 RBU 1000 6 管发射器。

诱饵:2 座 PK2 型干扰物发射器.1 座 BAT-1 鱼雷诱饵。

雷达

对空搜索:Flat Screen。

海空搜索:Head Net C,三坐标式。

导航雷达:2 座 Don Kay,Don 2 或“棕榈叶”。

火控雷达:2 座 Head Light B/C 型 SA-N-3 和 SS-N-14 型舰空导弹制导雷达;2 座 Pop Group 型 SA-N-4 导弹制导雷达;2 座“枭声”76 毫米舰炮火控雷达;2 座 Bass-Tilt 30 毫米舰炮火控雷达。

声呐:“牛鼻”(“提坦”2-MG332)主动搜索与攻击舰壳声呐;“马尾”变深声呐。

舰载机

直升机:1 架卡-27 螺旋式(ASW)。

“基洛夫”级

性能数据

国家及地区:俄罗斯

原产国:俄罗斯

舰型:巡洋舰

“基洛夫”级

型级:基洛夫(奥兰)(1144.1/1144.2 型)(CGN)

现役:2 艘

舰号/舷号:纳西莫夫上将(前加里宁)(080),叶利钦(前安德罗波夫)(099,前 183)

总体性能

标准排水量(吨):19000,满载排水量(吨):24300

舰长(英尺/米):826.8(252)

舰宽(英尺/米):93.5(28.5)

吃水(英尺/米):29.5(9.1)

最大航速(节):30

续航力(海里/节):14000/30

武器装备

导弹:20 座 SS-N-19“海难”舰空导弹;12 座 SA-N-6 舰空导弹垂直发射架;12 座 SA-NX-20 导弹垂直发射架(099 号舰);2 座 SA-N-4“壁虎”双联装导弹发射架;2 座 8 联装 SA-N-9“克里诺克”导弹垂直发射架;6 座 CADS-N-1 双联装弹炮合一系统,带 30 毫米“加特林”炮,8 座 SA-N-11“格里森”导弹以及“热焰”/“热点”火控雷达/光学指挥仪;可由舰楼窗板后的固定鱼雷管发射的 SS-N-15“海星”反潜火箭。

舰炮:2 座双联装 AKl30 型 130 毫米/70 炮。

鱼雷:2 座 5 联装 533 毫米发射管。

反潜火箭:1 座 RBU 12000 型发射架,每座 10 管;2 座 6 管型 RBU 1000 型发射架。

诱饵:2 座双联装 PK2 型 150 毫米干扰物发射器;拖曳式鱼雷诱饵。

雷达

对空搜索:Top Pair,三坐标式。

海空搜索:Top Plate,三坐标式。

导航雷达:3 座“棕榈叶”。

火控雷达:“交叉剑”SA-N-9 导弹制导雷达;1 座或 2 座 Top Dome 型 SAIN-6 导弹

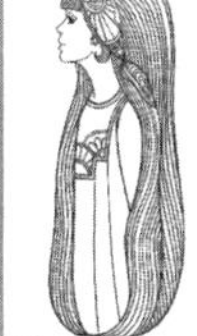

制导雷达(只装于“叶利钦”号),SA-NX-20 导弹制导雷达(只装于“叶利钦”号);2 座 Pop Group 型 SA-N-4 导弹制导雷达;Kite Screech 型 130 毫米舰炮火控雷达;6 座“热焰”CADS-N-1 火控雷达。

飞机指控:Flyscreen B。

声呐:“马颚”主动搜索和攻击舰壳声呐;“马尾”主动搜索变深声呐。

舰载机

直升机:3 架卡-27PL 螺旋式(ASW)。

“斯拉瓦”级

性能数据

国家及地区:俄罗斯,乌克兰

原产国:俄罗斯

舰型:巡洋舰

型级:斯拉瓦(亚特兰特)(1164 型)(CG)

现役:俄罗斯 3 艘

在建:乌克兰 1 艘

俄罗斯舰号/舷号:莫斯科(前斯拉瓦)(121),乌斯提诺夫(055),瓦尔雅格(前乌克拉伊纳)(011)

乌克兰舰号/舷号:乌克拉伊纳(前旗舰洛伯夫)

总体性能

标准排水量(吨):9380,满载排水量(吨):11490

舰长(英尺/米):611. 5(186. 4)

舰宽(英尺/米):68. 2(20. 8)

吃水(英尺/米):27. 6(8. 4)

最大航速(节):32

续航力(海里/节):7500/15,2200/30

武器装备

导弹:8 座双联装 SS-N-12“沙盒”舰舰导弹发射架;8 座 SA-N-6 舰空导弹垂直发射架;2 座 SA-N-4“壁虎”双联装舰空导弹发射架。

舰炮:1 座双联装 AK130 型 130 毫米/70 炮;6 座 AK650 型 30 毫米/65 炮架,每座 6 管舰炮。

鱼雷:2 座 5 联装 533 毫米鱼雷发射管。

诱饵:2 座 PK 2 型干扰物发射器(俄罗斯舰);2 座 PK10 型发射器(乌克兰舰)。

雷达

对空搜索:Top Pair 三坐标式。

海空搜索:Top Steer 或 Top plate 三坐标式(“瓦尔雅格”号和“乌克拉伊纳”号上)。

导航雷达:3 座“棕榈叶”。

火控雷达:Front Door 型 SS-N-12 舰舰导弹制导雷达;Top Dome 型 SA-N-6 舰空导弹制导雷达;2 座 Pop Group 型 SA-N-4 舰空导弹制导雷达;3 座 BassTilt 型 30 毫米舰炮火控雷达;KiteScreech 型 130 毫米舰炮火控雷达。

声呐:“牛角”和 Steer Hide 主动搜索和攻击舰壳声呐。

舰载机

直升机:1 架卡-27PL 螺旋式(ASW)。

两栖舰

“傅德雷”级

性能数据

国家及地区:法国

原产国:法国

舰型:两栖舰

型级:傅德雷(TCD90/LSD)

现役:2 艘

舰号/舷号:厚德雷(L9011),西罗科(L9012)

总体性能

满载排水量(吨):12400,17200(压载)

舰长(英尺/米):551(168)

舰宽(英尺/米):77.1(23.5)

吃水(英尺/米):17(5.2),30.2(9.2)(压载)

最大航速(节):21

续航力(海里/节):11000/15

武器装备

导弹:1 座双联装舰空导弹发射架,配“北风”导弹。

舰炮:1 座“博福斯”40 毫米/60 炮(“傅德雷”号);2 座 20 毫米 20F2 型炮;3 座 30 毫米/70“布莱达”或“毛瑟”炮(“西罗科”号)。

雷达

海空搜索:汤姆森-CSFDRBV 21A 型雷达。

对海搜索:“台卡”2459 型。

导航雷达:2 座“台卡”RM 1229 型。

舰载机

直升机:4 架 AS 332F 型“美洲狮”或 2 架 SA321G 型 Super Frelon 直升机。

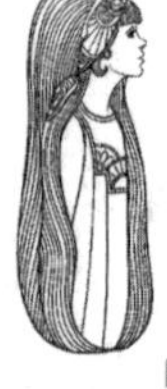

“乌拉冈”级

性能数据

国家及地区:法国

原产国:法国

舰型:两栖舰

型级:乌拉冈(TCD/LSD)

现役:2 艘

舰号/舷号:乌拉冈(L9021),奥格(L9022)

总体性能

满载排水量(吨):8500,15000(压载)

舰长(英尺/米):488.9(149)

舰宽(英尺/米):75.4(23)

吃水(英尺/米):17.7(514),28.5(8.7)(压载)

最大航速(节):17

续航力(海里/节):9000/15

武器装备

导弹:1 座双联装“马特”舰空导弹发射架,配“北风”导弹。

舰炮:2 座 120 毫米迫击炮;2 座“博福斯”40 毫米/60 炮;2 座 30 毫米厂 70“布莱达”或“毛瑟”炮;4 座 12.7 毫米机枪。

雷达

海空搜索:汤姆森-CSF DRBV 51A 型。

导航雷达:2 座“台卡”1226 型。

舰载机

直升机:4 架 SA 321G 型 Super Frelon 或“美洲狮”直升机或 10 架 SA 319B 型“燕雀”Ⅲ直升机。

“弗罗斯彻”I 级

性能数据

国家及地区:印度尼西亚

原产国:德国

舰型:两栖舰

型级:弗罗斯彻 1(108 型)(LSM)

现役:12 艘

舰号/舷号:泰鲁克·吉里努克(前霍耶斯韦达)(531,前 611),泰鲁克·塞鲁康-巴旺(前哈根诺)(532,前 632),泰鲁克·桑拉瓦西(前法兰克福/奥德尔)(533,前 613),泰鲁克·伯哈夫(前艾伯斯沃尔德)(534,前 634),泰鲁克·普莱恩(前吕奔)(535,前 631),泰鲁克·西伯尔加(前什未森)(536,前 61 2),泰鲁克'玛那多(前新伯兰登堡)(537,前 633),泰鲁克'哈定(前科特布斯)(538,前 614),泰鲁克·帕里基(前-安克拉姆)(539,前 635),泰鲁克·拉姆普恩(前施威德特)(540,前 636),泰鲁克·雅卡塔(前艾森维登斯塔)(541,前 61 5),泰鲁克·桑库里兰(前格里蒙)(542,前 616)

总体性能

满载排水量(吨):1950

舰长(英尺/米):321. 5(98)

舰宽(英尺/米):36. 4(11. 1)

吃水(英尺/米):9. 2(2. 8)

最大航速(节):18

武器装备

舰炮:1 座 40 毫米/60 炮;2 座双联装 37 毫米舰炮;2 座双联装 25 毫米舰炮。

水雷:舰尾水密仓可载 40 枚。

诱饵:2 座 PK 16 型干扰物发射器。

雷达

海空搜索:Strut Cu rve。

导航雷达:TSR 333 型。

"大隅"级

性能数据

国家及地区:日本

原产国:日本

舰型:两栖舰

型级:大隅(LPD/LST)

现役:2 艘

在建:1 艘

舰号/舷号:大隅(LST4001),下北(LST4002)

总体性能

满载排水量(吨):8900

舰长(英尺/米):584(178)

舰宽(英尺/米):84.6(25.8)

吃水(英尺/米):19.7(6)

飞行甲板(平方英尺/平方米):426.5×75.5(130×23)

"大隅"级

最大航速(节):22

武器装备

舰炮:2 座"火神"密集阵 Mk15 型近程武器系统。

雷达

对空搜索:OPS-14C 型。

对海搜索:JRC OPS-28D 型。

导航雷达:JRC OPS-20 型。

舰载机

直升机:设有供 2 架川崎或波音 CH-47J"切努克"直升机起降的平台。

"伊万·罗果夫"级

性能数据

国家及地区:俄罗斯

原产国:俄罗斯

舰型:两栖舰

型级:伊万·罗果夫(耶德诺罗格)(1174 型)(LPD)

现役:1 艘

舰号/舷号:莫斯卡伦科

总体性能

满载排水量(吨):14060

舰长(英尺/米):516.7(157.5)

舰宽(英尺/米):80.2(24.3)

吃水(英尺/米):21.2(6.5),27.8(8.5)(压载)

最大航速(节):19

续航力(海里/节):7500/14

武器装备

导弹:1 座双联装 SA-N-4"壁虎"舰空导弹发射架;2 座 4 联装 SA-N-5 发射架。

舰炮:1 座双联装 76 毫米/60 炮;1 座 122 毫米 BM-21 型(海军用)火箭炮发射装置;2 座 20 管火箭炮发射装置;4 座 30 毫米/65 AK630 型火炮。

诱饵:16 座 PKlO 和 4 座 PK16 型干扰物发射器。

雷达

海空搜索:Top Plate A 型。

导航雷达:2 座 Don Kay 或 2 座"棕榈叶"。

火控雷达:"枭声";2 座 Bass Tilt;Pop Group。

声呐:"鼠尾"变深声呐。

舰载机

直升机:4 架卡-29B 型螺旋式攻击机。

"罗普查"级

性能数据

国家及地区:俄罗斯,乌克兰

原产国:俄罗斯

舰型:两栖舰

型级:罗普查(775 型),罗普查Ⅱ(775M 型)(LsT)

现役:罗普查Ⅰ13 艘,罗普查Ⅱ3 艘(俄罗斯),罗普查Ⅰ1 艘(乌克兰)

俄罗斯舰号/舷号:罗普查Ⅰ级——012,016,027,142,156,1 58,102,1 10,125,127,055,066,070;罗普查Ⅱ级——130,151,077

乌克兰舰号/舷号:奥尔舍斯基(前 BDK 56)(U 402)

总体性能

满载排水量(吨):4400

舰长(英尺/米):369. 1(112. 5),370. 7(113)(乌克兰舰)

舰宽(英尺/米):4912(15. 9),47. 6(1415)(乌克兰舰)

吃水(英尺/米):12. 1(3. 7),11. 5(3. 6)(乌克兰舰)

最大航速(节):17. 5

续航力(海里/节):6000/12

武器装备

导弹:1 座 4 联装 SA-N-5 舰空导弹发射架(至少 2 艘俄罗斯军舰和乌克兰军舰配备此装置)。

舰炮:2 座双联装 57 毫米/80 舰炮("罗普查"Ⅰ级);1 座 76 毫米/60 炮("罗普查"Ⅱ级);2 座 30 毫米/65 AK 630 型炮("罗普查"Ⅱ级);2 座 122 毫米 BM-21 型(海军用)炮

(有些舰配备);2 座 20 管火箭炮发射架。

水雷:92 枚触发水雷(只有俄罗斯舰和也门舰有此装置)。

雷达

海空搜索:Strut Curve("罗普查"I 级)或 CrossDome("罗普查"Ⅱ级)。

导航雷达:Don 2 或 Krivach(服役于也门的"纳亚达"舰)。

火控雷达:MuffCob("罗普查"Ⅰ级);Bass Tilt("罗普查"Ⅱ级)。

声呐:"鼠尾"变深声呐(俄罗斯舰)。

"阿尔比恩"级

性能数据

国家及地区:英国

原产国:英国

舰型:两栖舰

型级:阿尔比恩(LPD)

在建:2 艘

舰号/舷号:阿尔比恩(L14),布尔沃克(L15)

"阿尔比恩"级

总体性能

满载排水量(吨):19560

舰长(英尺/米):577.4(176)

舰宽度(英尺/米):98.1(29.9)

吃水(英尺/米):22(6.7)

最大航速(节):20

续航力(海里/节):8000/15

武器装备

舰炮:1 座双联装 20 毫米炮;2 座"守门员"近程武器系统。

诱饵:8 座"海蚋"发射器和 DLH 型舰体外诱饵。

雷达

海空搜索:"普雷西"996 型。

对海搜索:E/F 波段雷达。

导航雷达:2 座"台卡"1007 型。

舰载机

直升机:设有可供 3 架 EH 101"隼"和"切努克"直升机起降的平台。

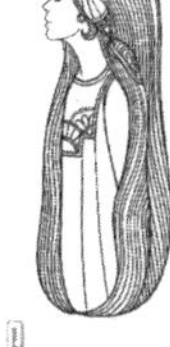

“海洋”级

性能数据

国家及地区:英国

原产国:英国

舰型:两栖舰

型级:海洋(LPH)

现役:1 艘

总体性能

满载排水量(吨):21758

舰长(英尺/米):667.3(203.4)总长

舰宽(英尺/米):112.9(34.4)

吃水(英尺/米):21.3(6.6)

飞行甲板(平方英尺/平方米):557.7×104(170×31.7)

最大航速 s(节):19

续航力(海里/节):8000/15

武器装备

舰炮:3 座“火神”密集阵 Mk 15 型近程武器系统;4 座双联装“厄利肯”/BMARC 20 毫米 GAM-B03 型炮。

诱饵:8 座“海蚋”130 或 102 毫米发射器和 DLH 型舰体外诱饵。

雷达

海空搜索:“普雷西”996 型。

对海搜索/飞机指控:2 座“休斯”1007 型。

舰载机

直升机:12 架“海王”HC Mk 4 型或 EH 101“隼”及 6 架“山猫”直升机(2005 年可能装配 Apache 直升机)。

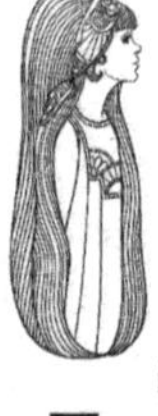

“奥斯汀”级

性能数据

国家及地区:美国

原产国:美国

舰型:两栖舰

型级:奥斯汀(LPD)

现役:11 艘

舰号/舷号:奥斯汀(LPD 4),塞勒维兰德(LPD 5),德户斯(LPD6),克利夫兰(LPD7),迪比克(LPD8),丹佛(LPD 9),朱诺(LPD 10),什里夫波特(LPD 12),纳什维尔(LPD 13),特伦顿(LPD 14)蓬塞(LPD 15)

"奥斯汀"级

总体性能

满载排水量(吨):17244

舰长(英尺/米):570(173.8)

舰宽(英尺/米):100(30.5)

吃水(英尺/米):23(7)

最大航速(节):21

续航力(海里/节):7700/20

武器装备

舰炮:2 座 20 毫米/76"火神"密集阵 Mk 15 型舰炮;2 座 25 毫米 Mk 38 型火炮;8 座 12.7 毫米机枪。

诱饵:4 座 6 管 Mk36 型 SRBOC 诱饵发射器。

雷达

对空搜索:"洛克希德"SPS-40B/C 型。

对海搜索:"诺顿"SPS-67 型。

导航雷达:"雷声"SPS-64(V)9 型。

舰载机

直升机:最多 6 架波音 CH-46D/E"海上骑士"直升机;1 个轻型直升机机库(除 LPD4 号舰)。

"蓝岭"级

性能数据

国家及地区:美国

原产国:美国

舰型:两栖舰

型级:蓝岭(LCC)

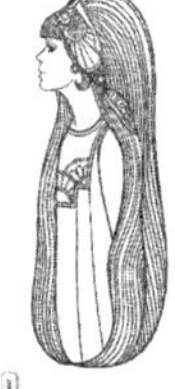

现役:2 艘

舰号/舷号:蓝岭(LCC 19),惠特尼山(LCC 20)

总体性能

满载排水量(吨):19648(LCC 19 号),19760(LCC 20 号)

舰长(英尺/米):636. 5(194)

舰宽(英尺/米):107. 9(32. 9)

吃水(英尺/米):28. 9(8. 8)

最大航速(节):23

续航力(海里/节):13000/16

武器装备

舰炮:2 座 20 毫米/76“火神”密集阵 Mk 15 型炮。

诱饵:4 座 6 管 Mk36 型 SRBOC 诱饵;SLQ-25 型“水妖”鱼雷诱饵。

雷达

对空搜索:1TT SPS-48C 型;“洛克希德”SPS-40E 型。

对海搜索:“雷声”SPS-65(V)1 型。

导航雷达:“马可尼”LN66 型;“雷声”SPS-64(V)9 型。

舰载机

直升机:1 架西科尔斯基 SH-3H“海王”直升机。

“塔拉瓦”级

性能数据

国家及地区:美国

原产国:美国

舰型:两栖舰

型级:塔拉瓦(LHA)

现役:5 艘

舰号/舷号:塔拉瓦(LHA 1),塞班岛(LHA 2),贝列伍德(LHA 3),拿萨乌(LHA 4),派勒鲁伊(前达南)(LHA 5)

总体性能

满载排水量(吨):39967

舰长(英尺/米):834(254. 2)

舰宽(英尺/米):131. 9(40. 2)

吃水(英尺/米):25. 9(7. 9)

飞行甲板(平方英尺/平方米):820×118.1(250×36)

最大航速(节):24

续航力(海里/节):10000/20

武器装备

导弹:2 座 GDC Mk49 型旋转弹体舰空导弹。

舰炮:6 座 Mk242 型 25 毫米自动炮;2 座 GE/GD 20 毫米/76"火神"密集阵 Mk15 型炮;8 座 12.7 毫米机枪。

诱饵:4 座 6 管 Mk36 型 SRBOC 诱饵;SLQ-25"水妖"鱼雷诱饵;北约"海蚋"诱饵;SLQ-49 型干扰物发射器。

雷达

对空搜索:1TT SPS-48E 型;"洛克希德"SPS-40E 型;"休斯"Mk23TAS 型。

对海搜索:"雷声"SPS-67(V)3 型。

导航雷达:"雷声"SPS-64(V)9 型。

火控雷达:"洛克希德"SFG-60 型;"洛克希德"SR3-9A 型。

舰载机

固定翼飞机:根据需要,"鹞"式 AV-8B 型垂直或短距起降机可替代直升机。

直升机:9 架西科尔斯基 CH-53D"海上牡马"或 26 架波音 CH-46D/E"海上骑士"。

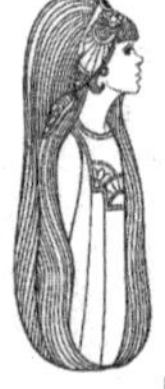

驱逐舰

“梅科-360”级

性能数据

国家及地区:阿根廷,尼日利亚

原产国:德国

舰型:驱逐舰

型级:梅科-360(DDG/FFG)

现役:阿根廷4艘,尼日利亚1艘(整修中)

阿根廷舰号/舷号:布朗海军上将(D 10),拉阿根提那(D 11),海洛伊那(D12),沙兰蒂(SARANDI)(D 13)

尼日利亚舰号/舷号:阿拉杜(前共和国)(F 89)

总体性能

标准排水量(吨):2900,满载排水量(吨):3360

舰长(英尺/米):413.1(125.9),412(126.6)(“阿拉杜”号)

舰宽(英尺/米):46(14),49.2(15)(“阿拉杜”号)

吃水(英尺/米):19(5.8)(螺旋桨)

最大航速(节):30.5

续航力(海里/节):4500/18

武器装备

导弹:2座4联装MM40型“飞鱼”舰舰导弹发射架(阿根廷舰);8座“奥托”Mkl型舰舰导弹(“阿拉杜”号);1座8联装“信天翁”舰空导弹发射架,带“蝮蛇”导弹。

舰炮:1座“奥托”127毫米/54自动炮;4座双联装“博福斯”40毫米/70炮。

鱼雷:2座3联装ILA3型324毫米发射管,带A 244型鱼雷(阿根廷舰);2座3联装SWl-WS-1B型324毫米发射管,带A244S型鱼雷(“阿拉杜”号)。

深水炸弹:1架(“阿拉杜”号)。

诱饵:1座G1738拖曳鱼雷诱饵系统;2座“布莱达”105毫米SCLAR干扰物发射器(阿根廷舰)。

雷达

海空搜索:“西格那尔”DA08A 型(“阿拉杜”号上为“普雷西”AWS 5 型)。

对海搜索:“西格那尔”ZW06 型(阿根廷舰)。

导航雷达:“台卡”1226 型。

火控雷达:“西格那尔”STIR。

声呐:Atlas 80 DSQS-21BZ 型主动搜索与攻击舰壳声呐。

舰载机

直升机:AS 555 Fennec 直升机(ASW/ASV)(阿根廷舰);1 架“山猫”Mk89 型直升机(“阿拉杜”号)。

“伊洛柯人”(“部族”)级

性能数据

国家及地区:加拿大

原产国:加拿大

舰型:驱逐舰

型级:伊洛柯人(DDG)

现役:4 艘

舰号/舷号:伊洛柯人(280),休伦(281),阿萨巴斯坎(282),阿尔冈金(283)

总体性能

满载排水量(吨):5300

舰长(英尺/米):426(129.8)总长

舰宽(英尺/米):50(15.2)

吃水(英尺/米):15.5(4.7)

最大航速(节):27

续航力(海里/节):4500/15

武器装备

导弹:1 座“马丁”Mk41 型舰空导弹垂直发射系统,带“标准”SM-2MR 布洛克Ⅲ舰空导弹。

舰炮:1 座“奥托”76 毫米 t62 超速炮;1 座 GE/GDMk15 型 6 管 20 毫米/76“火神”密集阵炮。

鱼雷:2 座 3 联装 324 毫米 Mk32 型鱼雷发射管,带“哈尼威尔”Mk46/5)型鱼雷。

诱饵:4 座 Mk2 型 6 管“普雷西”转动式发射器,投放干扰箔条或红外闪光诱饵;SLQ-25 型“水妖”鱼雷诱饵。

雷达

对空搜索:“西格那尔”SPQ-502(LW08)型。

对海搜索:“西格那尔”SPQ-501(DA08)型。

导航雷达:2 座“探路者”;“科登”MD373 型(设于“伊洛柯人”号的飞机库顶上)。

火控雷达:2 座“西格那尔”SPG-501 型(STIR 1.8)。

声呐:2 座 SOS-510 型,兼设变深声呐及主动搜索与攻击舰壳声呐。

舰载机

直升机:2 架西科尔斯基 CH-124A“海王”直升机(ASW)。

“旅大”Ⅲ级

性能数据

国家及地区:中国

原产国:中国

舰型:驱逐舰

型级:旅大Ⅲ(DDG)

现役:1 艘

舰号/舷号:珠海(166~168 号)

总体性能

标准排水量(吨):3250,满载排水量(吨):3730

舰长(英尺/米):433.1(132)

舰宽(英尺/米):42(12.8)

吃水(英尺/米):15.3(4.7)

最大航速(节):32

续航力(海里/节):2970/18

武器装备

导弹:4 座双联装 YJ-1 型“鹰击”(C-801)(CSS-N-4)舰舰导弹发射架,舰尾的发射架将来也可用来发射 CY-1 型反潜导弹。

舰炮:2 座双联装苏联 130 毫米/58 舰炮;4 座双联装中国 76A 型 37 毫米/63 炮。

鱼雷:2 座 3 联装 B515 型 324 毫米发射管,带 YU-2(Mk46(1))鱼雷。

反潜火箭:2 座 FQF 2500 型 12 管固定发射装置,在设计上与 RBU 1200 型相似。

诱饵:2 座 15 管干扰物或红外闪光发射器。

雷达

对空搜索:Rice Screen,三坐标式(与“休斯”SPS-39A 型相似)。

对海搜索:中国 ESR1 型。

导航雷达:"台卡"1290 型。

火控雷达:Sun Visor B 343 型;2 座 347G 型。

声呐:DUBV 23 型主动搜索与攻击舰壳声呐;DUBV43 主动搜索与攻击变深声呐。

"旅海"级

性能数据

国家及地区:中国

原产国:中国

舰型:驱逐舰

型级:旅海(DDG)

现役:1 艘

计划:1 艘

舰号/舷号:深圳(167)

总体性能

满载排水量(吨):6000

舰长(英尺/米):505(154)

舰宽(英尺/米):54.1(16.5)

吃水(英尺/米):55.8(17)

最大航速(节):29

续航力(海里/节):14000/15

武器装备

导弹:2 座 8 联装 C-802(CSS-N-8)型箱式舰舰导弹发射装置;1 座 8 联装 HQ-7 型("响尾蛇")舰空导弹发射架。

舰炮:1 座双联装 1 D0 毫米/56 炮;4 座双联装 76A 型 37 毫米/63 舰炮。

鱼雷:2 座 3 联装 B5 15 型 324 毫米鱼雷发射管,带 Yu-2/5/6 型鱼雷。

诱饵:2 座 Mk35 型 SBROC 干扰物发射器。

雷达

对空搜索:Rice Screen,三坐标式。

海空搜索:中国 363 型。

火控雷达:1 座 347G 型舰舰导弹制导或 100 毫米舰炮火控雷达;2 座 EFR-1 型 Rice Lamp;中国"北河二"Ⅱ("响尾蛇")。

声呐:DUBV 23 型主动搜索与攻击舰壳声呐。

舰载机

直升机:2 架哈尔滨直-9A“海豚”直升机或卡-28 型螺旋式直升机。

“旅湖”级

性能数据

国家及地区:中国

原产国:中国

舰型:驱逐舰

型级:旅湖(052 型)(DDG)

现役:2 艘

舰号/舷号:哈尔滨(112),青岛(113)

总体性能

满载排水量(吨):4600

舰长(英尺/米):47214(144)

舰宽(英尺/米):52.5(16)

吃水(英尺/米):16.7(5.1)

最大航速(节):31

续航力(海里/节):5000/15

武器装备

导弹:8 座 YJ-1 型“鹰击”(C-801)(CSS-N-4)舰舰导弹;1 座 8 联装 HQ-7 型(“响尾蛇”)舰空导弹发射架。

舰炮:1 座双联装 100 毫米/56 舰炮;4 座双联装 64A 型 37 毫米/63 舰炮。

鱼雷:2 座 3 联装 B5 15 型 324 毫米鱼雷发射管,带 Yu-2(MK46(1)型)鱼雷。

反潜火箭:2 座 FQF 2500 型 12 管固定发射器。

诱饵:2 座 Mk36 型 6 管 SRBOC 干扰物发射器;2 座中国 26 管干扰物发射器。

雷达

对空搜索:“海鹰”或 God Eye。

海空搜索:汤姆森-CSF TSR 3004“海虎”。

对海搜索:中国 ESR1 型。

导航雷达:“台卡”1290 型。

火控雷达:347G 型舰舰导弹制导和 100 毫米舰炮火控雷达;2 座 EFRl Rice Lamp 37 毫米舰炮火控雷达;汤姆森 CSF“北河二”Ⅱ(“响尾蛇”)。

声呐:DUBV 23 型主动搜索和攻击舰壳声呐;DUBV43 型主动攻击变深声呐。

舰载机

直升机:2 架哈尔滨直-9A“海豚”2 型(ASW/ASV)。

“卡萨尔”级

性能数据

国家及地区:法国

原产国:法国

舰型:驱逐舰

型级:卡萨尔(F70(A/A)型)(DDG)

现役:2 艘

舰号/舷号:卡萨尔(D614),让·巴特(D615)

总体性能

标准排水量(吨):4230,满载排水量(吨):5000

舰长(英尺/米):455.9(139)

舰宽(英尺/米):45.9(14)

吃水(英尺/米):21.3(6.5)(声呐)

最大航速(节):29

续航力(海里/节):5800/14

武器装备

导弹:8 座 MM40 型“飞鱼”舰舰导弹;GDC“标准”SM-1MR 舰空导弹;Mk13(5)型舰空导弹发射架;2 座 6 联装基点防御导弹系统发射架,带“北风”导弹。

舰炮:1 座 DCN68 型 100 毫米/55 计算机程控自动炮;2 座“厄利肯”20 毫米舰炮;4 座 12.7 毫米机枪。

鱼雷:2 座 KD 59E 型固定发射装置,带 ESCAN L5(4)型鱼雷。

诱饵:2 座“达盖”和 2 座 AMBL Sagaie 10 管干扰物/红外线发射器;SLQ-25“水妖”拖曳式鱼雷诱饵。

雷达

对空搜索:汤姆森-CSF DRBJ 11B,三坐标式。

海空搜索:DRBV 26C 型。

导航雷达:2 座“台卡”DRBN 34A 型。

火控雷达:1 座汤姆森-CSF DRBC 33A 型舰炮火控雷达;2 座“雷声”SPG-51C 型导弹制导雷达。

声呐:“汤姆森-辛特拉”DUBA 25A 型(D614 号)或 DUBV 24C 型(B615 号)主动搜

索与攻击舰壳声呐。

舰载机

直升机:1 架 AS 565MA“黑豹”直升机(以舰舰导弹为目标)。

“水平线”级

性能数据

国家及地区:法国,意大利

原产国:法国,意大利

舰型:驱逐舰

型级:小平线

在建:法国 2 艘,意大利 2 艘

计划:法国 2 艘,意大利 1 艘

法国舰号/舷号:福尔滨(D 616),塞维里尔·保罗(D 617)

意大利舰号/舷号:不详

总体性能

满载排水量(吨):6700

舰长(英尺/米):494.2(150.6)总长(法国舰),497.4(151.6)总长(意大利舰)

舰宽(英尺/米):65.3(19.9)(法国舰),57.4(17.5)(意大利舰)

吃水(英尺/米):15,7(4.8)(法国舰),16.7(5.1)(意大利舰)

最大航速(节):29

续航力(海里/节):7000/18

武器装备

导弹:法国舰上设有 4 座 MM40 型布洛克Ⅱ型“飞鱼”舰舰导弹;意大利舰上为 2 座 4 联装 Mk2 型 Teseo 舰舰导弹;1 座 DCN“西尔威尔”A50 型舰空导弹垂直发射系统,带有 15~30 枚舰空导弹(法国舰上还设有 2 座“萨德拉尔”舰空导弹发射架)。

舰炮:2 座“奥托布莱达”76 毫米/62 超速炮(意大利舰上为 3 座);法国舰上设有 2 座 Giat 舰炮,意大利舰上设有 2 座 25 毫米/80“布莱达厄利肯”舰炮。

鱼雷:2 座 Mu 90 型鱼雷发射装置。

诱饵:意大利舰上设有 2 座“奥托布莱达”SCHLAR H 型干扰物发射器;法国舰上是 4 座“马特”干扰物/红外线发射器;1 座 SLAT 鱼雷诱饵。

雷达

海空搜索:汤姆森-CSF/“马可尼”DRBV 27(S 1850M)型。

海警戒/火控雷达:“阿勒尼亚”EMPAR 型。

对海搜索:“阿勒尼亚”RASS 型(法国舰上不详)。

导航雷达:“阿勒尼亚”SPN 735(V)4 型(法国舰上不详)。

火控雷达:意大利舰上为 2 座“马可尼”RTN 25X 型海上跟踪系统,法国舰上为 NA25 型。

声呐:“汤姆森-马可尼”4110CL 型主动搜索与攻击舰壳声呐。

舰载机

直升机:1 架 NH90 型直升机(法国舰);1 座 EH 101 型“隼”式直升机(ASW)。

“絮弗伦”级

性能数据

国家及地区:法国

原产国:法国

舰型:驱逐舰

型级:絮弗伦(DDG)

现役:1 艘

舰号/舷号:达昆斯尼(D603)

总体性能

标准排水量(吨):5335,满载排水量(吨):6780

舰长(英尺/米):517. 1(1 57. 6)

舰宽(英尺/米):50. 9(15. 5)

吃水(英尺/米):20(6. 1)

最大航速(节):34

续航力(海里/节):5100/18,2400/29

武器装备

导弹:4 座 MM38 型“飞鱼”舰舰导弹;1 座双联装“马絮卡”舰空导弹发射架。

舰炮:2 座 1964 型 100 毫米/55 计算机程控自动炮;4 座或 6 座“厄利肯”20 毫米舰炮;2 座 12. 7 毫米机枪。

鱼雷:舰的两边各设有 2 座鱼雷发射器,带 10 枚 E-CANL5 型鱼雷。

诱饵:2 座 CSEE 10 管转动式干扰物/红外闪光发射器;2 座“达盖”发射器。

雷达

对空搜索:DRBI 23 型。

海空搜索:DRBV 15A 型。

导航雷达:“台卡”1226 型(DRBN 34A 型)。

火控雷达:2 座汤姆森-CSF DRBR 51 型“马絮卡”舰空导弹制导雷达;1 座汤姆森-CSF DRBC 33A 型舰炮火控雷达。

声呐:“汤姆森-辛特拉”DUBV 23 型主动搜索与攻击舰壳声呐;DUBV 43 型变深声呐。

“图尔维尔”级

性能数据

国家及地区:法国

原产国:法国

舰型:驱逐舰

型级:图尔维尔(F67 型)(DD G)

现役:2 艘

舰号/舷号:图尔维尔(D 610),戴格拉西(D 612)

总体性能

标准排水量(吨):4580,满载排水量(吨):5950

舰长(英尺/米):501.6(152.8)

舰宽(英尺/米):52.4(16)

吃水(英尺/米):18.7(5.7)

最大航速(节):32

续航力(海里/节):5000/18

武器装备

导弹:6 座 MM38 型“飞鱼”舰舰导弹;1 座 8 联装汤姆森-CSF“响尾蛇”EDIR 舰空导弹发射架。

舰炮:2 座 68 型 100 毫米/55 计算机程控自动炮;2 座 Giat 20 毫米舰炮。

鱼雷:2 座发射器,带 10 枚 ECANL5 型鱼雷。

诱饵:2 座 Syllex8 管转动式干扰物发射器。

雷达

对空搜索:DRBV 26 型。

海空搜索:汤姆森 CSF DRBV 51B 型。

导航雷达:2 座“台卡”1226 型。

火控雷达:汤姆森 CSF DRBC 32D 型“响尾蛇”舰空导弹制导雷达。

声呐:“汤姆森-辛特拉”DUBV 23 型主动搜索与攻击舰壳声呐;DSBX 1A 型(ATBF)变深声呐;DSBV62C 型被动拖曳阵声呐。

舰载机

直升机:2 座“山猫”Mk4 型反潜直升机(FN)。

“德里”级

性能数据

国家及地区:印度

原产国:印度

舰型:驱逐舰

型级:德里(DD G)

现役:3 艘

计划:3 艘

舰号/舷号:德里(D 61),迈索尔(D 60),毛姆拜(D 62)

总体性能

满载排水量(吨):6700

舰长(英尺/米):534.8(163)

舰宽(英尺/米):55.8(17)

吃水(英尺/米):21.3(6.5)

最大航速(节):32

续航力(海里/节):4500/18

武器装备

导弹:4 座 4 联装 SS-N-25 型(Kh35Uran)舰舰导弹;2 座 SA-N-7 型“牛虻”舰空导弹。

舰炮:1 座苏联 AK100 型 100 毫米/59 舰炮;4 座 AK630 型 6 管 30 毫米/65 舰炮。

鱼雷:1 座 5 联装 PTA 型 533 毫米鱼雷发射管。

反潜火箭:2 座 RBU 6000 型 12 管转动式反潜火箭。

深水炸弹:2 架。

诱饵:2 座 PK2 型干扰物发射器;1 座拖曳式鱼雷诱饵。

雷达

对空搜索:“巴拉特”/“西格那尔”RALW(LW08)型。

海空搜索:HalfPlate。

导航雷达:“巴拉特”Rashmi 型。

火控雷达:6 座舰空导弹制导雷达;1 座 Kite Screech100 毫米炮火控雷达;2 座 Bass Tilt 30 毫米炮火控雷达;Plank Shave(Granit Harpun B)舰舰导弹制导雷达。

声呐:“巴拉特”HUMVAD 主动搜索舰壳声呐;印度/Garden Reach 15-750 型变深声呐。

舰载机

直升机:2 架“海王”Mk42B 型(ASV)或 2 架 ALH 型直升机(ASW ASV)。

“朝雾”级

性能数据

国家及地区:日本

原产国:日本

舰型:驱逐舰

型级:朝雾(DDG/DD)

现役:8 艘

舰号/舷号:朝雾(DD 151),山雾(DD 152),夕雾(DD 153),雨雾(DD 154),滨雾(DD 155),赖户雾(DD 156),泽雾(DD 157),海雾(DD 158)

总体性能

满载排水量(吨):4200

舰长(英尺/米):449.4(137)

舰宽(英尺/米):48(14.6)

吃水(英尺/米):14.6(4.5)

最大航速(节):30

武器装备

导弹:2 座 4 联装麦道“鱼叉”舰舰导弹发射架;1 座 8 联装 Mk29(3 或 3A)型箱式“海麻雀”舰空导弹发射装置;1 座 8 联装 Mk112 型“哈尼威尔”火箭助飞反潜鱼雷发射装置,可载 Mk46(5)型 Neartip 鱼雷。

舰炮:1 座“奥托”76 毫米/62 紧凑型舰炮;2 座 GE/GD 20 毫米密集阵 Mk15 型近程武器系统。

鱼雷:2 座 3 联装 68 型 324 毫米 HOS 301 型鱼雷发射管,带“哈尼威尔”Mk46(5)型 Neartip 鱼雷。

诱饵:2 座 Mk36 型 6 管 SRBOC 干扰物发射器;1 座 SLQ-51“水妖”或 4 型拖曳式反鱼雷诱饵。

雷达

对空搜索:DD151~DD154 号舰上为“梅尔科”OPS-14C 型;DD1 55~DD158 号舰上为“梅尔科”OPS-24,三坐标式。

对海搜索:DD151~DD152 号和 DDl55~DD158 号舰上为 JRCOPS-28C 型;DD153~DD154 号舰上为 JRC OPS-28C-Y 型。

火控雷达:2-22 型舰炮火控雷达;2-12E 型(DDl51~DD154 号);2-12G 型舰空导弹制导雷达(DD155~DD158 号)。

声呐:OQS-4A(Ⅱ)型主动搜索与攻击舰壳声呐;O-QR-1 型拖曳阵声呐。

舰载机

直升机:1 架 SH-60J 型“海鹰”直升机(ASW)。

“榛名”级

性能数据

国家及地区:日本

原产国:日本

舰型:驱逐舰

型级:榛名(DD/DDH)

现役:2 艘

舰号/舷号:榛名(DDH 141),比睿(DDH 142)

总体性能

标准排水量(吨):4950,5050 吨(DDH142 号)

舰长(英尺/米):502(153)

舰宽(英尺/米):57.4(17.5)

吃水(英尺/米):17.1(5.2)

最大航速(节):31

武器装备

导弹:1 座 Mk29(3A)型 8 联装箱式“海麻雀”舰空导弹发射装置;1 座 Mk112 型 8 联装“哈尼威尔”火箭助飞反潜鱼雷发射装置,可载 Mk46(5)型 Neartip 鱼雷。

舰炮:2 座 Mk42 型 127 毫米/54 FMC 自动炮;2 座 GE/GD 20 毫米密集阵 Mk15 型近程武器系统。

鱼雷:2 座 3 联装 68 型 324 毫米鱼雷发射管,带“哈尼威尔”Mk46(5)型 Neartip 鱼雷。

诱饵:4 座 Mk36 型 6 管 SRBOC 干扰物发射器。

雷达

对空搜索:“梅尔科”OPS-11C 型。

对海搜索:JRC OPS-28C/28C-Y 型。

导航雷达:“科登”OPN-11 型。

火控雷达:1 座 1A 型舰炮火控雷达;1 座 2-12 型舰空导弹制导雷达。

声呐:OQS-3 型主动搜索与攻击舰首声口内。

舰载机

直升机:3 架 SH-60J 型“海鹰”直升机(ASW)。

“旗风”级

性能数据

国家及地区:日本

原产国:日本

舰型:驱逐舰

型级:旗风(DDG)

现役:2 艘

舰号/舷号:旗风(DDG 171),岛风(DDG 172)

总体性能

满载排水量(吨):5500

舰长(英尺/米):492(150)

舰宽(英尺/米):53.8(16.4)

吃水(英尺/米):15.7(4.8)

最大航速(节):30

武器装备

导弹:8 座麦道“鱼叉”舰舰导弹;1 座 Mk13(4)型 SM-IMR“标准”舰空导弹发射架;1 座 Mk112 型 8 联装箱式“哈尼威尔”火箭助飞反潜鱼雷发射装置,可载 Mk46(5)型 Neartip 鱼雷。

舰炮:2 座 Mk42 型 127 毫米/54 自动炮;2 座 GE/GD20 毫米密集阵 Mk15 型近程武器系统。

鱼雷:2 座 3 联装 68 型 324 毫米鱼雷发射管,带“哈尼威尔”Mk46(5)型 Neartip 鱼雷。

诱饵:2 座 Mk36 型 6 管 SRBOC 干扰物发射器。

雷达

对空搜索:“休斯”SPS-52C,三坐标式;“梅尔科”OPS-11C 型。

对海搜索:JRC-OPS 28B 型。

火控雷达:2 座“雷声”SPG-51C 型;1 座“梅尔科”2-21 型;1 座 2-12 型。

声呐:Nec OQS-4(1)型主动搜索与攻击舰首声呐。

舰载机

直升机:可供 1 架 SH-60J“海鹰”直升机(ASW)起降的平台。

“金刚”级

性能数据

国家及地区:日本

原产国:日本

舰型:驱逐舰

型级:金刚(DDG)

现役:4 艘

舰号/舷号:金刚(DDG 173),雾岛(DDG 174),妙工(DDG 175),惩戒(DDG 176)

总体性能

标准排水量(吨):7250,满载排水量(吨):9485

舰长(英尺/米):528. 2(161)

舰宽(英尺/米):68. 9(21)

吃水(英尺/米):20. 3(6. 2),32. 7(10)(声呐)

最大航速(节):30

续航力(海里/节):4500/20

武器装备

导弹:2 座 4 联装麦道“鱼叉”舰舰导弹发射架;1 座“标准”SM-2MR FMC Mk41 型 29 管舰空导弹垂直发射系统(装于舰前);Mk41 型 61 管导弹垂直发射系统(装于舰尾);1 座火箭助飞反潜鱼雷垂直发射装置,可载 Mk46 型鱼雷。

舰炮:1 座“奥托”127 毫米/54 Compatto 炮;2 座 20 毫米/76 Mkl5 型“火神”密集阵舰炮。

鱼雷:2 座 3 联装 324 毫米 HOS 鱼雷发射管,带“哈尼威尔”Mk46(5)型 Nearfip 鱼雷。

诱饵:4 座 Mk36 型 6 管 SRBOC 干扰物发射器;1 座 SLQ-25 型拖曳式鱼雷诱饵。

雷达

对空搜索:RCA SPY-1D,三坐标式。

对海搜索:JRC OPS-28D 型。

导航雷达:JRC OPS-20 型。

火控雷达:3 座 SPG-62 型;1 座 Mk2/21 型。

声呐:1 座 OQS-102 型(SQS-53B/C)主动搜索与攻击舰首声呐;1 座 OQR-2 型(SQR-19A(V))TAC-TASS 被动拖曳阵声呐。

舰载机

直升机：可供 SH-60J 型“海鹰”直升机起降的平台，可为其供给燃料。

“村雨”级

性能数据

国家及地区：日本

原产国：日本

舰型：驱逐舰

型级：村雨（DDG/DD）

现役：9 艘

舰号/舷号：村雨（DD 101），春雨（DD 102），夕立（DD 103），雾雨（DD 104），稻妻（DD 105），梅雨（DD 106），雷雨（DD 107），黎明（DD 108），有明（DD 109）

总体性能

标准排水量（吨）：4550，满载排水量（吨）：5100

舰长（英尺/米）：495.4（151）

舰宽（英尺/米）：57.1（17.4）

吃水（英尺/米）：17.1（5.2）

最大航速（节）：30

武器装备

导弹：8 座 SSM-1B 型“鱼叉”舰舰导弹；1 座 Mk48 型“海麻雀”舰空导弹垂直发射系统；1 座 Mk41 型火箭助飞反潜鱼雷垂直发射系统。

舰炮：1 座“奥托”76 毫米/62 紧凑型舰炮；2 座 GE/GD20 毫米“火神”密集阵 Mk15 型舰炮。

鱼雷：2 座 3 联装 68 型 324 毫米鱼雷发射管，带 Mk46（5）型 Neartip 鱼雷。

诱饵：4 座 Mk36 型 SRBOC 干扰物发射器；1 座 SLQ-25 型“水妖”拖曳式鱼雷诱饵。

雷达

对空搜索：“梅尔科”OPS-24，三坐标式。

对海搜索：JRC OPS-28D 型。

导航雷达：OPS-20 型。

火控雷达：2 座 2-31 型。

声呐：1 座 OQS-5 主动搜索与攻击舰壳声呐；1 座 O-QR-1 型被动搜索拖曳阵声呐。

舰载机

直升机：1 架 SH-60J 型“海鹰”直升机（ASW）。

“太刀风”级

性能数据

国家及地区：日本

原产国：日本

舰型：驱逐舰

型级：太刀风(DDG)

现役：3 艘

舰号/舷号：太刀风(DDG 168)，朝风(DDG 169)，泽风(DDG 170)

总体性能

标准排水量(吨)：3850，3950(DDG 170 号)

舰长(英尺/米)：469(143)

舰宽(英尺/米)：47(14.3)

吃水(英尺/米)：15.4(4.7)

最大航速(节)：32

武器装备

导弹：8 座麦道“鱼叉”舰舰导弹(DDG170 号)；1 座 Mk13(1)或(4)型“标准”SM-1MR 舰空导弹发射架；1 座 Mk112 型 8 联装“哈尼威尔”火箭助飞反潜鱼雷发射装置，可载 Mk46(5)型 Neartip 雷。

舰炮：2 座 FMC Mk 42 型 127 毫米/54 自动炮(DDG 168 号舰上为 1 座)；2 座 GE/GD 20 毫米密集阵 Mk 15 型近程武器系统。

鱼雷：2 座 3 联装 68 型 324 毫米鱼雷发射管，带“哈尼威尔”Mk46(5)型 Neartip 鱼雷。

诱饵：4 座 Mk36 型 6 管 SRBOC 干扰物发射器；1 座 SLQ-25 型“水妖”拖曳式鱼雷诱饵。

雷达

对空搜索：“梅尔科”OPS-11C 型，三坐标式(DDG170 号舰上为“休斯”SPS-52B 或 SPS-52C 型)。

对海搜索：JRC OPS-16D 型(DDG 168 号)；JRC OPS-28 型(DDG 170 号)；JR-COPS-18-3 型(DDG 169 号)。

火控雷达：2 座“雷声”SPG-51 型；1 座 FCS 2 型。

声呐：Nec OQS-3A(66 型)主动搜索与攻击舰首声呐。

KDX-2 型

性能数据

国家及地区:韩国

原产国:韩国

舰型:驱逐舰

型级:KDX-2(DDG)

在建:3 艘

计划:3 艘

舰号/舷号:——(DDG 975),——(DDG 976),——(DDG 977)

总体性能

满载排水量(吨):4800

舰长(英尺/米):506.6(154.4)

舰宽(英尺/米):55.5(16.9)

吃水(英尺/米):14.1(4.3)

最大航速(节):29

续航力(海里/节):4000/18

武器装备

导弹:2 座 4 联装“鱼叉”(布洛克 1C)舰舰导弹;1 座 Mk4 型“标准”SM-2MR(布洛克 IliA)舰空导弹;“洛克希德”Mk4 型舰空导弹垂直发射系统;Mk31、Mk1 和 Mk116 型布洛克 I 旋转弹体导弹。

舰炮:1 座 Mk45(4)型 127 毫米/62 舰炮;1 座“奥托”76 毫米/62 炮;1 座 30 毫米 7 管“守门员”炮。

诱饵:4 座干扰物发射器。

雷达

对空搜索:“雷声”SPS-49(V)5 型。

对海搜索:“西格那尔”MW 08 型。

火控雷达:2 座“西格那尔”STIR240 型。

声呐:DSQS-23 型主动搜索与攻击舰壳声呐;DaewooTelecom 拖曳阵声呐。

舰载机

直升机:1 架“山猫”Mk99 型直升机。

"基林"级

性能数据

国家及地区:韩国,墨西哥,巴基斯坦,中国台湾

原产国:美国

舰型:驱逐舰

型级:基林(弗拉姆Ⅰ)(武金Ⅲ,康维尔西恩)(DD)

现役:韩国5艘,墨西哥2艘,巴基斯坦1艘(服役于海上安全部门),中国台湾7艘(武金Ⅲ)

韩国舰号/舷号:大田(DD919,前DD818),光州(前理查得·E·克劳斯)(DD921,前DD849),江原(前威廉姆·R·拉什)(DD922,前DD714),焦恩(前罗杰斯)(DD925,前DD876)

墨西哥舰号/舷号:伊列卡米那(前奎齐尔考特,前沃格尔杰桑格)(E10,前E03,前DD862);内察华尔科约特(前斯丁那科尔)(E11,前E04,前DD863)

巴基斯坦舰号/舷号:纳齐姆(前图格利尔,前汉德森)(D156,前D167,前DD785)

中国台湾舰号/舷号(武金Ⅲ级):正阳(前詹姆斯·E·卡伊斯)(912,前DD787),辽阳(前汉森)(921,前DD832),邵阳(前赫利斯特)(929,前DD788),德阳(前萨斯菲尔德)(925,前DD837),成阳(前约翰斯顿)(928,前DD821),沈阳(前帕沃)(923,前DD839),云阳(前汉姆那)(927,前DD718)

总体性能

满载排水量(吨):3540(韩国、中国台湾舰),3500(巴基斯坦舰),3690(墨西哥舰)

舰长(英尺/米):390.5(119),380.2(118.7)(墨西哥舰)

舰宽(英尺/米):41.2(12.6),41.9(12.7)(墨舯)

吃水(英尺/米):19(5.8),15(4.6)(墨西哥舰)

最大航速(节):30(韩国舰),15(墨西哥舰),32(巴基斯坦舰),32.5(中国台湾舰)

续航力(海里/节):5800/15,608/15(中国台湾舰)

武器装备

导弹:2座4联装麦道"鱼叉"舰舰导弹(韩国舰);1座4联装"雄风"舰舰导弹(中国台湾舰);2座双联装和2座3联装"标准"SM1-MR舰空导弹(中国台湾舰);1座Mkll2型8联装火箭助飞反潜鱼雷发射装置,可载Mk46型鱼雷(韩国的DD925号舰和中国台湾舰);墨西哥舰上没有导弹装置,巴基斯坦舰上的导弹装置也已被移去。

舰炮:2座Mk38型双联装127毫米/38舰炮(韩国和墨西哥舰);2座Mk38型127毫米/38炮(巴基斯坦舰);1座"奥托"76毫米/62炮(中国台湾舰);1座Mk15型6管20毫米"火神"密集阵舰炮(韩国、巴基斯坦和中国台湾舰);2座"博福斯"40毫米/70炮(中国

台湾舰);1 座双联装"博福斯"40 毫米/56 炮(韩国舰);1 座 Mk2 型 57 毫米/70 炮(墨西哥舰);4 座或 6 座 12 7 毫米机枪(中国台湾舰)。

鱼雷:2 座 3 联装美国 Mk32 型 324 毫米鱼雷发射管,带"哈尼威尔"Mk46 型鱼雷(墨西哥舰上没有)。

深水炸弹:1 座 MklX 型弹架(韩国舰)。

诱饵:2 座 6 管"防护罩"固定干扰物发射器(巴基斯坦舰);4 座 Kung Fen-6 型 16 管干扰物发射器;1 座 MkT-6 型 Fanfare 鱼雷诱饵(中国台湾舰)。

雷达

对空搜索:SPS-40 型(韩国和墨西哥舰);"西格那尔"DA08 型(中国台湾舰上为 DA05 型天线);Westinghouse SPS-29 型(墨西哥舰)。

对海搜索:"雷声"SPS-10 或 SPS-58 型;"休斯"17/9 型(墨西哥舰)。

导航雷达:"马可尼"LN66 型(墨西哥舰)。KHl007 型(巴基斯坦舰)。

火控雷达:Western Electric Mk12/12 型(墨西哥舰)Western Electrik Mk25 型(韩国和巴基斯坦舰);STIR"标准"舰空导弹制导雷达和 76 毫米舰炮火控雷达(中国台湾舰);W-160 型"博福斯"舰炮火控雷达(中国台湾舰)。

声呐:SQS-23 型舰壳声呐(韩国舰);"雷声"SQS-23H 型舰壳声呐(中国台湾舰);墨西哥和巴基斯坦舰上没有声呐装置。

舰载机

直升机:SA 316B"云雀"Ⅲ或"山猫"Mk99/100 型(ASW/ASV)(除 DD925 号以外的韩国舰);MBBBO 105CB 型(墨西哥舰);麦道 MD500 型(ASW)(中国台湾舰)。

"弗莱彻"级

性能数据

国家及地区:墨西哥

原产国:美国

舰型:驱逐舰

型级:弗莱彻(DD)

现役:1 艘

舰号/舷号:丘特拉华克(前约翰-罗杰斯)(E01,前 E02,前 F2,前 DD574)

总体性能

标准排水量(吨):2100,满载排水量(吨):3050

舰长(英尺/米):376. 5(114. 8)

舰宽(英尺/米):39. 4(12)

吃水(英尺/米):18(5.5)
最大航速(节):12
武器装备
舰炮:5座Mk30型127毫米/38炮;5座双联装Mk2型“博福斯”40毫米/60舰炮。
鱼雷:1座5联装533毫米鱼雷发射管。
雷达
对海搜索:“休斯”17/9型。
导航雷达:“休斯”14/9型。
火控雷达:Western Electric Mk25型。

“大胆”级

性能数据
国家及地区:秘鲁
原产国:英国
舰型:驱逐舰
型级:大胆(DDG)
现役:1艘
舰号/舷号:费勒(前迪考伊)(DM74)
总体性能
标准排水量(吨):2800,满载排水量(吨):3600
舰长(英尺/米):390(118.9)
舰宽(英尺/米):43(13.1)
吃水(英尺/米):18(5.5)
最大航速(节):32
续航力(海里/节):3000/20
武器装备
导弹:8座MM38型“飞鱼”舰舰导弹。
舰炮:3座双联装Mk5型114毫米/45“维克斯”舰炮;2座双联装“布莱达”40毫米/70舰炮。
雷达
海空搜索:“普雷西”AWSl型。
对海搜索:“台卡”TM1226型。
导航雷达:“塞勒尼亚”RTN 10X型。

舰载机

直升机：只设有可供直升机起降的平台。

“马拉赛斯蒂”级

性能数据

国家及地区：罗马尼亚

原产国：罗马尼亚

舰型：驱逐舰

型级：马拉赛斯蒂(FFG)

现役：1 艘

舰号/舷号：马拉赛斯蒂(前蒙泰尼亚)(111)

总体性能

满载排水量(吨)：5790

舰长(英尺/米)：474.4(144.6)

舰宽(英尺/米)：48.6(14.8)

吃水(英尺/米)：23(7)

最大航速(节)：27

武器装备

导弹：8 座 SS-N-2C 型“冥河”舰舰导弹发射装置。

舰炮：2 座双联装苏联 76 毫米/60 炮；4 座 6 管 30 毫米/65 炮。

鱼雷：2 座 3 联装 533 毫米鱼雷发射管。

反潜火箭：2 座 RBU 6000 型 12 管转动式反潜火箭发射装置。

诱饵：2 座 PK16 型干扰物发射器。

雷达

海空搜索：Strut Curve。

对海搜索：Plank Shave。

导航雷达：Nayada(MR 212)。

火控雷达：2 座 Drum Tilt；“鹰枭”。

声呐：主动搜索与攻击舰壳声呐。

舰载机

直升机：2 架 IAR-316B 型“云雀”Ⅲ直升机(ASW)。

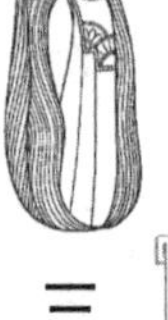

"卡辛"级

性能数据

国家及地区:俄罗斯,印度,波兰

原产国:俄罗斯

舰型:驱逐舰

型级:卡辛(61 型),卡辛 11(拉吉普特 61ME 型),改装卡辛(61M/61MP 型)(DDG)

现役:俄罗斯 1 艘(卡辛 61 型/改装卡辛 61M 型),印度 5 艘(卡辛 II/拉吉普特级),波兰 1 艘(改装卡辛 61MP 型)

俄罗斯舰号/舷号:敏捷(810)

印度舰号/舷号:拉吉普特(前奈迪奥茨克)(D 51),拉那(前盖比第尔尼)(D52),兰几特(前拉夫基)(D53),兰沃(前托伊奥迪)(D 54),兰微杰(前托尔科威)(D55)

波兰舰号/舷号:华沙(前斯麦利)(271)

总体性能

标准排水量(吨):4010,满载排水量(吨):4750("卡辛"级);4974(改装"卡辛"级/"卡辛"Ⅱ级)

舰长(英尺/米):472.4(144),480.5(146.5)(印度舰)

舰宽(英尺/米):51.8(15.8)

吃水(英尺/米)15.4(4.7)

最大航速(节):32,35(印度舰)

续航力(海里/节):4000/18,4500/18(印度舰)

武器装备

导弹:4 座 SS-N-2C 型"冥河"舰舰导弹(俄罗斯、波兰舰);2 座 4 联装 SS-N-25 型舰舰导弹(俄罗斯"敏捷"号舰);4 座 SS-N-2D(2)型"冥河"舰舰导弹(印度舰);2 座 SA-N-1 型双联装舰空导弹发射架。

舰炮:2 座双联装 AK 762 型 76 毫米/60 炮,(俄罗斯舰,印度舰上为 1 座);4 座 AK 630 型 6 管 30 毫米/65 炮,("敏捷"号和"华沙"号);4 座双联装 AK 230 型炮(印度的 D51~D53 号舰);4 座 ADG630 型 30 毫米/65 炮(印度的 D54~D55 号舰)。

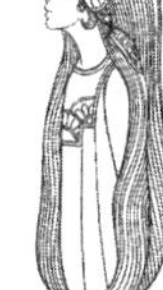

鱼雷:1 座 5 联装 533 毫米鱼雷发射管。

反潜火箭:2 座 RBU 6000 型 12 管转动式反潜火箭发射装置("敏捷"号上为 RBU 1000 型 6 管发射装置)。

诱饵:4 座 PK 16 型干扰物发射器;2 座拖曳式鱼雷诱饵(俄罗斯舰和波兰舰)。

雷达

海空搜索:Head Net C;Big Net(印度舰上为 Big NetA 对空搜索雷达)。

导航雷达:2 座 Don 2、Don Kay、“棕榈叶”(俄罗斯舰);2 座 SRN 7453 型和 1 座 SRN 207 型(波兰舰);2 座 Don Kay(度舰)。

火控雷达:2 座 Peel Group 型 SA-N-1 舰空导弹制导雷达;1 座“枭声”舰炮火控雷达;2 座 Bass Tilt 30 毫米炮火控雷达(印度的 D54~D55 号舰,印度 D51~53 号上为 Drum Tilt 雷达)。

声呐:“牛鼻”(MGK 336 型)或“狼爪”主动搜索与攻击舰壳声呐;俄罗斯舰和印度舰壳上为“马尾”变深声呐或“织女星”声呐;Vcheda MG 311 型(印度舰)。

舰载机

直升机:俄罗斯舰和波兰舰上只设有起降平台,印度舰上设 1 架卡-27/28 型螺旋式直升机(ASW)。

“无畏”级

性能数据

国家及地区:俄罗斯

原产国:俄罗斯

舰型:驱逐舰

型级:无畏(费里盖特)(1155 型)(DDG)

现役:7 艘

舰号/舷号:特里普茨海军上将(564),玛沙 · 沙波斯尼科夫(543),塞威罗莫斯科(前西姆法罗坡,前玛沙 · 布代尼)(619),莱夫堪可海军上将(前恰巴拉夫司基)(605),威那格兰多夫海军上将(572),恰拉莫夫海军上将(678),潘得里耶夫海军上将(648)

总体性能

标准排水量(吨):6700,满载排水量(吨):8500

舰长(英尺/米):536.4(163.5)

舰宽(英尺/米):63.3(19.3)

吃水(英尺/米):24.6(7.5)

最大航速(节):29

续航力(海里/节):7700/18

武器装备

导弹:8 座 SA-N-9 型“克里诺克”舰空导弹垂直发射装置;2 座 4 联装 SS-N-14 型反潜导弹发射装置,可载核弹或 E53-72 型鱼雷。

舰炮:2 座 100 毫米/59 炮;4 座 AK 630 型 6 管 30 毫米/65 炮。

鱼雷:2 座 4 联装 533 毫米鱼雷发射管。

反潜火箭:2 座 RBU 6000 型 12 管转动式发射装置。

水雷:每架 26 枚。

诱饵:2 座 PK2 型和 8 座 PK 10 型干扰物发射器;1 座减噪系统。

雷达

对空搜索:Strat Paiq Top Plate,三坐标式。

对海搜索:3 座“棕榈叶”雷达。

火控雷达:2 座 SS-N-14 型反潜导弹制导雷达;2 座“交叉剑”SA-N-9 型舰空导弹制导雷达;1 座 KiteScreech 100 毫米炮火控雷达;2 座 Bass Tilt 30 毫米炮火控雷达。

声呐:“马颚”主动搜索与攻击舰壳声呐;“鼠尾”主动搜索变深声呐。

舰载机

直升机:2 架卡-27 型螺旋式直升机(ASW)。

“大胆”级

性能数据

国家及地区:英国

原产国:英国

舰型:驱逐舰

型级:大胆(DDG)

在建:6 艘

计划:6 艘

舰号/舷号:大胆(D 32),无畏(D33),钻石(D34),巨龙(D35),保卫者(D 36),邓肯(D 37)

总体性能

满载排水量(吨):7350

舰长(英尺/米):500.1(152.4)总长

舰宽(英尺/米):69.9(21.2)

吃水(英尺/米):17.4(5.3)(螺旋桨)

最大航速(节):29

续航力(海里/节):7000/18

武器装备

导弹:舰上设有可以装两座 4 联装“鱼叉”舰舰导弹发射架的区域;1 座“西尔威尔”,

A50 型舰空导弹垂直发射系统,带“紫菀”15 和“紫菀”30 导弹。

舰炮:1 座 Mk 8(1)型 114 毫米 155“维克斯”舰炮;2 座 20 毫米“火神”密集阵近程武器系统;2 座 30 毫米舰炮。

诱饵:4 座干扰物/红外线发射器;1 座 SSTD 鱼雷防御装置。

雷达

海空搜索:“西格那尔”/“马可尼”S1850 M 型。

海警戒/火控雷达:BAE 系统“桑普森”型。

声呐:超 MFS-7000 型。

舰载机

直升机:1 架“山猫”HMA 3/8 型直升机或 EH 101HMI“隼”(ASV/ASW)。

护卫舰

“豹”级

性能数据

国家及地区:孟加拉

原产国:英国

舰型:护卫舰

型级:豹(41 型)(FF)

现役:2 艘

舰号/舷号:阿布·巴克(前山猫)(F15),阿里·海德(前美洲虎)(F17)

总体性能

满载排水量(吨):2520

舰长(英尺/米):339.8(103.6)

舰宽(英尺/米):40(12.2)

吃水(英尺/米):15.5(4.7)(螺旋桨)

最大航速(节):24

续航力(海里/节):7500/16

武器装备

舰炮:2 座双联装 Mk6 型 115 毫米/45“维克斯”舰炮;1 座 Mk9 型 40 毫米/60“博福斯”舰炮。

诱饵:Corvus 干扰物发射器。

雷达

对空搜索:“马可尼”965 型,带单 AKE1 阵列。

海空搜索:“普雷西”993 型。

导航雷达:“台卡”978 型和“休斯”1007 型。

火控雷达:275 型。

“维林根”级

性能数据

国家及地区:比利时

原产国:比利时

舰型:护卫舰

型级:维林根(E-71)

现役:3 艘

舰号/舷号:维林根(F910),威斯特迪普(F911),温得来尔(F912)

“维林根”级

总体性能

满载排水量(吨):2430

舰长(英尺/米):349(106.4)

舰宽(英尺/米):40.3(12.3)

吃水(英尺/米):18.4(5.6)

最大航速(节):26

续航力(海里/节):6000/15

武器装备

导弹:2 座双联装 MM38 型“飞鱼”舰舰导弹发射架;8 联装“海麻雀”Mk29 型舰空导弹发射装置。

舰炮:1 座 68 型 100 毫米/55 舰炮。

鱼雷:2 座 533 毫米鱼雷发射管,带 ECAN L5(4)型鱼雷。

反潜火箭:1 座 375 毫米 6 管转动式反潜火箭发射装置。

诱饵:2 座 Mk36 型 6 管 SRBOC 发射器;1 座 SLQ-25 型“水妖”拖曳式反鱼雷诱饵。

雷达

海空搜索:“西格那尔”DA05 型。

对海搜索/火控雷达:“西格那尔”WM25 型。

导航雷达:“雷声”TM 1645/9X 型或“侦察兵”。

声呐:加拿大 SQS-510 型主动搜索与攻击舰壳声呐。

“帕拉”级

性能数据

国家及地区:巴西

原产国:美国

舰型:护卫舰

型级:帕拉(前美国加西亚)(FF)

现役:4 艘

舰号/舷号:帕拉(前阿尔伯特·戴维德)(D27,前 FF1050),帕雷巴(前戴维德森)(D28,前 FF1045),帕拉那(前萨姆普)(D29,前 FF1048),普那布丘(前布雷德利)(D30,前 FF1041)

总体性能

满载排水量(吨):3560

舰长(英尺/米):414.5(126.3)

舰宽(英尺/米):44.2(13.5)

吃水(英尺/米):14.5(4.4)(龙骨)

最大航速(节):27.5

续航力(海里/节):4000/20

武器装备

导弹:1 座 8 联装 Mk112 型火箭助飞反潜鱼雷发射装置。

舰炮:2 座 Mk30 型 127 毫米/38 舰炮。

鱼雷:2 座 3 联装 Mk32 型 324 毫米鱼雷发射管,带 14 枚“哈尼威尔”Mk46(5)型 Neartip 鱼雷。

诱饵:2 座 Mk33 型 6 管 SRBOC 发射器;1 座 MkT-6 型 Fanfare 鱼雷诱饵系统;1 座舰体桨叶速率噪音抑制系统。

雷达

对空搜索:“洛克希德”SPS-40B 型。

对海搜索:“雷声”SPS-10C 型。

导航雷达:“马可尼”LN66 型。

火控雷达:Mk35 型。

声呐:SQS-26 AXR 型(D29 和 D30 号舰上),或者 SQS-26B 型舰首声呐。

舰载机

直升机:“山猫”AH-11 型直升机。

“哈利法克斯”级

性能数据

国家及地区:加拿大

原产国:加拿大

舰型:护卫舰

型级:哈利法克斯(FFH/FFG)

现役:12 艘

舰号/舷号:哈利法克斯(330),温哥华(331),魁北克(332),多伦多(333),里贾纳(334),卡尔加里(335),蒙特利尔(336),弗雷德里克顿(337),温尼伯(338),夏洛特敦(339),圣约翰斯(340),渥太华(341)

“哈利法克斯”级

总体性能

满载排水量(吨):4770

舰长(英尺/米):441.9(134.7)总长

舰宽(英尺/米):53.8(16.4)

吃水(英尺/米):16.4(5)

最大航速(节):29

续航力(海里/节):9500/13

武器装备

导弹:2 座 4 联装麦道布洛克 1C“鱼叉”舰舰导弹发射架;2 座 8 联装“海麻雀”RIM-7P Mk48 型舰空导弹垂直发射系统。

舰炮:1 座 Mk2 型 57 毫米/70“博福斯”舰炮;1 座 Mkl5(1)型 20 毫米“火神”密集阵炮;8 座 12.7 毫米机枪。

鱼雷:2 座双联装 Mk32(9)型 324 毫米鱼雷发射管,带“哈尼威尔”Mk46(5)型 Neartip 鱼雷。

诱饵:4 座“防护罩”Mk2 型诱饵发射器;1 座 SLQ-25 型“水妖”拖曳式声响诱饵。

雷达

对空搜索:“雷声”SPS-49(V)5 型。

海空搜索:“海鹿”150HC 型。

导航雷达:“斯佩里”Mk340 型,将被换为“休斯”1007 型。

火控雷达:2 座“西格那尔”SPG-503 STIRl.8 型。

声呐:SQS-505(V)6 型舰壳声呐;CDC SQS-501 型 CANTASS 曳阵声呐。

舰载机

直升机:1 架西科尔斯基 CH-124A 型直升机(ASW)或 1 架 CH-124B 型“海王”直升机。

“江湖Ⅲ”/Ⅳ级

性能数据

原产国:中国

舰型:护卫舰

型级:江湖Ⅲ/Ⅳ(053 型 HT)(FFG)

现役:3 艘

舰号/舷号:江湖Ⅲ级——黄石(535),芜湖(536);江湖Ⅳ级——舟山(537)

总体性能

满载排水量(吨):1924

舰长(英尺/米):338.5(103.2)

舰宽(英尺/米):35.4(10.8)

吃水(英尺/米):10.2(3.1)

最大航速(节):28

续航力(海里/节):4000/15

武器装备

导弹:8 座 YJ-1 型“鹰击”(C401)(CSS-N-4)舰舰导弹;“江湖Ⅳ”级为改良的 C-802(CSS-N-8)型导弹。

舰炮:2 座双联装中国 100 毫米/56 炮;4 座双联装中国 37 毫米/63 炮。

反潜火箭:2 座 RBU 1200 型 5 管发射架。

深水炸弹:2 座 BMB-2 投射器;2 架。

水雷:最多可载 60 枚。

诱饵:2 座中国 26 管干扰物发射器。

雷达

海空搜索:“眼罩”MX902 型。

对海搜索:Square Tie 雷达。

导航雷达:Fin Curve。

火控雷达:Rice Lamp,Sun Visor B 及 Wasp Head。

声呐:Echo 5 型主动搜索与攻击舰壳声呐。

“江卫”Ⅰ/Ⅱ级

性能数据

国家及地区:中国

原产国:中国

舰型:护卫舰

型级:江卫Ⅰ/Ⅱ(053/053 H2G 型)(FFG)

现役:江卫Ⅰ4 艘,江卫Ⅱ7 艘

在建:江卫Ⅱ1 艘

舰号/舷号:江卫Ⅰ级——安庆(539),淮南(540)(548 号不在此列),淮北(541),铜陵(542);江卫Ⅱ级——嘉兴(521,前 597),连云港(522),三明(523),莆田(524),宜昌(564),榆林(565),玉溪(566),(567)

总体性能

满载排水量(吨):2250

舰长(英尺/米):366.5(111.7)

舰宽(英尺/米):39.7(12.1)

吃水(英尺/米):15.7(4.8)

最大航速(节):25

续航力(海里/节):4000/18

武器装备

导弹:6 座 YJ-1 型“鹰击”(C-801)(CSSN-4)或 2 座 3 联装 C-802 型舰舰导弹发射架;1 座 6 联装 HQ-61 型舰空导弹发射装置(江卫”Ⅰ级);HQ-7 型 8 联装舰空导弹发射架(“江卫”Ⅱ级)。

舰炮:1 座双联装中国 100 毫米/56 炮;4 座双联装中国 76A 型 37 毫米/63 炮。

反潜火箭:2 座 RBU 1200 型 5 管固定发射装置。

诱饵:2 座 Mk33 型 6 管 SRBOC 干扰物发射器;2 座中国 26 管发射器。

雷达

海空搜索:Knife Rest(“江卫”Ⅰ级);360 型(“江卫”Ⅱ级)。

火控雷达:Sun Visor 及 Wasp Head(“江卫”Ⅰ级);347G 型(“江卫”Ⅱ级);Rice Lamp;Fog Lamp 型。

导航雷达:“台卡”1290 型和中国 360 型。

声呐:Echo 5 型主动搜索与攻击舰壳声呐。

舰载机

直升机:1 架哈尔滨直-9A“海豚”2 直升机(ASV)。

“尼尔斯·尤尔”级

性能数据

国家及地区:丹麦

原产国:丹麦

舰型:护卫舰

型级:尼尔斯·尤尔(FFG)

现役:3 艘

舰号/舷号:尼尔斯·尤尔(F354),奥弗尔特·费歇尔(F355),彼得·托尔丹斯基奥德(F356)

“尼尔斯·尤尔”级

总体性能

满载排水量(吨):1320

舰长(英尺/米):275.5(84)

舰宽(英尺/米):33.8(10.3)

吃水(英尺/米):10.2(3.1)

最大航速(节):28

续航力(海里/节):2500/18

武器装备

导弹:2 座 4 联装麦道“鱼叉”舰舰导弹发射架;“海麻雀”8 联装 Mk29 型舰空导弹发射架或 Mk48 型导弹垂直标准发射装置;2 座双联装 Stinger 导弹发射架。

舰炮:1 座“奥托”76 毫米/62 紧凑型炮;可装 4 座“厄利肯”20 毫米炮(两座在烟囱两旁,另外两座在桅之后),将被替换为 2 座 12.7 毫米机枪。

深水炸弹:1 架。

诱饵:2 座 DL-12T 型 12 管“海蚋”干扰物发射器。

雷达

对空搜索:DASA TRS-3D。

对海搜索:“菲利浦”9GR 600 型。

导航雷达:ScanterMil 009 型。

火控雷达:2 座 Mk95 型舰空导弹制导雷达;“菲利浦”9LV200 Mkl 型 Rakel203C 舰炮火控及舰舰导弹制导雷达。

声呐:“普雷西”PMS 26 型主动搜索与攻击舰壳声呐。

“西蒂斯”级

性能数据

国家及地区:丹麦

原产国:丹麦

舰型:护卫舰

型级:西蒂斯(FF)

现役:4 艘

舰号/舷号:西蒂斯(F357),特赖登(F358),维德尔伦(F359),维德伯乔南(F360)

总体性能

满载排水量(吨):3500

舰长(英尺/米):369.1(112.5)总长

舰宽(英尺/米):47.2(14.4)

吃水(英尺/米):19.7(6)

最大航速(节):20

续航力(海里/节):8500/15.5

武器装备

舰炮:1 座“奥托”76 毫米/62 超速炮;1 座或 2 座“厄利肯”20 毫米炮。

深水炸弹:2 架(尾舱)。

诱饵:2 座 DL-12T 型 12 管“海蚋”干扰物/红外闪光发射器。

雷达

海空搜索:“普雷西”AWS 6 型。

对海搜索:Terma Scanter Mil 型。

导航雷达:“弗鲁努”FR 1505DA 型。

火控雷达:9LV Mk3 型。

声呐:“汤姆森-辛特拉”TSM 2640 型舰壳声呐和变深声呐。

舰载机

直升机:1 架“山猫”MK91 型对海搜索直升机。

改装“维德伯乔南”级

性能数据

国家及地区:爱沙尼亚

原产国:丹麦

舰型:护卫舰

型级:改装维德伯乔南(FF)

现役:1 艘

舰号/舷号:皮特卡海军上将(前贝斯基特伦)(A230)

总体性能

满载排水量(吨):1970

舰长(英尺/米):245(74.7)

舰宽(英尺/米):40(12.2)

吃水(英尺/米):17.4(5.3)(龙骨)

最大航速(节):18

续航力(海里/节):6000/13

武器装备

舰炮:1 座美国 Mk22 型 76 毫米/50 炮。

诱饵:2 座“海蚋”6 管干扰物发射器。

雷达:Lidon Marine 型。

舰载机

直升机:1 架“山猫”直升机。

“费罗雷亚尔”级

性能数据

国家及地区:法国,摩洛哥

原产国:法国

舰型:护卫舰

型级:费罗雷亚尔(FFG)

现役:法国 6 艘,摩洛哥 1 艘

在建:摩洛哥 1 艘

法国舰号/舷号:费罗雷亚尔(F730),普莱里尔(F731),尼弗斯(F732),瓦托斯(F733),凡德麦尔(F734),热米那尔(F735)

摩洛哥舰号/舷号:穆罕默德 V(502),哈桑Ⅱ(503)

总体性能

满载排水量(吨):2950

舰长(英尺/米):306.8(93.5)

舰宽(英尺/米):45.9(14.4)

吃水(英尺/米):14.1(4.3)

最大航速(节):20

续航力(海里/节):10000/15

武器装备

导弹:2座MM38型“飞鱼”舰舰导弹;2座“马特”双联装舰空导弹发射架,可以代替20毫米舰炮或“达盖”诱饵发射器。

舰炮:1座DCN 68型100毫米/55计算机程控炮(摩洛哥舰上可能设有1座“奥托”76毫米/62炮);2座Giat 20 F2型20毫米炮。

诱饵:2座“达盖”Mk Ⅱ型10管转动式干扰物/红外线发射器。

雷达

海空搜索:汤姆森CSF Mars DRBV 21A型。

导航雷达:2座“台卡”1229型(DRBN 34A型)。

舰载机

直升机:1架AS 565 MA型“黑豹”直升机或是可供1架AS 332 F型“美洲狮”直升机起降的平台。

“勃兰登堡”级

性能数据

国家及地区:德国

原产国:德国

舰型:护卫舰

型级:勃兰登堡(123型)(FFG)

现役:4艘

舰号/舷号:勃兰登堡(F215),石勒苏益格·荷尔斯泰因(F216),拜恩(F217),梅克伦堡·沃普门(F218)

“勃兰登堡”级

总体性能

满载排水量(吨):4900

舰长(英尺/米):455.7(138.9)总长

舰宽(英尺/米):54.8(16.7)

吃水(英尺/米):22.3(6.8)

最大航速(节):29

续航力(海里/节):4000/18

武器装备

导弹:2 座双联装 MM38 型“飞鱼”舰舰导弹;“马丁”Mk41(3)型舰空导弹垂直发射管,带北约“海麻雀”导弹;2 座 Mk49 型 21 管旋转弹体舰空导弹发射装置。

舰炮:1 座“奥托”Mk75 型 76 毫米/62 炮;2 座“雷门托”202 型 20 毫米炮(将被替换为“毛瑟”27 毫米炮)。

鱼雷:2 座双联装 Mk32(9)型 324 毫米鱼雷发射管,带“哈尼威尔”Mk46(2)型鱼雷。

诱饵:2 座“布莱达”SCLAR。

雷达

对空搜索:“西格那尔”LW08 型。

海空搜索:“西格那尔”SMART 三坐标式。

导航雷达:2 座“探路者”。

火控雷达:2 座“西格那尔”STIR 180“跟踪者”。

声呐:DSQS-23BZ 型主动搜索与攻击舰壳声呐。

舰载机

直升机:2 座“山猫”Mk88 或 88A 型直升机(ASW/ASV)。

“科顿艾尔”级

性能数据

国家及地区:德国,希腊,荷兰,阿联酋

原产国:荷兰

舰型:护卫舰

型级:科顿艾尔/不莱梅(改装科顿艾尔 122 型)/艾里(FFG)

现役:德国 8 艘(不莱梅级,),希腊 7 艘(艾里级),荷兰 1 艘(科顿艾尔级),阿联酋 2 艘(科顿艾尔级)

德国舰号/舷号:不莱梅(F207),下萨克森(F208),莱因兰普法尔茨(F209),埃姆(F210),科隆(F211),卡尔斯鲁厄(F212),奥格斯堡(F213),吕贝克(F214)

希腊舰号/舷号:艾里(前彼得・福洛里斯)(F450,前 F812),利诺斯(前维特・德・维斯)(F451,前 F813),爱治恩(前班科特)(F460,前 F810),阿德里亚斯(前卡林伯)(F459,前 F808),那瓦林农(前凡・斯伯根)(F461,前 F809),康特里奥提司(前科泰尼亚)(F462,前 F807),伯伯里那(前彼得・福洛里斯,前维利姆・凡・德赞)(F463,前 F826)

荷兰舰号伸玄号:伯劳伊斯・凡・特莱斯郎(F824)

阿舰酋舰号/舷号:阿布扎比(前阿伯拉罕·克里恩森)(F01,前 F816),阿尔·艾米雷特(前皮特·西恩)(F02,前 F811)

总体性能

满载排水量(吨):3630,3680(德国舰)

舰长(英尺/米):428(130.5),426.4(130)(德国舰)

舰宽(英尺/米):47.9(14.6),47.6(14.5)(德国舰)

吃水(英尺/米):20.3(6.2)(螺旋桨),21.3(6.5)(德国舰)

最大航速(节):30

续航力(海里/节):4700/16

武器装备

导弹:2 座 4 联装麦道"鱼叉"舰舰导弹发射架;1 座 8 联装 Mk29 型"海麻雀"舰空导弹发射装置;2 座 GDC 旋转弹体导弹(德国舰)。

舰炮:1 座"奥托"Mk75 型 76 毫米/62 炮(一些希腊舰为 2 座);SGE—30 型"守门员"30 毫米炮(荷兰和阿联酋舰);1 座或 2 座"火神"密集阵 Mk15 型 20 毫米炮(希腊舰);2 座"厄利肯"20 毫米炮(荷兰和阿拉伯舰);2 座"雷门托"202 型 20 毫米炮,将被替换为"毛瑟"27 毫米炮(德国舰)。

鱼雷:2 座双联装美国 Mk32 型 324 毫米发射管,带"哈尼威尔"Mk46(5)型 Neartip 鱼雷;德国舰为 Mk46(2))型,将被替换为 Mu90 型;希腊舰为 Mk46(1)/(2)型。

诱饵:2 座 6 管 Mk36 型 SRBOC 发射器(德国舰为 4 座);SLQ-25 型"水妖"拖曳式鱼雷诱饵;减噪系统(德国舰)。

雷达

对空搜索:"西格那尔"LW08 型(荷兰、希腊和阿联酋舰)。

海空搜索:DASA TRS-3D/32 型(德国舰)。

对海搜索:"西格那尔"ZW06 型(荷兰和希腊舰);"侦察兵"(阿联酋舰)。

导航雷达:SMA3 RM20 型(德国舰)。

火控雷达:"西格那尔"STIR;"西格那尔"WM25 型。

声呐:SQS-509 型主动搜索与攻击舰壳声呐(荷兰舰);SQS-505 型舰壳声呐(德国和阿联酋舰);DSQS-21 BZ(BO)型(德国舰)。

舰载机

直升机:2 架"山猫"Mk88 或 88A 型直升机(ASW/ASV)(德国舰);2 架阿古斯塔 AB212 直升机(ASW)(希腊舰);2 架 SH-14B"山猫"直升机(ASW)(荷兰舰);2 架欧洲 AS545"黑豹"直升机(ASW)(阿联酋舰)。

“萨克森”级

性能数据

国家及地区:德国

原产国:德国

舰型:护卫舰

型级:萨克森(124 型)(FFG)

现役:0 艘

在建:3 艘

舰号/舷号:萨克森(F219),汉堡(F220),黑森(F221)

总体性能

满载排水量(吨):5600

舰长(英尺/米):469.2(143)总长

舰宽(英尺/米):57.1(17.4)

吃水(英尺/米):14.4(4.4)

最大航速(节):29

续航力(海里/节):4000/侣

武器装备

导弹:2 座 4 联装“鱼叉”舰舰导弹;Mk41 型舰空导弹垂直发射管,带北约改进型“海麻雀”导弹;2 座 Mk49 型 21 管旋转弹体导弹发射装置。

舰炮:1 座“奥托”76 毫米/62 IRDF 炮;2 座“毛瑟”27 毫米炮。

鱼雷:2 座 3 联装 MK32(9)型 324 毫米发射管,带 Eurotorp Mu90 型触发鱼雷。

诱饵:6 座 130 毫米 SRBOC 发射器。

雷达

对空搜索:“西格那尔”SMART L 型。

海空搜索:“西格那尔”APAR 定相阵列。

对海搜索:“海卫”-G 型。

导航雷达:2 座。

声呐:DSQS-21B 型主动搜索与攻击舰首声呐;主动拖曳阵声呐。

舰载机

直升机:2 架 NFH90 直升机或“山猫”Mk88A 型直升机(ASW/ASV)。

“戈达瓦里”级/改良“戈达瓦里”级

性能数据

国家及地区:印度

原产国:印度

舰型:护卫舰

型级:戈达瓦里/改良戈达瓦里(FFG)

现役:5 艘

在建:1 艘

舰号/舷号:戈达瓦里(F20),戈默蒂(F21),恒河(F22),布拉巴普特拉(F31),比亚斯(F32),贝特瓦(F33)

总体性能

满载排水量(吨):3850,4450(改良“戈达瓦里”级)

舰长(英尺/米):414.9(126.5)

舰宽(英尺/米):47.6(14.5)

吃水(英尺/米):14.8(4.5)

最大航速(节):27

续航力(海里/节):4500/12

武器装备

导弹:4 座 SS-N-2D 型“冥河”舰舰导弹;4 座 4 联装 SS-N-25 型舰舰导弹(F20~F22 号舰);SS-N-25 型 Sapless 舰舰导弹(F31~F33 号舰);双联装 SA-N-4 型“壁虎”舰空导弹发射架(F20~F22 号舰);F31~F33 号舰上将装 TrishfUl 舰空导弹发射架。

舰炮:1 座双联装 57 毫米/70 炮(改良“戈达瓦里”级上为“奥托”76 毫米/62 炮);4 座双联装 AK230 型 30 毫米/65 炮(改良“戈达瓦里”级上为 4 座 AK630 型 30 毫米/65 炮)。

鱼雷:2 座 3 联装 lLAS 3 型 324 毫米发射管,带“怀德黑德”A244S 型鱼雷。

诱饵:2 座干扰物发射器;“格拉斯比”G738 型拖曳式鱼雷诱饵。

雷达

对空搜索:“西格那尔”LW08 型(改良“戈达瓦里”级上为 LW08/“巴拉特”RAWL-PLN517 型)。

海空搜索:HeadNetC,三坐标式(改良“戈达瓦里”级上为 RAWS03PFN513 型)。

海警戒/导航雷达:2 座“西格那尔”ZW06 型,或 Don Kay。

火控雷达:2 座 Drum Tilt 30 毫米炮火控雷达;MuffCob 57 毫米炮火控雷达;PopGrouP

SA-N-4 型导弹制导雷达(F20~F22 舰);"巴拉特"舰空导弹制导雷达(F31~F33 号舰)。

声呐:"巴拉特"APSOH;"汤姆森-辛特拉"DSBV62 型被动拖曳阵声(F22 号舰);162 M 型变深声呐。

舰载机

直升机:2 架"海王"和 1 架 HAL SA 319B 型"云雀"Ⅲ直升机(ASW)。

"范斯派克"级

性能数据

国家及地区:印度尼西亚

原产国:荷兰

舰型:护卫舰

型级:范斯派克/8 可麦得·亚尼(FFG)

现役:6 艘

舰号/舷号:阿麦得·亚尼(前特亚克·西迪斯)(351),斯拉米特·里亚迪(前范斯派克)(352),尤斯·苏达尔索(前范盖伦)(353),奥斯瓦德·斯亚罕(前范奈斯)354),阿伯杜尔·哈利姆·坡达那古苏玛(前爱沃森)(355),凯拉尔·塞斯图本(前伊扎克·斯维尔斯)(356)

总体性能

满载排水量(吨):2835

舰长(英尺/米):372(113 4)

舰宽(英尺/米):41(12.5)

吃水(英尺/米):1318(412)

最大航速(节):28.5

续航力(海里/节):4500/12

武器装备

导弹:8 座麦道"鱼叉"舰舰导弹;2 座 4 联装"海猫"舰空导弹发射架(将被替换为 2 座"马特"双联装舰空导弹发射架,带"北风"导弹)。

舰炮:1 座"奥托"76 毫米/62 紧凑型炮;2 座 12.7 毫米机枪。

鱼雷:2 座 3 联装 Mk32 型 324 毫米发射管,带"哈尼威尔"Mk46 型鱼雷。

诱饵:2 座 Corvus 8 管转动式发射器。

雷达

对空搜索:"西格那尔"LW03 型。

海空搜索:"西格那尔"DA05 型。

导航雷达:“台卡”1229 型。

火控雷达:“西格那尔”M45 型 76 毫米炮火控雷达和舰舰导弹制导雷达;2 座“西格那尔”M44 型“海猫”舰空导弹制导雷达(将被移去)。

声呐:“西格那尔”CWE 610 型变深舰壳声呐。

舰载机

直升机:1 架“黄蜂”HASMkl 型直升机(ASW)。

“法塔希拉”级

性能数据

国家及地区:印度尼西亚

原产国:荷兰

舰型:护卫舰

型级:法塔希拉(FFG)

现役:3 艘

舰号/舷号:法塔希拉(361),马拉哈亚提(362),那拉(363)

总体性能

满载排水量(吨):1450

舰长(英尺/米):276(84)

舰宽(英尺/米):36.4(11.1)

吃水(英尺/米):10.7(3.3)

最大航速(节):30

续航力(海里/节):4250/16

武器装备

导弹:4 座 MM38 型“飞鱼”舰舰导弹。

舰炮:1 座“博福斯”120 毫米/46 炮;1 座或 2 座“博福斯”40 毫米/70 炮(363 号舰上为 2 座);2 座“雷门托”20 毫米炮。

鱼雷:2 座 3 联装 Mk32 或 ILAS3 型 324 毫米发射管(363 号舰上没有),带 12 枚 Mk46 型(或 A244S 型)鱼雷。

反潜火箭:1 座双管“博福斯”375 毫米反潜火箭发射装置。

诱饵:2 座 Corvus 8 管转动式发射器;1 座 T-Mk6 型鱼雷诱饵。

雷达

海空搜索:“西格那尔”DA05 型。

对海搜索:“台卡”AC1229 型。

火控雷达:“西格那尔”WM28 型。

声呐:“西格那尔”PHS-32 型主动搜索与攻击舰壳声呐。

舰载机

直升机:1 架“黄蜂”HAS(Mk1)型直升机(ASW)(363 号舰)。

“琼斯”级

性能数据

国家及地区:印度尼西亚,土耳其

原产国:美国

舰型:护卫舰

型级:琼斯/沙玛迪昆/伯克(改装琼斯级)(FFG/FF)

现役:印度尼西亚 4 艘(沙玛迪昆级),土耳其 1 艘(伯克级)

印度尼西亚舰号/舷号:沙玛迪昆(前约翰·R·佩里)(341,前 DE1034),马塔迪那塔(前查尔斯·贝里)(342,前 DE1035),蒙金西第(前琼斯)(343,前 DE1033),奈格拉雷(前麦克莫里斯)(344,前 DE1036)

土耳其舰号/舷号:皮亚克(D359)

总体性能

满载排水量(吨):1968(印度尼西亚舰),1950(土耳其舰)

舰长(英尺/米):310(95)(印度尼西亚舰),311.7(95.3)(土耳其舰)

舰宽(英尺/米):38.7(11.8)

吃水(英尺/米):18(5.5)

最大航速(节):22

续航力(海里/节):3000/18

武器装备

舰炮:1 座或 2 座 Mk34 型 76 毫米/50 炮(印度尼西亚舰);2 座双联装 76 毫米/50 炮(土耳其舰);1 座双联装苏联 37 毫米/63 炮(印度尼西亚舰)。

鱼雷:2 座 3 联装 Mk32 型 364 毫米发射管,带“哈尼威尔”Mk46 型鱼雷。

反潜火箭:2 座 Mk11 型 Hedgehog 火箭发射架(土耳其舰)。

深水炸弹:1 架(土耳其舰);2 座投放器(印度尼西亚舰)。

雷达

对空搜索:SPS-6E 型(印度尼西亚舰);“洛克希德”SPS-40 型(土耳其舰)。

对海搜索:“雷声”SPS-5D 或“雷声”SPS-4 型(344 号舰);“雷声”SPS-10 型(土耳其舰)。

导航雷达:“台卡”1226 型。

火控雷达:“洛克希德”SPG-52 型(印度尼西亚舰);2 座 Mk34 型(土耳其舰)。

声呐:EDO(341 号舰);SQS-45V 型主动搜索与攻击舰壳声呐(其他印度尼西亚舰);SQS-29/31 型主动搜索与攻击舰壳声呐(土耳其舰)。

舰载机

直升机:可供 AB212 型反潜直升机起降的平台(土耳其舰)。

“阿勒万德”级

性能数据

国家及地区:伊朗

原产国:英国

舰型:护卫舰

型级:阿勒万德(瓦斯普·马克 5)(FFG)

现役:3 艘

舰号/舷号:阿勒万德(前萨姆)(71),厄尔布士(前扎尔)(72),萨巴兰(前罗斯塔姆)(73)

“阿勒万德”级

总体性能

满载排水量(吨):1350

舰长(英尺/米):310(94.5)

舰宽(英尺/米):3614(11.1)

吃水(英尺/米):14.1(4.3)

最大航速(节):29

续航力(海里/节):3650/18

武器装备

导弹:2 座中国双联装 YJ-2(C-802,CSS-N-8)型舰舰导弹(72 和 73 号舰);1 座 5 联装“海上杀手”Ⅱ型舰舰导弹发射架(最上面一排被拿去组装 BM-21 型复合式火箭炮发射装置)。

舰炮:1 座“维克斯”Mk8 型 114 毫米/55 炮;1 座双联装“厄利肯”35 毫米/90 炮;3 座“厄利肯”GAM-BO1 型 20 毫米炮;2 座 12.7 毫米机枪。

反潜火箭:1 座 3 管 Limbo Mkl0 型发射装置。

诱饵:2 座英国 Mk5 型闪光发射器。

雷达

海空搜索:“普雷西”AWSl 型。

对海搜索："台卡"1226 型。
导航雷达："台卡"629 型。
火控雷达：2 座"海上猎人"。
声呐："格拉斯比"174 型主动搜索舰壳声呐；"格拉斯比"170 型主动攻击舰壳声呐。

"米斯特拉"级

性能数据

国家及地区：意大利

原产国：意大利

舰型：护卫舰

型级：米斯特拉(FFG)

现役：8 艘

舰号/舷号：米斯特拉(F570)，格里开尔(F571)，力比丘(F572)，西洛克(F573)，艾利西奥(F574)，尤罗(F575)，艾斯佩罗(F576)，杰菲罗(F577)

总体性能

满载排水量(吨)：3200

舰长(英尺/米)：405(122 7)

舰宽(英尺/米)：4215(12.9)

吃水(英尺/米)：15.1(4.6)

最大航速(节)：32

续航力(海里/节)：6000/16

武器装备

导弹：4 座"奥托"Teseo Mk2 型(TG2)舰舰导弹；1 座"信天翁"8 联装舰空导弹发射架，带"蝮蛇"导弹。

舰炮：1 座"奥托"127 毫米/54 自动炮；2 座双联装"布莱达"40 毫米/70 紧凑型炮；2 座"厄利肯"20 毫米炮(在 1990~1991 年的海湾战争中装上了 2 座"厄利肯"20 毫米炮)。

鱼雷：2 座 3 联装美国 Mk32 型 324 毫米鱼雷发射管，带"哈尼威尔"Mk46 型鱼雷；舰尾设有 2 座 533 毫米 B516 型鱼雷发射管，带"怀特黑德"A184 型鱼雷。

诱饵：2 座"布莱达"105 毫米 SCLAR 20 管发射器；SLQ-25 型拖曳式鱼雷诱饵；减噪系统。

雷达

海空搜索："塞勒尼亚"SPS-74(RAN 10S)型。

对海搜索：SMA SPS-702 型。

导航雷达:SMA SPN-703 型。

火控雷达:“塞勒尼亚”SPG-75(RTN 30X)型;2 座“塞勒尼亚”SPG-74(RTN20X)型。

声呐:“雷声”DE 1164 型舰壳变深声呐。

舰载机

直升机:2 架阿古斯塔 AB212 型直升机(ASW)。

“阿武隈”级

性能数据

国家及地区:日本

原产国:日本

舰型:护卫舰

型级:阿武隈(FFG/DE)

现役:6 艘

舰号/舷号:阿武隈(DE229),寻津(DE230),大淀(DE231),川内(DE232),筑丰(DE233),利根川(DE234)

总体性能

满载排水量(吨):2550

舰长(英尺/米):357.6(109)

舰宽(英尺/米):44(13.4)

吃水(英尺/米):12.5(3.8)

最大航速(节):27

武器装备

导弹:2 座 4 联装麦道“鱼叉”舰舰导弹发射架;1 座 8 联装 Mk112 型“哈尼威尔”火箭助飞反潜鱼雷发射装置,可载 Mk46(5)型 Neartip 鱼雷。

舰炮:1 座“奥托”76 毫米/62 紧凑型炮;1 座 20 毫米 Mk15 型密集阵近程武器系统。

鱼雷:2 座 3 联装 68 型 324 毫米发射管,带“哈尼威尔”Mk46(5)型 Neartip 鱼雷。

诱饵:Mk36 型 6 管 SRBOC。

雷达

对空搜索:“梅尔科”OPS-14C 型。

对海搜索:JRC OPS-28C/D 型。

火控雷达:2-21 型。

声呐:Hitachi OQS-8 型舰壳声呐。

“筑后”级

性能数据

国家及地区:日本

原产国:日本

舰型:护卫舰

型级:筑后(FF/DE)

现役:1 艘

舰号/舷号:能代(DE225)

总体性能

标准排水量(吨):1500

舰长(英尺/米):305(93)

舰宽(英尺/米):35.5(10.8)

吃水(英尺/米):11.5(3.5)

最大航速(节):24

续航力(海里/节):10900/12

武器装备

导弹:1 座 8 联装 Mk112 型“哈尼威尔”火箭助飞反潜鱼雷发射装置,可载 Mk46(5)型鱼雷。

舰炮:1 座双联装 Mk33 型 76 毫米/50 炮;1 座双联装 Mk1 型“博福斯”40 毫米/60 炮。

鱼雷:2 座 3 联装 68 型 324 毫米发射管,带“哈尼威尔”Mk46(5)型 Neartip 雷。

雷达

对空搜索:“梅尔科”OPS-14/14B 型。

对海搜索:JRC OPS-1 6C/D/18-3 型。

火控雷达:1B 型。

声呐:Hitachi OQS-3A 型主动搜索与攻击舰壳声呐;EDO SPS 35(J)型变深声呐。

“石狩川”级/“夕张”级

性能数据

国家及地区:日本

原产国:日本

舰型:护卫舰

型级:石狩川/夕张(FFG/DE)

现役:3 艘

舰号/舷号:石狩川(DE226),夕张(DE227),夕别(DE228)

总体性能

满载排水量(吨):1690,1450(DE226 号)

舰长(英尺/米):298.5(91),278.8(85)(DE226 号)

舰宽(英尺/米):35.4(10.8)

吃水(英尺/米):11.8(3.6)

最大航速(节):25

武器装备

导弹:2 座 4 联装“鱼叉”舰舰导弹。

舰炮:1 座“奥托”76 毫米/62 紧凑型炮;1 座 20 毫米 Mk15 型密集阵近程武器系统。

鱼雷:2 座 3 联装 68 型 324 毫米发射管,带“哈尼威尔”Mk46(5)型 Neartip 鱼雷。

反潜火箭:1 座 4~6 管 41 型“博福斯”反潜火箭发射装置。

诱饵:2 座 6 管 Mk36 型干扰物发射器。

雷达

对海搜索:JRC OPS-28B/28-1 型。

导航雷达:“富士”OPS-19B 型。

火控雷达:2-21 型。

声呐:NEC SQS-36J 型主动或被动式舰壳声呐。

“罗津”级

性能数据

国家及地区:朝鲜

原产国:朝鲜

舰型:护卫舰

型级:罗津(FFG)

现役:2 艘

舰号/舷号:(531),(631)

总体性能

满载排水量(吨):1500

舰长(英尺/米):334.6(102)

舰宽(英尺/米):32.8(10)

吃水(英尺/米):8.9(2.7)

最大航速(节):24

续航力(海里/节):4000/13

武器装备

导弹:2 座 CSS-N-1 型舰舰导弹。

舰炮:2 座 100 毫米/56 炮;2 座双联装 57 毫米/80 炮;2 座或 6 座双联装 30 米/66 炮;4 座 4 联装或 14 座 14.5 毫米机枪。

反潜火箭:2 座 RBU 1200 型 5 管固定发射装置。

深水炸弹:2 座投射器,2 架。

水雷:30 枚。

诱饵:6 座干扰物发射器。

雷达

对空搜索:Squa re Tie。

对海搜索:Pot Head。

导航雷达:Pot Drum。

火控雷达:Drum Tilt。

声呐:“雄鹿角”主动搜索与攻击舰壳声呐。

“蔚山”级

性能数据

国家及地区:韩国

原产国:韩国

舰型:护卫舰

型级:蔚山(FFG)

现役:9 艘

舰号/舷号:蔚山(FF951),汉城(FF952),马山(FF955),庆尚北道(FF956),成那姆(FF957),济州(FF958),巴山(FF959),忠州(FF961)

总体性能

满载排水量(吨):2180,2300(FF957 号以后的舰)

舰长(英尺/米):334.6(102)

舰宽(英尺/米):37.7(11.5)

吃水(英尺/米):11.5(3.5)

最大航速(节):34

续航力(海里/节):4000/15

武器装备

导弹:4 座双联装麦道“鱼叉”舰舰导弹发射架。

舰炮:2 座“奥托”76 毫米/62 紧凑型炮;4 座双联装“爱默生”30 毫米炮(FF951~955 号舰);3 座双联装“布莱达”40 毫米/70 炮(FF956~961 号舰)。

鱼雷:2 座 3 联装 Mk32 型 324 毫米发射管,带“哈尼威尔”Mk46(1)型鱼雷。

深水炸弹:12 枚。

诱饵:4 座 6 管 Mk36 型

SRBOC 发射器;SLQ-25 型

“水妖”拖曳式鱼雷诱饵。

雷达

海空搜索:“西格那尔”DA05 型。

对海搜索:“西格那尔”ZW06 型(FF951~956 号舰);“马可尼”S1810 型(FF957~961 号舰)。

火控雷达:“西格那尔”WM28 型(FF951~956 号舰);“马可尼”ST1802 型(FF957~961 号舰)。

导航雷达:“雷声”SPS-10C 型(FF957~961 号舰)。

声呐:“西格那尔”PHS-32 型主动搜索与攻击舰壳声呐。

“雷克伊”级

性能数据

国家及地区:马来西亚

原产国:英国

舰型:护卫舰

型级:雷克伊(FFG)

现役:2 艘

舰号/舷号:雷克伊(30),杰巴特(29)

总体性能

满载排水量(吨):2390

舰长(英尺/米):346(105.5)总长

舰宽(英尺/米):42(12.8)

吃水(英尺/米):11.8(3.6)

最大航速(节):28

续航力(海里/节):5000/14

武器装备

导弹:8 座 MM40 型布洛克Ⅱ“飞鱼”舰舰导弹;英国“海狼”舰空导弹垂直发射系统。

舰炮:1 座 Mk2 型“博福斯”57 毫米/70 SAK 炮;2 座 MSI 防御系统 30 毫米/75DS 30B 型炮。

鱼雷:2 座 3 联装 B515 型“怀特黑德”发射管,带“黄貂鱼”鱼雷。

诱饵:2 座 12 管发射器;“海妖”鱼雷诱饵。

雷达

对空搜索:“西格那尔”DA08 型。

对海搜索:“海鹿”150HC 型。

导航雷达:“台卡”。

火控雷达:2 座“马可尼”1802 型。

声呐:“汤姆森-辛特拉”Spherion 主动搜索与攻击舰壳声呐。

舰载机

直升机:1 架“山猫”直升机(ASW)。

“布朗斯坦”级

性能数据

国家及地区:墨西哥

原产国:美国

舰型:护卫舰

型级:布朗斯坦(FF)

现役:2 艘

舰号/舷号:赫曼吉尔多·加林那(前布朗斯坦)(F202,前 E42,前 FF1037),尼考拉斯·伯拉夫(前麦克洛伊)(F201,前 E40,前 FF1038)

“布朗斯坦”级

总体性能

满载排水量(吨):2650

舰长(英尺/米):371.5(113.2)

舰宽(英尺/米):40.5(12.3)

吃水(英尺/米):13.5(4.1)

最大航速(节):24

续航力(海里/节):3925/15

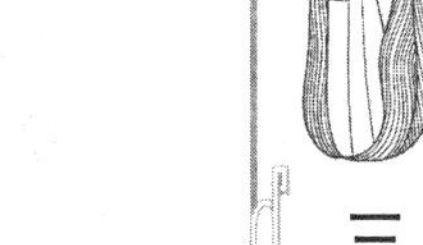

武器装备

导弹:1 座 8 联装 Mk112 型“哈尼威尔”火箭助飞反潜鱼雷发射装置(不可操作)。

舰炮:1 座双联装 76 毫米/50 炮或 1 座“博福斯”57 毫米/70 Mk2 型 SAK 炮。

鱼雷:2 座 3 联装美国 Mk32(7)型 324 毫米发射管。

诱饵:2 座 6 管发射器;干扰物/红外闪光发射器。

雷达

对空搜索:“洛克希德”SPS-40D 型。

对海搜索:“雷声”SPS-10F 型。

导航雷达:“马可尼”LN66 型。

火控雷达:Mk35 型。

声呐:EDO/SQS-26AXR 型主动搜索与攻击舰首声呐。

舰载机

直升机:只设有可供直升机起降的平台。

“希姆斯科克”级

性能数据

国家及地区:荷兰

原产国:荷兰

舰型:护卫舰

型级:希姆斯科克(FFG)

现役:2 艘

舰号/舷号:希姆斯科克(F812),沃特·德维斯(F813)

总体性能

满载排水量(吨):3750

舰长(英尺/米):428(130.5)

舰宽(英尺/米):47.9(14.6)

吃水(英尺/米):14.1(4.3)

最大航速(节):30

续航力(海里/节):4700/16

武器装备

导弹:2 座 4 联装麦道“鱼叉”舰舰导弹发射架;Mk13(1)型舰空导弹发射架,携带 40 枚“标准”SM-1 MR 导弹;1 座 8 联装 Mk29 型“海麻雀”舰空导弹发射架。

舰炮:1 座 SGE-30 型“守门员”近程武器系统,配 30 毫米炮;2 座“厄利肯”20 毫米炮。

鱼雷:2 座双联装美国 Mk32 型 324 毫米发射管,带“哈尼威尔”Mk46(5)型鱼雷。

诱饵:2 座 4 联装 6 管 Mk36 型 SRBOC 发射器。

雷达

对空搜索:“西格那尔”LW08 型。

海空搜索:“西格那尔”SMART,三坐标式。

对海搜索:“侦察兵”。

火控雷达:2 座“西格那尔”STIR 240 型;“西格那尔”STIR 180 型。

声呐:SQS-509 型主动搜索与攻击舰壳声呐。

“南森”级

性能数据

国家及地区:挪威

原产国:西班牙

舰型:护卫舰

型级:南森(SMP 6088 型)(FFG)

在建:5 艘

舰号/舷号:南森(F310),罗得・阿蒙森(F311),奥托・斯弗德鲁普(F312),海尔格-英格斯泰德(F313),托尔・黑亚戴(F314)

总体性能

满载排水量(吨):5121

舰长(英尺/米):433.1(132)

舰宽(英尺/米):55.1(16.8)

吃水(英尺/米):16.1(4.9)

最大航速(节):27

武器装备

导弹:8 座 NSM 舰舰导弹;Mk41 型 8 管舰空导弹发射架,可发射 32 枚改进型“海麻雀”导弹。

舰炮:1 座 76 毫米/62 超速炮;2 座 12.7 毫米机枪。

鱼雷:6 座 324 应被毫米发射管,带“黄貂鱼”鱼雷。

诱饵:SKWS 干扰物、红外线/声响诱饵。

雷达

对空搜索:“洛克希德-马丁”SPY-1F 型定相阵列。

对海搜索:“利顿”。

导航雷达:2 座“利顿”。

火控雷达:2 座 Mk82 型。

声呐:“汤姆森-马可尼”MRS 2000 型声呐和 Mk2 型变深声呐。

舰载机

直升机:1 架 NH90 型直升机。

“安德拉德”级/“霍奥·科蒂诺”级

性能数据

国家及地区:葡萄牙

原产国:西班牙

舰型:护卫舰

型级:安德拉德/霍奥·科蒂诺(FS)

已被定为轻型护卫舰。

现役:4 艘(安德拉德级),6 艘(霍奥·科蒂诺级)

安德拉德级舰号/舷号:安德拉德(F486),霍奥·罗比(F487),安福索·塞尔魁拉(F488),卡尔莫(F489)

霍奥·科蒂诺级舰号/舷号:安东尼奥·艾尼斯(F471),霍奥·科蒂诺(F475),贾辛托·坎迪多(F476),佩里拉·德伊卡将军(F477),德卡斯蒂尔(F484),霍那里奥·巴里托(F485)

总体性能

满载排水量(吨):1380

舰长(英尺/米):277.5(84.6)

舰宽(英尺/米):33.8(10.3)

吃水(英尺/米):10.2(3 1),10.8(3.3)(“霍奥·科蒂诺”级)

最大航速(节):22

续航力(海里/节):5900/18

武器装备

舰炮:1 座 1968 型 100 毫米/55 炮;1 座双联装美国 Mk33 型 76 毫米/50 炮(“霍奥·科蒂诺”级);2 座“博福斯”40 毫米/70 炮;1 座双联装“博福斯”40 毫米/60 炮(“霍奥·科蒂诺”级)。

雷达

海空搜索:“普雷西”AWS2 型(“霍奥·科蒂诺”级为“休斯”)。

导航雷达:“台卡”RM 316P 型(“霍奥·科蒂诺”级为“台卡”RMl226C 型)。

火控雷达:汤姆森-CSF“北河三”(“霍奥·科蒂诺”级上为 SPG-34 型)。

舰载机

直升机:只设有可供一架“山猫”Mk95 型直升机起降的平台。

“若昂·贝卢司令”级

性能数据

国家及地区:葡萄牙,乌拉圭

原产国:法国

舰型:护卫舰

型级:若昂·贝卢司令(FF)/瑞维也司令(FFG)

现役:葡萄牙 3 艘(若昂·贝卢司令级),乌拉圭 3 艘(瑞维也司令级)

葡萄牙舰号/舷号:若昂·贝卢司令(F480),赫曼尼杰多·卡佩罗司令(F481),萨加多拉·卡伯拉尔司令(F483)

乌拉圭舰号/舷号:乌拉圭(前保代斯司令)(1),阿提加斯将军(前司库彻)(2),蒙特维迪奥(前查那海军上将)(3,前 4)

总体性能

满载排水量(吨):2250

舰长(英尺/米):336.9(102.7)

舰宽(英尺/米):38.4(11.7)

吃水(英尺/米):14.4(414)(葡萄牙舰),141(4.3)(乌拉圭舰)

最大航速(节):25

续航力(海里/节):7500/15

武器装备

舰炮:2 座 1958 型 100 毫米/55 炮;2 座“博福斯”40 毫米/60 或 40 毫米/70 炮。

鱼雷:2 座 3 联装 Mk32(5)型 324 毫米发射管,带“哈尼威尔”Mk46(5)型 Neartip 鱼雷(葡萄牙舰);2 座 3 联装 550 毫米发射管,带 ECAN L3 型鱼雷(乌拉圭舰)。

反潜火箭:1 座 Mortier 305 毫米 4 管发射装置(乌拉圭舰上的将被移走)。

诱饵:2 座 6 管 Mk36 型 SRBOC 发射器;SLQ-25 型“水妖”拖曳式鱼雷诱饵(葡萄牙舰)。

雷达

对空搜索:汤姆森-CSF DRBV 22A 型。

对海搜索:汤姆森-CSF DRBV 50 型(葡萄牙舰)。

导航雷达:“休斯”KH 1007 型(葡萄牙舰);“台卡”1226 型(乌拉圭舰)。

火控雷达:汤姆森-CSF DRBC 31D 型(葡萄牙舰);汤姆森-CSF DRBC32C 型(乌拉圭舰)。

声呐:CDC SQS-510 型主动搜索与攻击舰壳声呐,(葡萄牙舰);EDOM SOS-17 型舰壳声呐(乌拉圭舰);“汤姆森-辛特拉”DUBA 3A 型舰壳声呐(两国舰都设有)。

“不惧”级

性能数据

国家及地区:俄罗斯

原产国:俄罗斯

舰型:护卫舰

型级:不惧(1154 型)(FFG)

现役:1 艘

舰号/舷号:不惧(712)

总体性能

满载排水量(吨):4250

舰长(英尺/米):430.4(131.2)总长

舰宽(英尺/米):50.9(15.5)

吃水(英尺/米):15.7(4.8)

最大航速(节):30

续航力(海里/节):4500/16

武器装备

导弹:可装 8 座 SS-N-25 型舰舰导弹,但没有装;4 座 6 联装 SA-N-9 型“克里诺克”舰空导弹垂直发射装置;2 座 CADS-N-1 型舰空导弹、火炮合一系统,各带 1 座双联装 30 毫米“加特林”炮和 8 座 SAN-11 型火控雷达/光学指挥仪;SS-N-15/16 型反潜导弹;从鱼雷管发射的 40 型鱼雷或核弹头。

舰炮:1 座 100 毫米/59 炮。

鱼雷:6 座 533 毫米鱼雷和反潜导弹组合发射装置,可发射 SS-N-15/16 型导弹或反潜鱼雷。

反潜火箭:1 座 RBU 12000 型 10 管转动式发射装置。

水雷:双布雷轨。

诱饵:8 座 PK10 型和 2 座 PK16 型干扰物发射器。

雷达

海空搜索:Top Plate,三坐标式。

导航雷达:2 座“棕榈叶”。

火控雷达:“交叉剑”舰空导弹制导雷达;Kite ScreechBravo 舰舰导弹制导或舰炮火控雷达。

声呐:“牛轭”和“鲸舌”舰壳声呐;“牛尾”变深声呐或拖曳阵声呐。

舰载机

直升机:1 架卡-27PL 型螺旋式直升机(ASW)。

“麦地那”级

性能数据

国家及地区:沙特阿拉伯

原产国:法国

舰型:护卫舰

型级:麦地那(F2000S 型)(FFG)

现役:4 艘

舰号/舷号:麦地那(702),胡福夫(704),艾卜哈(706),塔伊夫(708)

总体性能

满载排水量(吨):2870

舰长(英尺/米):377.3(115)

舰宽(英尺/米):41(12.5)

吃水(英尺/米):16(4.9)

最大航速(节):30

续航力(海里/节):8000/15,6500/18

武器装备

导弹:2 座 4 联装“奥托”/“奥托马特”Mk2 型舰舰导弹;1 座汤姆森-CSF“响尾蛇”8 联装舰空导弹发射架。

舰炮:1 座 Mk2 型 100 毫米/55 紧凑型炮;2 座双联装“布莱达”40 毫米/70 炮。

鱼雷:4 座 533 毫米发射管,带 ECAN F17P 型鱼雷。

诱饵:“达盖”双管转动式诱饵发射器。

雷达

海空搜索:汤姆森-CSF“海虎”(DRBV 15)。

导航雷达:“台卡”TM 1226 型。

火控雷达:汤姆森-CSF“北河二”ⅡB/C;汤姆森-CSF DR BC32 型。

声呐:“汤姆森-辛特拉”TSM 2630 型舰壳与变深联合声呐。

舰载机

直升机:1 架 SA 365F“海豚”2 型直升机(舰舰导弹制导目标)。

“梅科 A-200”级

性能数据

国家及地区:南非

原产国:德国

舰型:护卫舰

型级:梅科 A-200(FSG)

现役:4 艘

舰号/舷号:不详

总体性能

满载排水量(吨):3590

舰长(英尺/米):397(121)

舰宽(英尺/米):53.8(16.4)

吃水(英尺/米):20.3(6.2)

最大航速(节):28

续航力(海里/节):7700/15

武器装备

导弹:2 座 4 联装 MM40 型布洛克Ⅱ“飞鱼”舰舰导弹;16 管舰空导弹垂直发射系统。

舰炮:1 座“奥托”76 毫米/62 紧凑型炮;1 座双联装 LIW DPG 型 35 毫米炮;2 座“厄利肯”20 毫米炮。

鱼雷:2 座双管 324 毫米发射管。

诱饵:2 座干扰物发射器。

雷达

海空搜索:汤姆森-CSF,三坐标式。

导航雷达:2 座。

火控雷达:2 座。

声呐:“汤姆森-马可尼”主动搜索舰壳声呐。

舰载机

直升机:1 架“山猫”直升机。

“阿尔瓦罗德·巴赞”级

性能数据

国家及地区:西班牙

舰号/舷号:阿尔瓦罗德·巴赞(FI01),博本(F102),莱左(F103),纽尼茨(F104)

总体性能

满载排水量(吨):5853

舰长(英尺/米):481.3(141.7)总长

舰宽(英尺/米):61(18.6)

吃水(英尺/米):16.1(4.9)

最大航速(节):28

续航力(海里/节):4500/18

武器装备

导弹:2座4联装布洛克Ⅱ“鱼叉”舰舰导弹发射架;Mk41型舰空导弹垂直发射系统,发射改进的“海麻雀”导弹和“标准”SM-2MR布洛克ⅢA导弹。

舰炮:1座FMC Mk45(2)型127毫米/54炮;1座20毫米门20“梅罗卡”2B型炮;2座“厄利肯”20毫米炮。

鱼雷:2座双管324毫米发射管,带Mk46(5)型Neartip鱼雷。

反潜火箭:2座ABCAS/SSTDS发射装置。

诱饵:4座Mk36(2)型SRBOC干扰物发射器;SLQ-25A型“水妖”鱼雷诱饵。

雷达

海空搜索:SPY-1D型。

对海搜索:DRS SPS-67(R AN-12S)型。

火控雷达:2座Mk99型舰空导弹制导雷达。

声呐:“雷声”DEll60F型主动搜索与攻击舰壳声呐。

舰载机

直升机:1架SH-60B型“海鹰”LAMPSⅢ直升机。

注:作为陆地部队火力支援的主舰炮来自于美国“塔拉瓦”级舰。

“纳革颂恩”级

性能数据

国家及地区:泰国

原产国:中国

舰型:护卫舰

型级:纳革颂恩(25T 型)(FFG)

现役:2 艘

舰号/舷号:纳革颂恩(421,前 621),泰克辛(422,前 622)

总体性能

满载排水量(吨):2980

舰长(英尺/米):393.7(120)

舰宽(英尺/米):42.7(13)

吃水(英尺/米):12.5(3.8)

最大航速(节):32

续航力(海里/节):4000/18

武器装备

导弹:2 座 4 联装麦道“鱼叉”舰舰导弹发射架;Mk41 型 8 管 LCHR 舰空导弹垂直发射系统,带“海麻雀”导弹。

舰炮:1 座 FMC Mk45(2)型 127 毫米/54 炮;2 座双联装中国 H/PJ 76A 型 37 毫米/76 炮。

鱼雷:2 座 3 联装 Mk32(5)型 324 毫米发射管,带“哈尼威尔”MK46 型鱼雷。

诱饵:4 座中国 945 型 GPJ 26 管干扰物发射器。

雷达

对空搜索:“西格那尔”LW08 型。

对海搜索:中国 360 型。

导航雷达:2 座“雷声”SPS-64(V)5 型。

火控雷达:2 座“西格那尔”STIR 舰舰导弹制导和 127 毫米炮火控雷达;中国 374G 型 37 毫米炮火控雷达。

声呐:中国 SJD-7 型主动搜索与攻击舰壳声呐。

舰载机

直升机:1 架 SH-2G 型“海妖”直升机(需要时)。

“达比”级/“巴扬多尔”级

性能数据

国家及地区:泰国,伊朗

原产国:美国

舰型:护卫舰

型级:PF103(达比)(FF),(巴扬多尔)(FS)

现役:泰国2艘,伊朗2艘

泰国舰号/舷号:达比(431,前5),齐里拉特(432,前6)

伊朗舰号/舷号:巴扬多尔(前美国PF13)(81),奈迪(前美国PF104)(82)正式被定为轻型护卫舰。

总体性能

满载排水量(吨):1135(伊朗舰),1172(泰国舰)

舰长(英尺/米):275.6(84.0)(伊朗舰),275(83.8)(泰国舰)

舰宽(英尺/米):33.1(10.1)(伊朗舰),33(10)(泰国舰)

吃水(英尺/米):10.2(3.1)(伊朗舰),10(3)(泰国舰)

最大航速(节):20

续航力(海里/节):4800/12

武器装备

舰炮:2座美国Mk3或Mk4型76毫米/50炮;1座双联装"博福斯"40毫米/60炮,2座"厄利肯"GAM-B01型20毫米炮;2座12.7毫米机枪(伊朗舰)。1座"奥托"76毫米/62紧凑型炮;1座"博福斯"40毫米/70炮;2座"厄利肯"20毫米炮;2座12.7毫米机枪(泰国舰)。

鱼雷:2座3联装英国Mk32型324毫米发射管,带"哈尼威尔"Mk46型鱼雷(泰国舰)。

雷达

海空搜索:SPS-6C型(泰国舰为"西格那尔"LW04型)。

对海搜索:"台卡"(泰国舰为"雷声"SPS-53E型)。

导航雷达:"雷声"1650型(伊朗舰)。

火控雷达:Mk36型(伊朗舰);"西格那尔"WM22-61型(泰国舰)。

声呐:EDO SQS-17A型舰壳声呐(伊朗舰);DSQS-21C型主动搜索与攻击舰壳声呐(泰国舰)。

"大刀"级(第三批)

性能数据

国家及地区:英国

原产国:英国

舰型:护卫舰

型级:大刀(22 型)(第三批)(FFG)

现役:4 艘

舰号/舷号:康沃尔(F99),坎伯兰(F85),坎贝图恩(F86),查塔姆(F87)

总体性能

满载排水量(吨):4900

舰长(英尺/米):485.9(148.1)

舰宽(英尺/米):48.5(14.8)

吃水(英尺/米):21(6.4)

最大航速(节):30

续航力(海里/节):4500/18

武器装备

导弹:2 座 4 联装麦道"鱼叉"布洛克 lC 舰舰导弹发射架;2 座英国"海狼"GWS25(3)型舰空导弹。

舰炮:1 座 Mk8 型"维克斯"114 毫米/55 炮;1 座 30 毫米 7 管"守门员"炮;2 座 DES/MSI DS 30B 型 30 毫米/75 炮和 2 座"厄利肯"20 毫米炮。

鱼雷:2 座 3 联装"普雷西"Mk2 型 324 毫米发射管,带"黄貂鱼"鱼雷。

诱饵:4 座"海蚋"6 管 130 或 102 毫米固定发射器;"格拉斯比"182 型拖曳式鱼雷诱饵。

雷达

海空搜索:"马可尼"967/968 型。

对海搜索:"台卡"2008 型。

导航雷达:"休斯"1007 型。

火控雷达:2 座"马可尼"911 型。

声呐:Ferranti/"汤姆森-辛特拉"2050 型主动搜索与攻击舰壳声呐;Dowty2031 型拖曳阵声呐。

舰载机

直升机:2 架"山猫"HMA 3/8 型直升机或 1 架"海王"HAS 5 型直升机(SSW/ASV)。

"杜克"级

性能数据

国家及地区:英国

原产国:英国

舰型:护卫舰

型级:杜克(23 型)(FFG)

现役:16 艘

舰号/舷号:诺福克(F 230),阿盖尔(F 231),兰开斯特(F 229,前 F 232),莫尔伯勒(F 233),阿隐·杜克(F 234),蒙茅斯(F 235),蒙特罗斯(F 236),威斯敏斯特(F237),诺森伯兰(F 238),里士满(F 239),萨默塞特(F 82),格拉夫顿(F 80),萨瑟兰(F81),肯特(F 78),波特兰(F 79),圣·阿尔班斯(F 83)

总体性能

满载排水量(吨):4200

舰长(英尺/米):436.2(133)

舰宽(英尺/米):52.8(16.1)

吃水(英尺/米):18(5.5)

最大航速(节):28

续航力(海里/节):7800/1 5

武器装备

导弹:2 座 4 联装麦道“鱼叉”舰舰导弹发射架;英国“海狼”GWS 26(1)型舰空导弹垂直发射系统。

舰炮:1 座 Mk8 型“维克斯”114 毫米/55 炮;2 座 DES/MSl 30B 型 30 毫米/75 炮。

鱼雷:2 座双联装 324 毫米发射管,带“黄貂鱼”鱼雷。

诱饵:4 座“海蚋”6 管 130 或 102 毫米发射器;2070 型(SLQ-25A)拖曳式鱼雷诱饵。

雷达

海空搜索:“普雷西”996(1)型,三坐标式。

对海搜索:“台卡”1008 型。

导航雷达:“休斯”1007 型。

火控雷达:2 座“马可尼”911 型。

声呐:Ferranti/“汤姆森—辛特拉”2050 型主动搜索与攻击舰首声呐;2031Z 型拖曳阵声呐(F229~F230 号舰),将于 2005 年替换为 2087 型。

舰载机

直升机:1 架“山猫”HMA 3/8 型或 EH 101“隼”HMl 型直升机(ASW/ASV)。

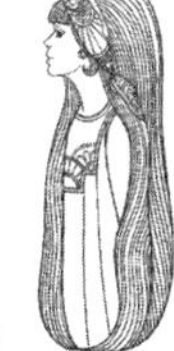

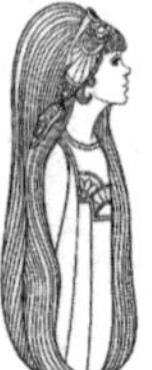

巡逻舰艇

“黄蜂”级

性能数据

国家及地区:阿尔及利亚,阿塞拜疆,保加利亚,克罗地亚,古巴,埃及,厄立特里亚,芬兰,印度,伊拉克,朝鲜,拉脱维亚,利比亚,波兰,罗马尼亚,叙利亚,越南,也门,南斯拉夫

原产国:俄罗斯

舰型:巡逻艇

“黄蜂”级

型级:黄蜂Ⅰ(205型)(伯克),黄蜂Ⅱ(205M型)(PCFG)

现役:阿尔及利亚9艘(黄蜂Ⅱ),阿塞拜疆1艘(黄蜂Ⅱ),保加利亚3艘(黄蜂Ⅱ),2艘(黄蜂Ⅰ),克罗地亚1艘(改良黄蜂Ⅰ)(PCF/ML),古巴6艘(黄蜂Ⅱ),埃及4艘(黄蜂Ⅰ),伊拉克1艘(黄蜂),厄立特里亚1艘(黄蜂Ⅱ),芬兰4艘(改良黄蜂Ⅱ)(图玛级,MLI),印度2艘(黄蜂Ⅱ),朝鲜8艘(黄蜂Ⅰ),拉脱维亚2艘(黄蜂Ⅰ)(PCF),利比亚5艘(黄蜂Ⅱ),波兰5艘(黄蜂Ⅰ)(“伯克”级),罗马尼亚3艘(黄蜂Ⅰ),叙利亚8艘(黄蜂Ⅱ),越南8艘(黄蜂Ⅱ),也门2艘(黄蜂Ⅱ),南斯拉夫5艘(黄蜂Ⅰ)

从南斯拉夫海军购得。

阿尔及利亚舰号/舷号:(644~652)

阿塞拜疆舰号/舷号:不详

保加利亚舰号/舷号:黄蜂Ⅰ——白亚(103),斯莫迟(113);黄蜂Ⅱ——台风(112),尤拉贡(102),斯维特卡维特萨(111)

克罗地亚舰号/舷号:都伯洛夫尼克(前米塔·阿塞夫)(OBM 41,前310)

古巴舰号/舷号:(261),(262),(267),(268),(271),(274)

埃及舰号/舷号:(631),(633),(641),(643)

厄立特里亚舰号/舷号:FMB 161

芬兰舰号/舷号:图玛(11),图斯库(12),图乌里(14),泰斯齐(15)

印度舰号/舷号:查玛克(K95),查塔克(K96)

伊拉克舰号/舷号:哈茨瑞尼(R15)

朝鲜舰号/舷号:不详

拉脱维亚舰号/舷号:瑞本斯(前约瑟夫·斯嘎斯)(P01,前753),海德瑞驰道(前福里茨·喀斯特)(P 02,前714)

利比亚舰号/舷号:埃尔如拉(513),埃尔如哈(515),埃尔费卡(523),埃尔玛萨(525),埃尔比塔(531)

波兰舰号/舷号:伯克(427),达洛沃(430),斯维诺斯赛(431),德瑞诺(432),瓦拉德斯拉沃(433)罗马尼亚舰号/舷号:乌图如(195),俄瑞特勒(198),阿尔巴托(433)

叙利亚舰号/舷号:(33~40)

越南舰号/舷号:HQ354,+7

也门舰号堋玄号:(122),(124)

南斯拉夫舰号/舷号:斯德瓦(304),斯帕纳克(305),玛提挪威克(306),骚萨(307),洛杰克(308)

总体性能

满载排水量(吨):210("黄蜂"Ⅰ级),245("黄蜂"Ⅱ级)

舰长(英尺/米):126.6(38.6)

舰宽(英尺/米):24.9(7.6)

吃水(英尺/米):8.8(2.7)

最大航速(节):35("黄蜂"Ⅰ级),37("黄蜂"Ⅱ级)

续航力(海里/节):400/34("黄蜂"Ⅰ级),500/35("黄蜂"Ⅱ级)

武器装备

导弹:4座SS-N-2A/B"冥河"舰舰导弹("黄蜂"Ⅰ级);4座SS-N-2B/C"冥河"舰舰导弹("黄蜂"Ⅱ级)(克罗地亚、古巴、芬兰、拉脱维亚艇无此设备);SA-N-5舰空导弹(埃及"黄蜂"Ⅰ级);4联装SA-N-5舰空导弹发射架(波兰艇)。

舰炮:2座双联装30毫米/65舰炮(埃及艇另外设有2座12.7毫米机枪);1座双联装23毫米Zu-23-2M型舰炮;1座双联装AK230型30毫米/65炮(拉脱维亚艇)。

水雷:14N30枚(克罗地亚艇);30枚(芬兰艇)。

雷达

海空搜索:"休斯"(仅限于埃及艇)。

对海搜索:"雷声"ARPA(芬兰艇)。对海搜索/火控雷达:Square Tie。

导航雷达:"台卡"916型(埃及艇);SRN 207M型(波兰艇)。

火控雷达:Drum Tilt。

“达布尔”级

性能数据

国家及地区:阿根廷,智利,斐济,以色列,尼加拉瓜

原产国:以色列

舰型:巡逻艇

型级:达布尔(巴拉德洛),迪亚兹(VAI)(PC)

现役:阿根廷4艘(巴拉德洛级),智利10艘(迪亚兹级),斐济4艘(瓦埃级),以色列15艘,尼加拉瓜3艘

阿根廷舰号/舷号:巴拉德洛(P61),巴兰克拉斯(P62),克罗瑞达(P63),尤鲁盖(P64)

智利舰号/舷号:迪亚兹(1814),伯拉多斯(1815),萨利纳斯(1816),特利兹(1817),伯拉沃(1818),坎普斯(1819),玛恰多(1820),约翰逊(1821),特伦寇索(1822),哈德森(1823)

斐济舰号/舷号:瓦埃(301),奥高(302),萨库(303),萨卡(304)

以色列舰号堋玄号:(860-920)系列

尼加拉瓜舰号/舷号:G.C.(201),G.C.(203),G.C.(205)

总体性能

满载排水量(吨):39

舰长(英尺/米):64.9(19.8)

舰宽(英尺/米):18(5.5)

吃水(英尺/米):5.8(1.8)

最大航速(节):19

续航力(海里/节):450/13

武器装备

舰炮:以色列艇:2座“厄利肯”20毫米舰炮;2座1217毫米机枪;Gustav 84毫米便携式火箭炮发射装置。智利艇:2座“厄利肯”20毫米舰炮。阿根廷舰:2座“厄利肯”20毫米舰炮;2座12.7毫米机枪。斐济艇:2座“厄利肯”20毫米舰炮;2座7.62毫米机枪。尼加拉瓜艇:1座双联装“厄利肯”25毫米舰炮;2座12.7毫米机枪。

鱼雷:2座324毫米鱼雷发射管,带“哈尼威尔”MK46型鱼雷(仅限于以色列艇)。

雷达

对海搜索:“台卡”101型(阿根廷、尼加拉瓜艇);“台卡”Super 101 MK 3型(智利、斐济、以色列艇)。

声呐：主动搜索与攻击声呐（仅限于以色列艇）。

“弗利曼特尔”级

性能数据

国家及地区：澳大利亚

原产国：英国

舰型：巡逻艇

型级：弗利曼特尔（PC）

现役：15 艘

舰号/舷号：弗利曼特尔（203），瓦南布尔（204），汤斯维尔（205），伍伦贡（206），朗塞斯顿（207），怀阿拉（208），伊普斯威奇（209），赛斯诺克（210），本迪戈（211），高勒（212），杰拉尔顿（213），达博（214），吉朗（215），格拉德斯通（216），班伯里（217）

总体性能

满载排水量（吨）：245

舰长（英尺/米）：137.1（41.8）

舰宽（英尺/米）：23.3（7.1）

吃水（英尺/米）：5.9（1.8）

最大航速（节）：30

续航力（海里/节）：1450/30

武器装备

舰炮：1 座“博福斯”AN 4-4 型 40 毫米/60 舰炮；1 座 81 毫米火箭炮；3 座 12.7 毫米机枪。

雷达

导航雷达：“休斯”1006 型。

“玛都玛提”级/“海龙”级

性能数据

国家及地区：孟加拉，韩国

原产国：韩国

舰型：巡逻舰

型级：玛都玛提/海龙（PC/OPV）

现役：孟加拉 1 艘（玛都玛提级），韩国 6 艘（服役于海军警卫队）

孟加拉舰号堋玄号：玛都玛提（P 911）

韩国舰号/舷号：PC 501，PC 502，PC 503，PC 505，PC 506. PC 507

总体性能

满载排水量（吨）：640（韩国舰），635（孟加拉舰）

舰长（英尺/米）：199.5（60.8）

舰宽（英尺/米）：26.2（8）

吃水（英尺/米）：8.9（2.7）

最大航速（节）：24

续航力（海里/节）：6000/15

武器装备

舰炮：孟加拉舰：1 座"博福斯"57 毫米/70 MK 1 型舰炮；1 座"博福斯"40 毫米/70 舰炮；2 座"厄利肯"20 毫米舰炮。韩国舰：1 座"博福斯"40 毫米/60 舰炮；2 座"厄利肯"20 毫米舰炮；2 座"伯朗亍"12.7 毫米机枪。

雷达

对海搜索："休斯"KHl007 型（孟加拉舰）。

导航雷达：GEM SPN-753B 型（孟加拉舰）。

"比塞大"级

性能数据

国家及地区：喀麦隆，塞内加尔，突尼斯

原产国：法国

舰型：巡逻艇

型级：比塞大（PR48 型）（PC）

现役：喀麦隆 1 艘，塞内加尔 3 艘，突尼斯 3 艘

喀麦隆舰号/舷号：洛达谢尤克斯（P 103）

塞内加尔舰号/舷号：圣路易斯，伯番贵，波多尔

突尼斯舰号/舷号：比塞大（P301），浩瑞亚（前自由号）（P302），莫纳斯提尔（P304）

总体性能

满载排水量（吨）：250

舰长（英尺/米）：157.5（48）（突尼斯、喀麦隆艇），156（47 5）（塞内加尔艇）

舰宽（英尺/米）：23.3（7.1）

吃水（英尺/米）：7.5（2.3）（突尼斯、喀麦隆艇），8.1（2.5）（塞内加尔艇）

最大航速（节）：20

续航力(海里/节):2000/16

武器装备

导弹:8 座 SS 12M 型舰舰导弹(仅限于突尼斯艇,喀麦隆艇有装备此类导弹的能力,但没有装备)。

舰炮:2 座双联装 37 毫米/63 舰炮(突尼斯艇);2 座“博福斯”40 毫米/70 舰炮(塞内加尔、喀麦隆艇);2 座 7.62 毫米机枪(塞内加尔艇)。

雷达

对海搜索:汤姆森 CSF DRBN 31 型(突尼斯艇);“台卡”1226 型(塞内加尔艇)。

“富莱维斐斯肯”级

性能数据

国家及地区:丹麦

原产国:丹麦

舰型:巡逻艇

型级:富莱维斐斯肯(PG/MHC/MLC/AGSC)

现役:14 艘

舰号/舷号:富莱维斐斯肯(P550),哈杰恩(P 551),哈富卡腾(P 552),拉克森(P 553),玛克瑞龙(P 554),斯德伦(P 555),斯瓦尔德斐斯肯(P 556),格兰腾(P 557),格瑞本(P 558),罗蒙(P 559),瑞富纳(P 560),斯卡登(P 561),维本(P 562),塞洛温(P 563)

总体性能

满载排水量(吨):480

舰长(英尺/米):177.2(54)

舰宽(英尺/米):29.5(9)

吃水(英尺/米):8.2(2.5)

最大航速(节):30

续航力(海里/节):2400/18

武器装备

导弹:2001 年后装设了 8 座麦道“鱼叉”舰舰导弹发射架;双联装 MK 48(3)型“海麻雀”舰空导弹发射架(可用于攻击、反雷、布雷任务)。

舰炮:1 座“奥托”76 毫米/62 超速炮;2 座 12.7 毫米机枪。

鱼雷:2 座 533 毫米鱼雷发射管,带 FFV 613 型鱼雷。

水雷:60 枚(仅限于布雷艇)。

诱饵:2 座“海蚋”130 毫米 DL-6T6 管干扰物发射器。

雷达

海空搜索:“普雷西”AWS 6 型(P 550~P 556 号),TRS-3D 雷达(P 557~P 563 号)。

对海搜索:Terma Scanter。

导航雷达:“弗鲁努”雷达。

火控雷达:Celsius Tech 9LV 200 MK 3 型。

声呐:“汤姆森-辛特拉”TSM 2640 型变深声呐;Cel-Sius Tech CTS-36/39 型舰壳声呐。

“超级德沃拉”/“超级德沃拉”MK Ⅱ级

性能数据

国家及地区:厄立特里亚,印度,以色列,斯洛文尼亚,斯里兰卡

原产国:以色列

舰型:巡逻艇

艇级:超级德沃拉/超级德:夭拉 MKⅡ(PCF)

现役:厄立特里亚 4 艘(MKⅡ级),印度 1 艘(MKⅡ级),以色列 13 艘(9 艘 MK Ⅰ级,4 艘 MKⅡ级),斯洛文尼亚 2 艘(MKⅡ级),斯里兰卡 4 艘(MK Ⅰ级),斯里兰卡 5 艘(MKⅡ级)

计划:印度 15 艘(一部分服役于海岸护卫队)

厄立特里亚舰号/舷号:(P 101),(P 102),(P103),(P 104)

印度舰号/舷号:(T 80),(T 81)

以色列舰号/舷号:(811~819)(MK Ⅰ级),(820~823)(MKⅡ级)

斯洛文尼亚舰号/舷号:安卡兰(HPL 21)

斯里兰卡舰号/舷号 MK Ⅰ级——:P 440~443(前 P465~468);MKⅡ级——P460(前 P441),P461(前 P496),P462(前 P497),P464,P465

总体性能

满载排水量(吨):54,60(印度艇),58(斯洛文尼亚、厄立特里亚艇),64(斯里兰卡 MKⅡ级)

舰长(英尺/米):71(21 6)(MK Ⅰ级),82(25)(MKⅡ级)

舰宽(英尺/米):18(5.5)(MK Ⅰ级),184(5.6)(MK Ⅱ级)

吃水(英尺/米):5.9(1.8)(MK Ⅰ级),3.6(1.1)(MKⅡ级)

最大航速(节):36(MK Ⅰ级),46(MKⅡ级)

续航力(海里/节):1200/17

武器装备

导弹:“地狱之火”舰舰导弹(以色列艇偶尔装载)。

舰炮:以色列艇:2 座“厄利肯”20 毫米/80 舰炮或 25 毫米/87 MK 96 型舰炮或 3 联装 12.7 毫米机枪;2 座 12.7 毫米或 7.62 毫米机枪;1 座 84 毫米火箭炮发射装置。厄立特里亚艇:1 座双联装 23 毫米舰炮;2 座 12 毫米机枪。印度艇:1 座“厄利肯”20 毫米舰炮,2 座 12.7 毫米机枪。斯里兰卡 MK I 级:2 座“厄利肯”20 毫米舰炮;2 座 1217 毫米机枪。斯里兰卡 MKⅡ级:1 座 20 毫米舰炮/GCM—A03 型双联装 30 毫米舰炮;2 座 12.7 毫米机枪;2 座 7.62 毫米机枪。斯洛文尼亚艇:2 座 12.7 毫米机枪。

雷达

对海搜索:“雷声”雷达(厄立特里亚、以色列艇);MD 3220“科登”型雷达(印度、斯洛文尼亚、斯里兰卡、MKⅡ级艇);“台卡”926 型(斯里兰卡 MK I 级艇)。

“哈米纳”级

性能数据

国家及地区:芬兰

原产国:芬兰

舰型:巡逻艇

型级:哈米纳(PCFG)

现役:1 艘

在建:1 艘

舰号/舷号:哈米纳(74),——(一)

总体性能

满载排水量(吨):270

舰长(英尺/米):164(50.8)

舰宽(英尺/米):26.2(8.3)

吃水(英尺/米):6.2(2)

最大航速(节):32

续航力(海里/节):500/30

武器装备

导弹:6 座 RBS 15SF 型舰舰导弹;6 联装“萨德尔”舰空导弹发射架,配“北风”导弹。

舰炮:“博福斯”40 毫米/70 舰炮(6 座 103 毫米火箭照明弹发射架);1 座双联装 23 毫米/87 舰炮,可以替代“萨德尔”舰舰导弹;2 座 12.7 毫米机枪。

反潜火箭:4 座 LLS-920 型 9 管发射装置。

深水炸弹:1 架。

诱饵:Philax 干扰物发射器。

雷达

对海搜索:“侦察兵”雷达。

导航雷达:“雷声”ARPA。

火控雷达:“博福斯”9LV 225 型。

声呐:“河豚”搜索与攻击声呐;“芬亚德”/PTA 拖曳阵声呐。

“赫尔辛基”级

性能数据

国家及地区:芬兰

原产国:芬兰

舰型:巡逻艇

型级:赫尔辛基(PCFG)

现役:4 艘

舰号/舷号:赫尔辛基(60),特库(61),欧鲁(62),克特卡(63)

总体性能

满载排水量(吨):300

舰长(英尺/米):147.6(45)

舰宽(英尺/米):29.2(8.9)

吃水(英尺/米):9.9(3)

最大航速(节):30

武器装备

导弹:8 座 RBS 15 型舰舰导弹;2 座 6 联装“萨德尔”舰空导弹发射架,配“北风”导弹。

舰炮:1 座“博福斯”57 毫米/70 舰炮;2 座双联装 23 毫米/87 舰炮(可替代“萨德尔”舰空导弹发射架)。

深水炸弹:2 架。

诱饵:Philax 干扰物发射器。

雷达

对海搜索:9GA 208 型。

导航雷达:“雷声”ARPA。

火控雷达:9LV 225 型。

声呐:SS304 型;“芬亚德”/PTA 拖曳阵声呐。

“劳玛”级

性能数据

国家及地区:芬兰

原产国:芬兰

舰型:巡逻艇

型级:劳玛(PCFG)

现役:4 艘

舰号/舷号:劳玛(70),拉贺(71),伯沃(72),那安塔利(73)

总体性能

满载排水量(吨):248

舰长(英尺/米):157.5(48)

舰宽(英尺/米):26.2(8)

吃水(英尺/米):4.5(1.5)

最大航速(节):30

武器装备

导弹:6 座 RBS 15SF 型舰舰导弹;“马特”6 联装舰空导弹发射架,配“北风”导弹。

舰炮:1 座“博福斯”40 毫米/70 舰炮(6 座 103 毫米火箭照明弹发射架);1 座双联装 23 毫米/87 舰炮(可以替代舰空导弹)。

反潜火箭:4 座 LLS-920 型 9 管发射装置。

深水炸弹:1 架。

诱饵:Philax 干扰物发射器。

雷达

对海搜索:9GA 208 型。

导航雷达:“雷声”ARPA。

火控雷达:9LV 225 型。

声呐:“河豚”声呐;“芬亚德”/PTA 拖曳阵声呐。

P400 型

性能数据

国家及地区:法国,加蓬,阿曼

原产国:法国

舰型:巡逻艇

型级:P 400(特拉/阿尔布舍拉)(PC/OPV)

现役:法国 10 艘,加蓬 2 艘(帕特拉级),阿曼 3 艘(埃尔布舍拉级,OPV)

法国舰号/舷号:劳达赛尤斯(P 682),拉布德尤斯(P 683),拉卡普瑞谢尤斯(P 684),拉峰格尤斯(P 685),拉格劳瑞尤斯(P 686),拉格拉谢尤斯(P 687),拉莫盖尤斯(P 688),拉瑞略尤斯(P 689),拉瑞厄尤斯(P 690),拉塔帕格尤斯(P 691)

加蓬舰号/舷号:巴欧玛将军(P07),达巴尼上校(P08)

阿曼舰号/舷号:阿尔布舍拉(B 1),阿尔曼索尔(B 2),阿尔纳加(B 3)

总体性能

满载排水量(吨):477,475(阿曼艇),446(加蓬艇)

舰长(英尺/米):178.6(54.5)

舰宽(英尺/米):26.2(8)

吃水(英尺/米):8.5(2.5),8.9(2.7)(阿曼艇)

最大航速(节):24.5

续航力(海里/节):4200/15

武器装备

舰炮:法国艇:1 座“博福斯”40 毫米 t60 舰炮;1 座 20F2 型 20 毫米舰炮;2 座 12.7 毫米机枪。加蓬艇:1 座“博福斯”57 毫米/70 SAK 57 MK 2 型舰炮(P 07 号);2 座双联装 20F2 型 20 毫米舰炮(P 08 号还装备 1 座“厄利肯”20 毫米舰炮)。阿曼艇:“奥托”76 毫米/62 超速炮替代了 40 毫米/60 舰炮;2 座 20 毫米 GAM-B01 型 20 毫米舰炮;2 座 12.7 毫米机枪。

雷达

对海搜索:“台卡”1226 型(法国、加蓬艇):“休斯”1007 型 ARPA(阿曼艇)。

“猎豹”级

性能数据

国家及地区:德国

原产国:德国

舰型:巡逻艇

型级:猎豹(143A 型)(PCFG)

现役:10 艘

舰号/舷号:猎豹(P 6121),美洲狮(P6122),貂(P6123),那兹(P 61 24),黑貂(P6125),雪貂(P6126),达彻斯(P 6127),欧兹洛特(P 6128),威瑟尔(P 6129),海讷(P 6130)

总体性能

满载排水量(吨):391

舰长(英尺/米):190(57.6)

舰宽(英尺/米):25.6(7.8)

吃水(英尺/米):8.5(2.6)

最大航速(节):40

续航力(海里/节):2600/16

武器装备

导弹:4 座 MM38 型"飞鱼"舰舰导弹;GDC 21 管旋转弹体舰空导弹点防御系统。

舰炮:1 座"奥托"76 毫米/62 紧凑型舰炮。

诱饵:Hot Dog/Silver Dog 干扰物/红外闪光发射器。

雷达

对海搜索/火控雷达:"西格那尔"WM 27 型。

导航雷达:SMA3 RM 20 型。

"孔雀"级/"加辛图"级

性能数据

国家及地区:爱尔兰,菲律宾

原产国:英国

舰型:巡逻舰

型级:孔雀(P 41),加辛图(PG/FS)

现役:爱尔兰 2 艘,菲律宾 3 艘(FS)

爱尔兰舰号/舷号:奥拉(前迅捷)(P 41),斯阿拉(前燕子)(P 42)

菲律宾舰号/舷号:加辛图(前孔雀)(PS 35,前 P239),马比尼(前普洛沃)(PS36,前 P 240),瑞卡特(PS 37,前 P 241)

总体性能

满载排水量(吨):712(爱尔兰舰),763(菲律宾舰)

舰长(英尺/米):204.1(62.6)

舰宽(英尺/米):32.8(10)

吃水(英尺/米):8.9(2.7)

最大航速(节):25

续航力(海里/节):2500/17

武器装备

舰炮:1座"奥托"76毫米/62紧凑型舰炮;4座FN7.62毫米机枪(爱尔兰舰另外设有2座12.7毫米机枪)。

雷达

对海搜索:"休斯"MKⅣ型(爱尔兰舰)。

导航雷达:"休斯"1006型(菲律宾舰);"休斯"500A型(爱尔兰舰)。

"赫兹"("萨尔"4.5)级

性能数据

国家及地区:以色列

原产国:以色列

舰型:巡逻艇

型级:赫兹(萨尔4.5)(PGF)

现役:6艘

舰号/舷号:洛马特,克舍特,赫兹(前尼瑞特),基敦,塔世施,亚佛

总体性能

满栽排水量(吨)1488

舰长(英尺/米):202.4(61.7)

舰宽(英尺/米):24.9(7.6)

吃水(英尺/米):8.2(2.5)

最大航速(节):31

续航力(海里/节):3000/17

武器装备

导弹:4座"鱼叉"舰舰导弹,6座IAI"伽伯列"Ⅱ舰舰导弹;以色列"巴拉克"I舰空导弹垂直或筒装发射装置。

舰炮:1座"奥托"76毫米/62紧凑型舰炮;2座"厄利肯"20毫米舰炮;1痤GE/GD"火神"密集阵炮;1座双联装或2座4联装12.7毫米机枪。

诱饵:Elbit Deseaver 72管干扰物/红外线发射器。

雷达

海空搜索:汤姆森-CSF TH-D1040 型“海王星”雷达。

火控雷达:Elta EL/M-2221 GM STGR 型。

“卡西欧皮”级

性能数据

国家及地区:意大利

原产国:意大利

舰型:巡逻舰

型级:卡斯欧皮(OPV)

现役:4 艘

舰号/舷号:卡斯欧皮(P 401),里伯拉(P 402),斯皮卡(P 403),维加(P 404)

总体性能

满载排水量(吨):1475

舰长(英尺/米):261.8(79.8)

舰宽(英尺/米):28.7(11.8)

吃水(英尺/米):11.5(3.5)

最大航速(节):20

续航力(海里/节):3300 门 7

武器装备

舰炮:1 座“奥托”76 毫米/62 舰炮;1 座“厄利肯”25 毫米/90 舰炮;2 座 12.7 毫米机枪。

雷达

对海搜索:SMA SPS-702(V)2 型。

导航雷达:SMA SPN-748(V)2 型。

火控雷达:SPG-70(RTN 10X)型。

舰载机

直升机:1 架阿古斯塔-贝尔 212 型直升机(ASW)。

“司令”级

性能数据

国家及地区:意大利

原产国:意大利

舰型:巡逻舰

型级:1500(OPV)

在建:6 艘

舰号/舷号:斯加拉夫格斯司令(P 490),伯西尼司令(P 491),斯瑞欧司令(P 409),贝提卡(P 492),佛斯卡瑞司令(P 493),欧瑞尼(P410)

总体性能

满载排水量(吨):1520

舰长(英尺/米):291(88.7)

舰宽(英尺/米):40(12.2)

吃水(英尺/米):15.1(4.6)

最大航速(节):26

续航力(海里/节):3500/14

武器装备

舰炮:1 座"奥托"76 毫米/62 紧凑型舰炮;2 座"厄利肯"25 毫米/90 舰炮或 2 座 7.62 毫米机枪。

雷达

对海搜索:SPS-703 型。

导航雷达:SPS-753 型。

火控雷达:SPG-76(RTN 30X)型。

舰载机

直升机:1 架阿古斯塔-贝尔 212 型直升机(ASW)。

"斗士"Ⅰ级

性能数据

国家及地区:科威特

原产国:法国

舰型:巡逻艇

型级:斗士 I(埃尔玛拉迪姆)(PCFG)

现役:8 艘

舰号/舷号:埃尔玛拉迪姆(P 3711),欧哈(P 3713),法拉卡(P 3715),马斯坎(P3717),埃尔阿马迪(P 3719),埃尔法哈赫(P 3721),埃尔雅莫克(P 3723),加荣(P3725)

总体性能

满载排水量(吨):245

舰长(英尺/米):137.8(42)总长

舰宽(英尺/米):26.9(8.2)

吃水(英尺/米):5.9(1.8)

最大航速(节):30

续航力(海里/节):1350/14

武器装备

导弹:2 座双联装 BAe“海鸥”舰舰导弹;6 联装舰空导弹发射架,带“北风”导弹。

舰炮:1 座“奥托”40 毫米/70 舰炮;1 座 20 毫米 M621 型舰炮;2 座 12.7 毫米机枪。

诱饵:2 座“达盖”Mk 2 型干扰物发射器。

雷达

海空搜索:汤姆森-CSF MRR 型。

导航雷达:“台卡”。

火控雷达:BAe“海浪”Mk3 型。

“角宿-星”-M(“汉达兰”)级

性能数据

国家及地区:马来西亚

原产国:瑞典

舰型:巡逻艇

型级:角宿-星-M(汉达兰)(PCFG)

现役:4 艘

舰号/舷号:汉达兰(3511),博卡萨(3512),番迪卡(3513),吉姆皮塔(3514)

总体性能

满载排水量(吨):240

舰长(英尺/米):142.6(43.6)

舰宽(英尺/米):23.3(7.1)

吃水(英尺/米):7.4(2.4)(螺旋桨)

最大航速(节):34.5

续航力(海里/节):1850/14

武器装备

导弹:MM38 型“飞鱼”舰舰导弹发射架。

舰炮:1 座“博福斯”57 毫米/70 舰炮;1 座“博福斯”40 毫米/70 舰炮。

雷达

对海搜索:“菲利浦”9GR 600 型。

导航雷达:“台卡”1226 型。

火控雷达:“菲利浦”9LV 212 型。

“木斯塔瑞”级

性能数据

国家及地区:马来西亚

原产国:韩国

舰型:巡逻舰

型级:木斯塔瑞(OPV)

现役:2 艘

舰号/舷号:木斯塔瑞(160),玛瑞克(161)

总体性能

满载排水量(吨):1300

舰长(英尺/米):246(75)

舰宽(英尺/米):35.4(10.8)

吃水(英尺/米):12.1(3.7)

最大航速(节):22

续航力(海里/节):5000/15

武器装备

舰炮:1 座 100 毫米/55 Mk 2 型紧凑型舰炮;1 座双联装“爱默生”30 毫米舰炮。

雷达

海空搜索:“西格那尔”DA05 型。

导航雷达:“台卡”TMl226 型。

火控雷达:“菲利浦”9LV 型。

舰载机

直升机:可供 1 架中型直升机起降的平台(适用于西科尔斯基 S-61A 型支援直升机)。

“维拉德”级

性能数据

国家及地区:秘鲁

原产国:法国

舰型:巡逻舰

型级:维拉德(PR-72P)(CM/PCFG)

现役:6 艘

舰号/舷号:维拉德(CM 21),桑提拉纳(CM 22),德洛赫罗斯(CM 23),赫瑞拉(CM 24),拉瑞(CM 25),卡瑞龙(CM 26)

总体性能

满载排水量(吨):560

舰长(英尺/米):210(64)

舰宽(英尺/米):27.4(8.4)

吃水(英尺/米):5.2(2.6)

最大航速(节):37

续航力(海里/节):2500/16

武器装备

导弹:4 座 MM38 型“飞鱼”舰舰导弹;SA-N-10 型舰空导弹发射架,可能安装在舰尾。

舰炮:1 座“奥托”76 毫米/62 紧凑型舰炮;1 座双联装“布莱达”40 毫米/70 舰炮。

雷达

对海搜索:汤姆森—CSF“海卫—”雷达。

导航雷达:“台卡”1226 型。

火控雷达:汤姆森一 CSF“北河二”Ⅱ。

“巴赞”(“维塔”/“超级维塔”)级

性能数据

国家及地区:卡塔尔,希腊

原产国:英国

舰型:巡逻舰艇

型级:巴赞(维塔,超级维塔)(PGFG)

现役:卡塔尔 4 艘(维塔级)

在建:希腊 3 艘(超级维塔级)

计划:希腊 4 艘(超级维塔级)

卡塔尔舰号/舷号:巴赞(Q04),胡瓦尔(Q05),埃尔尤戴德(Q06),埃尔迪贝尔(Q07)

希腊舰号/舷号:罗森(P67),达尼奥洛斯(P68),克瑞斯塔利德斯(P69)

总体性能

满载排水量(吨):376(卡塔尔艇),580(希腊舰)

舰长(英尺/米):18517(56.3)(卡塔尔艇),20314(62)(希腊舰)

舰宽(英尺/米):29.5(9)(卡塔尔艇),31.2(9.5)(希腊舰)

吃水(英尺/米):8.2(2.5)(卡塔尔艇),8.5(2.6)(希腊舰)

最大航速(节):35

续航力(海里/节):1800/12

武器装备

导弹:8座MM40型布洛克Ⅱ“飞鱼”舰舰导弹;1座6联装“北风”舰空导弹发射架(卡塔尔艇);旋转弹体导弹(希腊舰)。

舰炮:卡塔尔艇:1座“奥托”76毫米/62超速炮;1座“守门员”30毫米近程武器系统;2座12.7毫米机枪。希腊舰:2座“奥托”30毫米舰炮。

诱饵:“达盖”Mk 2型干扰物/红外线闪光发射器(卡塔尔艇);“阿列克斯”诱饵发射器(希腊舰)。

雷达

海空搜索:汤姆森-CSF MRR型雷达(卡塔尔艇);汤姆森CSF MW。8型(希腊舰)。

导航雷达:“休斯”1007型(卡塔尔艇);“利顿”Ma-rine Bridgemaster雷达(希腊舰)。

火控雷达:“西格那尔”STING。

“特亚”级

性能数据

国家及地区:俄罗斯,越南

原产国:俄罗斯

舰型:巡逻艇

型级:特亚(206M型)(PC/PTH)

现役:俄罗斯2艘,越南5艘

俄罗斯舰号/舷号:(300),(373)

越南舰号堋玄号:HQ 331~335

总体性能

满载排水量(吨):250

舰长(英尺/米):129.9(39.6)

舰宽(英尺/米):24.9(7.6),41(12.5)

吃水(英尺/米):5.9(1.8),13.1(4)

最大航速(节):40

续航力(海里/节):600/35,1450/14

武器装备

舰炮:1 座苏联双联装 57 毫米/80 炮;1 座苏联双联装 25 毫米/80 炮;1 座 1415 毫米机枪(俄罗斯艇)。

鱼雷:4 座 533 毫米 53 型发射管(越南艇无此装备)。

深水炸弹:2 架(俄罗斯艇只有 1 架)。

雷达

对海搜索:Pot Drum。

导航雷达:SRN 207 型。

火控雷达:Muff Cob。

声呐:“马尾”变深声呐(越南艇无此装备)。

“埃尔斯迪克”级

性能数据

国家及地区:沙特阿拉伯

原产国:美国

舰型:巡逻艇

型级:埃尔斯迪克(PCF G)

现役:9 艘

舰号/舷号:埃尔斯迪克(511),埃尔法洛克(513),阿布杜尔阿兹(515),法萨尔(517),卡里德(519),阿米尔(521),塔瑞克(523),欧克巴(525),阿布奥白达(527)

总体性能

满载排水量(吨):495

舰长(英尺/米):190. 5(58. 1)

舰宽(英尺/米):26. 5(8. 1)

吃水(英尺/米):6. 6(2)

最大航速(节):38

续航力(海里/节):2900/14

武器装备

导弹:2 座双联装麦道“鱼叉”舰舰导弹发射架。舰炮:1 座 FMC,“奥托”76 毫米/62 Mk 75(0)型舰炮;1 座 GE/GD 20 毫米 6 管“火神”密集阵近程武器系统;2 座“厄利肯”20 毫米/80 炮;2 座 81 毫米迫击炮;2 座 40 毫米 Mk 19 型榴弹发射装置。

诱饵:2 座 6 管 Mk 36 型 SRBOC 干扰物/红外线诱饵发射器。

雷达

对海搜索:ISC“卡迪恩”SPS 55 型雷达。

火控雷达:“斯佩里”Mk 92 型。

“无畏”级

性能数据

国家及地区:新加坡

原产国:新加坡

舰型:巡逻艇

型级:无畏(OPV)

现役:12 艘

舰号/舷号:无畏(94),英勇(95),勇气(96),壮丽(97),胆量(98),不屈(99),复新(82),团结(83),伟大(84),正义(85),自由(86),独立(87)

总体性能

满载排水量(吨):500

舰长(英尺/米):180.4(55)

舰宽(英尺/米):28.2(8.6)

吃水(英尺/米):8.9(2.7)

最大航速(节):20

武器装备

导弹:1 座双联装“北风”舰空导弹发射架。

舰炮:1 座“奥托”76 毫米/62 超速炮;4 座 CIS 50 型 12.7 毫米机枪。

诱饵:2 座 GEC“海盾”Ⅲ6 联装固定干扰物发射器。

雷达

对海搜索及火控雷达:Elta EUM-2228(X)型。

导航雷达:“休斯”1007 型。

声呐:“汤姆森-辛特拉”TSM 2362 型主动攻击舰壳声呐;“英勇”号设有拖曳阵声呐。

“卡帕仁”级

性能数据

国家及地区:瑞典

原产国:挪威

舰型:巡逻艇

型级:卡帕仁(PCFG)

现役:8 艘

舰号/舷号:卡帕仁(P159),瓦克塔仁(P160),斯纳普哈恩(P161),斯普雅仁(P162),斯泰博加仁(P163),斯塔克德尔(P164),托顿(P165),特峰(P166)

总体性能

满载排水量(吨):170

舰长(英尺/米):120(36.6)

舰宽(英尺/米):20.7(6.3)

吃水(英尺/米):5.6(1.7)

最大航速(节):36

武器装备

导弹:6 座"企鹅"Mk 2 型舰舰导弹。

舰炮:1 座"博福斯"57 毫米/70 Mk 1 型舰炮;炮架两侧设有 57 毫米照明弹发射装置。

鱼雷:4 座 400 毫米鱼雷发射管,带 43/45 型反潜鱼雷。

反潜火箭:4 座 9 管反潜火箭发射装置。

深水炸弹:2 架。

水雷:24 枚。

雷达

对海搜索:Mk 009 型雷达。

火控雷达:"菲利浦"9LV 200 Mk2 型。

声呐:SA950 或 SQ 3D/SF 型舰壳声呐;ST 570 型变深声呐。

"诺尔雪平"级

性能数据

国家及地区:瑞典

原产国:瑞典

舰型:巡逻艇

型级:诺尔雪平(PCFG)

现役:6 艘

舰号/舷号:诺尔雪平(R 131),尼那沙姆(R 132),皮提(R 138),吕勒奥(R 139),哈尔姆斯塔德(R 140),依斯塔德(R 142)

总体性能

满载排水量(吨):230

舰长(英尺/米):143(43.6)

舰宽(英尺/米):23.3(7.1)

吃水(英尺/米):7.4(2.4)

最大航速(节):40.5

续航力(海里/节):500/40

武器装备

导弹:8 座 RBS 15 型舰舰导弹。

舰炮:1 座“博福斯”57 毫米/70 Mk 1 型舰炮,炮架外侧设有 57 毫米照明弹发射装置。

鱼雷:6 座 533 毫米鱼雷发射管,带 613 型鱼雷(可安装 2~6 座鱼雷发射管来取代导弹发射装置)。

水雷:具有布雷能力。

诱饵:2 座“菲利浦”干扰物/红外线诱饵固定发射器。

雷达

海空搜索:“海鹿”50HC 型。

火控雷达:“菲利浦”9LV 200 Mk 1 型。

“城堡”级

性能数据

国家及地区:英国

原产国:英国

舰型:巡逻舰

型级:城堡(OPV)

现役:2 艘

舰号/舷号:利兹堡(P 258),邓巴顿(P 265)

总体性能

满载排水量(吨):1427

舰长(英尺/米):265.7(81)

舰宽(英尺/米):37.3(11.5)

吃水(英尺/米):11.8(3.6)

最大航速(节):19.5

续航力(海里/节):10000/12

武器装备

舰炮:1 座 DS 30B 型 30 毫米/75 舰炮。

诱饵:2 座或 4 座 102 毫米 6 管干扰物发射器。

雷达

对海搜索:“普雷西”944 型。

导航雷达:“休斯”1006 型。

舰载机

直升机:“海王”或“山猫”直升机平台。

“岛”级

性能数据

国家及地区:英国,特立尼达和多巴哥

原产国:英国

舰型:巡逻舰

型级:岛(OPV)

现役:英国 3 艘,特立尼达和多巴哥 1 艘

英国舰号/舷号:安格勒赛(P 277),根里(P 297),林迪斯伐那(P 300)

特立尼达和多巴哥舰号/舷号:尼尔森(前奥克尼)(CG20,前 P 299)

总体性能

满载排水量(吨):1260

舰长(英尺/米):195.3(59.5)

舰宽(英尺/米):36(11)

吃水(英尺/米):15(4.5)

最大航速(节):16.5

续航力(海里/节):7000/12

武器装备

舰炮:1 座 20 毫米 GAM-B01 舰炮或 DS 30B 30 毫米/75 Mk1 型舰炮;2 座 7.62 毫米机枪(可装于本级所有舰)。

雷达

导航雷达:“休斯”1006 型。

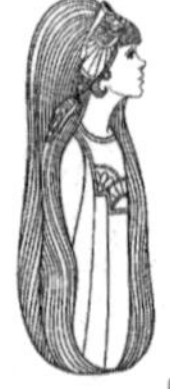

轻型护卫舰

“纳努契卡”级

性能数据

国家及地区:阿尔及利亚,印度,利比亚,俄罗斯

原产国:俄罗斯

舰型:轻型护卫舰

型级:纳努契卡(布亚/威塔/纳卡特/杜格)(1234 型)(FSG)

现役:阿尔及利亚 3 艘(纳努契卡Ⅱ/布亚级),印度 1 艘(纳努契卡Ⅱ/杜格级),利比亚 3 艘(纳努契卡Ⅱ/布亚级),俄罗斯 11 艘(纳努契卡Ⅲ威塔级)(1234. 1 型),俄罗斯 1 艘(纳努契卡Ⅳ/纳卡特级)(1234. 2 型)阿尔及利亚舰号/舷号:瑞斯哈密都(801),萨拉瑞斯(802),瑞斯阿里(803)

印度舰号/舷号:斯努都格(K72)

利比亚舰号/舷号:塔瑞宾兹亚(前伊安玛亚)(416)伊安格亚拉(417),伊安扎亚(418)

俄罗斯舰号/舷号:普瑞利沃(562),帕萨特(570),斯莫驰(423),拉北利沃(450),瑞波(560),利文(551),布闰(566),盖也泽(555),拉斯沃特(520),拉什(617),莫洛兹(409),英杰(432),纳卡特(526)(纳努契卡 JV 级)

总体性能

满载排水量(吨):660

舰长(英尺/米):194. 5(59. 3)

舰宽(英尺/米):38. 7(11. 8)

吃水(英尺/米):8. 5(2. 6)

最大航速(节):33

续航力(海里/节):2500/12

武器装备

导弹:4 座 SS-N-2C“冥河”舰舰导弹;2 座 3 联装 SS-N-9“海妖”舰舰导弹发射架(俄罗斯舰);SS-N-25 舰舰导弹(阿尔及利亚 802 号舰);1 座双联装 SA-N-4“壁虎”舰

空导弹发射架。

舰炮:1 座双联装 57 毫米/80 自动炮("纳努契卡"Ⅰ、Ⅱ级);1 座 76 毫米/60 舰炮("纳努契卡"Ⅲ、Ⅳ级);1 座 30 毫米/65 舰炮("纳努契卡"Ⅲ、Ⅳ级,阿尔及利亚 802 号)。

诱饵:2 座 PK 16 型诱饵("纳努契卡"Ⅰ、Ⅱ级)或 4 座 PK10 型干扰物发射器("纳努契卡"Ⅲ级)。

雷达

海空搜索:Peel Pair(后期的"纳努契卡"Ⅲ级舰上为 Plank Shave)。

对海搜索:Square Tie("纳努契卡"Ⅱ级,阿尔及利亚 801、803 号舰)。

导航雷达:Nayada(俄罗斯舰);Don 2("伯亚"级,"杜格"级)。

火控雷达:Pop Group 型 SA-N-4 舰空导弹制导雷达;MuffCob("纳努契卡"Ⅰ、Ⅱ级);Bass Tilt("纳努契卡"Ⅲ级)。

"依奥马"级

性能数据

国家及地区:巴西

原产国:巴西

舰型:轻型护卫舰

型级:依奥马(FSG)

现役:4 艘

舰号/舷号:依奥马(V30),加西圭亚(V31),朱利欧·德·诺哈(V32),福洛廷(V33)

总体性能

满载排水量(吨):1970

舰长(英尺/米):314. 2(95. 8)

舰宽(英尺/米):37. 4(11. 4)

吃水(英尺/米):12. 1(5. 3)

最大航速(节):27

续航力(海里/节):4000/15

武器装备

导弹:4 座 MM 40 型"飞鱼"舰舰导弹。

舰炮:1 座"维克斯"Mk 8 型 11 5 毫米舰炮;2 座"博福斯"40 毫米/70 炮。

鱼雷:2 座 3 联装 324 毫米 Mk 32 型鱼雷发射管,带"哈尼威尔"Mk 46(5)型鱼雷。

诱饵:2座“防护罩”干扰物发射器。

雷达

对海搜索:“普雷西”ASW4型。

导航雷达:“休斯”1007型。

火控雷达:Orion RTN 10×型。

声呐:DSRS-21C型主动式舰壳声呐。

舰载机

直升机:1架“山猫”AH-11型直升机(ASW/ASV)或UH-12/13支援直升机。

“文莱”级

性能数据

“文莱”级

国家及地区:文莱

原产国:英国

舰型:轻型护卫舰

型级:文莱(FSG)

现役:1艘

舰号/舷号:瑞格汉姆(28),萨卡姆(29),基瑞巴克(30)

总体性能

满载排水量(吨):1940

舰长(英尺/米):311.7(95)总长

舰宽(英尺/米):42(12.8)

吃水(英尺/米):11.8(3.6)

最大航速(节):30

续航力(海里/节):5000/12

武器装备

导弹:8座MM40型布洛克Ⅱ“飞鱼”舰舰导弹;1座“海狼”16管舰空导弹垂直发射系统。

舰炮:1座“奥托”76毫米超速炮;2座GAM-B0120毫米炮。

鱼雷:2座3联装324毫米“马可尼”鱼雷发射管。

诱饵:2座干扰物发射器。

雷达

海空搜索:“普雷西”ASW9型。

导航雷达:“休斯”1007 型。

火控雷达:2 座“马可尼”1802 型。

声呐:“汤姆森-马可尼”或 FMS 21/3 型。

舰载机

直升机:可供 1 架中型直升机起降的平台。

“伯克”Ⅰ/Ⅱ级

性能数据

国家及地区:保加利亚,古巴,印度,俄罗斯,乌克兰,越南

原产国:俄罗斯

舰型:轻型护卫舰

型级:伯克 I(1241 P 型)(瑞士特尔尼),伯克 II(1241 PE 型)(阿布海),改良伯克(侯埃)(FS/FSG/PCF)

现役:保加利亚 2 艘(伯克Ⅰ/瑞士特尔尼级 FS/PCF),古巴 1 艘(伯克Ⅱ级 FS),印度 4 艘(伯克Ⅱ/阿布海级 FS),俄罗斯 18 艘(伯克 I 级),乌克兰 1 艘(伯克 I 级),(以及 3 艘服役于海岸护卫队的舰),越南 1 艘(改良伯克级)

计划:越南 1 艘

保加利亚舰号/舷号:瑞士特尔尼(13),博德瑞(1 4)

古巴舰号/舷号:321

印度舰号/舷号:阿布海(P 33),阿加依(P34),阿克沙(P35),阿格瑞(P36)

俄罗斯舰号/舷号:PSKR 800~805,PSKR 806~812,PSKR 814~818

乌克兰舰号/舷号:赫梅利尼茨基(U208);海岸护卫舰——库洛皮亚特尼科夫(BG 50,前 PSKR817),伯塔瓦(BG 51,前 PSKR 813),格纳腾科(BG 52,前 PSKR815)

越南舰号/舷号:HQ 381

总体性能

满载排水量(吨):440,485(印度舰)

舰长(英尺/米):195. 2(59. 5)(保加利亚舰),189(57. 5)(古巴、印度、俄罗斯舰)

舰宽(英尺/米):33. 5(10. 2)

吃水(英尺/米):10. 8(3. 3),11. 2(3. 4)(古巴舰)

最大航速(节):32

续航力(海里/节):2200/18

武器装备

导弹:SA-N-5 型 4 联装舰空导弹发射架(乌克兰海岸护卫舰上未装设)。

舰炮:1 座 76 毫米/60 炮;1 座 AK630 型 30 毫米/65 舰炮(古巴舰舰尾设有 2 座双联装 25 毫米舰炮)。

鱼雷:4 座 40 型 406 毫米鱼雷发射管(“伯克”Ⅰ级,古巴舰除外)或 4 座 533 毫米鱼雷发射管(“伯克”Ⅱ级,印度舰上为 SFT-65E 型)。

反潜火箭:2 座 5 管 RBU 1200 型反潜火箭发射装置。

深水炸弹:2 架(古巴、印度舰没有此装置)。

诱饵:2 座 PK 16 型或 PKl0 型干扰物发射器。

雷达

海空搜索:Peel Cone(“伯克”Ⅰ级),PositiVe E(“伯克”Ⅱ级);Cross Dome(印度舰)。

对海搜索:Kivach(俄罗斯舰);Spin Trough(保加利亚舰)。

导航雷达:Pechora(古巴、印度舰)。

火控雷达:Bass Tilt。

声呐:“鼠尾”变深声呐(安装于艉架)(古巴、印度舰);“驴尾”变深声呐(保加利亚、俄罗斯舰)。

“克拉尔”级

性能数据

国家及地区:克罗地亚

原产国:克罗地亚

舰型:轻型护卫舰

型级:克拉尔(R-03 型)(FSG)

现役:2 艘

舰号/舷号:克瑞西米尔Ⅳ(前玛色拉)(RTOP 11),热沃尼西米尔(RTOP12)

总体性能

满载排水量(吨):385

舰长(英尺/米):175.9(53.6)

舰宽(英尺/米):27.9(8.5)

吃水(英尺/米):7.5(2.3)

最大航速(节):36

续航力(海里/节):1800/18

武器装备

导弹:2 座或 4 座双联装 RBS 15B 型舰舰导弹。

舰炮:1 座“博福斯”57 毫米/70 炮(炮架旁设有照明发射器);1 座 AK630 型 30 毫

米/65 舰炮。

水雷:4 枚 AIM-70 型磁性水雷或 6 枚 SAG-1 型声水雷取代了舰舰导弹。

诱饵:2 座干扰物/红外线发射器。

雷达

对海搜索:“台卡”BT 502 型。

导航雷达:“台卡”1290A 型。

火控雷达:BEAB 9LV 249 Mk2 型。

声呐:RIZ PP 10M 型主动搜索舰壳声呐。

K130 型

性能数据

国家及地区:德国

原产国:德国

舰型:轻型护卫舰

型级:K130(FSG)

定购:5 艘

舰号/舷号:尚无

总体性能

满载排水量(吨):1662

舰长(英尺/米):289.8(88.3)

舰宽(英尺/米):41.7(12.7)

吃水(英尺/米):15.7(4.8)

最大航速(节):26

续航力(海里/节):2500/15

武器装备

导弹:4 座 RBS 15 型舰舰导弹;8 座 Polyphem 舰空导弹垂直发射系统;2 座 21 管 Mk 49 型舰空导弹发射架。

舰炮:1 座“布莱达”76 毫米 162 炮;2 座 27 毫米“毛瑟”炮。

诱饵:2 座干扰物发射器。

雷达

海空搜索:DASA TRS-3D。

舰载机

百升机:2 架“雄蜂”垂直起降直升机。

"库克瑞"级/"寇拉"级

性能数据

国家及地区:印度

原产国:印度

舰型:轻型护卫舰

型级:库克瑞/寇拉(FSG)

现役:4 艘(库克瑞级),4 艘(寇拉级)

库克瑞级舰号/舷号:库克瑞(P 49),库萨尔(P 46),柯番(P 44),坎加尔(P 47)

寇拉级舰号/舷号:寇拉(P 61),克驰(P 62),库利什(P 63),卡姆库(P 64)

总体性能

满载排水量(吨):1350

舰长(英尺/米):298.6(91)

舰宽(英尺/米):34.4(10.5)

吃水(英尺/米):13.1(4)("库克瑞"级),14.8(4.5)("寇拉"级)

最大航速(节):25

续航力(海里/节):4000/16

武器装备

导弹:2 座双联装 SS-N-2D"冥河"舰舰导弹发射架("库克瑞"级);2 座 4 联装 SS-N-25(Kh 35 U-ran)舰舰导弹("寇拉"级);SA-N-5 舰空导弹。

舰炮:1 座苏联 AK 176 型 76 毫米/60 舰炮;1 座双联装 AK630 型 30 毫米/65 舰炮。

诱饵:2 座 PK 16 型干扰物发射器("库克瑞"级);4 座 PKl0 型诱饵发射器("寇拉"级);NPOL 拖曳式鱼雷诱饵。

雷达

对空搜索:Cross Dome。

海空搜索:Plank Shave。

导航雷达:"巴拉特"1245 型。

火控雷达:Bass Tilt。

舰载机

直升机:可供 HAL SA 319B"云雀"Ⅲ直升机起降的平台。

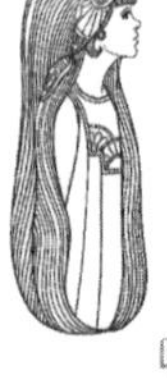

“智慧女神”级

性能数据

国家及地区:意大利

原产国:意大利

舰型:轻型护卫舰

型级:智慧女神(FS)

现役:8 艘

舰号/舷号:智慧女神(F 551),尤蕾妮娅(F 552),达奈德(F 553),斯芬格(F554),德瑞亚德(F 555),齐梅拉(F 556),芬尼赛(F 557),西比拉(F 558)

总体性能

满载排水量(吨):1285

舰长(英尺/米):284.1(86.6)

舰宽(英尺/米):34.5(10.5)

吃水(英尺/米):10.5(3.2)

最大航速(节):24

续航力(海里/节):3500/18

武器装备

导弹:两桅之间可以安装 4 座或 6 座“奥托马特”舰舰导弹,但没有安装;1 座 8 联装“信天翁”舰空导弹发射架,带“蝮蛇”导弹。

舰炮:1 座“奥托”76 毫米/62 紧凑型舰炮。

鱼雷:2 座 3 联装 324 毫米“怀特黑德”B515 型鱼雷发射管,带“哈尼威尔”Mk46 型鱼雷。

诱饵:2 座“瓦洛普”双层诱饵发射器;SLQ-25“水妖”拖曳式鱼雷诱饵。

雷达

海空搜索:“塞勒尼亚”SPS-774(RAN 10S)型。

导航雷达:SMA SPN-728(V)2 型。

火控雷达:“塞勒尼亚”SPG-76(RTN 30X)型。

声呐:“雷声”/ElsagDEll67 型舰壳声呐。

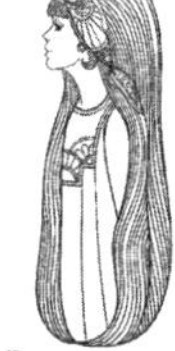

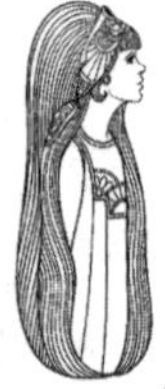

“沙里院”级/“特拉尔”级

性能数据

国家及地区:朝鲜

原产国:朝鲜,俄罗斯

舰型:轻型护卫舰

型级:沙里院/特拉尔(FS)

现役:3 艘(沙里院级),2 艘(特拉尔级)

沙里院级舰号/舷号:513,671,725

舰号尚未最后确定。

特拉尔级舰号/舷号:726,727

两艘舰的舰号都没确定。

总体性能

满载排水量(吨):660(“沙里院”级),580(“特拉尔”级)

舰长(英尺/米):203.7(62.1)

舰宽(英尺/米):23.9(7.3)

吃水(英尺/米):7.8(2.4)

最大航速(节):16

续航力(海里/节):2700/16

武器装备

舰炮:1 座 85 毫米/52 坦克炮炮塔;2 座双联装 57 毫米/80 舰炮(“沙里院”级);2 座双联装 37 毫米舰炮(“沙里院”级);2 座 37 毫米炮(“特拉尔”级);4 座 4 联装 14.5 毫米机枪。

反潜火箭:2 座 RBU 1200 型 5 管反潜火箭发射管(只设于“沙里院”级 513 号舰)。

深水炸弹:2 架。

水雷:双布雷轨。

雷达

对海搜索:Pot Head 或 Don 2。

导航雷达:351 型。

声呐:只有“沙里院”级 513 号舰上设有“鹿角”舰壳声呐。

“浦项”级

性能数据

国家及地区:韩国

原产国:韩国

舰型:轻型护卫舰

型级:浦项(FS/FSG)

现役:24 艘

舰号/舷号:浦项(756),群山(757),庆州(758),木浦(759),金泉(761),忠州(762),晋州(763),丽水(765),镇海(766),顺天(767),原州(769),安东(771),天安(772),松南(773),南文(781)

“浦项”级

总体性能

满载排水量(吨):1220

舰长(英尺/米):289.7(88.3)

舰宽(英尺/米):32.8(10)

吃水(英尺/米):9.5(2.9)

最大航速(节):32

续航力(海里/节):4000/15

武器装备

导弹:2 座 MM38 型“飞鱼”舰舰导弹(756~759 号舰)。

舰炮:1 座或 2 座“奥托”76 毫米/62 紧凑型舰炮;2 座双联装“爱默生”30 毫米舰炮(756~759 号舰);2 座双联装“布莱达”40 毫米/70 舰炮(761 号以后的舰)。

鱼雷:2 座 3 联装 324 毫米 Mk 32 型鱼雷发射管,带“哈尼威尔”Mk46 型鱼雷(仅限于 756~759 号舰)。

深水炸弹:12 枚(761 号以后的舰)。

诱饵:4 座 Protean 固定诱饵发射器;2 座 Mk 36 型 6 管 SRBOC 诱饵发射器(部分舰装设)。

雷达

对海搜索:“马可尼”1810 型或“雷声”SPS-64 型。

火控雷达:“西格那尔”WM28 型或“马可尼”1802 型。

声呐:“西格那尔”PHS-32 型主动搜索与攻击舰壳声呐。

“奥肯”(“萨斯尼茨”)级

性能数据

国家及地区:波兰,德国

原产国:前东德

舰型:轻型护卫舰

型级:奥肯(萨斯尼茨)(660 型,前 151)(FSG)

现役:波兰 3 艘,德国 2 艘(海岸护卫队)

波兰舰号/舷号:奥肯(421),皮欧伦(422),格罗姆(前胡拉冈)(423)

德国舰号/舷号:新施特雷利茨(前萨斯尼茨)(BG22,前 P6165,前 591),巴德都本(前宾兹)(BG 23,前 593)

总体性能

满载排水量(吨):326(波兰舰),369(德国舰)

舰长(英尺/米):163. 4(49. 8)(波兰舰),160. 4(489)(德国舰)

舰宽(英尺/米):28 5(8. 7)

吃水(英尺/米):7. 2(2. 2)

最大航速(节):38(波兰舰),25(德国舰)

续航力(海里/节):1600t14

武器装备

导弹:从 2000 年开始装备 2 座双联装 RBS 15 Mk 3 型舰舰导弹;4 联装 SA-N-5 型舰空导弹(仅限于波兰舰,德国舰上没有导弹装备)。

舰炮:1 座苏联 AKl76 型 76 毫米/66 舰炮;1 座 AK630 型 30 毫米/65 舰炮(仅限于波兰舰);2 座 7. 62 毫米机枪(德国舰唯一的武器装备)。

诱饵:Jastrzab 81 毫米诱饵和 1 座 10 管 122 毫米干扰物发射器(仅限于波兰舰)。

雷达

对海搜索:UR-27XA 型(波兰舰);“台卡”AC 2690BT 型(德国舰)。

导航雷达:SRN 443XTA 型(波兰舰);“台卡”ARPA(德国舰)。

火控雷达:Bass Tilt MR-123 型(波兰舰)。

“哥德堡”级

性能数据

国家及地区:瑞典

原产国:瑞典
舰型:轻型护卫舰
型级:哥德堡(FSG)
现役:4 艘
舰号/舷号:哥德堡(K21),盖尔威(K22),卡尔玛(K23),桑德斯瓦尔(K24)

总体性能

满载排水量(吨):399
舰长(英尺/米):187(57)
舰宽(英尺/米):26.2(8)
吃水(英尺/米):6.6(2)
最大航速(节):30

武器装备

导弹:4 座双联装 RBS 15 型舰舰导弹发射架。
舰炮:1 座 Mk 2 型"博福斯"57 毫米/70 舰炮;1 座"博福斯"40 毫米/70 舰炮。
鱼雷:4 座 400 毫米鱼雷发射管,带 43/45 型或 A244S 型鱼雷。
反潜火箭:4 座 LLS-920 型 9 管反潜火箭发射装置。
深水炸弹:装于水雷架。
诱饵:"菲利浦"诱饵发射器。

雷达

海空搜索:"海鹿"150HC 型。
导航雷达:Terma PN 612 型。
火控雷达:2 座"博福斯"9GR400 型。
声呐:TSM 2643 型变深声呐;SA 950 型主动攻击舰壳声呐。

"斯德哥尔摩"级

性能数据

国家及地区:瑞典
原产国:瑞典
舰型:轻型护卫舰
型级:斯德哥尔摩(FSG)
现役:2 艘
舰号/舷号:斯德哥尔摩(K11),玛尔摩(K12)

总体性能

满载排水量(吨):335

舰长(英尺/米):164(50)

舰宽(英尺/米):24.6(7.5)

吃水(英尺/米):6.9(2.1)

最大航速(节):32

武器装备

导弹:4 座双联装 RBS 15 Mk Ⅱ型舰舰导弹。

舰炮:1 座“博福斯”57 毫米/70 Mk 2 型舰炮;1 座“博福斯”40 毫米/70 舰炮。

鱼雷:2 座 533 毫米鱼雷发射管,带 FFV613 型鱼雷;4 座 400 毫米鱼雷发射管,带 43 型或“怀特黑德”A244S(2)型鱼雷。

反潜火箭:4 座 LLS-920 型 9 管发射装置。

深水炸弹:装于水雷架。

诱饵:2 座“菲利浦”诱饵发射器。

雷达

海空搜索:“海鹿”50HC 型。

导航雷达:Terma PN 612 型。

火控雷达:“菲利浦”9LV 200 Mk 3 型。

声呐:SA 950 型主动攻击舰壳声呐;TSM 2642 型变深声呐。

“维斯比”级

性能数据

国家及地区:瑞典

原产国:瑞典

舰型:轻型护卫舰

型级:维斯比(FSG)

现役:1 艘

在建:4 艘

舰号/舷号:维斯比(K31),赫尔辛堡(K32),海讷桑德(K33),尼雪平(K34),卡尔斯塔德(K35)

总体性能

满载排水量(吨):620

舰长(英尺/米):236.2(72)

舰宽(英尺/米):34.1(10.4)

吃水(英尺/米):8.2(2.5)

最大航速(节):35

武器装备

导弹:8 座 RBS 15 Mk Ⅱ 型舰舰导弹(第二批舰)。

舰炮:1 座"博福斯"57 毫米/70 SAK Mk 3 型舰炮。

鱼雷:4 座 400 毫米固定鱼雷发射管,带 43/45 型鱼雷。

反潜火箭:Saab 601 型 1 27 毫米反潜火箭发射装置。诱饵:干扰物发射器(红外线/干扰物反潜火箭诱饵)。

雷达

海空搜索:"海鹿"三坐标式。

对海搜索:"引航员"。

火控雷达:CEROS 200 Mk 3 型。

声呐:DC Hydra 主动舰首声呐及被动拖曳阵变深声呐。

舰载机

直升机:1 架阿古斯塔 A109M 型反潜直升机或无人驾驶直升机。

"华欣"级

性能数据

国家及地区:泰国

原产国:泰国

舰型:轻型护卫舰

型级:华欣(FS)

现役:3 艘

舰号/舷号:华欣(541),克拉恩(542),西拉查(543)

总体性能

满载排水量(吨):645

舰长(英尺/米):203.4(62)

舰宽(英尺/米):29.2(8.9)

吃水(英尺/米):8.9(2.7)

最大航速(节):25

续航力(海里/节):2500/1 5

武器装备

舰炮:1 座"奥托"76 毫米/62 紧凑型舰炮;1 座"博福斯"40 毫米/70 舰炮;2 座"厄利

肯"20 毫米 GAM-B01 舰炮;2 座 12.7 毫米机枪。

雷达

对海搜索:"斯佩里"Rascal。

导航雷达:"斯佩里"APAR。

"拉塔纳克辛"级

性能数据

国家及地区:泰国

原产国:美国

舰型:轻型护卫舰

型级:拉塔纳克辛(FSG)

现役:2 艘

舰号/舷号:拉塔纳克辛(441,前 1),苏克泰(442,前 2)

总体性能

满载排水量(吨):960

舰长(英尺/米):252(76.8)

舰宽(英尺/米):31.5(9.6)

吃水(英尺/米):8(2.4)

最大航速(节):26

续航力(海里/节):3000/16

武器装备

导弹:2 座 4 联装麦道"鱼叉"舰舰导弹发射架;1 座 8 联装"信天翁"舰空导弹发射架,带"蝮蛇"导弹。

舰炮:1 座"奥托"76 毫米/62 紧凑型舰炮;1 座双联装"布莱达"40 毫米/70 舰炮;2 座 20 毫米舰炮。

鱼雷:2 座 3 联装 324 毫米美国 MK 32 型鱼雷发射管,带"黄貂鱼"鱼雷。诱饵:"达盖"6 管或 10 管转动式发射器。

雷达

海空搜索:"西格那尔"DA05 型。

对海搜索:"西格那尔"ZW06 型。

导航雷达:"台卡"1226 型。

火控雷达:"西格那尔"WM 25/41 型。

声呐:DSQS-21C 型主动搜索与攻击舰壳声呐。

潜艇

“柯林斯”级

性能数据

国家及地区:澳大利亚

原产国:瑞典

舰型:潜艇

型级:柯林斯(柯库姆斯 471 型)(SSK)

现役:5 艘

在建:1 艘

舰号/舷号:柯林斯(3),法恩考姆伯(74),瓦莱尔(75),德柴纽克斯(76),舍亚恩(77),兰金(78)

总体性能

水面排水量(吨):3051

水下排水量(吨):3353

舰长(英尺/米):255.2(77.8)

舰宽(英尺/米):25.6(7.8)

吃水(英尺/米):23(7)

最大航速(节):水面 10,水下 20

续航力(海里/节):9000/10

武器装备

导弹:麦道“鱼叉”地地导弹。

鱼雷:6 座 533 毫米鱼雷发射管,配 Mk 48(4)型鱼雷。

水雷:44 枚(代替鱼雷)。

诱饵:2 座 SSE 型鱼雷诱饵。

雷达

导航雷达:“休斯”1007 型。

声呐:“汤姆森—辛特拉”舰首和舷侧声口内;Kariwara(73N74 号):“汤姆森—马可

尼"Narma 或 Allied Signal TB 23 型被动式拖曳阵声呐。

"支持者"级

性能数据

国家及地区:加拿大

原产国:英国

舰型:潜艇

型级:支持者(2400 型)(SSK)

现役:4 艘

舰号/舷号:维多利亚(前隐匿)(876,前 S41),温莎(前独角兽),(877,前 S43),科纳布鲁克(前尤尔苏拉)(878,前 S42),希库蒂米(前支持者)(879,前 S40)

总体性能

水面排水量(吨):2168

水下排水量(吨):2455

舰长(英尺/米):230.6(70.3)

舰宽(英尺/米):25(7.6)

吃水(英尺/米):17.7(5.5)

最大航速(节):水面 12,水下 20

武器装备

鱼雷:8 座 533 毫米舰首鱼雷发射管,配 Mk 48(4)型两用鱼雷。

诱饵:2 座 SSE 型发射器。

雷达

导航雷达:"休斯"1007 型。

声呐:"汤姆森一辛特拉"2040 型被动舰壳声呐;BAE2007 型舷侧被动式声呐:拖曳阵声呐。

"红宝石"级

性能数据

国家及地区:法国

原产国:法国

舰型:潜艇

型级:红宝石(SSM)

现役:6 艘

舰号/舷号:红宝石(S601),萨菲尔(S602),卡萨布兰卡(S603),埃默劳德(S604),阿麦提斯特(S605),普尔勒(S606)

“红宝石”级

总体性能

水面排水量(吨):2410

水下排水量(吨):2670

舰长(英尺/米):241.5(73.6)

舰宽(英尺/米):24.9(7.6)

吃水(英尺/米):21(6.4)

最大航速(节):25

武器装备

导弹:SM 39 型“飞鱼”地地导弹,从 533 毫米鱼雷发射管发射。

鱼雷:4 座 533 毫米鱼雷发射管,配 ECAN L5(3)型和 ECAN F17(2)型鱼雷。

水雷:可载 32 枚 FG29 型水雷(取代鱼雷)。

雷达

导航雷达:“休斯”1007 型。

声呐:“汤姆森—辛特拉”DMUX 20 型多功能声呐;DSUV62c 型拖曳阵声呐。

“拉·特里奥姆芬特”级

性能数据

国家及地区:法国

原产国:法国

舰型:潜艇

型级:拉·特里奥姆芬特(SNLE—NG/SSBN)

现役:2 艘

在建:2 艘

舰号/舷号:拉·特里奥姆芬特(S616),拉·泰默莱勒(S617),拉·维基兰特(S618),拉·特里布勒(S619)

总体性能

水面排水量(吨):12640

水下排水量(吨):14335

舰长(英尺/米):453(138)

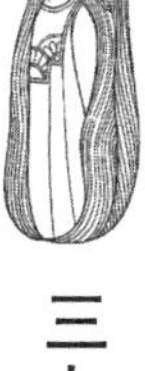

舰宽(英尺/米):41(12.5)

吃水(英尺/米):41(12.5)

最大航速(节):水下 25

武器装备

导弹:16 枚 M45/TN 75 型潜射弹道导弹;SM 39 型"飞鱼"地地导弹。

鱼雷:4 座 5336 米鱼雷发射管,配 ECAN L5(3)型鱼雷。

雷达

搜索雷达:Dassault 型。

声呐:"汤姆森一辛特拉"DMUX 80 型被动式舰首和舷侧声呐;拖曳阵声呐。

206A 型

性能数据

国家及地区:德国

原产国:德国

舰型:潜艇

型级:206A 型(SSK)

现役:12 艘

舰号/舷号:U15(S 194),U16(S 195),U17(S 196),U18(S 197),U22(S 171),U23(S 172),U24(S 173),U25(S 174),U26(S 175),U28(S 177),U29(S 178),U30(S 179)

总体性能

水面排水量(吨):450

水下排水量(吨):498

舰长(英尺/米):159.4(48.6)

舰宽(英尺/米):15.1(4.6)

吃水(英尺/米):14.8(4.5)

最大航速(节):水面 10,水下 17

续航力(海里/节):水面 4500/5

武器装备

鱼雷:8 座 533 毫米舰首鱼雷发射管,配 STN AtlasDM 2A3 型鱼雷。

水雷:除常规携带的鱼雷或水雷装置外,在艇体两侧还安装有玻璃钢雷舱,每侧可容纳水雷 12 枚。

雷达

对海搜索:汤姆森—CSF Calypso Ⅱ型。

声呐:"汤姆森一辛特拉"DUUX 2 型;DBQS-21D 型。

"春潮"级

性能数据

国家及地区:日本

原产国:日本

舰型:潜艇

型级:春潮(SSK)

现役:7 艘

舰号/舷号:春潮(SS 583),夏潮(SS 584),哈压(SS 585),阿拉潮(5S 586),渥佳潮(SS 587),冬潮(SS 588),早潮(SS 589)

总体性能

标准排水量(吨):2450,2560(SS 589 号)

水下排水量(吨):2750,2850(SS 589 号)

舰长(英尺/米):252. 6(77),255. 9(78)(SS 589 号)

舰宽(英尺):32. 8(10)

吃水(英尺/米):25. 3(7. 7)

最大航速(节):水 412,水 T20

武器装备

导弹:麦道"鱼叉"地地导弹,从鱼雷管发射。

鱼雷:6 座 533 毫米鱼雷发射管,配日本 89 型鱼雷。

雷达

对海搜索:IRC ZPS 6 型。

声呐:"休斯"/Old ZQQ 5B 型舰壳声呐;ZQR 1 型拖曳阵声呐(类似@ BQR 15 型)。

水雷战舰艇

“金斯顿”级

性能数据

国家及地区:加拿大

原产国:加拿大

舰型:水雷战舰

型级:金斯顿(MCDV/MCM)

现役:12 艘

舰号/舷号:金斯顿(700),格莱斯贝(701),纳奈莫(702),艾德蒙顿(703),沙维尼根(704),怀特霍斯(705),耶洛奈夫(706),古斯贝(707),蒙克顿(708),萨斯卡通(709),布兰登(710),苏梅赛德(711)

总体性能

满载排水量(吨):962

舰长(英尺/米):184.1(55.3)

舰宽(英尺/米):37.1(11.3)

吃水(英尺/米):11.2(3.4)

最大航速(节):15

续航力(海里/节):5000/8

武器装备

舰炮:1 座“博福斯”40 毫米/60 Mk 5c 型舰炮;2 座 12.7 毫米机枪。

反水雷设备:1 种型号 SLQ-38 型(1 座或 2 座 Oropesa 扫雷具);定线探测系统;水雷遥测系统;Sutec 遥控扫雷具。

雷达

对海搜索:“休斯”6000 型。

导航雷达:“休斯”(1 波段)。

声呐雷达:主动式侧扫声呐。

“弗兰肯塔尔”级

性能数据

国家及地区:德国

原产国:德国

舰型:水雷战舰

型级:弗兰肯塔尔(332 型)(MHC)

现役:12 艘

舰号/舷号:弗兰肯塔尔(M1066),威登(M1060),罗特威尔(M1061),巴德·白文森(M1063),巴德·拉朋那尤(M1067),格罗米特兹(M1064),达泰恩(M1068),迪林根(M1065),洪姆伯格(M1069),苏尔兹巴齐(M1062),福尔达(M1058),维尔黑姆(M1059)

总体性能

满载排水量(吨):650

舰长(英尺/米):178.8(54.5)

舰宽(英尺/米):30.2(912)

吃水(英尺/米):8.5(2.6)

最大航速(节):18

武器装备

导弹:2 座 4 联装舰空导弹发射架。

舰炮:1 座“博福斯”40 毫米/70 炮(将被“毛瑟”27 毫米舰炮取代)。

雷达

导航雷达:“雷声”SPS-64 型。

声呐:DSQS-11M 型舰壳声呐。

“恩斯多福”级

性能数据

国家及地区:德国

原产国:德国

舰型:水雷战舰

型级:恩斯多福(352 型)(MHC)

现役:5 艘

舰号/舷号:哈默尔恩(M1092),普格尼兹(M1090),塞格伯格(M1098),恩斯多福(M

1094），奥尔巴齐（M 1093）

总体性能

满载排水量（吨）：635

舰长（英尺/米）：178.5（54.4）

舰宽（英尺/米）：30.2（9.2）

吃水（英尺/米）：8.2（2.5）

最大航速（节）：18

武器装备

导弹：2 座 4 联装舰空导弹发射架。

舰炮：2 座“毛瑟”27 毫米舰炮。

水雷：60 枚。

诱饵：2 座“银犬”干扰火箭发射装置。

雷达

对海搜索/火控雷达：“西格那尔”WM 20/2 型。

导航雷达：“雷声”SPS-64 型。

声呐：STN ADS DSQS-15A 型主动式规避水雷声呐。

“库尔姆巴彻”级

性能数据

国家及地区：德国

原产国：德国

舰型：水雷战舰

型级：库尔姆巴彻（333 型）（MHC）

现役：5 艘

舰号/舷号：尤伯尔赫恩（M1095），拉伯伊（M1097），库尔姆巴彻（M1091），帕绍（M1096），黑尔腾（M1099）

总体性能

满载排水量（吨）：635

舰长（英尺/米）：178.5（54.4）

舰宽（英尺/米）：30.2（9.2）

吃水（英尺/米）：8.2（215）

最大航速（节）：18

武器装备

导弹:2 座 4 联装舰空导弹发射架。

舰炮:2 座"毛瑟"27 毫米舰炮。

水雷:60 枚。

诱饵:2 座"银犬"干扰火箭发射器。

雷达

对海搜索/火控雷达:"西格那尔"WM 20/2 型。

导航雷达:"雷声"SPS-64 型。

声呐:DSQS-11M 型舰壳声呐。

"营岛"级

性能数据

国家及地区:日本

原产国:日本

舰型:水雷战舰

型级:营岛(MSC)

现役:5 艘

在建:5 艘

计划:1 艘

舰号/舷号:营岛(MSC 681),诺拓岛(MSC 682),兹诺岛(MSC 683),直岛(MSC 684),乌酷岛(MSC 686),衣兹岛(MSC 687),——(MSC 688),——(MSC 689),——(MSC 690)

总体性能

满载排水量(吨):510

舰长(英尺/米):180.1(54.9)

舰宽(英尺/米):30.8(9.4)

吃水(英尺/米):8.2(2.5)

最大航速(节):14

武器装备

舰炮:1 座 JM-61 20 毫米/76"火神"20 型舰炮。

雷达

对海搜索:OPDS-39B 型。

声呐:GEC 2093 型变深声呐。

“奥索埃”级

性能数据

国家及地区:挪威

原产国:挪威

舰型:水雷战艇

型级:奥索埃/阿尔塔(MHC/MSC)

现役:9 艘

舰号堋玄号:猎雷艇——奥索埃(M340),卡尔莫埃(M341),玛劳埃(M342),希诺埃(M343),沿海扫雷艇——阿尔塔(M350),奥特拉(M351),拉乌玛(M352),奥克拉(M353),格洛马(M354)

总体性能

满载排水量(吨):375

舰长(英尺/米):181.1(55.2)

舰宽(英尺/米):44.6(13.6)

吃水(英尺/米):8.2(2.5)

最大航速(节):20.5

续航力(海里/节):1500/20

武器装备

导弹:“马特”双联装舰空导弹发射架,装备“北风”导弹。

舰炮:1 座或 2 座“雷门托”20 毫米舰炮;2 座 12.7 毫米机枪。

反水雷设备:两座“冥王星”深潜猎雷具;机械和感应扫雷具。

雷达

导航雷达:两座“台卡”雷达。

声呐:“汤姆森-辛特拉”TSM 2023N 型舰壳猎雷声呐;Simrad SA950 型舰壳扫雷声呐。

“兰德索尔特”级

性能数据

国家及地区:新加坡,瑞典

原产国:瑞典

舰型:水雷战艇

型级:兰德索尔特(白多克)(MHC)

现役:新加坡 4 艘(白多克级),瑞典 7 艘

新加坡舰号/舷号:白多克(M105),卡兰格(M106),卡顿(M107),普恩戈尔(M108)

瑞典舰号/舷号:兰德索尔特(M71),阿尔豪尔玛(M72),科斯特尔(M73),库伦(M 74),温加(M 75),旺(M 76),尤尔洪(M 77)

总体性能

满载排水量(吨):360

舰长(英尺/米):155. 8(47. 5)

舰宽(英尺/米):31. 5(9. 6)

吃水(英尺/米):7. 3(2. 2)

最大航速(节):15

续航力(海里/节):2000/12

武器装备

导弹:Manpads 舰空导弹。

舰炮:1 座"博福斯"40 毫米/70 火炮;2 座 7. 62 毫米机枪(新加坡艇上为 4 座 12. 7 毫米机枪)。

反潜火箭:4 座 EIma 9 管发射装置(瑞典艇)。

水雷:双布雷轨(新加坡艇)。

诱饵:能装 2 座"菲利浦"发射器(瑞典艇)。

反水雷设备:机械扫雷具,可扫除锚雷、电磁水雷和声响水雷;新加坡艇上装有 2 座 PAPI-4Mk 5 型遥控扫雷具;瑞典艇上安装有 Sutec 或"双鹰"遥控扫雷具,并且可能装 2 座无人操纵电磁和声响扫雷具。

雷达

导航雷达:汤姆森-CSF Terma 雷达(瑞典艇);DB2000 型雷达(新加坡艇)。

声呐:汤姆森-C SF TSM 2022 型舰壳猎雷声呐。

"复仇者"级

性能数据

国家及地区:美国

原产国:美国

舰型:水雷战舰

型级:复仇者(MCM/MSO/MHO)

现役:14 艘

“复仇者”级

舰号/舷号:复仇者(MCM 1),保卫者(MCM 2),哨岗(MCM 3),捍卫者(MCM 4),护卫者(McM 5),毁灭者(MCM 6),爱国者(MCM 7),守望(MCM 8),先锋(MCM 9),勇敢者(MCM 10),格斗者(MCM 11),燃烧者(MCM 12),敏捷(MCM 13),冲锋(MCM 14)

总体性能

满载排水量(吨):1312

舰长(英尺/米):224(68.3)

舰宽(英尺/米):38.9(11.9)

吃水(英尺/米):12.2(3.7)

最大航速(节):13.5

武器装备

舰炮:2 座 12.7 毫米 Mk26 型机枪。

反水雷设备:2 座 SLQ—48 型反水雷装置,包括遥控水雷清除系统:SLQ—37(v)3 型电磁或声响扫雷具;Oropesa SLQ—38(0)型 1 号机械扫雷具。

雷达

对海搜索:ISC“卡迪恩”SPS—55 型。

导航雷达:“雷声”SPS—64(V)9 型或 LN66 型。

声呐:SQQ—30 型(MCMl 0 号舰已经或正在改装为 sQQ—32 型)变深猎雷声呐。

航空母舰

“圣保罗”(“克莱蒙梭”)级

“圣保罗”(“克莱蒙梭”)级

性能数据

国家及地区:巴西

原产国:法国

舰型:航空母舰

型级:克莱蒙梭(CV)

现役:1 艘

舰号/舷号:圣保罗(前弗彻)(A 12,前 R99)

总体性能

标准排水量(吨):27307,满载排水量(吨):32780

舰长(英尺/米):869.4(265)总长

舰宽(英尺/米):104.1(31.7)舰体,168(51.2)总宽

吃水(英尺/米):28.2(8.6)

飞行甲板长(英尺/米):543(165.5)

飞行甲板宽(英尺/米):96.8(29.5)

最大航速(节):32

续航力(海里/节):7500/18,4800/24

武器装备

舰炮:12.7 毫米 M2 型机枪。

雷达

对空搜索:汤姆森-CSF DRBV 23B 型。

海空搜索:2 座 DRB110 型;汤姆森-CSF DRBV15 型。

导航雷达:“台卡”1226 型。

着舰指挥系统:NRBA 51 系统。

舰载机

固定翼飞机:15 架 A-4 型“天鹰”攻击机(1998 年从科威特空军获得 23 架)。

直升机:4~6 架阿古斯塔-西科尔斯基 SH-3A/D“海王”;3 架 UH-12 型“爱斯基洛”(联络/巡逻)直升机;2 架欧洲 UH-14“美洲狮”(SAR)。

“米纳斯吉拉斯”(“巨人”)级

性能数据

国家及地区:巴西

原产国:英国

舰型:航空母舰

型级:巨人

现役:1 艘

舰号/舷号:米纳斯吉拉斯(前 HMS 复仇者)(A 11)

总体性能

标准排水量(吨):15890,满载排水量(吨):19890

舰长(英尺/米):695(211.8)

舰宽(英尺/米):80(24.4)

吃水(英尺/米):24.5(7.5)

飞行甲板长(英尺/米):690(210.3)

飞行甲板宽(英尺/米):119.6(36.4)

最大航速(节):24

续航力(海里/节):12000/14,6200/23

武器装备

导弹:2 座双联装“马特”舰空导弹发射架。

舰炮:2 座 47 毫米礼炮。

诱饵:“防护罩”干扰物发射器。

雷达

对空搜索:“洛克希德”SPS-40E 型。

海空搜索:“普雷西”AWS4 型。

导航雷达:Scanter Mil 和“弗鲁努”。

舰载机

直升机:4-6 架阿古斯塔-西科尔斯基 SH-3A/D“海王”;2 架欧洲 UH-12“爱斯基洛”(联络/巡逻);2 架欧洲 UH-14“美洲狮”(SAR)。

“贞德”级

性能数据

国家及地区:法国

原产国:法国

舰型:直升机航空母舰

型级:贞德(CVH)

现役:1 艘

舰号/舷号:贞德(前拉瑞索鲁)(R 97)

“贞德”级

总体性能

标准排水量(吨):10000,满载排水量(吨):13270

舰长(英尺/米):597.1(182)

舰宽(英尺/米):78.7(24)

吃水(英尺/米):24(7.3)

飞行甲板长(英尺/米):203.4(62)

飞行甲板宽(英尺/米):68.9(21)

最大航速(节):26.5

续航力(海里/节):6000/15

武器装备

导弹:2 座 3 联装 MM 38 型“飞鱼”舰舰导弹发射架。

舰炮:2 座 1964 型 100 毫米/55 计算机程控炮;4 座 12.7 毫米机枪。

诱饵:2 座 CSEENSEL 8 管转动式干扰物发射器(也许没安装)。

雷达

对空搜索:汤姆森-CSF DRBV 22D 型。

海空搜索:DRBV 51 型。

导航雷达:2 座 DRBN 34A(“台卡”)型。

火控雷达:3 座汤姆森-CSF DRBC 32A 型。

声呐:DUBV 24C 型主动搜索舰壳声呐。

舰载机

直升机:4 架 SA 365F“海豚”搜索与救援机;战备品包括 8 架 Super Frelon 和 Mk4 型“山猫”直升机(ASW)。

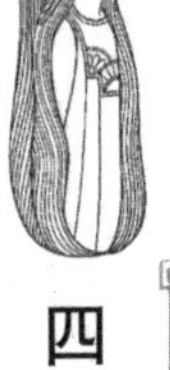

“维拉特”(“赫米斯”)级

性能数据

国家及地区:印度

原产国:英国

舰型:航空母舰

型级:维拉特(赫米斯)

现役:1 艘

舰号/舷号:维拉特(前 HMS 赫米斯)(R 22)

总体性能

标准排水量(吨):23900,满载排水量(吨):28700

舰长(英尺/米):685(208.8)水线长

舰宽(英尺/米):90(27.4)

吃水(英尺/米):28.5(8.7)

最大航速(节):28

武器装备

导弹/舰炮:2 座“巴拉克”垂直导弹发射架或近程武器系统。

舰炮:4 座“厄利肯”20 毫米炮;4 座“厄利肯”30 毫米舰炮;舰尾炮台台上设 2 座苏联 30 毫米 AK 230 型“加特林”舰炮。

诱饵:2 座 Corvus 干扰物发射器。

雷达

对空搜索:“巴拉特”RAWL-02 Mk Ⅱ(PLN517)型。

海空搜索:“巴拉特”RAWS(PFN513)型。

导航雷达:“巴拉特”Rashmi 型。

声呐:“格拉斯比”184M 型主动搜索和攻击舰壳声呐。

舰载机

固定翼飞机:12 架“海鹞”式 FRS Mk 51/60 型攻防战斗机(最多可装 30 架)。

直升机:7 架“海王”Mk 42B/C 型(ASW/ASV)和卡-28/31 螺旋式直升机(ASW/ASV)。

“加里波第”级

性能数据

国籍:意大利

原产国:意大利

舰型:航空母舰

型级:加里波第(CVS)

现役:1 艘

舰号/舷号:加里波第(C 551)

“加里波第”级

总体性能

标准排水量(吨):10100,满载排水量(吨):13850

舰长(英尺/米):591(180)

舰宽(英尺/米):110.2(33.4)

吃水(英尺/米):22(6.7)

飞行甲板长(英尺/米):570.2(173.8)

飞行甲板宽(英尺/米):99.7(30.4)

最大航速(节):30

续航力(海里/节):7000/20

武器装备

导弹:8 座“奥托”Mk 2(TG2)型舰舰导弹;2 座“信天翁”8 联装舰空导弹发射架,带“蝮蛇”导弹,计划升级为“紫菀”15 导弹。

舰炮:3 座双联装“布莱达”40 毫米 70 ME 型舰炮。

鱼雷:2 座 3 联装 24 毫米 B-515 型发射管,带 Mk 46 型反潜鱼雷。

诱饵:AN/SLQ-25“水妖”噪音鱼雷诱饵;2 座“布莱达”SCLAR150 毫米 20 管转动式干扰物发射器。计划装备 SLAT 鱼雷防御系统。

雷达

远程对空搜索:“休斯”SPS-52C 型,三坐标式雷达。

对空搜索:“塞勒尼亚”SPS-768(RAN 3L)型;SMASPN-728 型(计划装备 RAN-40S 型)。

海空搜索:“塞勒尼亚”SPS-774(RAN 105)型。

对海搜索/目标指示:SMASPS-702UPX 型,718 信标。

导航雷达:SMA SPN-749(V)2 型。

火控雷达:3 座“塞勒尼亚”SPG-75(RTN 30X)型;3 座“塞勒尼亚”SPG-74(RTN

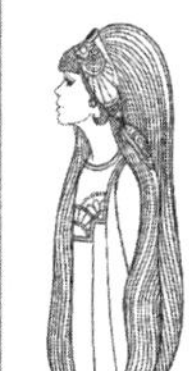

20X)型。

声呐:“雷声”DE 1160 LF 型主动搜索舰首声呐。

舰载机

固定翼飞机:16 架 AV-8B“海鹞”式。

直升机:18 架阿古斯塔-西科尔斯基 SH-3D“海王”直升机或 EH 101“隼”Mk 110 型(反潜/反水面舰直升机)(12 架装于机库,6 架在甲板上);能装载 16 架“海鹞”或 18 架“海王”直升机,不过就没有活动的空间了。

“库兹涅佐夫”级

性能数据

国家及地区:俄罗斯

原产国:俄罗斯

舰型:航空母舰

型级:旗舰库兹涅佐夫(奥廖尔)(1143.5/6 型)(CV)

现役:1 艘

舰号/舷号:库兹涅佐夫(前第比利斯,前勃列日涅夫)(063)

“库兹涅佐夫”级

总体性能

标准排水量(吨):45900,满载排水量(吨):58500

舰长(英尺/米):918.6(280)小线长,999(304.5)总长

舰宽:(英尺/米):121.4(37)水线宽,229.7(70)总宽吃水(英尺/米):34.4(10.5)

飞行甲板长(英尺/米):999(304.5)

飞行甲板宽(英尺/米):229.7(70)

最大航速(节):30

续航力(海里/节):3850/29,8500/18

武器装备

导弹:12 座 SS-N-19“海难”舰舰导弹发射架(“格拉尼特”4K-8)(水平架设);4 座“牵牛星”SA-N-9 型 6 联装舰空导弹垂直发射架;8 座“牵牛星”CADS-N-1(“科迪克”/“卡斯坦”)弹炮合一系统——每座装备 8 枚 SA-N-11 舰空导弹、双联装 30 毫米“加特林”舰炮和火控雷达/光学指挥仪。

舰炮:6 座 AK630 型 30 毫米/65 发射架,每架 6 管。

反潜火箭:2 架 RBU 12000 型。

诱饵:19 座 PK10 型和 4 座 PK2 型干扰物发射器。

雷达

对空搜索:4 座 Sky Watch 型定向列阵,三坐标式雷达。

海空搜索:Top Plate B。

对海搜索:2 座 Strut Pair。

导航雷达:3 座“棕榈叶”。

火控雷达:4 座“交叉剑”舰空导弹制导雷达;8 座“热焰”雷达。

飞机指控:“Fly Trap”B。

声呐:“牛角”和“马颚”主动搜索与攻击舰壳声呐。

舰载机

固定翼飞机:18 架苏-27K 或苏-33D 型空中防御战斗机;4 架苏-25 外 UTG 地面攻击战斗机。

直升机:15 架卡-27PL 螺旋式直升机(ASW);2 架卡-31 RLD 螺旋式直升机(AEW)。

“阿斯图里亚斯亲王”级

性能数据

国家及地区:西班牙

原产国:西班牙

舰型:航空母舰

型级:阿斯图里亚斯亲王(CVS)

现役:1 艘

舰号/舷号:阿斯图里亚斯亲王(前卡瑞罗·布兰可)(R11)

总体性能

满载排水量(吨):17188

舰长(英尺/米):642.7(195.9)总长

舰宽(英尺/米):79.7(24.3)

吃水(英尺/米):30.8(9.4)

飞行甲板长(英尺/米):575.1(175.3)

飞行甲板宽(英尺/米):95.1(29)

最大航速(节):25

续航力(海里/节):6500/20

武器装备

舰炮:4 坐 2A/2B 型“梅罗卡”12 管 20 毫米门 20 炮;2 座“雷门托”37 型礼炮位于左后舷。

诱饵:6 管 Mk 36 SRBOC 发射器;SLQ-25 管“水妖”噪音鱼雷诱饵;舰体/桨叶转动噪音抑制系统。

雷达

对空搜索:“休斯”SPS-52C/D 三坐标式。

对海搜索:ISC“卡迪恩”SPS-55 型。

飞机指控:ITT SPN-35A 型。

火控雷达:1 座“塞勒尼亚”RAN 12L(目标指示器);4 座“斯佩里”/“洛克希德”VPS 2 型;1 座 RTN11L/X(导弹预警)雷达。

舰载机

固定翼飞机:6-12 架 BAe/麦道 EAV-8B“鹞”Ⅱ式或“鹞”+式。

直升机:6~10 架西科尔斯基 SH—3D 或“海王”D 型(ASW/AEW);2-4 架阿古斯塔 AB 212 EW 型;2 架西科尔斯基 SH-60B“海鹰”。

“无敌”级

性能数据

国家及地区:英国

原产国:英国

舰型:航空母舰

型级:无敌(CVG)

现役:3 艘

舰号/舷号:无敌(R 05),卓越(R 06),皇家方舟(R 07)

总体性能

满载排水量(吨):20600

舰长(英尺/米):685.8(209.1)总长

舰宽:(英尺/米):118(36)总宽

吃水(英尺/米):26(8)

飞行甲板长(英尺/米):550(167.8)

飞行甲板宽(英尺/米):44.3(13.5)

最大航速(节):28

续航力(海里/节):7000/19

武器装备

舰炮:3 座 30 毫米 7 管“守门员”舰炮(R 05 和 R 06 号);3 座“火神”密集阵 Mk15 型(R07 号);2 座“厄利肯”/BMARC 20 毫米 GAM-BO1 型炮。

诱饵:装备 DLJ 型 8 座“海蚋”130/102 毫米 6 管投放器;噪音抑制系统。

雷达

对空搜索:“马可尼”或“西格那尔”1022 型。

对海搜索:“普雷西”996(2)型雷达(R05 和 R06 号);“马可尼”996 型。

导航雷达:2 座“休斯”1007 型。

声呐:“普雷西”2016 型主动搜索与攻击舰壳声呐。

舰载机

固定翼飞机:8 架“海鹞”式 FA2 空中防御/攻击战斗机和 8 架“海鹞”式 GR7 地面攻击战斗机。

直升机:2 架“海王”HAS 6 型或 EH 101“隼”Mk 1 型反潜直升机;4 架“海王”预警直升机;能够装载“切努克”直升机。

“企业”级

性能数据

国家及地区:美国

原产国:美国

舰型:航空母舰

现役:1 艘

舰号/舷号:企业(CVN 65)

总体性能

标准排水量(吨):75700,满载排水量(吨):93970

舰长(英尺/米):1123(342.3)

舰宽:(英尺/米):133(40.5)

吃水(英尺/米):39(11.9)

飞行甲板长(英尺/米):1088(331.6)

飞行甲板宽(英尺/米):252(76.8)

最大航速(节):33

武器装备

导弹:3 座“雷声”GMLS Mk29 型 8 联装舰空导弹发射架,带北约“海麻雀”导弹。

舰炮:3 座 GE/GD 20 毫米“火神”密集阵 6 管 Mk 15 型炮。

诱饵:4 座 6 管 Mk 36 型 SRBOC 固定发射器;SSTDS;SLQ-36“水妖”噪音鱼雷诱饵。

雷达

对空搜索:ITT-SPS-48E 型三坐标式雷达;“雷声”SPS-49 (V)5 型;“休斯”Mk 23 TAS 型。

对海搜索:“诺顿”SPS-67 型。

导航雷达:“雷声”SPS-64(V)9 型;“弗鲁努”900 型。

火控雷达:6 座 Mk 95 型舰空导弹制导雷达。

舰载机

固定翼飞机:50 架 TACAIR 飞机,根据任务,最多可载 20 架 F-14A/B/D“公猫”空中防御战斗机;36 架麦道 F/A-18A/B/C/D“大黄蜂”攻击与阻截机;4 架 EA-6B“徘徊者”电子战斗机;4 架“格鲁曼”E-2C“鹰眼”预警机;6 架洛克希德 S-3B“海盗”直升机(ASW/ASV);2 架洛克希德 ES-3A“影子”电子情报机。

直升机:4 架西科尔斯基 SH-60F“海鹰”式(ASW)和 2 架 HH-60H“海鹰”式(攻击与特种战支持、搜索与救援)直升机。

“小鹰”级和“肯尼迪”级

性能数据

国家及地区:美国

原产国:美国

舰型:航空母舰

型级:小鹰和肯尼迪(CV)

现役:3 艘

舰号/舷号:小鹰(CV 63),星座(CV 64),肯尼迪(CV 67)

总体性能

满载排水量(吨):83960,81430(CV 67 号)

舰长(英尺/米):1062.5(323.6)(CV 63 号),1072.5(326.6)(CV 64 号),1062(320.6)(CV 67 号)

舰宽(英尺/米):130(39.6)

吃水(英尺/米):37.4(11.4)

飞行甲板长(英尺/米):1046(318.8)

飞行甲板宽(英尺/米):252(76.8)

最大航速(节):32

续航力(海里/节):4000/30,12000/20

武器装备

导弹:3 座“雷声”Mk 29 型导弹发射系统,8 联装发射系统,舰空导弹带北约“海麻雀”导弹。

舰炮:3 座或 4 座 GE/GD 20 毫米“火神”密集阵 6 管 Mkl5 型(在 CV63 和 CV67 号舰上有两座将被旋转弹体导弹取代)。

诱饵:4 座 6 管 Mk 36 型 SRBOC 固定发射器;SSTDS;SLQ-36“水妖”噪音鱼雷诱饵。

雷达

对空搜索:ITT SPS-48E 型,三坐标式雷达;“雷声”SPS-49(V)5 型;“休斯”Mk 23 TAS 型。

对海搜索:“诺顿”SPS-67 型。

导航雷达:“雷声”SPN-64(V)9 型;“弗鲁努”900 型。

火控雷达:6 架 Mk 95 型舰空导弹制导雷达。

声呐:可安装 SQS-23 型声呐。

舰载机

固定翼飞机:50 架 TACAIR 机,根据任务,最多可载 20 架 F-14A/B/D“公猫”空中防御战斗机;36 架麦道 F/A-18A“大黄蜂”攻击与阻截机;4 架 EA-6B“徘徊者”(EW);4 架 E-2C“鹰眼”;6 架洛克希德 S-3B“海盗”(ASW/ASV);2 架 ES-3A“影子”(ELINT)。

直升机:4 架西科尔斯基 SH-60F 直升机(ASW);2 架 HH-60H“海鹰”攻击、特别行动、搜索与救援机。

“尼米兹”级

性能数据

国家及地区:美国

原产国:美国

舰型:航空母舰

型级:尼米兹(CVN)

现役:8 艘

在建:2 艘(罗纳德·里根)(CVN76),——(CVN77),——(CVN78)

舰号/舷号:尼米兹(CVN 68),艾森豪威尔(CVN 69),卡尔·温斯顿(CVN 70),西奥多·罗斯福(CVN 71),亚伯拉罕·林肯(CVN 72),乔治·华盛顿(CVN 73),史特尼斯(CVN 74),杜鲁门(前美国)(CVN 75)

“尼米兹”级

总体性能

满载排水量(吨):91487(CVN 68~CVN 70 号),96386(CVN 71 号),102000(CVN 72~CVN 76 号)

舰长(英尺/米):1040(317)

舰宽(英尺/米):134(40.8)

吃水(英尺/米):37(11-3)(CVN 68~CVN70 号),38.7(11.8)(CVN 71 号),39(11.9)(CVN 72-CVN76 号)

飞行甲板长(英尺/米):1092(332.9)

斜角飞行甲板长(英尺/米):779.8(237.7)

飞行甲板宽(英尺/米):252(76.8)

最大航速(节):30.0+

武器装备

导弹:2 座或 3 座“雷声”GMLS Mk29 型 8 联装舰空导弹发射装置,带北约“海麻雀”导弹。

舰炮:4 座 GE/GD 20 毫米“火神”密集阵 6 管 Mk15 型炮(CVN 68 号和 CVN69 号上是 3 座),2002 年以后被旋转弹体导弹取代。

诱饵:4 座 6 管 Mk 36 型 SR80C 固定发射器;SSTDS;SLQ-36“水妖”噪音鱼雷诱饵。

雷达

对空搜索:ITT SPS-48E 型,三坐标式雷达;“雷声”SPS-49(V)5 型;“休斯”Mk 23 TAS 型。

对海搜索:“诺顿”SPS-67(V)1 型。

导航雷达:“雷声”SPS-64(V)9 型;“弗鲁努”900 型。

火控雷达:6 座 Mk 95 型舰空导弹制导雷达。

舰载机

固定翼飞机:50 架 TACAIR 机,根据任务,最多可载 20 架 F-14D“公猫”空中防御战斗机;36 架麦道 F/A-18E“超级大黄蜂”攻击与阻截机;4 架 EA-6B“徘徊者”(EW);4 架 E-2C“鹰眼”;6 架洛克希德 S-3B“海盗”(ASW/ASV);2 架洛克希德 ES-3A“影子”(ELINT)。

直升机:4 架西科尔斯基 SH-60F“海鹰”(ASW)和 2 架 HH-60H“海鹰”(攻击、特种战支持、搜索与救援)机。

军事秘闻

导弹的“自毁”装置

导弹虽然很精密，击中目标的精确度也很高，但是，导弹也可能出现一些故障。一旦出现故障，导弹就不可以准确无误地飞向目标：

要是在这种情况下，该怎么办呢？因此，专家们就要安排导弹在空中自行销毁。避免一颗完不成任务的导弹伤及无辜。

导弹的自毁方式各不相同，如果是一般的导弹，能通过引爆来自毁。但装有核弹头的导弹就不可能引爆了，通常是采用空中化学爆炸，来防止核爆炸。

导弹自毁时。能通过地面控制系统向导弹发出引爆的指令。这样，在飞行过程中导弹就可以爆炸自毁了。

导弹的引爆

导弹的杀伤力是人人都知道的，它在靠近目标时就会自动引爆，去摧毁某个目录。导弹是怎样判断是不是接近目标了呢？这主要靠导弹上安装的一个无线电引信，用它来判断目标的方位并且控制引爆。

当导弹飞向目标时，导弹上的无线电引信就会解锁进入工作状态。它通过微型无线电向弹道四周的空间发射出强烈的电磁波。电磁波遇上飞机、导弹，以及军舰等目标后，反射的回波就会被引信接收器接收。因为导弹在飞行过程中和目标之间的距离以及相对速度发生变化，所以，接收的回波频率也随着发生了巨大变化，从而产生了多普勒频移。这就像两列相向行驶的火车，它们随着相对距离的缩小以及相对速度的增大，听到的呼啸声就会变尖。导弹距离目标相当近，两者相对运动越快，引信接收回波的频率就会变高，多普勒频移电波就会变大。导弹上的无线电引信也是依照多普勒频移的各种变化情况，从而不断确定导弹与目标之间的位置关系。而当导弹进入有效杀伤范围之内，无线电引信就会发出指令，从而引爆战斗部，密集的碎片开始飞向目标，从而形成相当有效的杀伤面，把目标击毁。

有思维的导弹

当代战场上的导弹，已经可以利用各种装置，自动地并且准确地攻击目标。可是，人们还不满足于现状，正在研究中的导弹技术，会把导弹改变成为有思维能力的智能武器。此种导弹能思考，能观察，甚至还能听得懂人类的语言。

有思维的导弹，关键为采用图像识别技术。它利用弹内安装的人工智能微型计算机与图像处理装置，用从视觉传感器所取得的图像和数据库里面已知武器的图像进行比较。假如是反坦克导弹，它可以区分出哪一些是己方的坦克，哪一些是敌人的坦克。它能根据计算机存储器中的坦克信息，从众多的坦克里面把要攻击的坦克区分出来。若是反舰导弹，它不但可以识别敌我，而且还可以分别出攻击的目标是航空母舰，抑或是巡洋舰、驱逐舰。随着科学技术的进一步的发展，如果人机接口技术到达一定的水平，人工智能导弹不止有"视觉"、有"思维"，能自行飞行，并且还能有"听觉"与语言能力。它可以借助于计算机与语言处理装置的帮助，听懂人类的语言。如果向它发出攻击命令，指出主攻的方向与所要攻击的目标，它就会熟门熟路似的，飞向锁定攻击的目标。

导弹与火箭的区别

导弹是在火箭基础上发展起来的。具体说，依靠火箭发动机推进的飞行器而没有装备制导系统，依靠其弹道自由飞行的称为火箭。这种飞行器如果装载的有效载荷是战斗部（各类型的炸药），则称为火箭武器；有效载荷不是战斗部而是某种仪器设备，就根据其任务不同而称为探空火箭、卫星运载火箭等等。依靠火箭发动机推动的，既装有战斗部，又装有制导系统的飞行器，就称为导弹了。因此，一般说火箭与导弹是既有区别又有联系的一种装备。

导弹的拦截技术

在大规模成功运用导弹拦截技术的军事案例中，不得不提到的是海湾战争中的"爱国者"战胜"飞毛腿"。

"爱国者"是一种全机动式、多功能、命中精度高、用于拦截高性能飞机和导弹的自动化野战防空武器系统。海湾战争中，美军的"爱国者"导弹对伊军发射的许多枚"飞毛腿"导弹中的60余枚进行了拦截，拦截成功率达80%以上。

"爱国者"之所以能战胜"飞毛腿"，除了武器系统本身具有与众不同的高效性能和设备，以及其拥有先进的预警系统外，更重要的是，它抓住了"飞毛腿"导弹自身存在的致命弱点，即导弹的飞行弹道是事先在地面设定好的，发射后弹道不能改变。在"飞毛腿"

导弹的整个飞行过程中，弹头弹体十分大，只在达到目标前300米才分离，反射面积大。这样，美军指挥中心可以运用侦察卫星和预警机传递信息，迅速测出飞毛腿导弹的弹道与到达目标的时间，然后，从容地启动防御区内的“爱国者”导弹系统开始搜索。该系统的多功能雷达捕捉目标过程时间短，作用距离远，准确性高，反应快。在雷达捕捉到目标后，“爱国者”导弹在几分钟之内就能发射出去，且最大飞行速度为音速的5~6倍，加之采用复合制导系统，初段按预选程序飞行，中段按雷达指令前进，末段根据“飞毛腿”导弹反射的雷达波主动寻找并伴以电子欺骗，并把测得的导弹与目标的误差传给地面控制中心，地面制导雷达及时发出指令控制导弹飞行，直至击中目标，成功实现导弹拦截。

巡航导弹的超低空飞行

海湾战争中，美军“战斧”巡航导弹首先在巴格达市区轰炸：纵观“战斧”巡航导弹攻击目标的全过程，可以看到，巡航导弹在无人导航的条件下，在距离地面50米高度以内低空飞行几千米，就像长了眼睛一样，在几乎相似的建筑物中寻找自己的攻击目标，而不会碰到障碍物，命中概率达90%以上。那么，巡航导弹如此神通广大，采用了什么绝招呢？

巡航导弹

原来，巡航导弹上装有特殊的电脑，专家们称为地形匹配制导系统，它好像是一个向导，指挥与控制导弹攻击目标：具体说，就是首先用侦察卫星等获取攻击目标及航线沿途的地形地貌，并制作出标准地貌数字地图，将其输入导弹携带的计算机中引导导弹飞行。在飞行过程中，测高雷达将自动连续测出每一瞬间的飞行高度，将数据传给计算机，计算机通过分析、比较，判断每时每刻导弹的实际飞行轨道是否和预先程序编排的轨道一致。如果一致，则匹配，说明导弹按照预定弹道飞行；如果不一致，就要调整导弹的飞行姿态，修正偏差，从而使导弹的巡航高度随地形的起伏变化而变化。这样，巡航导弹就像长了眼睛似的沿着预定的航线翻山越岭，准确地击中预定目标。

坦克“铠甲”

坦克的“铠甲”里面装有炸药，用薄钢板制成，外形和普通扁平盒子一样，在它的四角或两端钻有螺孔，从而可以将它固定在坦克装甲上。

这种铠甲里装的炸药是钝感炸药，一般不会起作用，甚至普通的机枪子弹或炮弹碎片击中它也不会引起爆炸。但是,如被反坦克导弹或破甲弹击中,它会立即爆炸,爆炸所产生的气流会将导弹和破甲弹弹头部产生的金属射流搅乱、冲散,使其不能击穿坦克装甲,从而起到了保护坦克的作用。因此,人们把它叫做反应装甲或反作用装甲,也有人称其为"爆炸式装甲"或"爆炸块装甲"等。

反应装甲的重量轻,体积小,易于制造、安装和维护,而且价格也较低廉,可以说是新式坦克的护身法宝。

战场实际使用证明,反应装甲能使破甲弹或反坦克导弹的破甲能力大大降低,降低程度为50%~90%,这相当10倍于同样重量普通装甲的防护效能。

早在1982年爆发的黎巴嫩战争中,以色列军队就给他们的坦克安装了这种装甲。在这次战争中,由于有这种新装甲的保护,以色列被对方击毁的坦克仅数十辆,而没有使用这种装甲的叙利亚和巴勒斯坦解放组织被击毁的坦克多达500多辆,其中还有10多辆被捧为"骄子"苏联制造的T—72坦克。此后,反应装甲引起了人们的注意,英国、美国、法国、苏联等许多国家不仅对它进行了详细的研究,而且组织人员仿制这种装甲,来装备自己的坦克。美国很快为它的一些海军陆战队的主战坦克安装了这种装甲。

然而,世界上没有绝对的强者,这种装甲并非牢不可破。随着反坦克武器的不断发展,坦克若想生存,就必须不断改进其反应装甲的性能。

复合装甲车

研究人员通过研究发现,贝壳有着十分巧妙的构造。由于这种软体动物堆砌生物组件的技巧非常高超,所以,贝壳的硬度是原料碳酸钙的10倍。

十字切开的鲍鱼壳在普通显微镜下看上去是由一层层的碳酸钙组成的,这些碳酸钙厚度仅有0.2毫米,不过,在显微倍数提高以后,可以看到每一层碳酸钙又是由每层厚约0.5微米的层状结构组成的。仔细观察就会发现,这些薄层是由一种有机糖蛋白胶将一排排头尾相接的微型碳酸钙"砖块"固定而成的。这些薄层是互相错开的,每块"砖"码放在另两块头尾相接的"砖"上面。海螺壳则有更加精细的结构,它的一排排的微型"砖块"以人字形排列。

坚硬物体对贝壳的撞击,可能会使贝壳上出现穿透数层微型"砖块"的直线状裂痕。但是粘住"砖块"的有机胶最终会化解这种破坏。这种化解也许并不能完全消除裂痕,但它可以使裂痕的位置沿胶粘层有所改变,其宽度也比原先变窄了。

由于裂痕不能沿直线穿过"砖块"层,使得贝壳不但不会破裂,而且还会像原来一样坚固。深受贝壳研究启发的武器研究专家们已经制造了新型复合装甲材料,这种材料是仿造鲍鱼壳的结构制造的,坚固而轻巧,是装甲车的新铠甲。

新型复合装甲材料研制的成功,对于提高装甲车的战场生存能力,争取战争的主动性，有很大的帮助。

坦克的履带起何作用

坦克有一双能行善走的“铁脚板”，这双“铁脚板”就是它的履带。履带是坦克与地面直接接触的部件，它是由一块块印有花纹的履带板，通过连接销连接起来的封闭链环，又叫履带环。在履带环中，主动轮的轮齿与履带的咬合，把发动机的动力传给履带，使坦克能够行走。

坦克每侧装有5~7个负重轮，用来支撑坦克的重量。负重轮越多，坦克对地面的压力越均匀，机动性越好。在坦克的负重轮外装上履带，以增大受力面积来减少压强。履带与地面的接触面积比轮子与地面的接触面积要大得多，用履带走泥泞路面或沼泽地也不会陷下去。

履带主要是在越野能力上比轮式的强。履带可以过沟、过矮墙，爬坡能力也很好，这些是轮子所不能比的。但在公路上，履带就跑不过轮子的了。

总之，坦克履带的作用有：减小车轮对地面的压强，利于增加防护性；适用地形广，便于野外机动作战；可以保持车体的平稳，提高射击精度。

坦克是怎样命中目标的

坦克尽管具有高超的越野性能，但车体在行驶中十分颠簸，如此一来，坦克上的火炮如果想击中目标，如同跑马射箭，相当不容易。为了解决好这个问题，新型坦克身上都装有火炮双向稳定器，用来保证坦克车体在颠簸中依然可以准确地打击目标。

火炮双向稳定器是由传感器以及执行机构共同组成的，可以在运动中将火炮以及机枪自动稳定在当初指定的方向角以及高低角上，用来保证火炮不受车体振动以及转向的影响。

当计算机一旦给定火炮射击高低角后，高低角稳定器就可以把炮管固定在给定位置上。但是坦克在运动中会随地形的起伏而发生巨大颠簸震动，炮管也会因为车体上仰下俯，而使高低角发生变化。与此同时高低角稳定器中的陀螺传感器马上感受到了炮管高低角发生了巨大变化，并把感受到的变化量转换成电信号，经放大后经过执行机构开始对火炮加上修正力，从而使它迅速恢复到原定位置。修正后传感器就没有信号可以输出，修正力也会随之消失，炮管也不会再转动。假如车体在避开障碍物时发生转向，那么方向稳定器也将把感受器感受到的变化量变成电信号输出放大，并且通过执行机构给炮管加上方向修正力。这样，提高了坦克在运动中的射击精度以及命中率。

喷气式飞机产生的“尾巴”

人们常常看到，高空中的喷气式飞机后面，有一条长长的白烟状的尾迹，俗称“飞机拉烟”。其实，这并不是“烟”，而是喷气式飞机在高空飞行中，发动机喷出的热气体与周围冷湿的空气混合，引起水汽凝结而形成的一种特殊的云。这通常发生在气温低于—40℃、高度7 000米以上的高空。

喷气式飞机

飞机尾迹的形成需要有3个条件：一是要有促使水汽产生凝结的凝结核；二是要有足够的水汽；三是要有使水汽发生凝结的空气冷却过程。由于自然大气中，凝结核（空气中的尘埃、微小的烟粒和盐粒等）总是存在的，所以，飞机尾迹的形成原因，主要看后面两个条件。如果空气中的水汽不足，发动机喷出的热气体与周围的冷空气相混合，即使空气上升冷却，也难以形成尾迹；如果没有较冷的空气，即使水汽较多，发动机喷出的热气体不会使空气上升冷却，也不易形成尾迹。

飞机产生尾迹，非常好看。但对作战来说，不希望飞机产生尾迹，因为它要暴露飞机的行踪和意图。

预警飞机背上的大圆盘

站得高了能看得远，这是常理。为了使地面雷达在很远的距离上就能发现敌机或飞来的导弹，自然要把雷达天线架得高一些，以此来达到“欲穷千里目，更上一层楼”的效果。

然而，不论人们把架设天线的地点选择在哪里，天线也只能达到一定的高度。即使人们有能力把它架设到珠穆朗玛峰上，恐怕也没有人能够长期在上面工作，机器也无法在那么低的温度下正常运转。于是，人们想到了飞机，想到了把雷达和天线搬到飞机上。这样，即使是升高到比珠穆朗玛峰还高的地方又有何难呢？

从此，在飞机家族中诞生了一种预警飞机。在预警飞机的背上，比别的飞机多装了个蘑菇状的“大圆盘”。“大圆盘”里面装着雷达天线。“大圆盘”转动，天线也跟着转动，不断向周围的空间发射电磁波，上千千米范围内的飞机和导弹只要从这里经过，都逃不过它的“火眼金睛”。

隐形飞机的“隐身术”

隐形对于大家来说都不陌生，虽然这些说法大多数来自小说和神话，但是在现实生活中也不乏隐形的例子:比如说变色龙就能够通过改变自己的颜色来隐形。人们通过研究,并且应用了最新的技术和材料,终于在庞大的飞机上也实现了隐形。

从原理上来说,隐形飞机的隐形并不是为了让我们的肉眼都看不到,它的目的是让雷达无法侦察到飞机的存在。隐形飞机在现阶段能够尽量减少或者消除雷达接收到的有用信号。虽然这是军事机密之一,但隐形技术已经受到了全世界的极大关注。

让我们看看隐形飞机在设计上遵循的规律。隐形飞机最重要的两种技术是形状和材料。首先,隐形飞机的外形上避免使用大而垂直的垂直面,最好采用凹面,这样可以使散射的信号偏离力图接收它的雷达。例如,SR—71“黑鸟”飞机和B—2隐形轰炸机采用的弯曲机身;AH—1S“眼镜蛇”直升机最先采用的扁平座舱盖;在海湾战争中发挥重要的F—117A“夜鹰”隐形战斗机采用的多面体技术;美国波音F—II 1实验机上的任务自适应机翼等。这些飞机的造型之所以较一般飞机古怪,就是因为特殊的形状能够产生不同的反射功能。

其次,隐形飞机采用非金属材料或者雷达吸波材料,吸收而不是反射掉来自雷达的能量:雷达吸波材料分两大类,一类是谐振型,一类是宽频带型。其中谐振型雷达吸波材料是为了某一频率而设计的、以磁性材料为基础、能把相消干涉和衰减结合起来的吸波材料。宽频带雷达吸波材料通常通过把碳一耗能塑料材料加到聚氨酯泡沫之类的基体中制成,它在一个相当宽的频率范围内保持有效性。把雷达吸波材料与雷达能量可以透过的刚性物质相结合,形成雷达吸波结构材料。运用最新的材料,隐形飞机在雷达上反射的能量几乎能够做到和一只麻雀的反射能量相同,仅仅通过雷达想分辨出隐形飞机是非常困难的。

另外,应尽量减少机身的强反射点或者说是“亮点”、发动机的噪声以及机体本身的热辐射等,因为这些方面也容易“出卖”飞机的存在。例如,SR—71“黑鸟”飞机就采用闭合回路冷却系统,把机身的热传给燃油,或把热量在大气不能充分传导的频率下散发掉。

隐形飞机在现代战争中发挥着重要的作用。例如,在海湾战争中,美军派出了42架F—117A隐形战斗机,出动1 30C余架次,投弹约2 000吨,在仅占2%架次的战斗中去攻击了40%的重要战略目标,自身没有受到任何损失。随着材料技术和更新的技术的出现,隐形飞机的隐形能力会越来越强,在未来战争中的作用会越来越突出。

有隐形就有反隐形,随着对隐形技术的不断了解,各个国家同时也在不断寻求反隐形的技术。虽然隐形飞机的材料和形状十分巧妙,但是还是不可避免地在雷达上会留下一点痕迹。而且,隐形飞机为了隐形,牺牲了另外的一些技术性能,比如F—117A这种先进的战机的速度就远远低于普通的战机,而且飞行高度甚至在肉眼观察范围之内,这样地面发现成为这种隐形战机的敌人,而且已经有通过地面火炮成功击落F—117A的战例。

目前,隐形飞机从最早的20世纪60年代美国的TR—1型飞机,发展到20世纪90年代的 F—117“夜鹰”隐形战斗机、F—22 型先进战术战斗机和 A—12“复仇者”海军舰载隐形攻击机等，隐形和反隐形的不断较量将使未来飞机的结构设计和性能进一步优化。

军用气垫船

有“海中火箭”之称的乌贼在海洋中游动的最大速度可达每小时 150 千米，是海洋中游得最快的动物。是什么原因使乌贼游得如此之快呢？科学家研究发现，乌贼与一般的鱼类靠鳍游泳的方式不同，乌贼身体下面长着一个漏斗管，它喷水的反作用力使乌贼飞速前进，这种反作用力足以使乌贼从海下跃上 7~10 米高的空中。

军用气垫船

科学家受乌贼游动原理的启发，发现如果安装一个气囊在船底，先将压缩空气打入气囊，入水后如打开气囊，从船体的周边喷出的空气就能形成一个气垫，这个气垫会将船体托出才面。

20 世纪 60 年代，科学家设计出了全垫升式气垫船。这种气垫船就是根据乌贼游动的原理设计的，在这种船的四周，有一圈用来延伸周边射流、用尼龙橡胶布制成的柔性“围裙”。安装了这种围裙的船，就像安装了轮胎的汽车，可以航行在水面、陆地或沼泽上，具有极好的快速性和两栖性。由于它的这种特性，这种气垫船便被应用在了军事上。

但在使用中，这种全垫升式气垫船的局限性也暴露了出来，即在大风浪中航行时容易产生侧飘且失速较大，所以以前在军事上只制造小型全垫升式气垫舰艇。

后来，科学家在对全垫升式气垫船进行改进后，发明了侧壁式气垫船。它像一只倒置的盆，在它的气腔中充人压缩空气，内部压力增大，当压力增大到一定值时，船体便会被气垫压力产生的升力托出水面。侧壁气垫船比起全垫升式气垫船来，其显著的优点是具有良好的稳定性和操纵性，而且由于其气腔中的空气不易流失，比起全垫升式气垫船，它在消耗更小功率的情况下，能产生更大的托力，同时它还具备较高的续航能力和航速，所以适合做大中型的战斗舰艇、小型航母和军需补给船等。在军事上，比起全垫升气垫船来，这种气垫船有更显著的优势和更好的发展前途。

航空母舰能否潜到水下

航空母舰日常潜到水下航行，在作战时又可以浮上来供飞机起飞，这可以算是相当新奇的事情了。事实上，潜水航空母舰早就问世，德、日、英、美、法等国都曾经制造过。

1941 年 12 月，珍珠港在遭到轰炸之后，不知道从哪里又冒出几架日本飞机，不等美军反应过来，飞机便呼啸而去，消失在海天相接的地方。不到一年时间，在美国亚利桑那州，也先后出现几架不知从哪里来的日本飞机，旋风般轰炸之后，便消失得无影无踪。其实，这些飞机都是从日本潜水航空母舰上起飞的。只是因为这种潜水航空母舰载机相当少，不能形成较强的战斗力，所以没有被人注意。

20 世纪 70 年代以后，伴随对航空母舰生存能力要求的提高，潜水航空母舰也再度成为发展的对象。美军研制的潜水航空母舰，就是在大型核动力潜艇上装有一套特别的起飞装置。起飞时，潜艇上浮，打开舱盖，起重机沿滑轨开出舱外，升降臂上的抓斗可以将垂直起降飞机抓起，再转向舱外。飞机发动机在空中启动，而当飞机达到起飞速度时，抓头松开，飞机就会离开舰艇。降落时，飞机悬停在空中，并由抓斗将其抓住，然后收回舱内，航空母舰又能潜入水下。据悉，这种集航空母舰和潜艇优点于一身的水下航空母舰，能携带 6 架垂直起降飞机及 2 架直升机，具有小型水面航空母舰同等作战能力。

水雷为何能自动跟踪目标

通常水雷自身没有推进装置，因此不可以像鱼雷一样上浮和跟踪目标。假如把水雷以及鱼雷结合起来，就可以使水雷自动跟踪目标了：

自动上浮跟踪目标的水雷，属于一种自导鱼雷式水雷。它们有的像一枚锚雷拖着锚索悬浮在水面中，有的像一枚鱼雷沉在海底，而且雷体上还装有类似鱼雷推进器以及超声自导系统。

当舰船通过布雷海域时，雷体上正处于值班状态的噪声接收器就会收到舰船产生的噪声信号。在认定目标之后，水雷上的主动式声呐就会进行工作，而且发出的声波遇到目标返回后，就可以计算出目标的距离。而当目标抵达攻击范围以内，密封容器可以自动打开，水雷上发动机启动射出雷体，雷体依靠自导系统上浮，从而修正偏差，跟踪目标，而当接触目标到达有效距离时，雷体引爆就可将目标击毁。

由于这种水雷自身有动力系统，因此活动半径高达 100 米以上，因此尤其适合布设在相当广阔的深水海域。战时只需用少量水雷，就能够达到封锁敌航道以及港口的目的。鱼雷在海水中的航行

鱼雷要控制航行深度的变化，就要靠它的横航(水平舵)，像飞机改变高度要用水平尾翼一样。横舵主要由定深器及舵机控制组成一套深度操纵系统。

鱼雷在发射前，先必须调整定深弹簧，从而确定基本的航行深度。而当鱼雷从舰上发射入水以后，定深器里的水压盘就会感受海水的压力，为抵消定深弹簧的力量，必须不停向深水航行。伴随着航行深度的不断增加，水压盘能感受的压力就会越来越大，这种力量可以不停压缩定深弹簧，一直到水压盘感受的压力和定深弹簧的力量全部平衡，而此时鱼雷正航行在预定深度上。

假如是从潜艇上发射，因为水相当深，水压盘感受的压力就会超过定深弹簧压力，舵机便可以操纵鱼雷向水面航行。伴随着航行深度逐渐变小，水压盘的压力也会越来越小，定深弹簧不停伸张，直到抵消水压盘上的力量，而此时，鱼雷也可以航行在预定深度上。由此可见，鱼雷在不同深度上航行，要靠事先调整定深弹簧来确定。

那么，到底是什么力量可以使鱼雷可以在预定深度上航行而不下沉呢？这是因为，鱼雷在水中航行时并不是平躺在水面上的，它带有一定冲角。在鱼雷前端上、下面水流速度不同，在压力差作用下可以产生向上的升力。尾部横舵也会带有向下舵角，因此也产生向上的升力，从而使两个升力保持平稳。这种雷体不会头越抬越高，也不会下沉，而是会一直保持悬浮状态。

机器人地雷

在美国国防部制定了空地一体作战的全球战略后，美陆军弹道研究所就曾做出预测：未来战场将采用机器人地雷。他们这样描述：进攻者面前的战场布满跳雷，于是敌人想方设法开辟出一条狭窄的通道，然而电子计算机比敌人更狡猾，它以 0.01 秒的速度准确测定哪颗跳雷应该爆炸。

在这场研制机器人地雷的竞赛中，日本的军工专家考虑到，不论是轮式“跳雷”，还是鸭式“飞雷”，虽然千奇百怪，但是无一例外都是从攻击目标的外部实施进攻。这不仅使地雷的体积增长，容易暴露，降低战场上的生存力，而且必然要增大机器人地雷的破甲装药量和技术装置。这些弊端使他们联想到，如果能把机器人地雷制造成像蜈蚣或蛇那样，能从细微的小孔口甚至缝隙钻进工事、坦克等目标的内部爆炸，那将有以一当十、以一当百的作战效力。很快他们便研制出一种叫作“活动索状机械”的机器人地雷。

这种模仿蜈蚣的性能制造出的地雷由一系列活动铰链和球状关节组成，每一节里都装有微型驱动器，装配起来的形态酷似蜈蚣。然后在“蜈蚣”的头部安装上“眼睛”“大脑”和“耳朵”等“自寻”装置。这样的话，当接收到目标电磁波、震动、红外辐射等信息后，“蜈蚣”便迅速鉴别出目标的性质，并按预定计划决定是靠近目标钻入其内部，还是绕道而行另选目标，或者就地潜伏待机而动。

日本研制的这种“蜈蚣”机器人地雷，可以任意穿行于障碍物之间，甚至能机智地走出“迷宫”，灵活而又隐蔽地爬到坦克等重要装甲目标里或其薄弱部位，然后自行起爆。这种“蜈蚣”地雷还能悄然爬进深入地下的指挥所、导弹阵地等关键目标的工事内，乃至输油管路中实施爆破。

头盔枪

头盔枪利用头盔上安装的发射装置发射子弹的一种单兵近战枪械。通常有两种类型:一种是发射无壳弹,击伤近距敌方有生目标的无壳弹头盔枪;另一种是装有微型激光器,以激光损伤对方人眼和击毁敌方光电子装备的激光头盔枪。头盔枪的主要特点是:作战反应快,随时可向敌方开火;隐蔽性能好,适于近战,对百米内的射击效果好,可用于自卫;防核武器、生物武器、化学武器和防破片能力强。

头盔枪的最大特点是没有后坐力,射击精度高,在100米以内命中率相当高,几乎百发百中,而且隐蔽性很好,可以说是一种奇妙的兵器。

头盔枪的结构相当严密,在战场上它的防护用处很大。当敌人使用化学武器时,头盔枪立即可以充当防毒面具,只要把通气孔关闭,里面的氧气就会自动地输送出来;前额瞄准镜也会自动关闭,保护双目。在头盔壳体中有一层内装重水的特殊防护层,能保护人的头部免受核辐射等的伤害。另外,整个头盔壳体是用重水泡沫塑料制造的,质量轻强度高,不仅能承受500米以外的直射弹的射击,而且能抵挡强烈的冲击波。头盔内还装有食品和水,在外界一时供应不上食品时,可以打开输送管,食物和水就会流进射手口中,可以保证长时间作战的需要。

头盔枪可以说是当代兵器的杰作,是自动武器向攻防兼备、灵巧别致方向发展的新品种,它的出现引起了世界的轰动和关注,是目前轻武器中最新奇的创造。

也许有人会问,这头盔枪是怎么问世的呢?头盔和枪本来是风马牛不相及的东西,为什么糅合到一块了呢?的确,发明这种枪的过程,还有个有趣的故事。

原来在第二次世界大战以后,军事专家们为设计步兵武器大伤脑筋。因为士兵在阵地上射击时,必须将上身露出地面才能瞄准射击,这就势必成了敌人瞄准射击的靶子。因此在第一线作战的士兵,伤亡最大,为了尽可能保存自己,消灭敌人,要求步兵武器既便于隐蔽,又能最大限度发挥武器的性能。

德国的一些武器设计家们绞尽脑汁,怎么也想不出好点子,苦恼万分。一次,他们在翻阅整理有关第二次世界大战的一些实战照片时发现,一名士兵将枪支放在由阵亡同伴的头盔堆起来的空隙中射击,好像是在一个小碉堡里向外射击。这一镜头,顿时使设计家们灵感大开。有位设计家浮想联翩,联想到攻防兼备的坦克,这不正是希望的那种射击武器吗?完全符合隐蔽的要求。于是大家经过论证,确定要制造一种最新式的头盔枪。

专家们的精心设计,立即引起军事领导部门的重视,马上通过了这一方案,头盔枪就这样问世了。

电热枪

电热枪发明的最初,摆在武器专家们面前的一个问题是,用何种能源来代替火药,并能保证枪弹射出时的速度足够高。经过无数次的试验,人们发现电能是一种安全而高效的能源。用外部电源提供必要的能量,通过放电产生高温高压气体,同样可以推动弹头高速前进。基于这种想法，武器专家们发明了一种电热枪。电热枪的初速度比目前的常规枪械的初速度要高得多，其值可高达 5 000 米/秒，这是火药枪械望尘莫及的。

电热枪的工作原理是利用一种名叫等离子气体作为弹头的推动剂推动弹头前进的。这种气体由正离子和自由电子组成，不带电，但具有高导电性。在枪和枪弹上装有高压电极，而在弹壳内装有液体，在扣动扳机的发射瞬间，以脉冲放电的方式将弹壳内的液体转化为等离子气体，而弹头则在产生的等离子气体的推动下高速旋转飞出枪口。

电热枪中需要使用一种液体，科学家认为最理想的液体是液化氢，但这种液化氢使用起来不安全，易发生爆炸。由于最终推动弹头的是等离子气体，而它可以从水中电离出来，因而常用水作为工作液体。目前，人们使用硫——锂电源，用电脉冲放电方式从水中电离出氢离子，从而产生所需的等离子气体。

尽管如此，电热枪还远未发展成熟。电热枪目前还存在一些关键性技术问题尚待解决。例如，电热枪的枪弹结构复杂，蓄电池一次充电只能发射 30 次，枪的造价也较高。目前，专家们正在积极研究这些问题，寻找解决方案，预计将来电热枪将会成为步兵的杀手锏。

云雾弹

研究杀伤武器的兵工学家发现，成整体性的气体爆炸的威力几乎均匀分布，从而造成面状破坏。这是由于具有扩散性而且无孔不入的气体一旦被引爆，气体就会使目标整个同时爆炸开来所致。于是，云雾弹便应声而出。

云雾弹

作为世界上最大的军火制造者和推销者——美国把发生在 1967—1973 年的越南战争当作他们的新武器试验场。在美国的侵越战争即将失败的前夕，一天，隆隆作响的美军飞机从越军阵地上掠空而过，团团白色“云雾”随着飞机在低低的空中出现。只见“云雾”迅速向一起聚拢，接着，随着一道闪光划破了长空，“云雾”爆炸，虽然爆炸声不足以达到山崩地裂的程度，但其爆炸产生的冲击波却使工事坍塌，雷场起爆，横尸遍野，越方在美军的这次空袭中损失惨重。后来，经军事专家分析，这种“云雾”其实是美军研制的气体炸弹，其爆炸威力可与低当量的核弹相比拟。

在这种被称为“云雾弹”“窒息弹”的炸弹体内，因为装填了一种具有沸点低、易挥发等特性的新型燃料空气炸药，其威力大增。这种炸药从弹体内撒出，便迅速与空气混合，并立即气化，形成气溶胶状云雾；当其与氧气混合达到一定比例时，“云雾”一经点燃，便会在几微秒内骤然爆炸，形成威力比普通炸药爆炸要高 5 倍以上的巨大气浪。尤其是这种“云雾”的比重比空气大，所以，气体会像水一样流向低处，钻进工事、坦克的内部爆炸。同时，因为燃料空气炸药爆炸时，会快速消耗空气中的大量氧气，造成爆炸区内骤然极度缺氧，从而加大危害程度，导致人员窒息。

气泡弹

在第二次世界大战期间，德军以集群潜艇攻击敌舰船的战法使盟军吃尽苦头。为了加强战斗力量，盟军把刚研制出来的雷达、声呐等探测、监视装备和声呐制导的新式鱼雷等武器都投入了海战。德军潜艇的活动因此大受限制，伤亡惨重。希特勒气急败坏地命令迅速研制出新型防水的探测、侦察装备。

专家们昼夜不休地做实验，可是最终均以失败告终。有一位专家突发奇想：不妨像乌贼那样干扰水中侦察，制造水中烟幕。经过若干次实验终于发现，将一种化学物质通过爆炸的方法，使其很快在水中扩散开来，就会产生许多不溶或微溶于水的气泡。这些气泡在一定范围的海域内漂浮，又会形成许多“气泡云团”或“气泡幕”。这些气泡直径不等，其升降情况也各不相同，较大的气泡快速升到水面，而直径小于 2 毫米的气泡则滞留在水中。有些气泡的谐振频率刚好在声呐制导鱼雷的工作频段之内，在很大程度上干扰了声呐和鱼雷的追踪；特别是一些具有极强反射能力的气泡幕，还能把潜艇发出的噪声掩盖住，同时还能对声呐发射的探测声波进行干扰，这样对方探测捕捉水下目标的能力就丧失了。

虽然这种水下气泡弹的问世曾使希特勒一度反败为胜，但最终还是未能帮助他摆脱失败的厄运。

防毒面具

按防护原理，防毒面具可分为过滤式防毒面具和隔绝式防毒面具。

过滤式防毒面具由面罩和滤毒罐（或过滤元件）组成。面罩包括罩体、眼窗、通话器、呼吸活门和头带（或头盔）等部件。滤毒罐用以净化染毒空气，内装滤烟层和吸着剂，也可将这 2 种材料混合制成过滤板，装配成过滤元件。较轻的（200 克左右）滤毒罐或过滤元件可直接联在面罩上，较重的滤毒罐通过导气管与面罩联通。

隔绝式防毒面具由面具本身提供氧气，分贮气式、贮氧式和化学生氧式 3 种。隔绝式面具主要在高浓度染毒空气中，或在缺氧的高空、水下或密闭舱室等特殊场合下使用。

除上述 2 种防毒面具以外，许多国家还装备有各类特种防毒面具。它是在过滤式防毒面具的基础上更换滤毒罐内的吸着剂或改进局部结构而成。现代防毒面具能有效地防御战场上可能出现的毒剂、生物战剂和放射性灰尘。它的质量有的已减至 0.6 千克左右，可持续佩戴 8 小时以上，佩戴防毒面具后还可较方便地使用光学、通信器材和武器装备。细心的人会注意到防毒面具的外形和猪嘴极为相似，这是为什么呢？莫非防毒面具的发明和猪嘴有关？事实确实如此。

在第一次世界大战期间，德军曾与英法联军为争夺比利时伊泊尔地区展开激战，双方对峙半年之久。1915 年，德军为了打破欧洲战场长期僵持的局面，第一次使用了化学武器。他们在阵地前沿设置了 5 730 个盛有氯气的钢瓶，朝着英法联军阵地的顺风方向打开瓶盖，把 180 吨氯气释放出去。顿时，一片绿色烟雾腾起，并以每秒 3 米的速度向对方的阵地飘移，一直扩散到联军阵地纵身达 25 千米处，结果致使 5 万英法联军士兵中毒死亡，战场上的大量野生动物也相继中毒丧命。可是奇怪的是，这一地区的野猪竟意外的生存下来。这件事引起了科学家的极大兴趣，经过实地考察，仔细研究后，终于发现是野猪喜欢用嘴拱地的习性，使它们免于一死。当野猪闻到强烈的刺激性气味后，就用嘴拱地，以躲避气味的刺激。而泥土被野猪拱动后其颗粒就变得较为松软，对毒气起到了过滤和吸附的作用。由于野猪巧妙地利用了大自然赐予它的防毒面具，所以它们能在这场氯气的浩劫中幸免于难。

根据这一发现，科学家们很快就设计、制造出了第一批防毒面具。但这种防毒面具没有直接采用泥土作为吸附剂，而是使用吸附能力很强的活性炭。猪嘴的形状能装入较多的活性炭。如今尽管吸附剂的性能越来越优良，但它酷似猪嘴的基本样式却一直没有改变。

电子蛙眼

电子蛙眼是电子眼的一种，它的前部其实就是一个摄像头，成像之后通过光缆传输到计算机设备中显示和保存。它的探测范围呈扇状，它能转动类似蛙类的眼睛。

仿生学家根据蛙眼的原理和结构，发明了电子蛙眼。现代战争中，敌方可能发射导弹来攻击我方目标，这时我方可以发射反导弹截击对方的导弹，但敌方为了迷惑我方，又可能发射信号来扰乱我方的视线。在战场上，敌人的飞机、坦克、舰艇发射的真假导弹都处于快速运动之中，要克敌制胜，必须及时把真假导弹区别开来：将电子蛙眼和雷达相配合，就可以像蛙眼一样，敏锐迅速地捕捉飞行中的真目标。

电子蛙眼

蟹眼潜望镜

螃蟹的眼睛长在眼柄上。由于它能随时将眼睛收回到眼窝内，因此，它能很好地保护自己的眼睛。尤其特别的是，一些洞居或埋栖的蟹类的眼柄很长，从而能增加其视野。这些长眼柄还能在螃蟹潜伏于泥沙下或洞穴中时，只需从泥沙里伸出这对眼柄，而不需移动身体，就能对地表上面的情况了如指掌。不仅如此，螃蟹的眼睛是复眼，与蜻蜓眼及蝇眼结构相似，都是由许多单眼组成。它的一个复眼约由 1 000 个单眼组成，在每个单眼中，有 12 个排列成结状的细胞。这些细胞一旦捕获到进入单眼的光，就会将其送往输出细胞的树枝状晶体，如果把光线加到蟹眼上，所有输出细胞便会产生大小基本与光强度的对数成正比的脉冲。

但是，就信息处理方面而言，重要的是要了解蟹眼中的各个单眼是如何进行信号交换的，并通过信号交换来清晰地辨认出所见对象的轮廓这一问题。为了搞清这一问题，科学家们做了一些实验，在这些实验中，他们用光带在蟹眼上移动。首先把复眼遮盖起来，仅留出一小孔，使光线仅仅能照到一个单眼上。于是，科学家们发现螃蟹的单眼的输出呈阶梯状变化，去掉遮盖物后，输出就变了。科学家们据此得出结论，即在复眼中，相邻的几个单眼互相协作，把入射光线的明暗变化，也即图形的轮廓强调出来，从而产生容易辨认的效果。由此看来，蟹眼无疑是一副天生的精密的潜望镜。

蟹眼的特殊功能引起了军事装备研究人员的注意，他们模仿蟹眼伸出长长的眼柄观察情况这一原理，并应用了光学的折射原理，研制成了用于观察外部情况的军事潜望镜。这种军事潜望镜早在第一次世界大战末期就被应用于坑道、堑壕甚至潜艇中。

数字化战争

数字化战争，就是数字化部队在数字化战场进行的信息战。它是以信息为主要手段，以信息技术为基础的战争，是信息战的一种形式。其特点是信息装备数字化、指挥控制体系网络化、战场管理一体化、武器装备智能化、作战人员知识化和专业化。

所谓数字化部队，即以数字化技术、电子信息装备和作战指挥系统以及智能化武器装备为基础，具有通信、定位、情报获取和处理、数据存储与管理、战场态势评估、作战评估与优化、指挥控制、图形分析等能力，实现指挥控制、情报侦察、预警探测、通信和电子对抗一体化，适应未来信息作战要求的新一代作战部队。

而数字化战场则是数字化部队实施作战的重要依托。所谓数字化战场，就是以数字化信息为基础，以战场通信系统为支撑，实现信息收集、传输、处理自动化，网络一体化的信息化战场。

在未来的数字化战场上，还要求士兵与数字化战场完全一体化，数字化部队的士兵们将装备一套士兵系统，该系统包括一种头盔和衣服连为一体的服装。这种服装可根据环境变换色彩以提供伪装，可根据当地气候条件提供适宜温度，可抵御核武器、生物武器和化学武器的侵袭。头盔上的护目镜可以接受指挥官的命令，可以阅读地图，可以夜视，还可以接受同伴得到的情报和其他与所执行的任务有关的第一手地理信息资料。头盔里有小的显示仪或热敏成像照相机，可以实时获取、显示和传送其所在位置的信息，包括地形和敌方目标位置，而且还可看

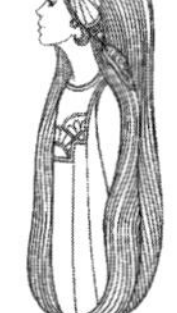

穿伪装，而其中的数字化罗盘可指示前进的路线。士兵系统还包括一个单兵出击战斗武器，并带有热成像俅、激光取景器和数字指南针，用来检测目标。

数字化战争以计算机网络为支柱，利用数字通信进行联网，把作战指挥机关与各级作战部队乃至武器装备、单兵有机地连成一体；把语音、文字、图像等不同类型的战场信息、作战方案和作战计划等采用数字编码技术的方式，实现无阻碍、快捷、准确的传递；坦克、导弹等武器装备，与天基平台、作战飞机和军舰上的同类数字化系统相连，实现信息共享，信息实时传递，因而可以在更远的距离上发现和攻击敌人，可以充分发挥武器装备的整体作战效能，保证诸军兵种协调一致地作战。

数字化使每位指战员都能保持对整个战场空间清晰的、透明的和精确的可视，并以此来拟定战斗计划和执行作战行动。数字化的核心是提供通讯和信息处理能力，使己方能够对整个战场空间的速度、空间和时间维进行控制，使所有参战人员能够共享战情战况，随时知道自己所在的位置、友邻部队的位置和敌方的位置，从而极大提高部队的战斗指挥能力，以小规模的军队取得大的攻击效率，从而赢得战场的胜利。